QuickPass

Use your chapter-specific Web code for quick and easy navigation. Access the Online Student Edition, extra practice, and self-check quizzes with QuickPass at glencoe.com.

Download the entire audio program to your MP3 player.

Not online? No problem! Access your Student Edition, Audio Program, and Workbook with StudentWorks™ Plus CD-ROM.

Enrich your Spanish skills with videos tailored to your learning needs: vocabulary, grammar, dialogue, and culture.

¡Así se dice!

Glencoe Spanish 

Conrad J. Schmitt

 Glencoe

Information on featured companies, organizations, and their products and services is included for educational purposes only and does not present or imply endorsement of the **¡Así se dice!** program. Permission to use all business logos has been granted by the businesses represented in this text.

The McGraw-Hill Companies

Glencoe

Send all inquiries to:
Glencoe/McGraw-Hill
8787 Orion Place
Columbus, OH 43240-4027

ISBN: 978-0-07-892928-1
MHID: 0-07-892928-8

Printed in the United States of America.

3 4 5 6 7 8 9 10 RJE/LEH 14 13 12 11 10

About the Author

Conrad J. Schmitt

Conrad J. Schmitt received his B.A. degree magna cum laude from Montclair State University, Upper Montclair, New Jersey. He received his M.A. from Middlebury College, Middlebury, Vermont, and did additional graduate work at New York University. He also studied at the Far Eastern Institute at Seton Hall University, Newark, New Jersey.

Mr. Schmitt has taught Spanish and French at all academic levels—from elementary school to graduate courses. He served as Coordinator of Foreign Languages for the Hackensack, New Jersey, public schools. He also taught courses in Foreign Language Education as a visiting professor at the Graduate School of Education at Rutgers University, New Brunswick, New Jersey.

Mr. Schmitt has authored or co-authored more than one hundred books, all published by The McGraw-Hill Companies. He was also editor-in-chief of foreign languages, ESL, and bilingual education for The McGraw-Hill Companies.

Mr. Schmitt has traveled extensively throughout Spain and all of Latin America. He has addressed teacher groups in all fifty states and has given seminars in many countries including Japan, the People's Republic of China, Taiwan, Egypt, Germany, Spain, Portugal, Mexico, Panama, Colombia, Brazil, Jamaica, and Haiti.

Contributing Writers

Louise M. Belnay

Teacher of World Languages
Adams County School District 50
Westminster, Colorado

Reina Martínez

Coordinator/Teacher of World Languages
North Rockland Central School District
Thiells, New York

Student Handbook

Why Learn Spanish? SH1

Reading and Succeeding SH2

Tour of the Student Edition SH8

Dinah Zike's Foldables® SH20

El alfabeto español SH34

El mundo hispanohablante SH35

- El mundo SH36
- España SH38
- La América del Sur SH39
- México, la América Central y el Caribe SH40
- Estados Unidos SH41

Student Handbook

GeoVistas

Explorando el mundo hispanohablante ... SH42

España ... SH44
México ... SH46
Guatemala, Honduras ... SH48
El Salvador, Nicaragua ... SH50
Costa Rica, Panamá ... SH52
Colombia, Venezuela ... SH54
Ecuador, Perú, Bolivia ... SH56
Chile, Argentina ... SH58
Paraguay, Uruguay ... SH60
Cuba, República Dominicana, Puerto Rico ... SH62
Estados Unidos ... SH64

Lecciones preliminares

Objetivos

In these preliminary lessons you will:

- greet people
- say good-bye to people
- express yourself politely
- count to 100
- identify the days of the week
- identify the months of the year
- find out and give the date
- ask and tell the time
- discuss the seasons and weather

A Saludos 2

B ¡Adiós! 4

C La cortesía 6

D Algunos números 8

E La fecha 10

F La hora 12

G Las estaciones y el tiempo 14

Capítulo 1 ¿Cómo somos?

Objetivos

You will:
- identify and describe people and things
- tell where someone is from
- tell what subjects you take and express opinions about them
- talk about Spanish speakers in the United States

You will use:
- nouns, adjectives, and articles
- the verb **ser**
- **tú** and **usted**

Introducción al tema
¿Cómo somos? 20

Vocabulario
Vocabulario 1 22

Vocabulario 2 26

Gramática
Artículos y sustantivos 30

Adjetivos 32

El verbo **ser** 34

Pronunciación
Las vocales **a, e, i, o, u** 39

Conversación
Un alumno nuevo 40

Lecturas culturales
Amigos latinos en Estados Unidos 42

Dos personajes importantes 44

Prepárate para el examen
Self-check for achievement 46

Practice for oral proficiency 48

Practice for written proficiency 49

Repaso del Capítulo 1
Gramática 50

Vocabulario 51

Repaso cumulativo 52

Capítulo 2 La familia y la casa

Objetivos

You will:
- talk about families and pets
- describe a house or apartment
- describe rooms and some furnishings
- discuss a family from Ecuador

You will use:
- the verb **tener**
- possessive adjectives

Introducción al tema
La familia y la casa 56

Vocabulario
Vocabulario 1 58

Vocabulario 2 62

Gramática
El verbo **tener** 66

Los adjetivos posesivos 70

Pronunciación
Las consonantes **f, l, m, n, p** 73

Conversación
La hermana de Federico 74

Lecturas culturales
Una familia ecuatoriana 76

Mascotas 78

Prepárate para el examen
Self-check for achievement 80

Practice for oral proficiency 82

Practice for written proficiency 83

Repaso del Capítulo 2
Gramática 84

Vocabulario 85

Repaso cumulativo 86

Capítulo 3 En clase y después

Objetivos

You will:
- talk about what you do in school
- identify some school clothes and school supplies
- talk about what you and your friends do after school
- compare school and after-school activities in Spanish-speaking countries and the United States

You will use:
- present tense of **-ar** verbs
- the verbs **ir, dar,** and **estar**
- the contractions **al** and **del**

Introducción al tema
En clase y después 90

Vocabulario
Vocabulario 1 92

Vocabulario 2 96

Gramática
Presente de los verbos en **-ar** 100

Los verbos **ir, dar, estar** 105

Las contracciones **al** y **del** 107

Pronunciación
La consonante **t** 109

Conversación
Dos amigos 110

Lecturas culturales
Escuelas aquí y en Latinoamérica . . . 112

¿Quiénes trabajan? 114

Prepárate para el examen
Self-check for achievement 116

Practice for oral proficiency 118

Practice for written proficiency 119

Repaso del Capítulo 3
Gramática 120

Vocabulario 121

Repaso cumulativo 122

Literatura 1
El Cid 398

Capítulo 4 ¿Qué comemos y dónde?

Objetivos

You will:
- identify foods and discuss meals
- talk about places where you eat
- order food or a beverage at a café
- compare eating habits in Spain, Latin America, and the United States

You will use:
- present tense of regular **-er** and **-ir** verbs
- expressions with the infinitive—**ir a, tener que, acabar de**

Introducción al tema
¿Qué comemos y dónde? 126

Vocabulario
Vocabulario 1 128
Vocabulario 2 132

Gramática
Presente de los verbos en **-er, -ir** 136
Expresiones con el infinitivo 140

Pronunciación
La consonante **d** 143

Conversación
Al teléfono 144

Lecturas culturales
La comida en otras partes 146
Una merienda ¿Dónde? 148

Prepárate para el examen
Self-check for achievement 150
Practice for oral proficiency 152
Practice for written proficiency 153

Repaso del Capítulo 4
Gramática 154
Vocabulario 155

Repaso cumulativo 156

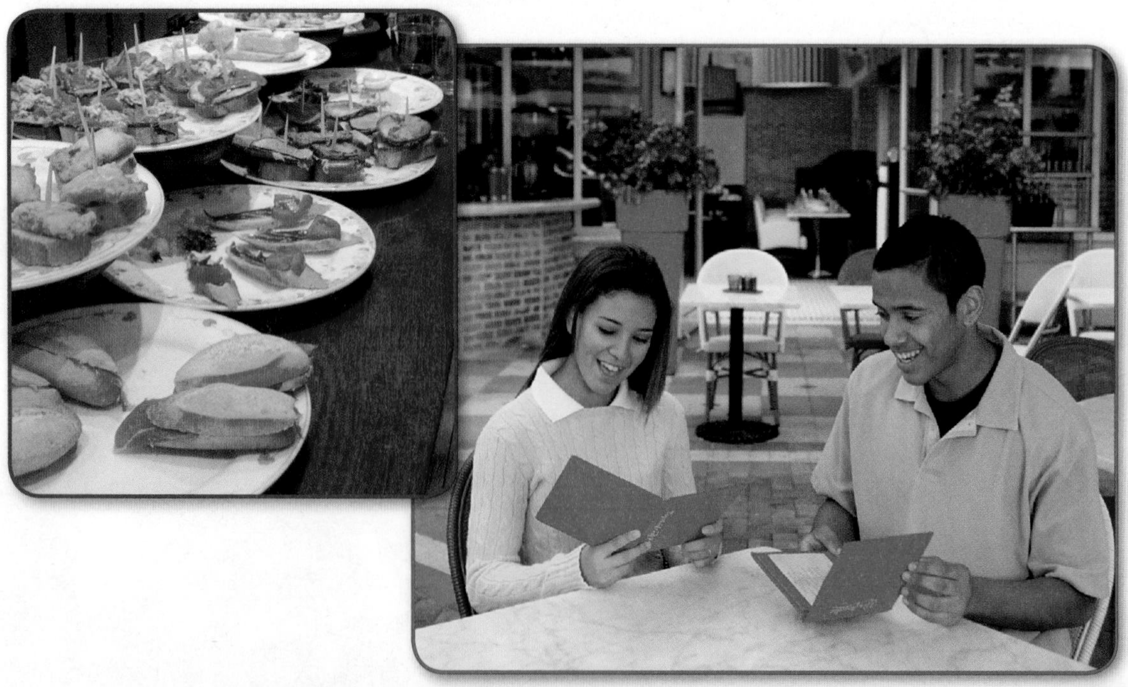

Capítulo 5 Deportes

Objetivos

You will:
- talk about sports
- describe a soccer uniform
- identify colors
- compare team sports in the United States and Spanish-speaking countries

You will use:
- present tense of stem-changing verbs
- verbs such as **interesar, aburrir,** and **gustar**

Introducción al tema
Deportes 160

Vocabulario
Vocabulario 1 162

Vocabulario 2 166

Gramática
Los verbos de cambio radical **e → ie** . . 170

Los verbos de cambio radical **o → ue** . . 172

Los verbos **interesar, aburrir, gustar** . . 175

Pronunciación
Las consonantes **s, c, z** 177

Conversación
¿Quiénes juegan? 178

Lecturas culturales
Los deportes de equipo 180

Roberto Clemente 182

Prepárate para el examen
Self-check for achievement 184

Practice for oral proficiency 186

Practice for written proficiency 187

Repaso del Capítulo 5
Gramática 188

Vocabulario 189

Repaso cumulativo 190

Capítulo 6 El bienestar

Objetivos

You will:
- describe people's personality, conditions, and emotions
- explain minor illnesses
- talk about a doctor's appointment
- learn about a literary genre—the picaresque novel

You will use:
- **ser** and **estar**
- indirect object pronouns

Introducción al tema
El bienestar 194

Vocabulario
Vocabulario 1 196

Vocabulario 2 200

Gramática
Ser y **estar**—características y condiciones 204

Ser y **estar**—origen y colocación 206

Los pronombres **me, te, nos** 209

Los pronombres **le, les** 210

Pronunciación
Las consonantes **c, g** 211

Conversación
Un alumno de Colombia 212

Lecturas culturales
El Periquillo Sarniento 214

Lazarillo de Tormes 216

Prepárate para el examen
Self-check for achievement 218

Practice for oral proficiency 220

Practice for written proficiency 221

Repaso del Capítulo 6
Gramática 222

Vocabulario 223

Repaso cumulativo 224

Literatura 2
Una leyenda mexicana—Iztaccíhuatl y Popocatépetl 402

Literatura 1
El Cid 398

Literatura 2
Iztaccíhuatl y Popocatépetl 402

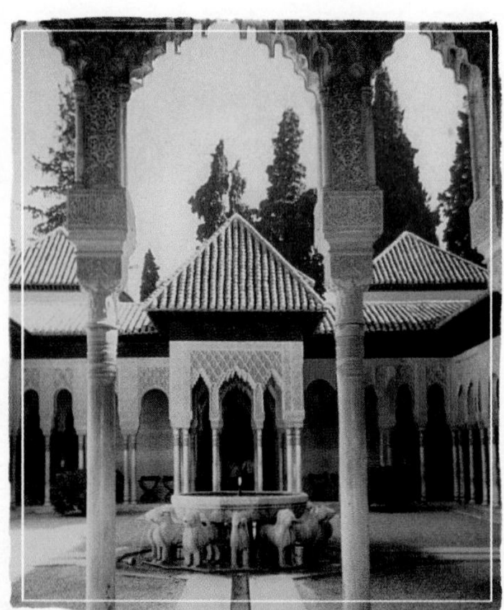

Student Resources

InfoGap SR2
Grammar Review SR10
Verb Charts SR16
Spanish-English Dictionary SR18
English-Spanish Dictionary SR30
Culture Index SR40
Grammar Index SR42

Guide to Symbols

Throughout **¡Así se dice!** you will see these symbols, or icons. They will tell you how to best use the particular part of the chapter or activity they accompany. Following is a key to help you understand these symbols.

Audio link This icon indicates material in the chapter that is recorded on compact disk.

Recycling This icon indicates sections that review previously introduced material.

Paired activity This icon indicates activities that you can practice orally with a partner.

Group activity This icon indicates activities that you can practice together in groups.

Critical thinking This icon indicates activities that require critical thinking.

InfoGap This icon refers to additional paired activities at the end of the book.

¡Bravo! This icon indicates the end of new material in each chapter. All remaining material is recombination and review.

Literary Reader This icon lets you know that you are prepared to read the indicated literature selection.

Why Learn Spanish?

¡Viva el español!

Spanish is currently the fourth-most-spoken language in the world. Studying Spanish will help you explore other cultures, communicate with Spanish speakers, and increase your career possibilities.

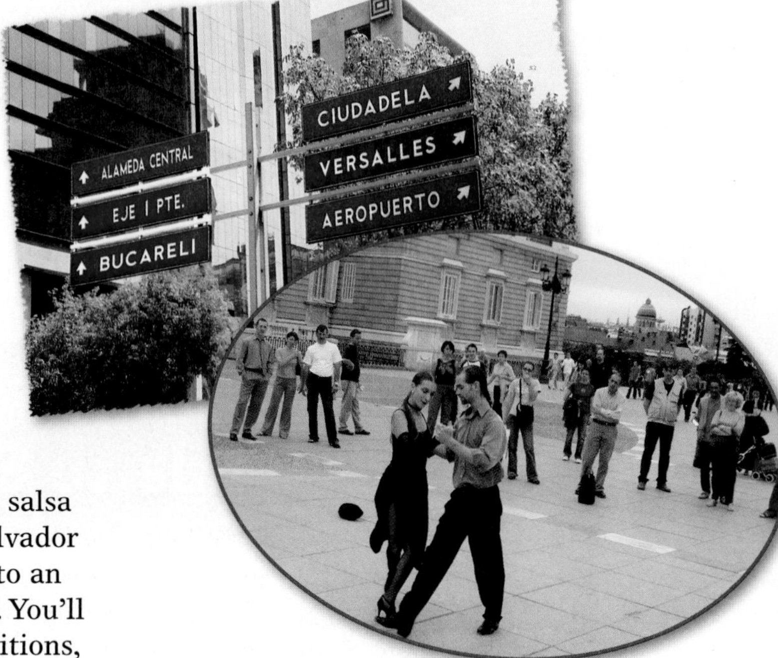

▲ Dancers of the tango on the streets of Argentina

It's fascinating!

Culture Hispanic culture is full of diverse expressions of music, art, and literature. From dancing the tango or salsa to admiring a modern painting by Salvador Dalí, your studies will introduce you to an array of what the culture has to offer. You'll learn about the various customs, traditions, and values in Latin America and Spain. From food and family to school and sports, you'll learn all about life in the Hispanic world.

It's all around us!

Communication The United States is home to more than forty-four million Hispanics or Latinos. Whether on the radio, in your community or school, or in your own home, the Spanish language is probably part of your life in some way. Understanding Spanish allows you to sing along with Latin music on the radio or chat with Spanish speakers in your school, community, or family. No matter who you are, Spanish can enrich your life in some way.

If you plan to travel outside the United States, remember that Spanish is the official language of twenty-one countries. Experiencing another country is more fun and meaningful when you can understand restaurant menus, read newspapers, follow street signs, watch TV, and better yet converse with the locals.

◀ Singer Shakira performs.

▲ A Spanish-speaking dentist

It's a lifelong skill!

Career Do you know what career you plan to pursue? Medicine, business, social work, teaching? What will you do if you have a Spanish-speaking patient, client, or student? Speak Spanish, of course! Whatever your career, you will be able to reach more people if you are able to converse in Spanish. After all, it's spoken by 13 percent of the U.S. population. You will also be open to many more career opportunities if you know Spanish. Businesses, government agencies, and educational institutions are always looking for people with the ability to speak and read more than one language.

It's an adventure!

Challenge When you study a language, you not only learn about the language and its speakers but also about yourself. Studying a language requires that you challenge yourself and more fully develop your skills. When you know about the customs and values of another culture, you are better able to reflect upon your own. Language is a means of self-discovery. Enjoy!

▼ Fans of Enrique Iglesias

Reading in a New Language

Following are skills and strategies that can help you understand what you read in a language you have just begun to learn. *Reading and Succeeding* will help you build skills and strategies that will make it easier to understand what you are reading in your exciting new language.

The strategies you use frequently depend on the purpose of your reading. You do not read a textbook or standardized testing questions the same way you read a novel or a magazine article. You read a textbook for information. You read a novel or magazine article for fun.

In the early stages of second-language learning, your vocabulary is, of course, very limited in comparison to the vast number of words you already know in English. The material presented to you to read in the early stages must accommodate this reality. Your limited knowledge of the language does not have to deter you from enjoying what you are reading. Most of what you read, however, will come from your textbook, since original novels and magazine articles are not written for people who have limited exposure to the language.

As you develop your reading ability in Spanish, you will encounter basically two types of readings.

Intensive Readings

These readings are short. They are very controlled, using only language you have already learned. You should find these readings easy and enjoyable. If you find them difficult, it means you have not sufficiently learned the material presented in the chapter of the textbook. The vast majority of these informative readings will introduce you to the fascinating cultures of the Spanish-speaking world.

A very important aspect of reading in Spanish is to give you things to "talk about" in the language. The more you read, speak, and use the language, the more proficient you will become. Whenever you finish reading one of the intensive reading selections, you should be able to talk about it; that is, you should be able to retell it in your own words.

Extensive Readings

Since it is unrealistic to assume that you will never encounter new words as you branch out and read material in Spanish, you will also be presented with extensive readings. The goal of these extensive readings is to help you develop the tools and skills you need in order to read at some future date an original novel or magazine article. They do indeed contain some words and structures that are unfamiliar to you. In this *Reading and Succeeding* section, you will learn to develop many skills that will enable you to read such material with relative ease.

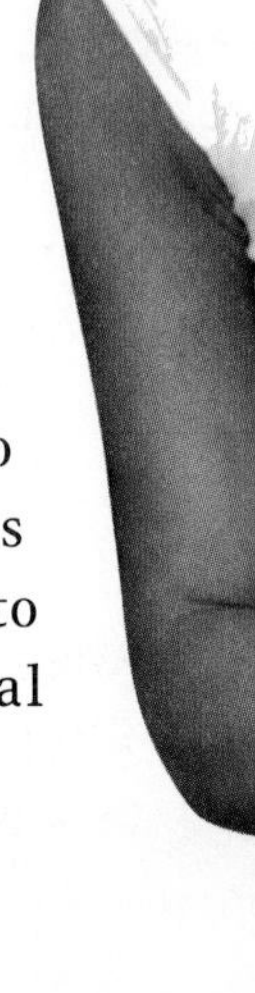

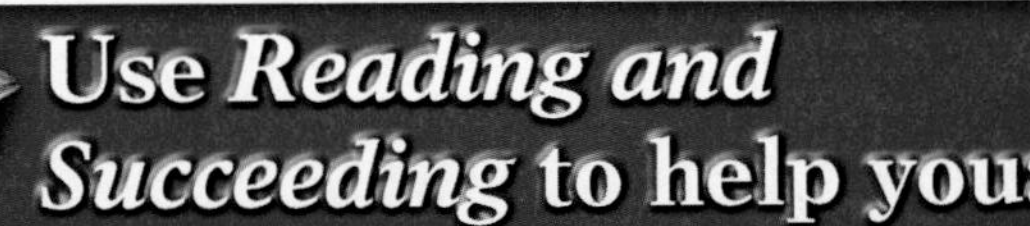

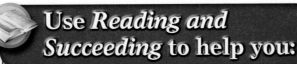

- adjust the way you read to fit the type of material you are reading
- identify new words and build your vocabulary
- use specific reading strategies to better understand what you read
- improve your ability to speak by developing strategies that enable you to retell orally what you have read
- use critical thinking strategies to think more deeply about what you read

Identifying New Words and Building Vocabulary

What do you do when you come across a word you do not know as you read? Do you skip the word and keep reading? You might if you are reading for fun. If it hinders your ability to understand, however, you might miss something important. When you come to a word you don't know, try the following strategies to figure out what the word means.

Reading Aloud

In the early stages of learning a second language, a good strategy is to sit by yourself and read the selection aloud. This can help you understand the reading because you once again hear words that you have already practiced orally in class. Hearing them as you read them can help reinforce meaning.

Identifying Cognates

As you read you will come across many cognates. Cognates are words that look alike in both English and Spanish. Not only do they look alike but they mean the same thing. Recognizing cognates is a great reading strategy. Examples of cognates are:

cómico **nacionalidad** **entra**
popular **secundaria** **clase**
cubano **matemática** **prepara**
video **blusa** **televisión**

Identifying Roots and Base Words

The main part of a word is called its root. From a root, many new words can be formed. When you see a new word, identify its root. It can help you pronounce the word and figure out its meaning.

For example, if you know the word **importante,** there is no problem determining the meaning of **importancia.** The verb **importar** becomes a bit more problematic, but with some intelligent guessing you can get its meaning. You know it has something to do with importance so it means *it is important,* and by extension it can even carry the meaning *it matters.*

Identifying Prefixes

A prefix is a word part added to the beginning of a root or base word. Spanish as well as English has prefixes. Prefixes can change, or even reverse, the meaning of a word. For example, the prefixes **in-**, **im-**, and **des-** mean *not.*

estable/inestable **posible/imposible**
honesto/deshonesto

Using Syntax

Like all languages, Spanish has rules for the way words are arranged in sentences. The way a sentence is organized is called its syntax. Spanish syntax, however, is a bit more flexible than English. In a simple English sentence someone or something (its subject) does something (the predicate or verb) to or with another person or thing (the object). This word order can vary in Spanish and does not always follow the subject/verb/object order.

Because Spanish and English syntax vary, you should think in Spanish and not try to translate what you are reading into English. Reading in Spanish will then have a natural flow and follow exactly the way you learned it. Trying to translate it into English confuses the matter and serves no purpose.

Example

English always states: *John speaks to me.*
Spanish can state: *John to me speaks. or*
To me speaks John.

The latter leaves the subject to the end of the sentence and emphasizes that it is John who speaks to me.

Using Context Clues

This is a very important reading strategy in a second language. You can often figure out the meaning of an unfamiliar word by looking at it in context (the words and sentences that surround it). Let's look at the example below.

Example

The glump ate it all up and flew away.

You have no idea what a *glump* is. Right? But from the rest of the sentence you can figure out that it's a bird. Why? Because it flew away and you know that birds fly. In this way you guessed at the meaning of an unknown word using context. Although you know it is a bird, you cannot determine the specific meaning such as a robin, a wren, or a sparrow. In many cases it does not matter because that degree of specificity is not necessary for comprehension.

Let's look at another example:
The glump ate it all up and phlumped.

In this case you do not know the meaning of two key words in the same sentence—*glump* and *phlumped.* This makes it impossible to guess the meaning and this is what can happen when you try to read something in a second language that is beyond your proficiency level. This makes reading a frustrating experience. For this reason all the readings in your textbook control the language to keep it within your reach. Remember, if you have studied the vocabulary in your book, this will not happen.

Understanding What You Read

Try using some of the following strategies before, during, and after reading to understand and remember what you read.

Previewing

When you preview a piece of writing, you are looking for a general idea of what to expect from it. Before you read, try the following.

- Look at the title and any illustrations that are included.
- Read the headings, subheadings, and anything in bold letters.
- Skim over the passage to see how it is organized. Is it divided into many parts? Is it a long poem or short story?
- Look at the graphics—pictures, maps, or diagrams.
- Set a purpose for your reading. Are you reading to learn something new? Are you reading to find specific information?

Using What You Know

Believe it or not, you already know quite a bit about what you are going to read. Your own knowledge and personal experience can help you create meaning in what you read. There is, however, a big difference in reading the information in your Spanish textbook. You already have some knowledge about what you are reading from a United States oriented base. What you will be reading about takes place in a Spanish-speaking environment and thus you will be adding an exciting new dimension to what you already know. Comparing and contrasting are important critical skills to put to use when reading material about a culture other than your own. This skill will be discussed later.

Visualizing

Creating pictures in your mind about what you are reading—called visualizing—will help you understand and remember what you read. With the assistance of the many accompanying photos, try to visualize the people, streets, cities, homes, etc., you are reading about.

Identifying Sequence

When you discover the logical order of events or ideas, you are identifying sequence. Look for clues and signal words that will help you find how information is organized. Some signal words are **primero, al principio, antes, después, luego, entonces, más tarde, por fin, finalmente.**

Determining the Main Idea

When you look for the main idea of a selection, you look for the most important idea. The examples, reasons, and details that further explain the main idea are called supporting details.

Reviewing

When you review in school, you go over what you learned the day before so that the information is clear in your mind. Reviewing when you read does the same thing. Take time now and then to pause and review what you have read. Think about the main ideas and organize them for yourself so you can recall them later. Filling in study aids such as graphic organizers can help you review.

Monitoring Your Comprehension

As you read, check your understanding by summarizing. Pause from time to time and state the main ideas of what you have just read. Answer the questions: **¿Quién?** *(Who?)* **¿Qué?** *(What?)* **¿Dónde?** *(Where?)* **¿Cuándo?** *(When?)* **¿Cómo?** *(How?)* **¿Por qué?** *(Why?)*. Summarizing tests your comprehension because you state key points in your own words. Remember something you read earlier: reading in Spanish empowers your ability to speak by developing strategies that enable you to retell orally what you have read.

Thinking About Your Reading

Sometimes it is important to think more deeply about what you read so you can get the most out of what the author says. These critical thinking skills will help you go beyond what the words say and understand the meaning of your reading.

Compare and Contrast

To compare and contrast shows the similarities and differences among people, things, and ideas. Your reading experience in Spanish will show you many things that are similar and many others that are different depending upon the culture groups and social mores.

As you go over these culturally oriented readings, try to visualize what you are reading. Then think about the information. Think about what you know about the topic and then determine if the information you are reading is similar, somewhat different, or very different from what you know.

Continue to think about it. In this case you may have to think about it in English. Determine if you find the similarities or the differences interesting. Would you like to experience what you are reading about? Analyzing the information in this way will most certainly help you remember what you have read.

- Signal words and phrases that indicate similarity are **similar, semejante, parecido, igual.**
- Signal words and phrases that indicate differences are **diferente, distinto, al contrario, contrariamente, sin embargo.**

Cause and Effect

Just about everything that happens in life is the cause or the effect of some other event or action. Writers use cause-and-effect structure to explore the reasons for something happening and to examine the results of previous events. This structure helps answer the question that everybody is always asking: Why? Cause-and-effect structure is about explaining things.

- Signal words and phrases are **así, porque, por consiguiente, resulta que.**

Using Reference Materials

In the early stages of second-language learning, you will not be able to use certain types of reference materials that are helpful to you in English. For example, you could not look up a word in a Spanish dictionary as you would not be able to understand many of the words used in the definition.

You can, however, make use of the glossary that appears at the end of your textbook. A glossary includes only words that are included in the textbook. Rather than give you a Spanish definition, the glossary gives you the English equivalent of the word. If you have to use the glossary very frequently, it indicates to you that you have not studied the vocabulary sufficiently in each chapter. A strategy to use before beginning a reading selection in any given chapter is to quickly skim the vocabulary in the **Vocabulario 1** and **Vocabulario 2** sections of the chapter.

Expand your view of the Spanish-speaking world.

¡Así se dice! will show you the many places where you will be able to use your Spanish.

Cultural and geographic information is at your fingertips with GeoVistas, your virtual field trip to the Spanish-speaking countries.

Start your journey into language and culture.

Opening photo provides a cultural backdrop for the chapter.

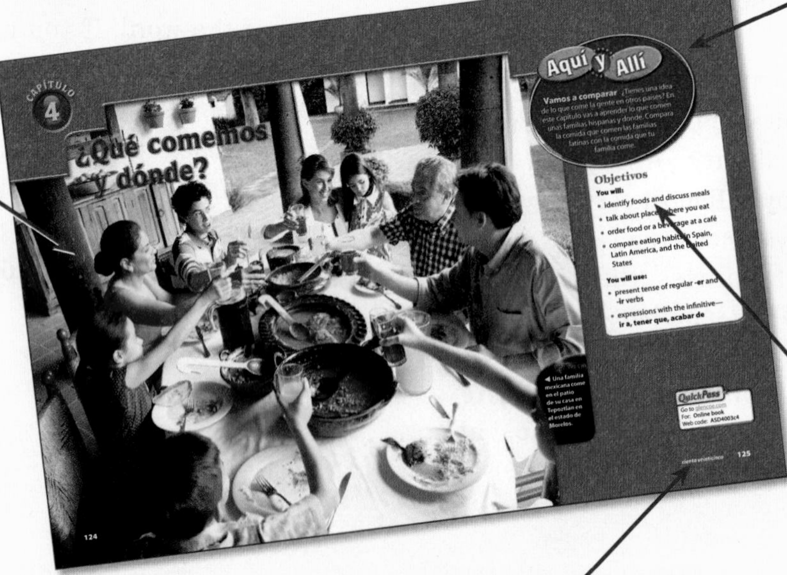

Aquí y Allí introduces you to the chapter theme and invites you to make connections between your culture and the cultures of Spanish-speaking countries.

Objectives let you know what you will be able to do by the end of the chapter.

Access your eBook with QuickPass at glencoe.com.

Get acquainted with the chapter theme.

Explore each chapter's theme with vivid cultural photos and informative captions.

Introducción al tema

¿Qué comemos y dónde?

Los platos de muchos países latinoamericanos llevan pimientos que tienen nombres diferentes como chiles, ajíes, chipotles y morrones. ▶

Look at these photographs to acquaint yourself with the theme of this chapter—what we eat and where. You will notice here and throughout the chapter that in the Spanish-speaking world there is a great variety of interesting and delicious foods. What people eat in one area is different from what people eat in another area, just as in the United States. Do you recognize any of the foods you see here? Of all the foods, which would be your favorite?

TORTAS

Puerto Rico La señora prepara unas frituras de Puerto Rico en un puesto de comida en Piñones cerca de San Juan. ▶

▲ **México** En su carrito en el famoso Parque de Chapultepec en la Ciudad de México, la señora prepara y vende bocadillos o sándwiches. En México son tortas.

126

▲ **Perú** La muchacha tiene un puesto en Huanchaco, Perú, donde prepara y vende raspadillas—un refresco de hielo granizado y el jugo de una fruta tropical.

El chocolate es un producto de las Américas. La palabra «chocolate» es de la palabra «xocoatl» en náhuatl, una lengua de los indígenas de México. Aquí vemos unos bombones de chocolate y una planta de cacao que produce el chocolate. ▶

MESON EL PANAL

◀ **España** Un mesón es un tipo de café adonde va la gente a comer tapas. Aquí vemos un jamón famoso de España—el jamón serrano—y un queso famoso—el queso manchego.

La Estancia

Argentina El delicioso bife argentino es famoso en el mundo entero. El señor prepara bife y pollo a la parrilla en un restaurante de Buenos Aires. ▶

See how the theme relates to different countries in the Spanish-speaking world.

Talk about the chapter theme with your new vocabulary.

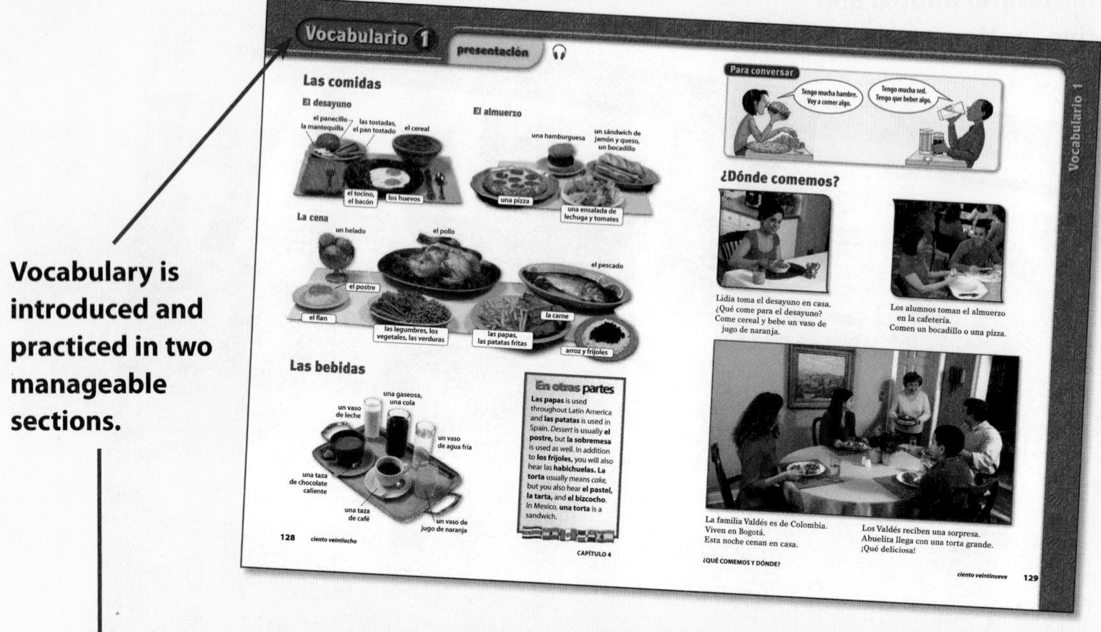

Vocabulary is introduced and practiced in two manageable sections.

Recorded presentation ensures proper pronunciation.

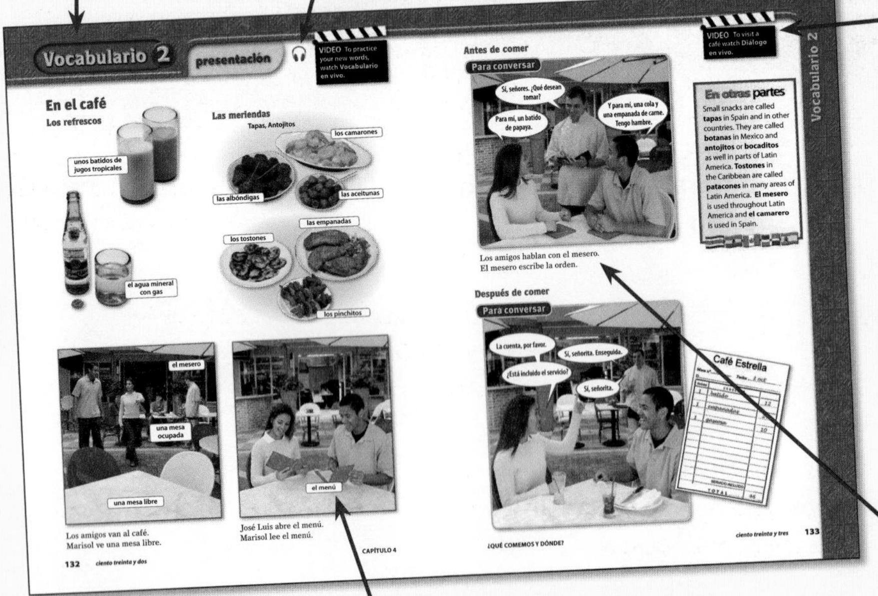

Watch video clips to experience the diversity of the Spanish-speaking world while reinforcing the language you have learned and improving your listening and viewing skills.

New words are used in a meaningful context.

Photos and illustrations aid comprehension and vocabulary acquisition.

Practice and master new vocabulary.

Practice and master your new vocabulary with your Workbook and StudentWorks™ Plus.

Use QuickPass to easily access additional vocabulary practice at glencoe.com.

Practice authentic communication with InfoGap activities.

Expansión enables you to tell and retell a story, using your new words.

Reinforce pronunciation and aural comprehension with audio activities.

Communicative activities give you real-life experience speaking in Spanish.

Paired and small-group activities allow you to communicate about the chapter theme.

Learn grammar within the context of the chapter theme.

Useful tips help you avoid language pitfalls.

Use QuickPass to access additional grammar practice at glencoe.com.

Learn colloquial phrases to make conversation easy.

Graphic organizers make practice clear and easy.

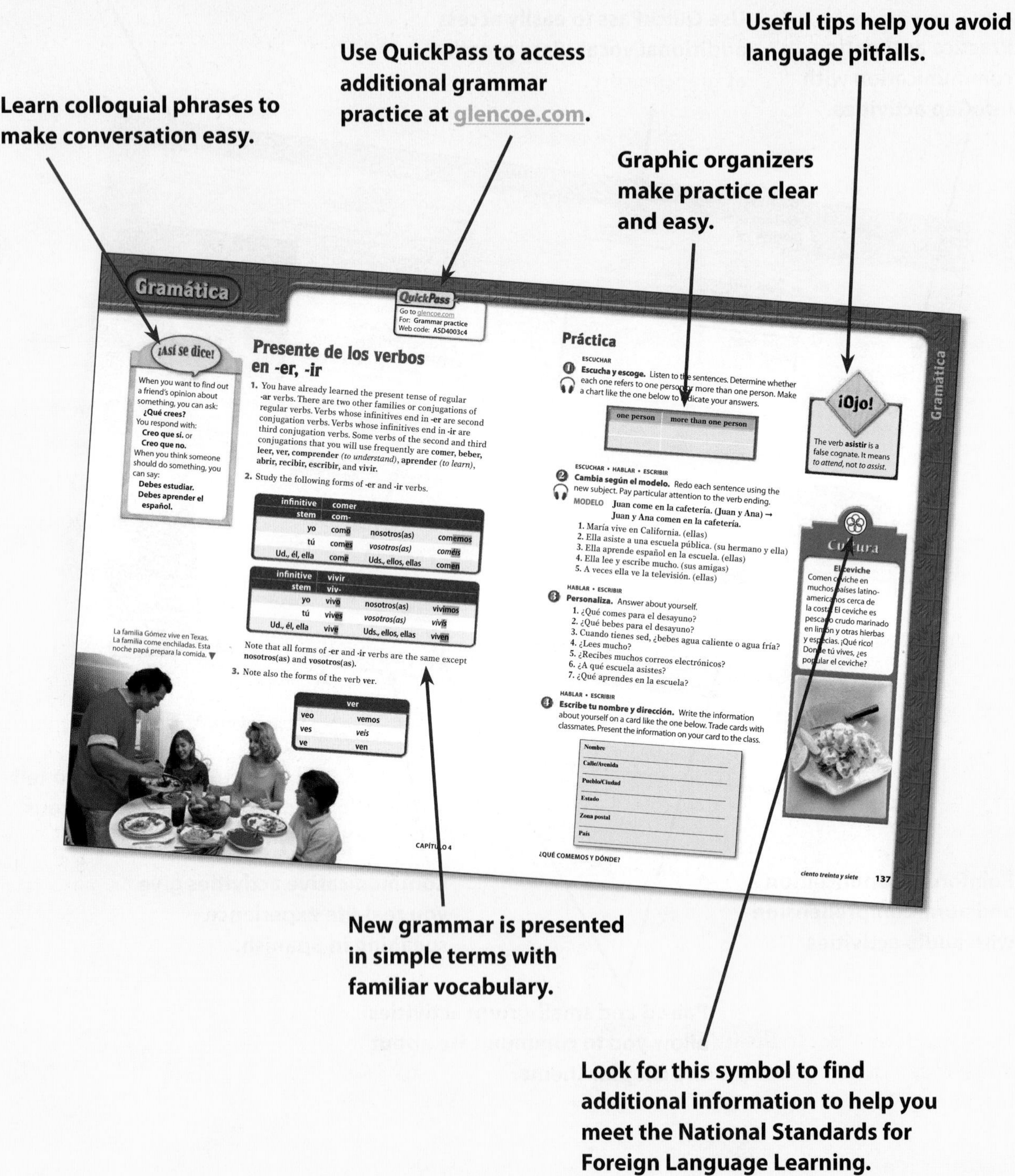

Gramática

¡Así se dice!

When you want to find out a friend's opinion about something, you can ask:
¿Qué crees?
You respond with:
Creo que sí. or
Creo que no.
When you think someone should do something, you can say:
Debes estudiar.
Debes aprender el español.

QuickPass
Go to glencoe.com
For: Grammar practice
Web code: ASD4003c4

Presente de los verbos en -er, -ir

1. You have already learned the present tense of regular **-ar** verbs. There are two other families or conjugations of regular verbs. Verbs whose infinitives end in **-er** are second conjugation verbs. Verbs whose infinitives end in **-ir** are third conjugation verbs. Some verbs of the second and third conjugations that you will use frequently are **comer, beber, leer, ver, comprender** *(to understand)*, **aprender** *(to learn)*, **abrir, recibir, escribir,** and **vivir.**
2. Study the following forms of **-er** and **-ir** verbs.

infinitive	comer		
stem	com-		
yo	como	nosotros(as)	comemos
tú	comes	vosotros(as)	coméis
Ud., él, ella	come	Uds., ellos, ellas	comen

infinitive	vivir		
stem	viv-		
yo	vivo	nosotros(as)	vivimos
tú	vives	vosotros(as)	vivís
Ud., él, ella	vive	Uds., ellos, ellas	viven

Note that all forms of **-er** and **-ir** verbs are the same except **nosotros(as)** and **vosotros(as).**

3. Note also the forms of the verb **ver.**

ver	
veo	vemos
ves	veis
ve	ven

La familia Gómez vive en Texas. La familia come enchiladas. Esta noche papá prepara la comida.

CAPÍTULO 4

Práctica

ESCUCHAR
1 Escucha y escoge. Listen to the sentences. Determine whether each one refers to one person or more than one person. Make a chart like the one below to indicate your answers.

one person	more than one person

ESCUCHAR • HABLAR • ESCRIBIR
2 Cambia según el modelo. Redo each sentence using the new subject. Pay particular attention to the verb ending.

MODELO **Juan come en la cafetería. (Juan y Ana) →**
Juan y Ana comen en la cafetería.

1. María vive en California. (ellas)
2. Ella asiste a una escuela pública. (su hermano y ella)
3. Ella aprende español en la escuela. (ellas)
4. Ella lee y escribe mucho. (sus amigas)
5. A veces ella ve la televisión. (ellas)

HABLAR • ESCRIBIR
3 Personaliza. Answer about yourself.

1. ¿Qué comes para el desayuno?
2. ¿Qué bebes para el desayuno?
3. Cuando tienes sed, ¿bebes agua caliente o agua fría?
4. ¿Lees mucho?
5. ¿Recibes muchos correos electrónicos?
6. ¿A qué escuela asistes?
7. ¿Qué aprendes en la escuela?

HABLAR • ESCRIBIR
4 Escribe tu nombre y dirección. Write the information about yourself on a card like the one below. Trade cards with classmates. Present the information on your card to the class.

Nombre
Calle/Avenida
Pueblo/Ciudad
Estado
Zona postal
País

¿QUÉ COMEMOS Y DÓNDE?

¡Ojo!
The verb **asistir** is a false cognate. It means *to attend*, not *to assist.*

Cultura
El ceviche
Comen ceviche en muchos países latinoamericanos cerca de la costa. El ceviche es pescado crudo marinado en limón y otras hierbas y especias. ¡Qué rico! Donde tú vives, ¿es popular el ceviche?

Gramática

ciento treinta y siete 137

New grammar is presented in simple terms with familiar vocabulary.

Look for this symbol to find additional information to help you meet the National Standards for Foreign Language Learning.

Build on what you already know and improve pronunciation.

Use your new vocabulary as you practice the new grammar points.

Have fun using your Spanish to figure out the meaning of Spanish proverbs.

Listen to speakers from diverse areas of the Spanish-speaking world to improve pronunciation.

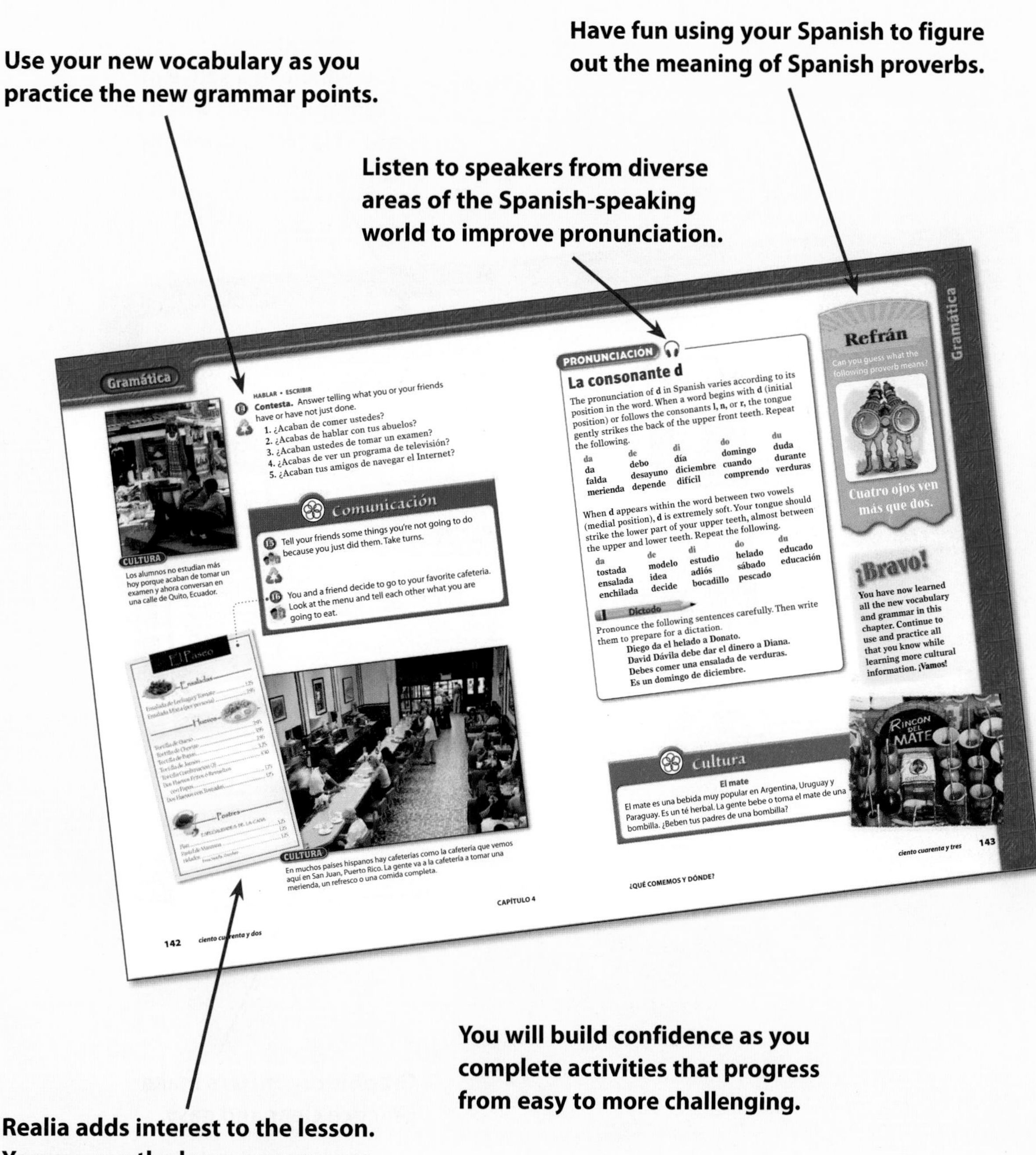

Gramática

HABLAR • ESCRIBIR

15 **Contesta.** Answer telling what you or your friends have or have not just done.

1. ¿Acaban de comer ustedes?
2. ¿Acabas de hablar con tus abuelos?
3. ¿Acaban ustedes de tomar un examen?
4. ¿Acabas de ver un programa de televisión?
5. ¿Acaban tus amigos de navegar el Internet?

CULTURA

Los alumnos no estudian más hoy porque acaban de tomar un examen y ahora conversan en una calle de Quito, Ecuador.

Comunicación

15 Tell your friends some things you're not going to do because you just did them. Take turns.

16 You and a friend decide to go to your favorite cafetería. Look at the menu and tell each other what you are going to eat.

El Paseo

CULTURA

En muchos países hispanos hay cafeterías como la cafetería que vemos aquí en San Juan, Puerto Rico. La gente va a la cafetería a tomar una merienda, un refresco o una comida completa.

PRONUNCIACIÓN

La consonante d

The pronunciation of **d** in Spanish varies according to its position in the word. When a word begins with **d** (initial position) or follows the consonants **l**, **n**, or **r**, the tongue gently strikes the back of the upper front teeth. Repeat the following.

da	de	di	do	du
da	**debo**	**día**	**domingo**	**duda**
falda	**desayuno**	**diciembre**	**cuando**	**durante**
merienda	**depende**	**difícil**	**comprendo**	**verduras**

When **d** appears within the word between two vowels (medial position), **d** is extremely soft. Your tongue should strike the lower part of your upper teeth, almost between the upper and lower teeth. Repeat the following.

da	de	di	do	du
tostada	**modelo**	**estudio**	**helado**	**educado**
ensalada	**idea**	**adiós**	**sábado**	**educación**
enchilada	**decide**	**bocadillo**	**pescado**	

Dictado

Pronounce the following sentences carefully. Then write them to prepare for a dictation.

Diego da el helado a Donato.
David Dávila debe dar el dinero a Diana.
Debes comer una ensalada de verduras.
Es un domingo de diciembre.

Refrán

Can you guess what the following proverb means?

Cuatro ojos ven más que dos.

¡Bravo!

You have now learned all the new vocabulary and grammar in this chapter. Continue to use and practice all that you know while learning more cultural information. ¡Vamos!

Cultura

El mate

El mate es una bebida muy popular en Argentina, Uruguay y Paraguay. Es un té herbal. La gente bebe o toma el mate de una bombilla. ¿Beben tus padres de una bombilla?

142 ciento cuarenta y dos CAPÍTULO 4

¿QUÉ COMEMOS Y DÓNDE? ciento cuarenta y tres 143

Realia adds interest to the lesson. You can see the language you are learning in real-life contexts.

You will build confidence as you complete activities that progress from easy to more challenging.

Engage classmates in real conversation.

Use QuickPass to access the Conversation online at glencoe.com.

You will have a sense of accomplishment when you are able to comprehend the conversation.

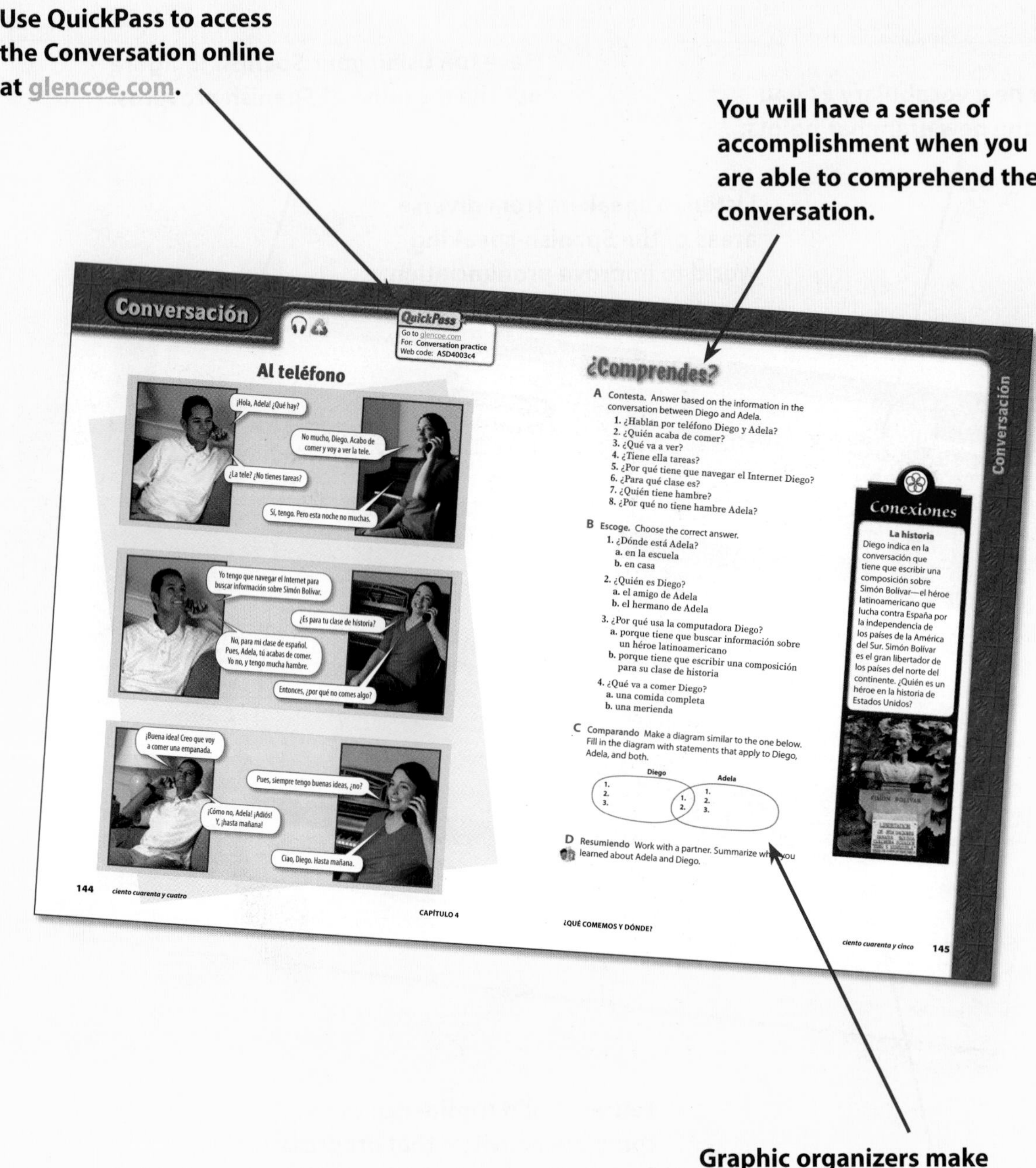

Conversación

QuickPass
Go to glencoe.com
For: Conversation practice
Web code: ASD4003c4

Al teléfono

144 ciento cuarenta y cuatro — CAPÍTULO 4

¿Comprendes?

A Contesta. Answer based on the information in the conversation between Diego and Adela.

1. ¿Hablan por teléfono Diego y Adela?
2. ¿Quién acaba de comer?
3. ¿Qué va a ver?
4. ¿Tiene ella tareas?
5. ¿Por qué tiene que navegar el Internet Diego?
6. ¿Para qué clase es?
7. ¿Quién tiene hambre?
8. ¿Por qué no tiene hambre Adela?

B Escoge. Choose the correct answer.

1. ¿Dónde está Adela?
   a. en la escuela
   b. en casa
2. ¿Quién es Diego?
   a. el amigo de Adela
   b. el hermano de Adela
3. ¿Por qué usa la computadora Diego?
   a. porque tiene que buscar información sobre un héroe latinoamericano
   b. porque tiene que escribir una composición para su clase de historia
4. ¿Qué va a comer Diego?
   a. una comida completa
   b. una merienda

C Comparando Make a diagram similar to the one below. Fill in the diagram with statements that apply to Diego, Adela, and both.

D Resumiendo Work with a partner. Summarize what you learned about Adela and Diego.

Conexiones

La historia

Diego indica en la conversación que tiene que escribir una composición sobre Simón Bolívar—el héroe latinoamericano que lucha contra España por la independencia de los países de la América del Sur. Simón Bolívar es el gran libertador de los países del norte del continente. ¿Quién es un héroe en la historia de Estados Unidos?

Conversación

¿QUÉ COMEMOS Y DÓNDE? — ciento cuarenta y cinco 145

Graphic organizers make practice clear and easy.

Heighten your cultural awareness.

Step-by-step reading strategies help to develop your reading skills.

Cultural reading uses learned language to reinforce chapter theme.

Recorded reading online and on CD provides options for addressing various skills and learning styles.

Verify your comprehension throughout the selection with Reading Checks.

Un poco más reading reinforces the chapter theme and expands your understanding of the Spanish-speaking world.

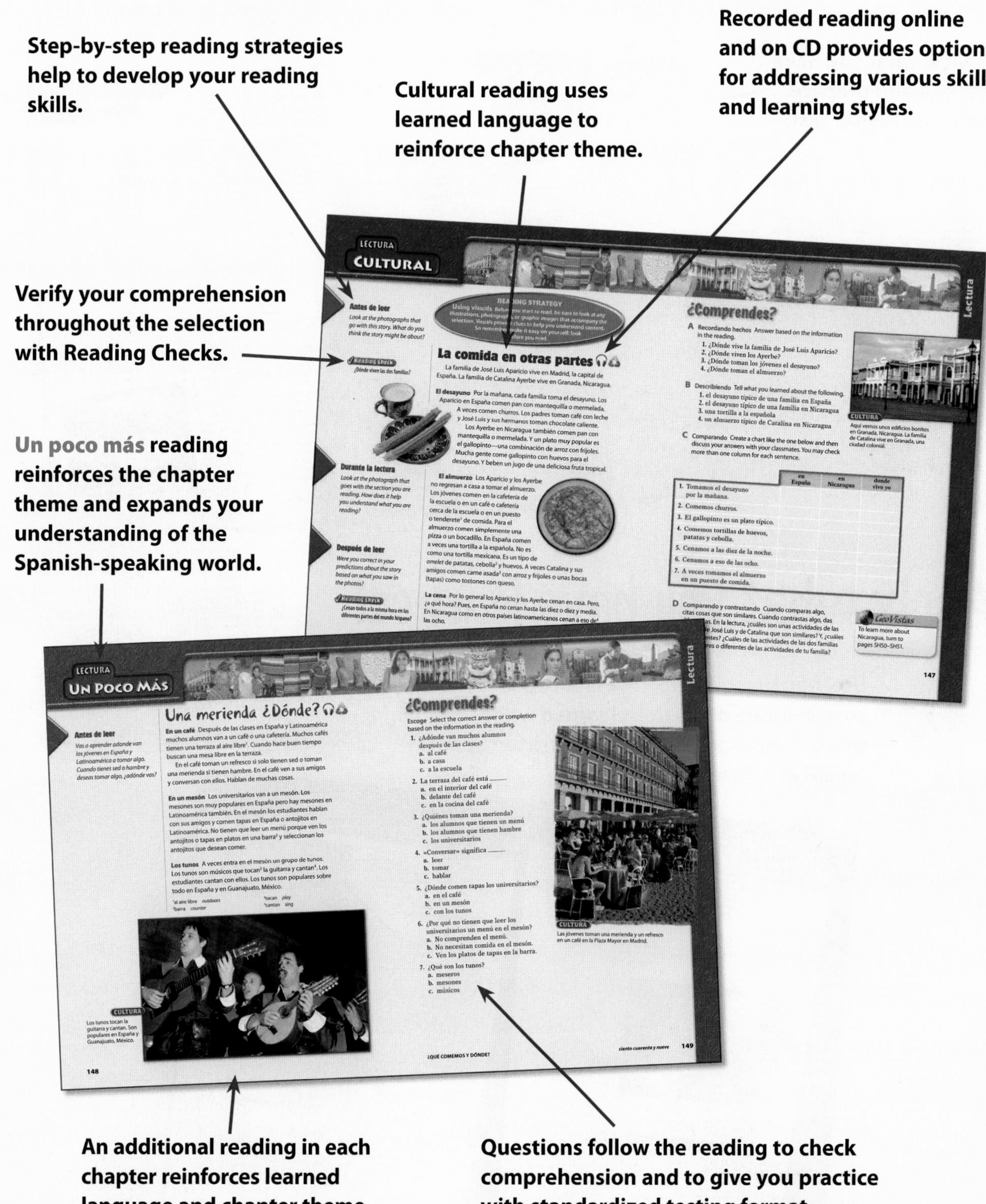

An additional reading in each chapter reinforces learned language and chapter theme.

Questions follow the reading to check comprehension and to give you practice with standardized testing format.

Show what you know!

Review what you have learned and prepare for your chapter test.

Reference notes direct you to the correct pages for review.

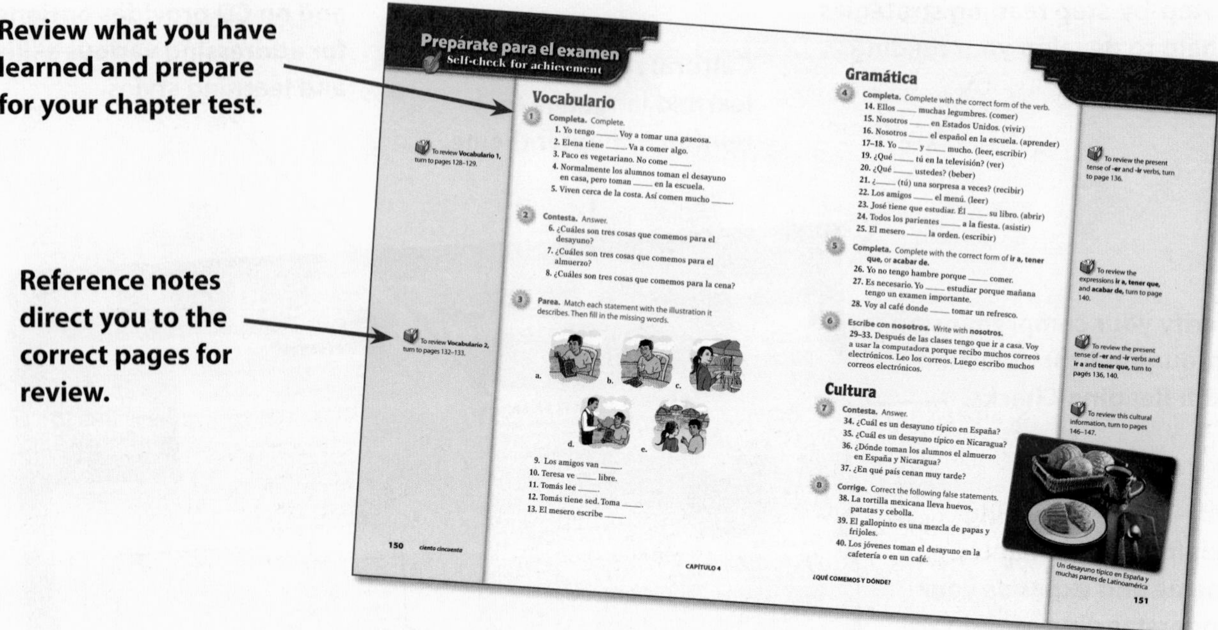
Prepárate para el examen
Self-check for achievement

Vocabulario

1 **Completa.** Complete.
1. Yo tengo ___. Voy a tomar una gaseosa.
2. Elena tiene ___. Va a comer algo.
3. Paco es vegetariano. No come ___.
4. Normalmente los alumnos toman el desayuno en casa, pero toman ___ en la escuela.
5. Viven cerca de la costa. Así comen mucho ___.

To review **Vocabulario 1**, turn to pages 128–129.

2 **Contesta.** Answer.
6. ¿Cuáles son tres cosas que comemos para el desayuno?
7. ¿Cuáles son tres cosas que comemos para el almuerzo?
8. ¿Cuáles son tres cosas que comemos para la cena?

3 **Parea.** Match each statement with the illustration it describes. Then fill in the missing words.

a. b. c. d. e.

9. Los amigos van ___.
10. Teresa ve ___ libre.
11. Tomás lee ___.
12. Tomás tiene sed. Toma ___.
13. El mesero escribe ___.

To review **Vocabulario 2**, turn to pages 132–133.

Gramática

4 **Completa.** Complete with the correct form of the verb.
14. Ellos ___ muchas legumbres. (comer)
15. Nosotros ___ en Estados Unidos. (vivir)
16. Nosotros ___ el español en la escuela. (aprender)
17–18. Yo ___ y ___ mucho. (leer, escribir)
19. ¿Qué ___ tú en la televisión? (ver)
20. ¿Qué ___ ustedes? (beber)
21. ¿___ (tú) una sorpresa a veces? (recibir)
22. Los amigos ___ el menú. (leer)
23. José tiene que estudiar. Él ___ su libro. (abrir)
24. Todos los parientes ___ a la fiesta. (asistir)
25. El mesero ___ la orden. (escribir)

To review the present tense of **-er** and **-ir** verbs, turn to page 136.

5 **Completa.** Complete with the correct form of **ir a, tener que,** or **acabar de.**
26. Yo no tengo hambre porque ___ comer.
27. Es necesario. Yo ___ estudiar porque mañana tengo un examen importante.
28. Voy al café donde ___ tomar un refresco.

To review the expressions **ir a, tener que,** and **acabar de,** turn to page 140.

6 **Escribe con nosotros.** Write with **nosotros.**
29–33. Después de las clases tengo que ir a casa. Voy a usar la computadora porque recibo muchos correos electrónicos. Leo los correos. Luego escribo muchos correos electrónicos.

To review the present tense of **-er** and **-ir** verbs and **ir a** and **tener que,** turn to pages 136, 140.

Cultura

7 **Contesta.** Answer.
34. ¿Cuál es un desayuno típico en España?
35. ¿Cuál es un desayuno típico en Nicaragua?
36. ¿Dónde toman los alumnos el almuerzo en España y Nicaragua?
37. ¿En qué país cenan muy tarde?

8 **Corrige.** Correct the following false statements.
38. La tortilla mexicana lleva huevos, patatas y cebolla.
39. El gallopinto es una mezcla de papas y frijoles.
40. Los jóvenes toman el desayuno en la cafetería o en un café.

To review this cultural information, turn to pages 146–147.

Un desayuno típico en España y muchas partes de Latinoamérica

150 ciento cincuenta CAPÍTULO 4 ¿QUÉ COMEMOS Y DÓNDE? 151

Apply what you have learned!

Use your new skills to communicate orally in meaningful, open-ended activities.

Practice what you have learned while improving your written Spanish.

Writing Strategy gives you the tools you need to develop better writing skills.

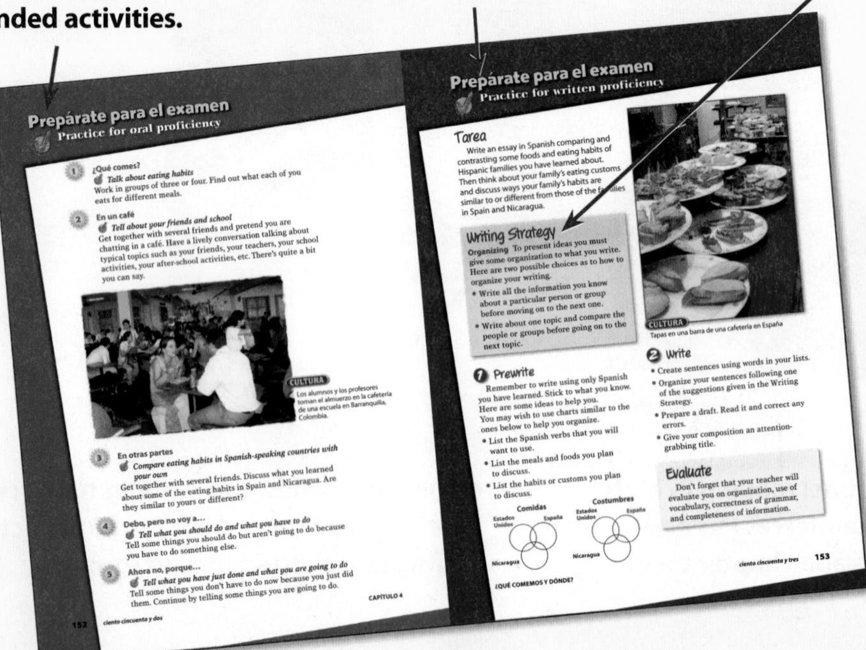
Prepárate para el examen
Practice for oral proficiency

1 **¿Qué comes?**
Talk about eating habits
Work in groups of three or four. Find out what each of you eats for different meals.

2 **En un café**
Tell about your friends and school
Get together with several friends and pretend you are chatting in a café. Have a lively conversation talking about typical topics such as your friends, your teachers, your school activities, your after-school activities, etc. There's quite a bit you can say.

CULTURA Los alumnos y los profesores toman el almuerzo en la cafetería de una escuela en Barranquilla, Colombia.

3 **En otras partes**
Compare eating habits in Spanish-speaking countries with your own
Get together with several friends. Discuss what you learned about some of the eating habits in Spain and Nicaragua. Are they similar to yours or different?

4 **Debo, pero no voy a…**
Tell what you should do and what you have to do
Tell some things you should do but aren't going to do because you have to do something else.

5 **Ahora no, porque…**
Tell what you have just done and what you are going to do
Tell some things you don't have to do now because you just did them. Continue by telling some things you are going to do.

152 ciento cincuenta y dos CAPÍTULO 4

Prepárate para el examen
Practice for written proficiency

Tarea
Write an essay in Spanish comparing and contrasting some foods and eating habits of Hispanic families you have learned about. Then think about your family's eating customs and discuss ways your family's habits are similar to or different from those of the families in Spain and Nicaragua.

Writing Strategy
Organizing To present ideas you must give some organization to what you write. Here are two possible choices as to how to organize your writing.
- Write all the information you know about a particular person or group before moving on to the next one.
- Write about one topic and compare the people or groups before going on to the next topic.

CULTURA Tapas en una barra de una cafetería en España

1 Prewrite
Remember to write using only Spanish you have learned. Stick to what you know. Here are some ideas to help you. You may wish to use charts similar to the ones below to help you organize.
- List the Spanish verbs that you will want to use.
- List the meals and foods you plan to discuss.
- List the habits or customs you plan to discuss.

2 Write
- Create sentences using words in your lists.
- Organize your sentences following one of the suggestions given in the Writing Strategy.
- Prepare a draft. Read it and correct any errors.
- Give your composition an attention-grabbing title.

Evaluate
Don't forget that your teacher will evaluate you on organization, use of vocabulary, correctness of grammar, and completeness of information.

¿QUÉ COMEMOS Y DÓNDE? ciento cincuenta y tres 153

Review grammar and vocabulary at a glance.

Use this vocabulary list to review the vocabulary you have learned in this chapter.

Succinct grammar notes help you efficiently review chapter material.

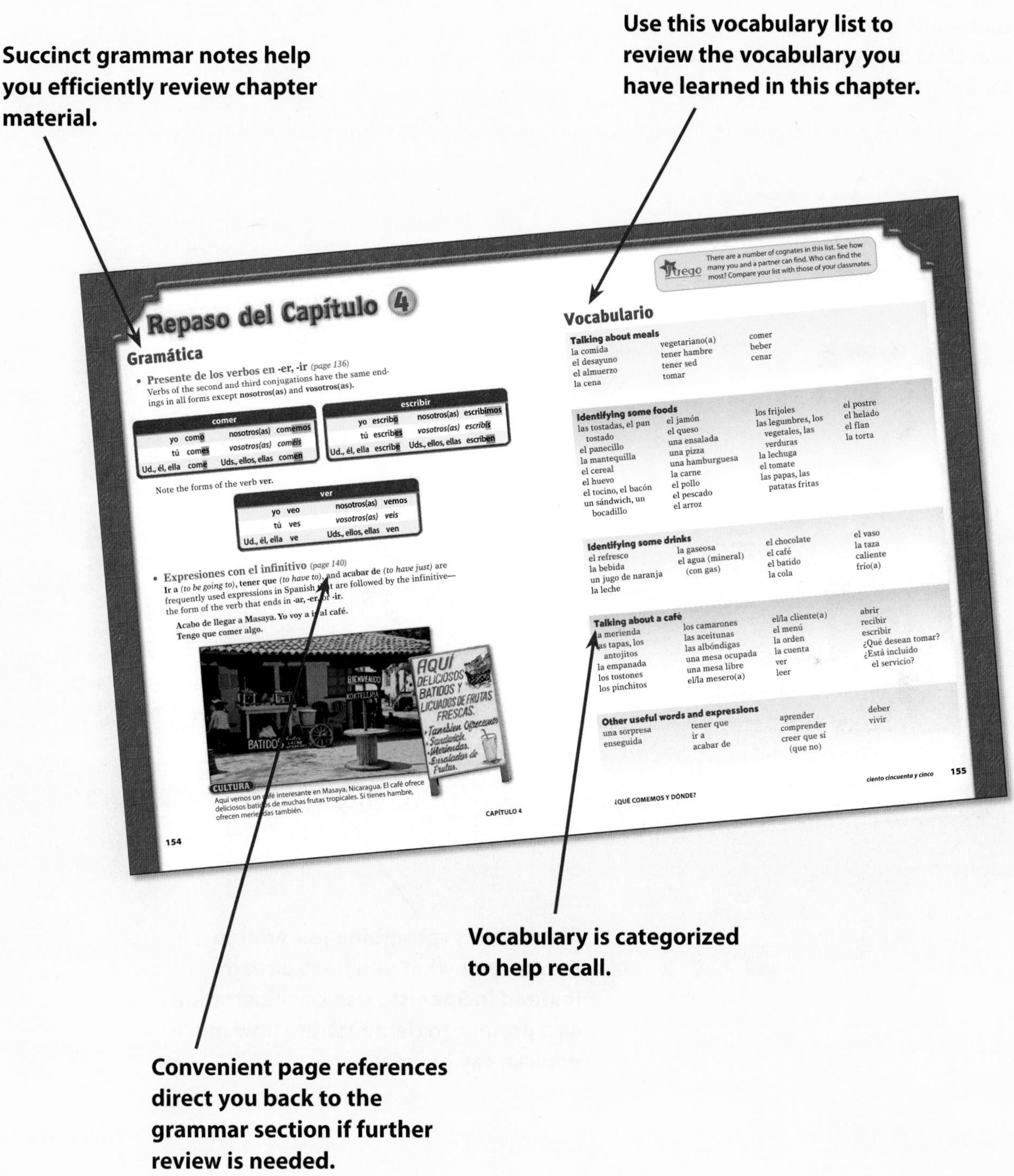

Vocabulary is categorized to help recall.

Convenient page references direct you back to the grammar section if further review is needed.

Practice what you have learned so far in Spanish.

Cumulative activities allow you to practice what you have learned so far in Spanish class.

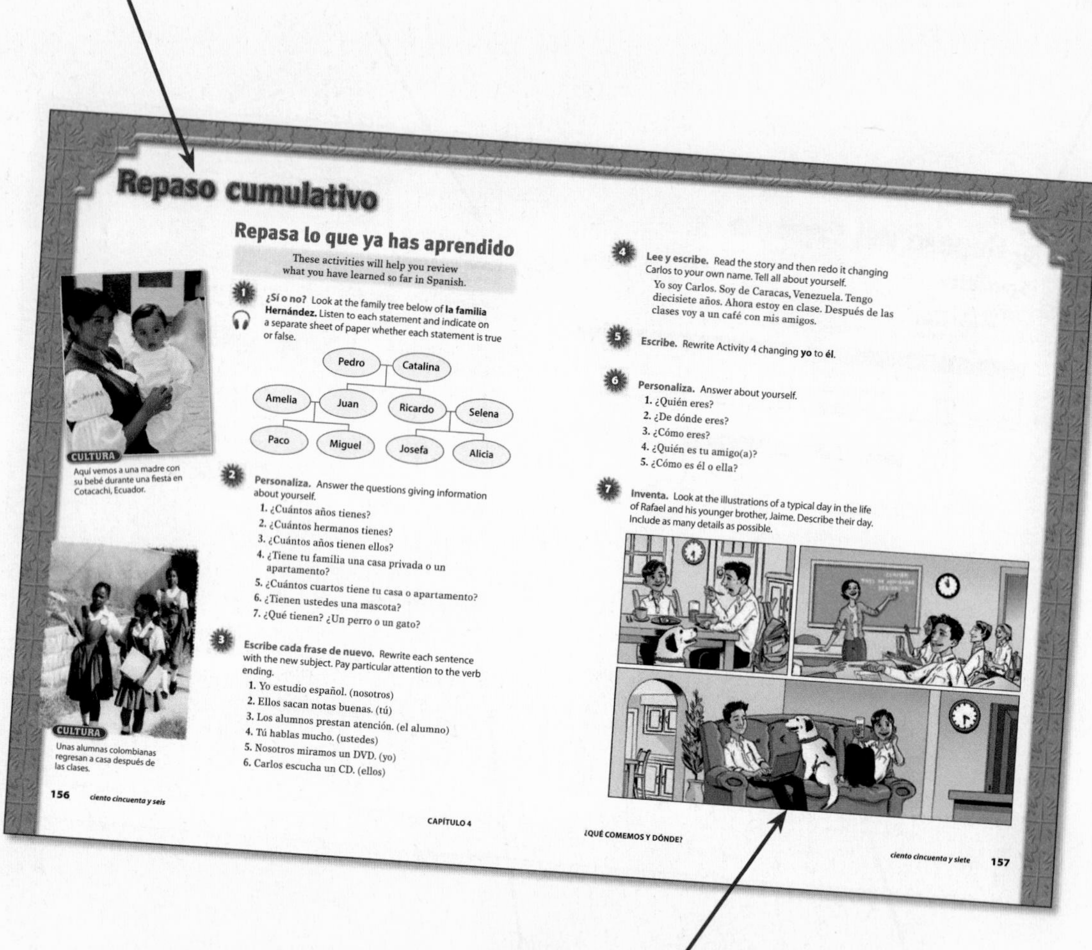

Repaso cumulativo

Repasa lo que ya has aprendido

These activities will help you review what you have learned so far in Spanish.

1. **¿Sí o no?** Look at the family tree below of **la familia Hernández.** Listen to each statement and indicate on a separate sheet of paper whether each statement is true or false.

CULTURA
Aquí vemos a una madre con su bebé durante una fiesta en Cotacachi, Ecuador.

2. **Personaliza.** Answer the questions giving information about yourself.
   1. ¿Cuántos años tienes?
   2. ¿Cuántos hermanos tienes?
   3. ¿Cuántos años tienen ellos?
   4. ¿Tiene tu familia una casa privada o un apartamento?
   5. ¿Cuántos cuartos tiene tu casa o apartamento?
   6. ¿Tienen ustedes una mascota?
   7. ¿Qué tienen? ¿Un perro o un gato?

3. **Escribe cada frase de nuevo.** Rewrite each sentence with the new subject. Pay particular attention to the verb ending.
   1. Yo estudio español. (nosotros)
   2. Ellos sacan notas buenas. (tú)
   3. Los alumnos prestan atención. (el alumno)
   4. Tú hablas mucho. (ustedes)
   5. Nosotros miramos un DVD. (yo)
   6. Carlos escucha un CD. (ellos)

CULTURA
Unas alumnas colombianas regresan a casa después de las clases.

4. **Lee y escribe.** Read the story and then redo it changing Carlos to your own name. Tell all about yourself.
   Yo soy Carlos. Soy de Caracas, Venezuela. Tengo diecisiete años. Ahora estoy en clase. Después de las clases voy a un café con mis amigos.

5. **Escribe.** Rewrite Activity 4 changing **yo** to **él.**

6. **Personaliza.** Answer about yourself.
   1. ¿Quién eres?
   2. ¿De dónde eres?
   3. ¿Cómo eres?
   4. ¿Quién es tu amigo(a)?
   5. ¿Cómo es él o ella?

7. **Inventa.** Look at the illustrations of a typical day in the life of Rafael and his younger brother, Jaime. Describe their day. Include as many details as possible.

156 *ciento cincuenta y seis* CAPÍTULO 4 ¿QUÉ COMEMOS Y DÓNDE? *ciento cincuenta y siete* 157

Illustrations recombine material to remind you what you have already learned in Spanish. Use the illustration as a prompt to demonstrate how much you can say or write.

Enhance your appreciation of literature and culture.

Literary Reader gives you another opportunity to apply your reading skills in Spanish.

Literary selections present another view of Hispanic culture.

Literary Reader
Contenido
Literatura 1
El Cid 398
Literatura 2
Iztaccíhuatl y Popocatépetl... 402
The literary selections in the pages that follow will introduce you to Hispanic literature while helping you to develop reading skills and a better understanding of Hispanic culture. These selections have been carefully adapted to match your developing language skills. As you draw on your knowledge of Spanish grammar and vocabulary and apply the reading strategies you have learned, you will discover that you are able to comprehend and enjoy the selections. ¡A leer!
La biblioteca de El Escorial, un palacio y monasterio cerca de Madrid, construido en el siglo dieciséis
396
397

Level-appropriate literature selections make reading fun.

Dear Student,

Foldables are interactive study organizers that you can make yourself. They are a wonderful resource to help you organize and retain information. Foldables have many purposes. You can use them to remember vocabulary words or to organize more in-depth information on any given topic, such as keeping track of what you know about a particular country.

You can write general information, such as titles, vocabulary words, concepts, questions, main ideas, and dates, on the front tabs of your Foldables. You view this general information every time you look at a Foldable. This helps you focus on and remember key points without the distraction of additional text. You can write specific information—supporting ideas, thoughts, answers to questions, research information, empirical data, class notes, observations, and definitions—under the tabs. Think of different ways in which Foldables can be used. Soon you will find that you can make your own Foldables for study guides and projects. Foldables with flaps or tabs create study guides that you can use to check what you know about the general information on the front of tabs. Use Foldables without tabs for projects that require information to be presented for others to view quickly. The more you make and use graphic organizers, the faster you will become able to produce them.

To store your Foldables, turn one-gallon freezer bags into student portfolios which can be collected and stored in the classroom. You can also carry your portfolios in your notebooks if you place strips of two-inch clear tape along one side and punch three holes through the taped edge. Write your name along the top of the plastic portfolio with a permanent marker and cover the writing with two-inch clear tape to keep it from wearing off. Cut the bottom corners off the bag so it won't hold air and will stack and store easily. The following figures illustrate the basic folds that are referred to throughout this book.

Good luck!

Dinah Zike
www.dinah.com

Category Book

Los números Use this *category book* organizer as you learn dates and numbers.

Step 1 **Fold** a sheet of paper (8½" x 11") in half like a *hot dog*.

Step 2 On one side, **cut** every third line. This usually results in ten tabs. Do this with three sheets of paper to make three books.

Step 3 **Write** one Arabic number on the outside of each of the tabs. On the inside write out the respective number. As you learn more numbers, use *category books* to categorize numbers in this way.

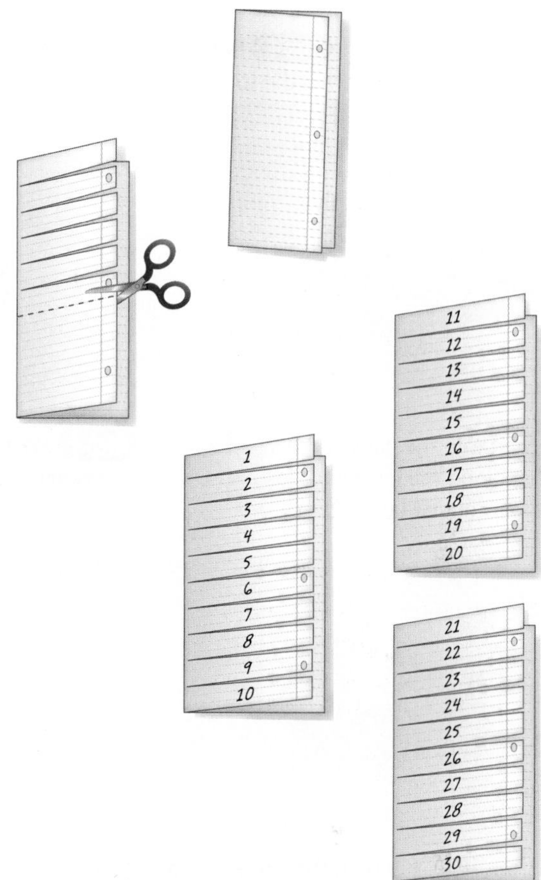

Other Suggestions for a *Category Book* Foldable

You may wish to use *category book* foldables to help remember numbers. As you learn numbers, make two *category book* foldables. One will have the numerals on the outside and the numbers written out on the inside. The other will have the numbers written out on the outside and the numerals on the inside. This is a good way for you to practice your numbers on your own. You may also wish to make one foldable containing even numbers and one containing odd numbers.

A *category book* foldable may be used to help you remember the names of school subjects. Use pictures, numbers, or a few Spanish words you already know to describe the subject on the outside of the foldable. You will write the name of the subject in Spanish on the inside. Then show your descriptions to a partner and have the partner come up with the name of the subject in Spanish. You may also use this foldable to group school subjects by discipline.

Forward-Backward Book

Las estaciones Use this *forward-backward book* to compare and contrast two seasons of your choice.

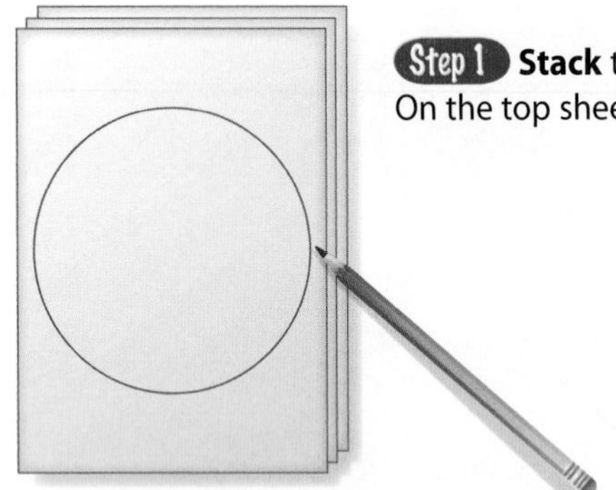

Step 1 **Stack** three sheets of paper. On the top sheet, trace a large circle.

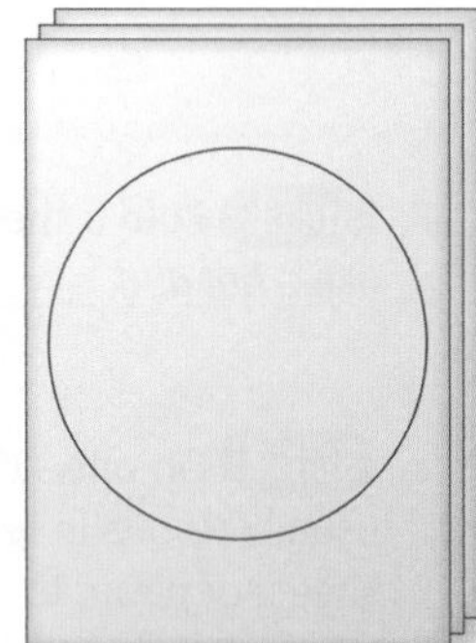

Step 2 With the papers still stacked, **cut out** the circles.

Step 3 **Staple** the paper circles together along the left-hand side to create a circular booklet.

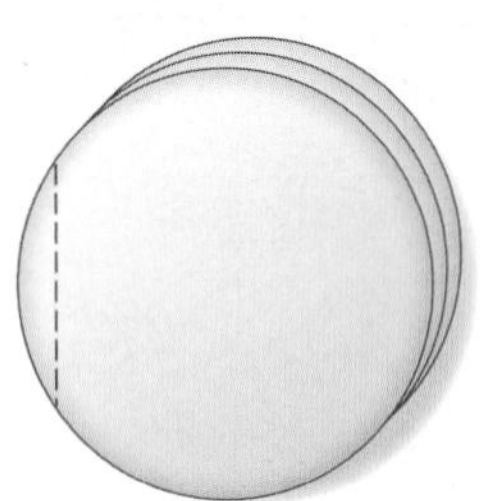

Step 4 **Write** the name of a season on the cover. On the page that opens to the right list the months of the year in that particular season. On the following page draw a picture to illustrate the season.

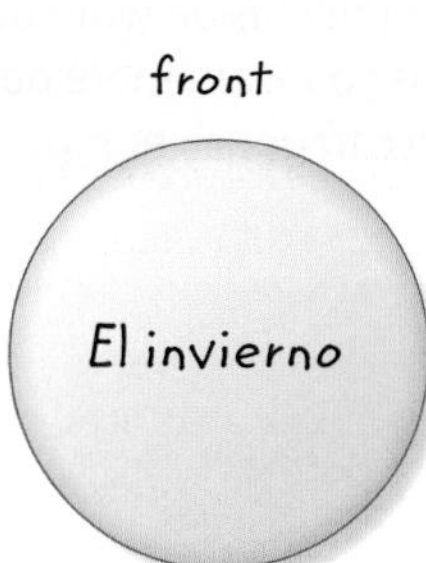

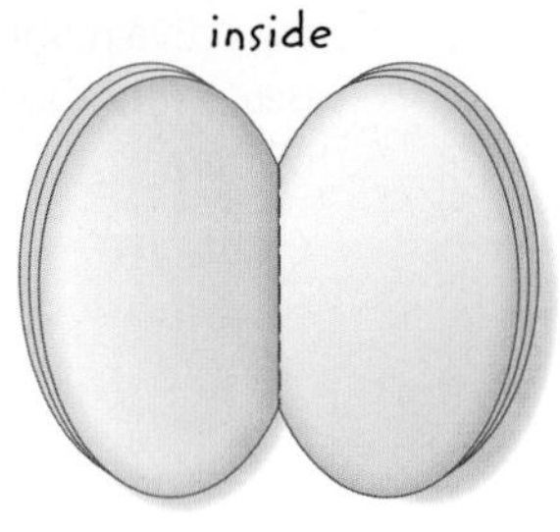

Step 5 **Turn the book upside down** and write the name of a season on the cover. On the page that opens to the right list the months of the year in that particular season. On the following page draw a picture to illustrate the season.

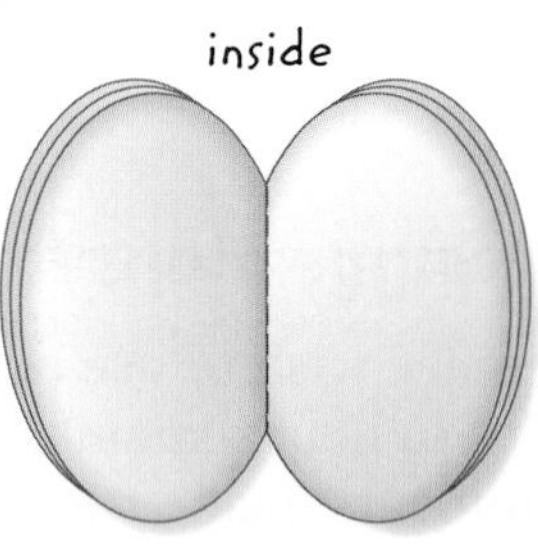

Other Suggestions for a *Forward-Backward Book* Foldable

You may wish to use a *forward-backward book* foldable to organize summer and winter activities. You may use titles such as *the beach* and *skiing* in Spanish. On the inside, list activities that go with each on the right-hand page and illustrate a scene on the opposite page. To give information for the second category, turn the book upside down.

It may be helpful to use a *forward-backward book* foldable to organize the food groups. You could use the name of a food group in the target language (meat, vegetable, fruit, etc.) as the title. On the inside, list as many foods in this food group as you can on the right-hand page and illustrate these foods on the opposite page. Give the same information for a second food group by reversing the book.

Pocket Book

La geografía Use this *pocket book* organizer in your ongoing study of all the countries in the Spanish-speaking world.

Step 1 **Fold** a sheet of paper (8½" x 11") in half like a *hamburger*.

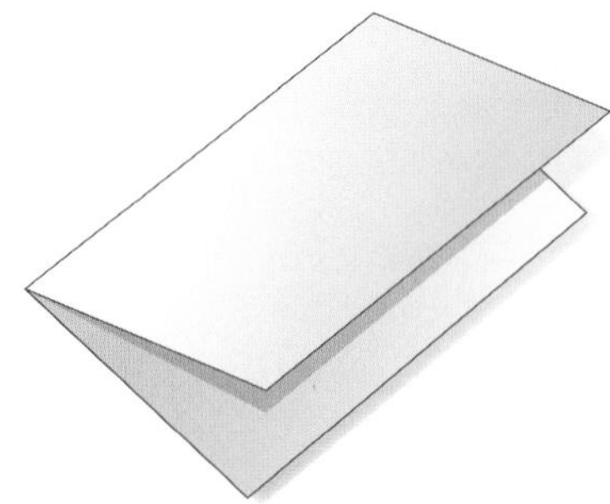

Step 2 **Open** the folded paper and fold one of the long sides up two inches to form a pocket. Refold the *hamburger* fold so that the newly formed pockets are on the inside.

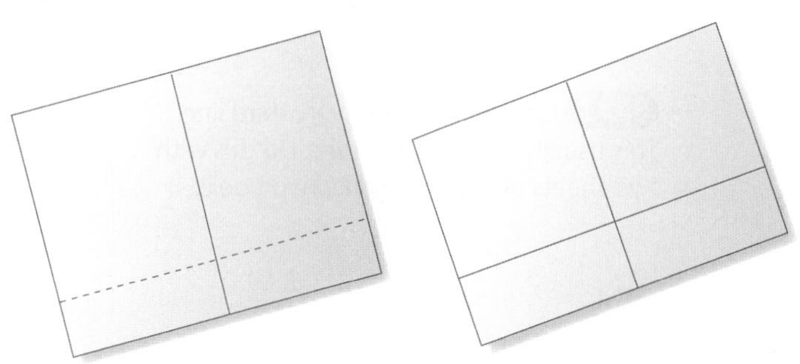

Step 3 **Glue** the outer edges of the two-inch fold with a small amount of glue.

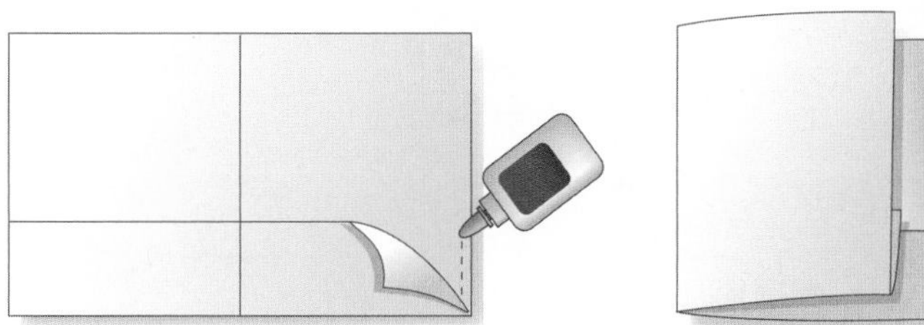

Step 4 **Make a multipaged booklet** by gluing six pockets side-by-side. Glue a cover around the multipaged *pocket book*.

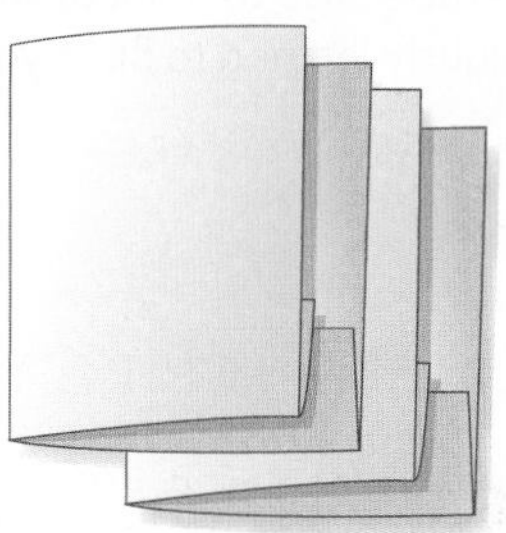

Step 5 **Label** five pockets with the following geographical areas: **Europa, la América del Norte, la América del Sur, la América Central,** and **Islas del Caribe.** Use index cards inside the pockets to record information each time you learn something new about a specific country. Be sure to include the name of the country (in Spanish, of course) and its capital.

Other Suggestions for a *Pocket Book* Foldable

You may wish to use a *pocket book* foldable to organize masculine and feminine nouns or singular and plural forms. You can make an index card to put in the correct pocket each time you learn a new word.

A *pocket book* foldable may be used to organize information about several subjects. For example, to organize information about airplane travel, label pockets with topics such as *preparing for a trip, getting to the airport, at the airport,* and *on the airplane* in Spanish. Make cards for all the words and phrases you know that go with each topic.

If you wish to organize what you are learning about important people, works of art, festivals, and other cultural information in countries that speak Spanish, a *pocket book* foldable may be helpful. You can make a card for each person, work of art, or event that you study, and you can add cards and even add categories as you continue to learn about cultures that speak Spanish.

Vocabulary Book

Sinónimos y antónimos Use this *vocabulary book* to practice your vocabulary through the use of synonyms and antonyms.

Step 1 **Fold** a sheet of notebook paper in half like a *hot dog.*

Step 2 On one side, **cut** every third line. This usually results in ten tabs. Do this with two sheets of paper to make two books.

Step 3 **Label** the tops of the *vocabulary books* with the word **Sinónimos** on one and **Antónimos** on the other. As you learn new vocabulary in each unit, try to categorize words in this manner. Remember also to think of words you have previously learned to fill in your books.

Other Suggestions for a *Vocabulary Book* Foldable

You may wish to use a *vocabulary book* foldable to help you remember words related to minor illnesses and going to the doctor. Come up with categories to write on the outside such as *a cold, at the doctor's office,* or *at the pharmacy*. On the inside, write as many terms and phrases as you can think of that relate to that category.

You can use a *vocabulary book* foldable to help remember any verb conjugation in Spanish. Write the infinitive at the top. If you know several tenses of a verb, you should also write what tense or tenses are being practiced. On the outside of the foldable, write the pronouns, and on the inside, write the corresponding verb form. You can use this as a quick study and review tool for any verb. At a more advanced level, you may wish to write many verbs down the outside and entire conjugations on the inside.

You may wish to use a *vocabulary book* foldable to help organize different kinds of clothing. Come up with categories in Spanish to list on the outside, such as *school, casual, men's, women's, summer, winter,* etc. On the inside, list as many articles of clothing fitting the category as you can in Spanish.

You can use *vocabulary book* foldables to practice adjective forms. Create two *vocabulary book* foldables, one for singular forms and the other for plural forms. On the singular book, write either masculine or feminine singular adjective forms on the outside and the other forms on the inside. To make this more challenging, write a mix of masculine and feminine forms on the outside, with the corresponding form on the inside. Repeat this process on the second book for the plural forms.

Tab Book

Preguntas Use this *tab book* to practice asking and answering questions.

Step 1 **Fold** a sheet of paper (8½" x 11") like a *hot dog* but fold it so that one side is one inch longer than the other.

Step 2 On the shorter side only, **cut** five equal tabs. On the front of each tab, **write** a question word you have learned. For example, you may wish to write the following.

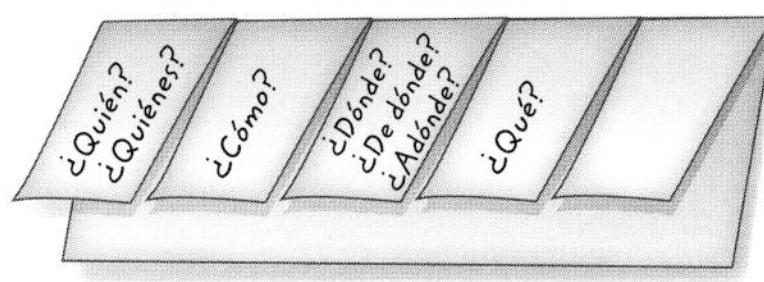

Step 3 On the bottom edge, **write** any sentence you would like.

Step 4 Under each tab, **write** the word from your sentence that answers the question on the front of the tab.

Other Suggestions for a *Tab Book* Foldable

You may also use a *tab book* foldable to practice verb conjugations. You would need to make six tabs instead of five. Write a verb and a tense on the bottom edge and write the pronouns on the front of each tab. Under each tab, write the corresponding verb form.

You may wish to use a *tab book* foldable to practice new vocabulary words. Leave extra space on the bottom edge. Choose five or six vocabulary words and write each one on a tab.

You may also make multiple *tab book* foldables to practice more words. Under each tab, write a definition or translation of the word. If you can, write an original definition in Spanish. At a more beginning level, you may wish to illustrate the word or write the word in English. Use the bottom edge to write one or more original sentences using all of the words on the tabs.

Miniature Matchbook

Descripciones Use this *miniature matchbook* to help communicate in an interesting and more descriptive way.

Step 1 **Fold** a sheet of paper (8½" x 11") in half like a *hot dog.*

Step 2 **Cut** the sheet in half along the fold line.

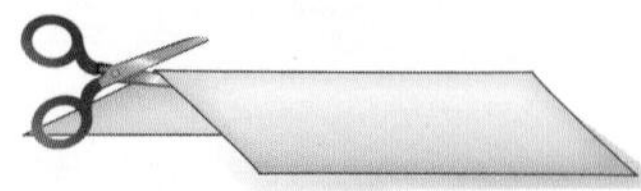

Step 3 **Fold** the two long strips in half like *hot dogs,* leaving one side ½" shorter than the other side.

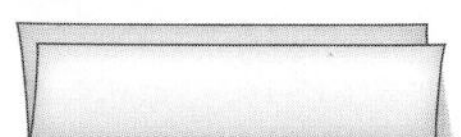

Step 4 **Fold** the ½" tab over the shorter side on each strip.

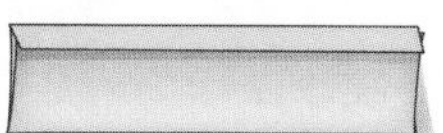

Step 5 **Cut** each of the two strips in half forming four halves. Then cut each half into thirds, making twelve *miniature matchbooks.*

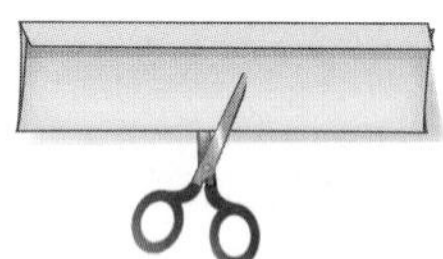

Step 6 **Glue** the twelve small *matchbooks* inside a *hamburger* fold (three rows of four each).

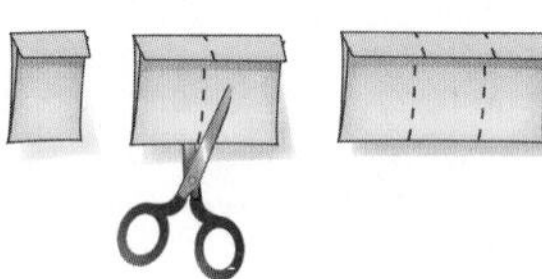

Step 7 On the front of each *matchbook,* **write** a subject you are going to tell or write about, for example, **la escuela.** Open up the tab and list any words you think you could use to make your discussion more interesting. You can add topics and words as you continue with your study of Spanish. If you glue several sections together, this foldable will "grow."

Other Suggestions for a *Miniature Matchbook* Foldable

You may use a *miniature matchbook* foldable to test each other on your knowledge of the vocabulary. Work in pairs with each partner making a blank *miniature matchbook* foldable. Each partner writes a topic related to the subjects you have just studied on the front of each *matchbook.* You may use categories of vocabulary, verbs you have recently learned to conjugate, or the subject of a reading. Your partner then writes as much as he or she can about that topic under the flap. This can alert you if you need to go back and review a topic.

A *miniature matchbook* foldable may help you organize and remember information you have read. After doing a cultural or literary reading, write down a concept presented in the reading on the front of each *matchbook.* Open up each tab and write down supporting details that support the idea.

Single Picture Frame

Dibujar y escribir Use this *single picture frame* to help you illustrate the stories you write.

Step 1 **Fold** a sheet of paper (8½" x 11") in half like a *hamburger.*

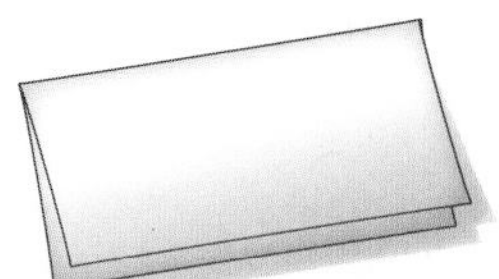

Step 2 **Open** the *hamburger* and gently roll one side of the *hamburger* toward the valley. Try not to crease the roll.

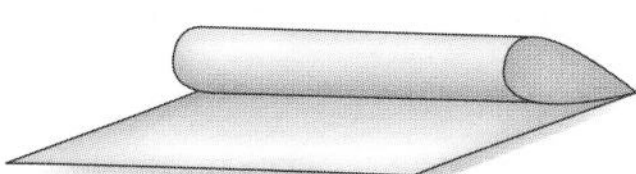

Step 3 **Cut** a rectangle out of the middle of the rolled side of paper, leaving a ½" border and forming a frame.

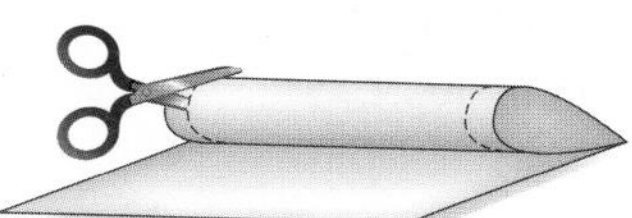

Step 4 **Fold** another sheet of paper (8½" x 11") in half like a *hamburger.*

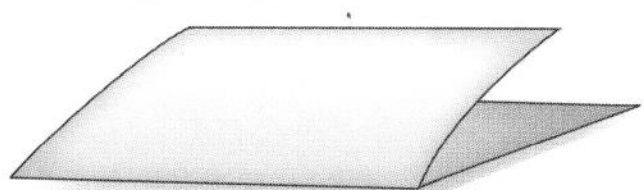

Step 5 **Apply** glue to the picture frame and place it inside the *hamburger* fold.

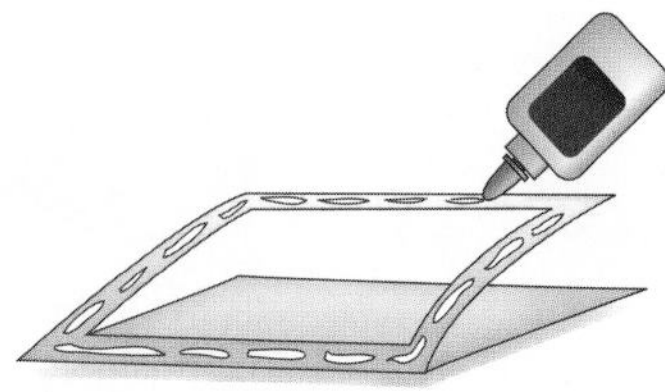

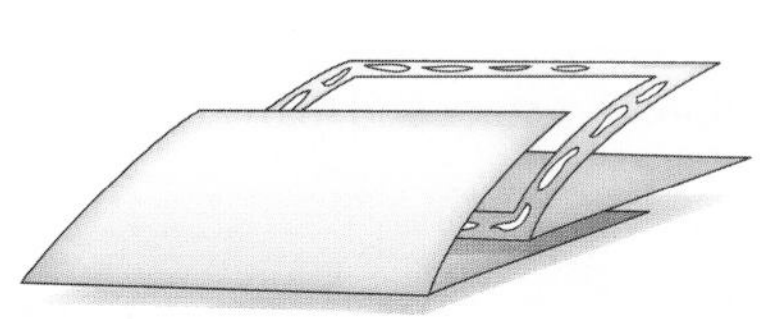

Variation:

- Place a picture behind the frame and glue the edges of the frame to the other side of the *hamburger* fold. This locks the picture in place.
- Cut out only three sides of the rolled rectangle. This forms a window with a cover that opens and closes.

Other Suggestions for a *Single Picture Frame* Foldable

You may wish to write about a shopping trip using a *single picture frame* foldable. Before you begin, organize what you will say by drawing your path through the shops at the market, through the supermarket, or through the mall. You can then write about the shopping trip using your drawings as a guide.

Work in small groups. Each student should create a *single picture frame* foldable with a picture glued into it. You may either cut out a magazine picture or draw your own, although it should be fairly complex. Then give your foldable to another member of the group who will write sentences about what is in the picture and what people in the picture are doing. That student will pass it on to a third student who will write sentences about what is not in the picture and what people in the picture are not doing. The foldables can be passed to additional students to see if they can add more sentences.

Minibook

Mi autobiografía Use this *minibook* organizer to write and illustrate your autobiography. Before you begin to write, think about the many things concerning yourself that you have the ability to write about in Spanish. On the left pages, draw the events of your life in chronological order. On the right, write about your drawings.

Step 1 **Fold** a sheet of paper (8½" x 11") in half like a *hot dog.*

Step 2 **Fold** it in half again like a *hamburger.*

Step 3 Then **fold** in half again, forming eight sections.

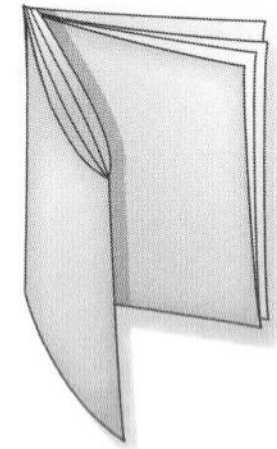

Step 4 **Open** the fold and **cut** the eight sections apart.

Step 5 **Place** all eight sections in a stack and fold in half like a *hamburger.*

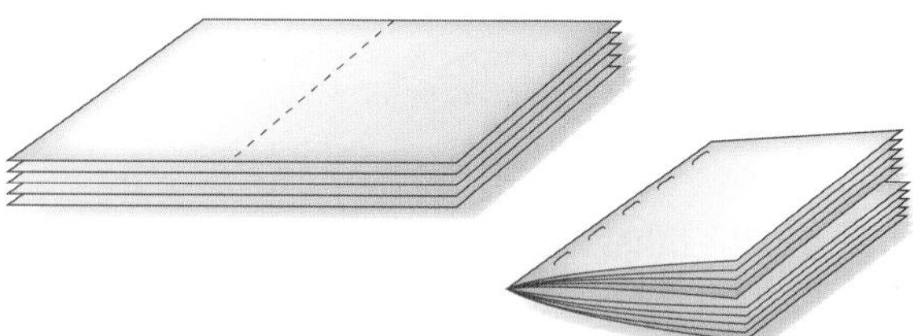

Step 6 **Staple** along the center fold line. **Glue** the front and back sheets into a construction paper cover.

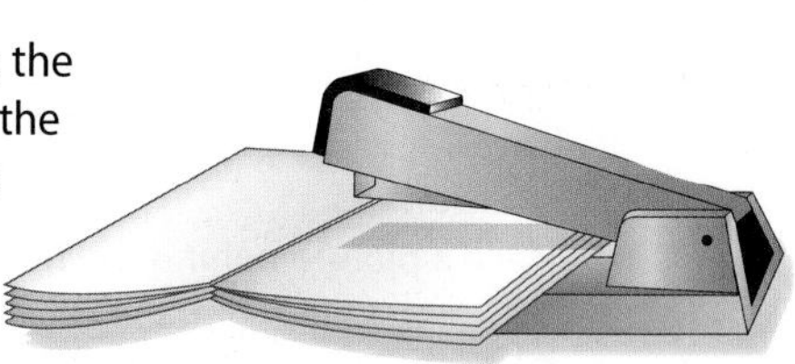

Other Suggestions for a *Minibook* Foldable

Work in pairs to practice new verbs and verb forms using a *minibook* foldable. Illustrate different verbs on the left pages. If it is not clear what pronoun is required, you should write the pronoun under the drawing, for instance to differentiate between *we* and *they*. Then trade *minibooks* and write sentences to go with each picture on the right pages, using the new verb and the pronoun illustrated or indicated.

A *minibook* foldable can be used to help practice vocabulary about the family and house as well as possessive adjectives and the verb *to have* in Spanish. Draw your family members and the rooms of your house on the left pages. If you have several brothers or sisters, several cousins, and several aunts or uncles, you should draw each group on one page. On the right page, write sentences about the drawings, telling how many brothers you have, for example. Add additional sentences describing the family members and rooms using possessive adjectives.

Paper File Folder

Las emociones Use this *paper file folder* organizer to keep track of happenings or events that cause you to feel a certain way.

Step 1 **Fold** four sheets of paper (8½" x 11") in half like a *hamburger*. Leave one side one inch longer than the other side.

Step 2 On each sheet, **fold** the one-inch tab over the short side, forming an envelope-like fold.

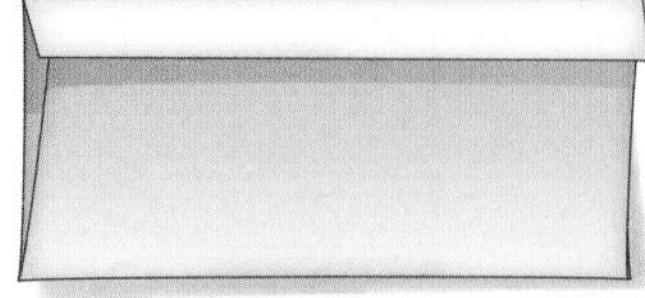

Step 3 **Place** the four sheets side-by-side, then move each fold so that the tabs are exposed.

Step 4 Moving left to right, **cut** staggered tabs in each fold, 2⅛" wide. Fold the tabs upward.

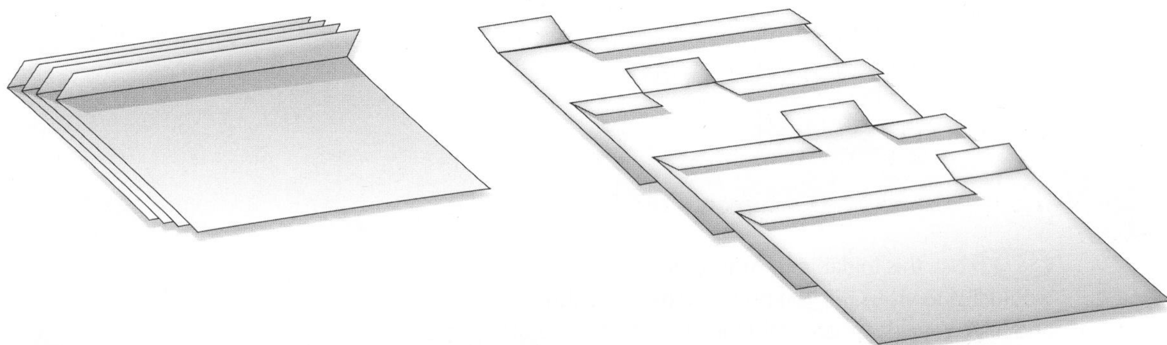

Step 5 **Glue** the ends of the folders together. On each tab, write an emotion you sometimes feel. Pay attention to when it is that you feel happy, sad, nervous, etc. Describe the situation in Spanish and file it in the correct pocket.

Other Suggestions for a *Paper File Folder* Foldable

You may use a *paper file folder* organizer to keep track of verbs and verb forms. You should make a folder for each type of regular verb and for each type of irregular verb. Write the conjugations for some important verbs in each category and file them in the *paper file folder* organizer. Add new tenses to the existing cards and new verbs as you learn them.

A *paper file folder* organizer can be useful for keeping notes on the cultural information that you will learn. You may wish to make categories for different types of cultural information and add index cards to them as you learn new facts and concepts about the target cultures.

Envelope Fold

Un viaje especial Use this *envelope fold* to make a hidden picture or to write secret clues about a city in the Spanish-speaking world you would like to visit.

Step 1 **Fold** a sheet of paper into a *taco* to form a square. Cut off the leftover piece.

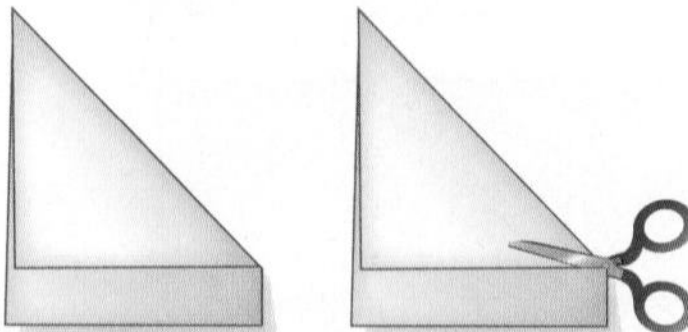

Step 2 **Open** the folded *taco* and refold it the opposite way, forming another *taco* and an X-fold pattern.

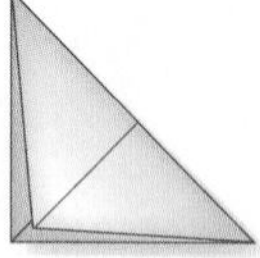

Step 3 **Open** the *taco fold* and fold the corners toward the center point of the X, forming a small square.

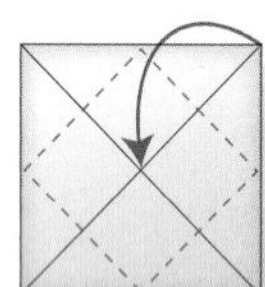

Step 4 **Trace** this square onto another sheet of paper. Cut and glue it to the inside of the envelope. Pictures can be drawn under the tabs.

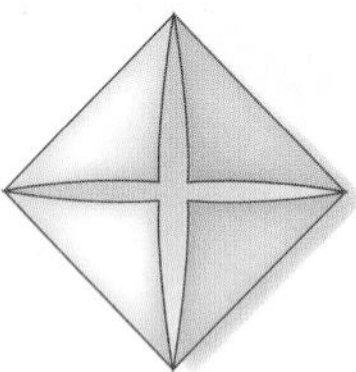

Step 5 Use this foldable to **draw** a picture of the city you would like to visit. Or if you prefer, **write** clues about the city and have your classmates raise one tab at a time until they can guess what city the picture represents. Number the tabs in the order in which they are to be opened.

Other Suggestions for an *Envelope Fold* Foldable

An *envelope fold* can be useful for practicing vocabulary related to school, sports, vacations, airports, or shopping. Draw a scene that depicts many of the vocabulary words. Then write on each of the four flaps the new words that are represented under that flap. You could also give the picture to a partner and have the partner fill in the words.

You may want to use an *envelope fold* to review a selection you have read. Depict a scene from the selection on the paper covered by the tabs. Number the tabs in the order they are to be opened and have a partner open the tabs one at a time to guess what scene is illustrated. The partner should then write a description of the scenes.

Large Sentence Strips

El presente y el pasado Use these *large sentence strips* to help you compare and contrast activities in the past and in the present.

Step 1 Take two sheets of paper (8½" x 11") and **fold** into *hamburgers*. Cut along the fold lines, making four half sheets. (Use as many half sheets as necessary for additional pages to your book.)

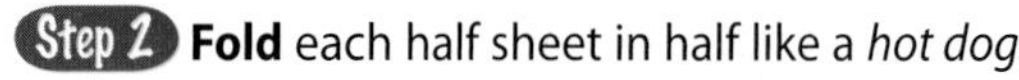

Step 2 **Fold** each half sheet in half like a *hot dog*.

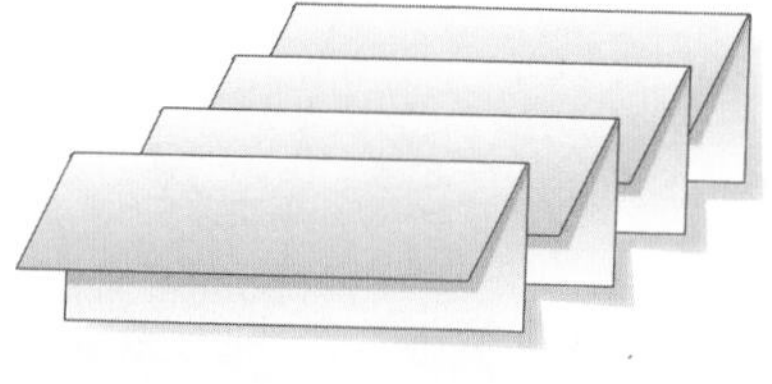

Step 3 Place the folds side-by-side and **staple** them together on the left side.

Step 4 About one inch from the stapled edge, **cut** the front page of each folded section up to the top. These cuts form flaps that can be raised and lowered.

Step 5 To make a half-cover, use a sheet of construction paper one inch longer than the book. **Glue** the back of the last sheet to the construction paper strip, leaving one inch on the left side to fold over and cover the original staples. Staple this half-cover in place.

Step 6 With a friend, **write** sentences on the front of the flap, either in the present tense or in the past tense. Then switch your books of sentence strips and write the opposite tense inside under the flaps.

Other Suggestions for a *Large Sentence Strips* Foldable

You may work in pairs to use *large sentence strips* to practice using direct and/or indirect object pronouns. On the front of each flap, write full sentences that have direct or indirect objects or both. Then trade sentence strips. You and your partner will each write sentences under the flaps replacing the direct or indirect objects with object pronouns.

Large sentence strips can help you contrast summer and winter activities. On the front of each flap, write sentences about activities that you do in either summer or winter. Under each flap, you should write that in the other season you do not do that activity, and you should tell what you do instead. This may be done as an individual or a partner activity.

You may use *large sentence strips* to practice using verbs that can be used reflexively and nonreflexively. Write a sentence using a reflexive verb on the outside of each flap. Under the flap, write a sentence using the same verb nonreflexively.

Project Board With Tabs

Diversiones favoritas Use this *project board with tabs* to display a visual about your favorite movie or event. Be sure to make it as attractive as possible to help convince others to see it.

Step 1 **Draw** a large illustration, a series of small illustrations, or write on the front of a sheet of paper.

Step 2 **Pinch** and slightly fold the sheet of paper at the point where a tab is desired on the illustrated piece of paper. Cut into the paper on the fold. Cut straight in, then cut up to form an L. When the paper is unfolded, it will form a tab with the illustration on the front.

Step 3 After all tabs have been cut, **glue** this front sheet onto a second sheet of paper. Place glue around all four edges and in the middle, away from tabs.

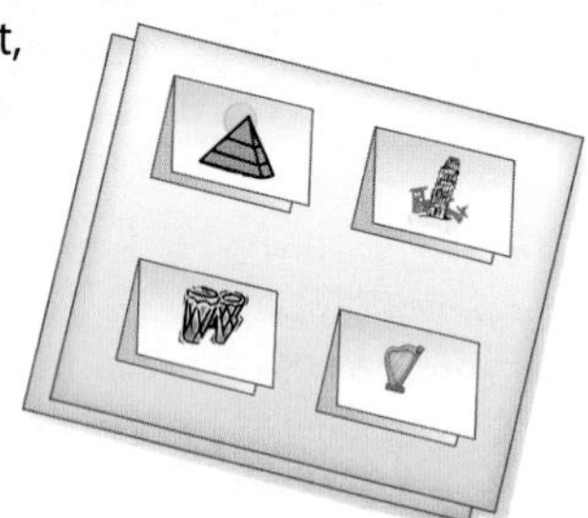

Step 4 **Write** or draw under the tabs. If the project is made as a bulletin board using butcher paper, tape or glue smaller sheets of paper under the tabs.

Think of favorite scenes from a movie or cultural event that you enjoyed and draw them on the front of the tabs. Underneath the tabs write a description of the scene or tell why you liked it. It might be fun to not put a title on the project board and just hang it up and let classmates guess the name of the movie or event you are describing.

Other Suggestions for a *Project Board With Tabs* Foldable

You may wish to use a *project board with tabs* to illustrate different shopping venues. Draw a type of place to shop on the outside of each tab. Under each tab make a list of some of the things you might buy at that particular kind of place. Use your drawings and lists to create conversations with a partner or small group.

You may also use a *project board with tabs* to illustrate a party, museum, sport, or concert. Draw one aspect of it on the outside of the tab and write a description of your drawing under the tab.

You may work in pairs to practice the comparative and superlative. Each of you will make a *project board with tabs.* On the outside of each tab, draw a different comparison or superlative. Then trade with your partner and under each tab write a sentence describing the other's illustrations.

You may also wish to use a *project board with tabs* to practice the use of object pronouns. Draw a series of scenes involving two or more people on the outside of the tabs. Write sentences using object pronouns describing the people's conversations.

Sentence Strip Holder

Para practicar más Use this *sentence strip holder* to practice your vocabulary, your verbs, or anything else you might feel you need extra help with.

Step 1 **Fold** a sheet of paper (8½" x 11") in half like a *hamburger*.

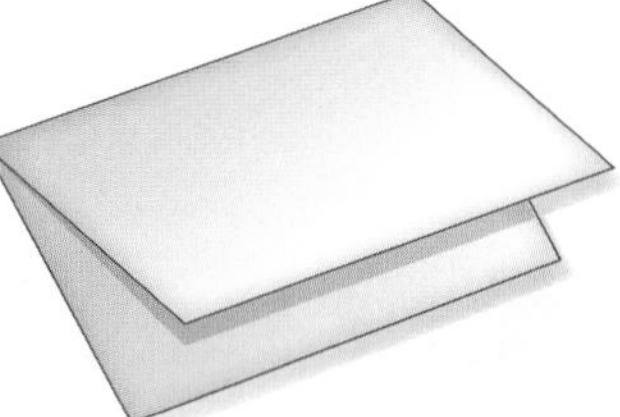

Step 2 **Open** the *hamburger* and fold the two outer edges toward the valley. This forms a shutter fold.

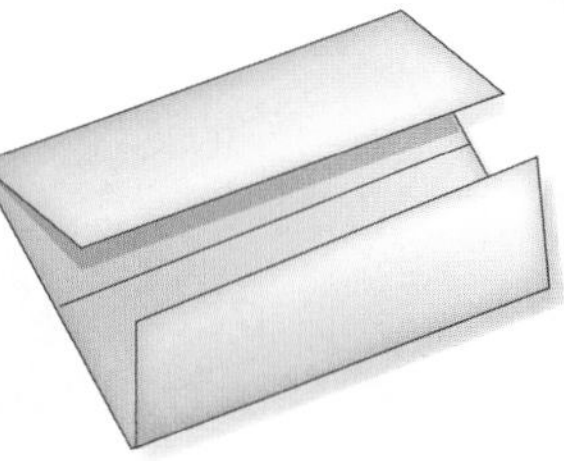

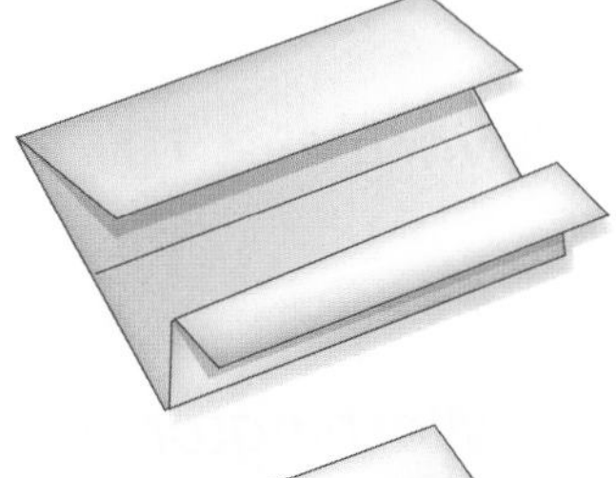

Step 3 **Fold** one of the inside edges of the shutter back to the outside fold. This fold forms a floppy L.

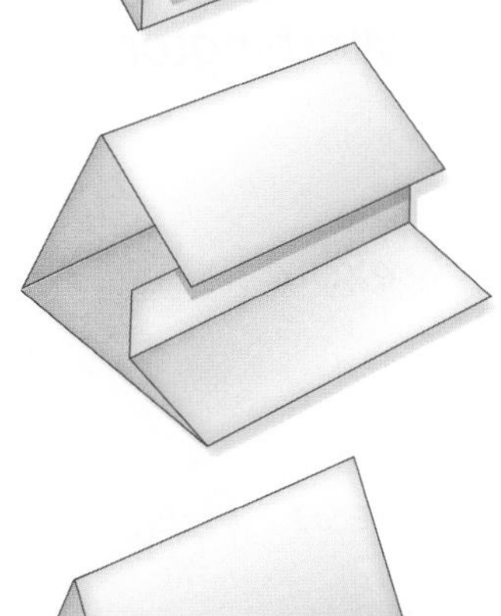

Step 4 **Glue** the floppy L tab down to the base so that it forms a strong straight L tab.

Step 5 **Glue** the other shutter side to the front of this L tab. This forms a tent that is the backboard for the flashcards or student work to be displayed.

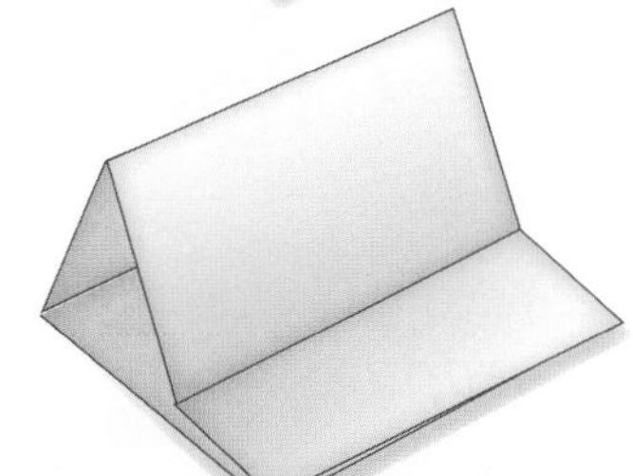

Step 6 **Fold** the edge of the L up ¼" to ½" to form a lip that will keep the sentence strips from slipping off the holder.

Vocabulary and verbs can be stored inside the "tent" formed by this fold.

Other Suggestions for a *Sentence Strip Holder* Foldable

You may wish to practice new or irregular verbs using a *sentence strip holder.* Work in pairs. Make flash cards showing the infinitives of the verbs to practice in Spanish. You should each take half of the cards and take turns setting one verb on the *sentence strip holder.* One partner will then say as many sentences as possible using different forms of that verb, and the other will write down the subject and conjugated verb form (or just the verb form) for each sentence. Partners should check to make sure each verb form is spelled correctly. You can repeat this activity for each verb.

You may practice food vocabulary working in small groups and using a *sentence strip holder.* Groups may make flash cards containing the names of local restaurants that everyone will be familiar with, making sure to include different types of restaurants. Put the cards up on the *sentence strip holder* one at a time. Students will spend several minutes writing about what they like to eat at that restaurant. After writing about each restaurant on the list, share your favorite foods with the group.

El alfabeto español

- **a** **a**vión  
- **b** **b**ebé 
- **c** **c**esta 
- **d** **d**edo 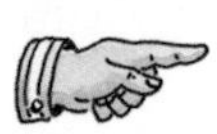
- **e** **e**lefante  
- **f** **f**oto 
- **g** **g**emelas 
- **h** **h**amaca 
- **i** **i**glesia 
- **j** **j**abón 
- **k** **k**ilo  
- **l** **l**ago 
- **m** **m**ono 
- **n** **n**ariz 
- **ñ** **ñ**ame 
- **o** **o**so 
- **p** **p**elo 
- **q** **q**ueso 
- **r** **r**ana 
- **s** **s**ala 
- **t** **t**é  
- **u** **u**va
- **v** **v**aca 
- **w** **W**ashington, D.C. 
- **x** e**x**amen  
- **y** **y**eso 
- **z** **z**apato 

- **ch** chicle 
- **ll** lluvia 
- **rr** guitarra 

***Ch, ll,** and **rr** are not letters of the Spanish alphabet. However, it is important for you to learn the sounds they represent.*

Spanish is the language of almost 400 million people around the world. Spanish had its origin in Spain. It is sometimes fondly called the "language of Cervantes," the author of the famous novel and character, *Don Quijote*. The Spanish **conquistadores** and **exploradores** brought their language to the Americas in the fifteenth and sixteenth centuries. Spanish is the official language of almost all the countries of Central and South America. It is the official language of Mexico and several of the larger islands in the Caribbean. Spanish is also the heritage language of more than forty-four million people in the United States.

México

Perú

Puerto Rico

España

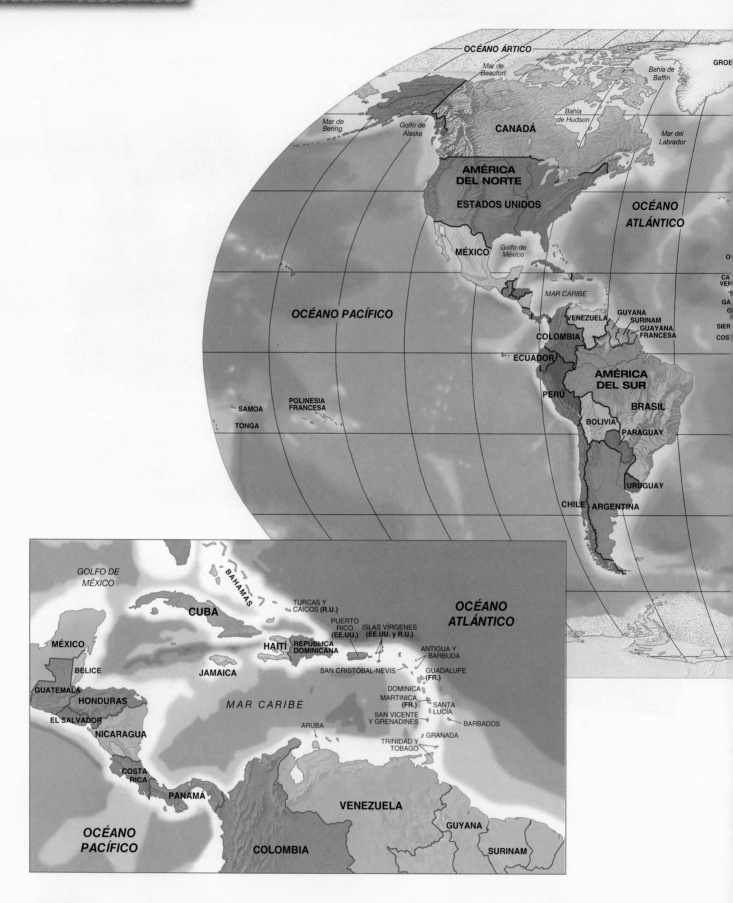

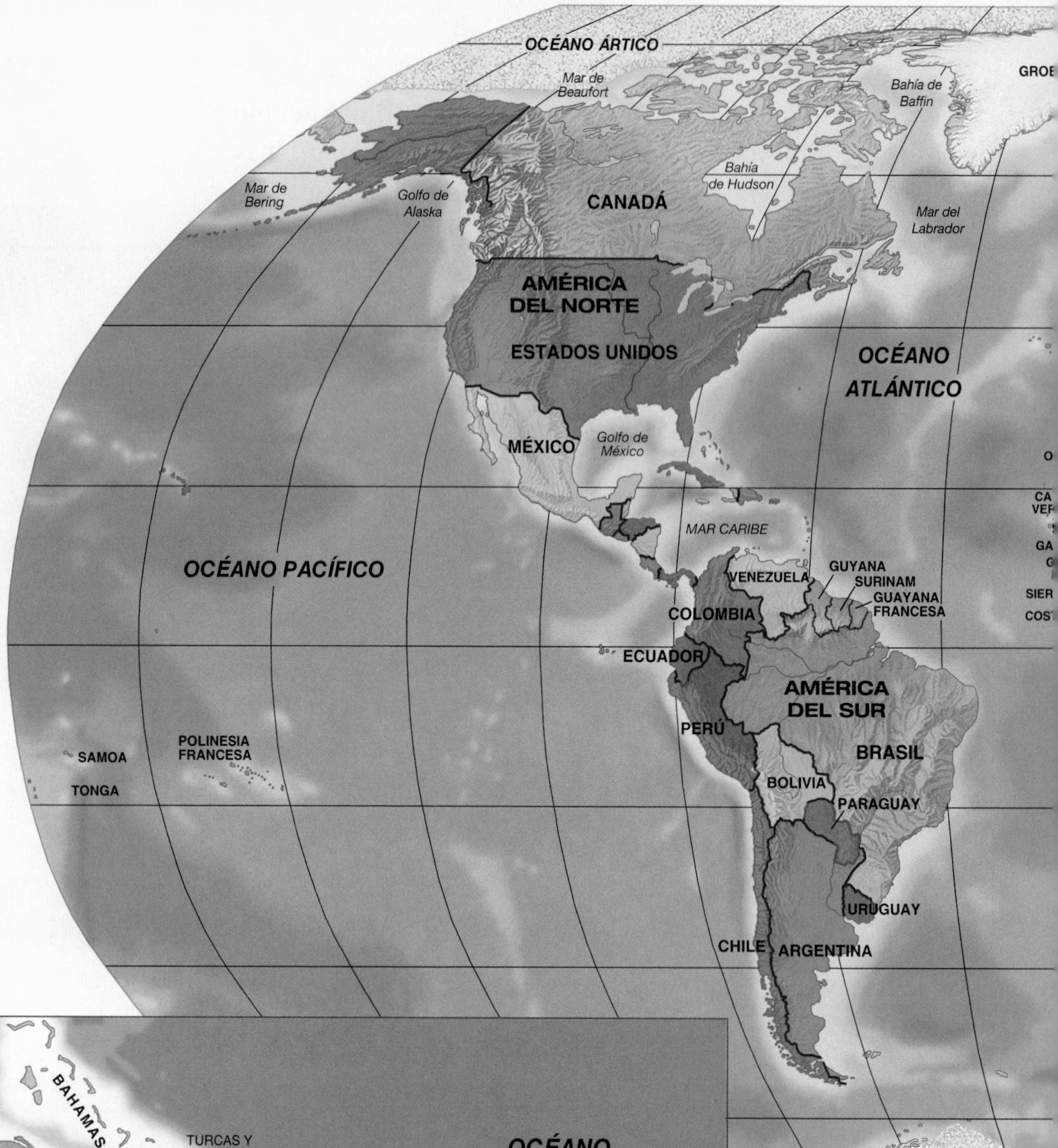

OCÉANO ÁRTICO
Mar de Beaufort
Bahía de Baffin
GROE
Mar de Bering
Golfo de Alaska
Bahía de Hudson
CANADÁ
Mar del Labrador
AMÉRICA DEL NORTE
ESTADOS UNIDOS
OCÉANO ATLÁNTICO
MÉXICO
Golfo de México
MAR CARIBE
OCÉANO PACÍFICO
VENEZUELA
GUYANA
SURINAM
GUAYANA FRANCESA
COLOMBIA
ECUADOR
AMÉRICA DEL SUR
PERÚ
BRASIL
SAMOA
POLINESIA FRANCESA
TONGA
BOLIVIA
PARAGUAY
URUGUAY
CHILE
ARGENTINA

GOLFO DE MÉXICO
BAHAMAS
TURCAS Y CAICOS (R.U.)
OCÉANO ATLÁNTICO
CUBA
PUERTO RICO (EE.UU.)
ISLAS VÍRGENES (EE.UU. y R.U.)
MÉXICO
HAITÍ
REPÚBLICA DOMINICANA
ANTIGUA Y BARBUDA
BELICE
JAMAICA
SAN CRISTÓBAL-NEVIS
GUADALUPE (FR.)
GUATEMALA
HONDURAS
DOMINICA
MARTINICA (FR.)
MAR CARIBE
SANTA LUCÍA
EL SALVADOR
SAN VICENTE Y GRENADINES
BARBADOS
ARUBA
NICARAGUA
GRANADA
TRINIDAD Y TOBAGO
COSTA RICA
PANAMÁ
VENEZUELA
OCÉANO PACÍFICO
GUYANA
COLOMBIA
SURINAM

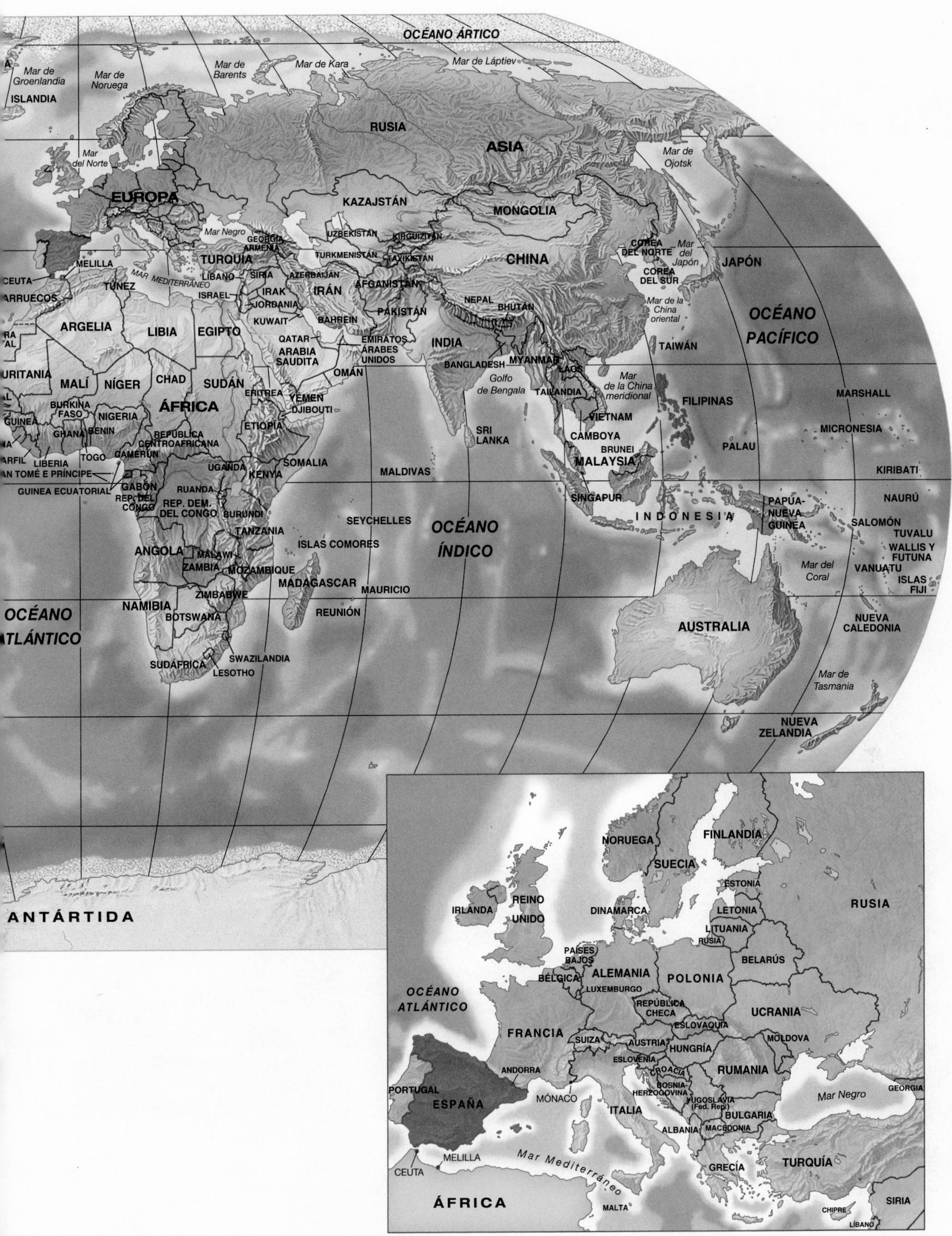
OCÉANO ÁRTICO
Mar de Groenlandia
ISLANDIA
Mar de Noruega
Mar de Barents
Mar de Kara
Mar de Láptiev
RUSIA
ASIA
Mar de Ojotsk
Mar del Norte
EUROPA
KAZAJSTÁN
MONGOLIA
Mar Negro
GEORGIA
ARMENIA
UZBEKISTÁN
KIRGUIZISTÁN
TURKMENISTÁN
TAYIKISTÁN
COREA DEL NORTE
Mar del Japón
JAPÓN
CHINA
TURQUÍA
MELILLA
CEUTA
MAR MEDITERRÁNEO
TÚNEZ
LÍBANO
SIRIA
AZERBAIJÁN
IRÁN
AFGANISTÁN
COREA DEL SUR
ISRAEL
IRAK
JORDANIA
NEPAL
BUTÁN
Mar de la China oriental
OCÉANO PACÍFICO
ARGELIA
LIBIA
EGIPTO
KUWAIT
BAHREIN
PAKISTÁN
QATAR
ARABIA SAUDITA
EMIRATOS ÁRABES UNIDOS
INDIA
TAIWÁN
OMÁN
BANGLADESH
MYANMAR
LAOS
Mar de la China meridional
MALÍ
NÍGER
CHAD
SUDÁN
ERITREA
YEMEN
Golfo de Bengala
TAILANDIA
FILIPINAS
MARSHALL
ÁFRICA
BURKINA FASO
NIGERIA
DJIBOUTI
VIETNAM
GUINEA
GHANA
BENIN
REPÚBLICA CENTROAFRICANA
ETIOPÍA
SRI LANKA
CAMBOYA
MICRONESIA
PALAU
BRUNEI
LIBERIA
TOGO
CAMERÚN
UGANDA
SOMALIA
MALAYSIA
SAN TOMÉ E PRÍNCIPE
KENYA
MALDIVAS
KIRIBATI
GABÓN
GUINEA ECUATORIAL
RUANDA
REP. DEL CONGO
REP. DEM. DEL CONGO
BURUNDI
SINGAPUR
PAPÚA-NUEVA GUINEA
NAURÚ
INDONESIA
SEYCHELLES
OCÉANO ÍNDICO
SALOMÓN
TUVALU
TANZANIA
WALLIS Y FUTUNA
ISLAS COMORES
ANGOLA
MALAWI
ZAMBIA
MOZAMBIQUE
Mar del Coral
VANUATU
ISLAS FIJI
MADAGASCAR
MAURICIO
ZIMBABWE
NAMIBIA
OCÉANO ATLÁNTICO
BOTSWANA
REUNIÓN
AUSTRALIA
NUEVA CALEDONIA
SWAZILANDIA
SUDÁFRICA
LESOTHO
Mar de Tasmania
NUEVA ZELANDIA
ANTÁRTIDA
NORUEGA
FINLANDIA
SUECIA
ESTONIA
RUSIA
IRLANDA
REINO UNIDO
DINAMARCA
LETONIA
LITUANIA
RUSIA
PAÍSES BAJOS
BELARÚS
BÉLGICA
ALEMANIA
POLONIA
LUXEMBURGO
OCÉANO ATLÁNTICO
REPÚBLICA CHECA
UCRANIA
ESLOVAQUIA
FRANCIA
SUIZA
AUSTRIA
MOLDOVA
HUNGRÍA
ESLOVENIA
CROACIA
RUMANIA
ANDORRA
BOSNIA-HERZEGOVINA
PORTUGAL
MÓNACO
YUGOSLAVIA (Fed. Rep.)
Mar Negro
GEORGIA
ESPAÑA
ITALIA
BULGARIA
ALBANIA
MACEDONIA
MELILLA
Mar Mediterráneo
GRECIA
TURQUÍA
CEUTA
ÁFRICA
MALTA
CHIPRE
SIRIA
LÍBANO

OCÉANO ATLÁNTICO
FRANCIA
MAR CANTÁBRICO
Golfo de Vizcaya
La Coruña
Oviedo
Santander
San Sebastián
Asturias
Cantabria
Bilbao
Santiago de Compostela
CORDILLERA CANTÁBRICA
Roncesvalles
ANDORRA
País Vasco
Galicia
LOS PIRINEOS
Pamplona
León
Burgos
Navarra
Rioja
Castilla y León
Río Ebro
Cataluña
Valladolid
Río Duero
Zaragoza
Barcelona
Aragón
Salamanca
Segovia
SIERRA DE GUADARRAMA
Río Tajo
Ávila
Madrid
Madrid
Menorca
Islas baleares
PORTUGAL
ESPAÑA
Comunidad Valenciana
Palma
Mallorca
Valencia
Castilla-la Mancha
Lisboa
Río Guadiana
Ibiza
Extremadura
Formentera
Alicante
MAR MEDITERRÁNEO
Murcia
Murcia
Río Guadalquivir
Córdoba
Cartagena
Sevilla
Granada
SIERRA NEVADA
Andalucía
Jerez de la Frontera
Málaga
COSTA DEL SOL
Cádiz
Marbella
Estepona
Gibraltar (R.U.)
Estrecho de Gibraltar
Ceuta (Esp.)
Tánger
OCÉANO ATLÁNTICO
Melilla (Esp.)
ARGELIA
Islas Canarias
La Palma
Santa Cruz de Tenerife
Lanzarote
Gomera
Las Palmas
Fuerteventura
Tenerife
MARRUECOS
Hierro
Gran Canaria
ÁFRICA
OCÉANO ATLÁNTICO
SAHARA OCCIDENTAL
MARRUECOS

MAR CARIBE
OCÉANO ATLÁNTICO
Barranquilla
Cartagena
Maracaibo
Caracas
Lago de Maracaibo
Río Orinoco
VENEZUELA
Medellín
Río Magdalena
Santafé de Bogotá
COLOMBIA
Cali
GUYANA
SURINAM
GUAYANA FRANCESA
Ecuador
Otavalo
Quito
ECUADOR
Islas Galápagos
(Ecuador)
Guayaquil
Cuenca
Río Amazonas
PERÚ
BRASIL
El Callao
Lima
CORDILLERA DE LOS ANDES
Cuzco
Lago Titicaca
BOLIVIA
La Paz
Cochabamba
Santa Cruz
Sucre
Brasília
Trópico de Capricornio
PARAGUAY
Asunción
CHILE
Río Paraná
Vicuña
Córdoba
OCÉANO PACÍFICO
Valparaíso
Santiago
Rosario
URUGUAY
Buenos Aires
Montevideo
La Plata
Río de la Plata
ARGENTINA
Mar del Plata
PATAGONIA
Puerto Montt
OCÉANO ATLÁNTICO
Estrecho de Magallanes
Islas Malvinas
(R.U.)
Tierra del Fuego
Punta Arenas
Cabo de Hornos

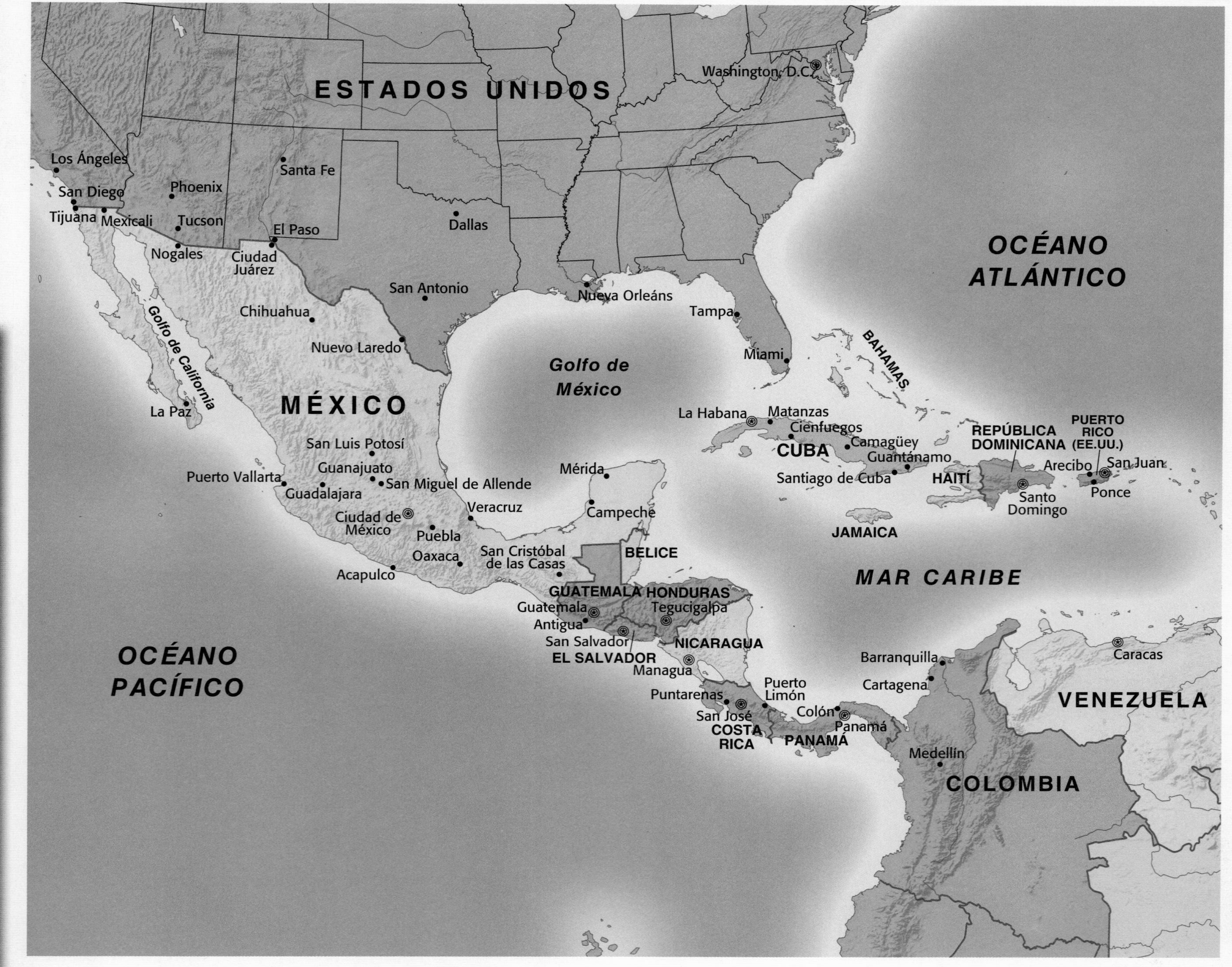
ESTADOS UNIDOS
Washington, D.C.
Los Ángeles
Santa Fe
San Diego
Phoenix
Tijuana
Mexicali
Tucson
Dallas
El Paso
Nogales
Ciudad Juárez
San Antonio
Nueva Orleáns
Tampa
OCÉANO ATLÁNTICO
Chihuahua
Golfo de California
Nuevo Laredo
Miami
BAHAMAS
Golfo de México
MÉXICO
La Paz
La Habana
Matanzas
Cienfuegos
CUBA
Camagüey
Guantánamo
Santiago de Cuba
REPÚBLICA DOMINICANA
PUERTO RICO (EE.UU.)
Arecibo
San Juan
HAITÍ
Santo Domingo
Ponce
San Luis Potosí
Guanajuato
Puerto Vallarta
San Miguel de Allende
Guadalajara
Mérida
Campeche
Veracruz
Ciudad de México
Puebla
JAMAICA
Oaxaca
San Cristóbal de las Casas
BELICE
Acapulco
MAR CARIBE
GUATEMALA
HONDURAS
Guatemala
Tegucigalpa
Antigua
San Salvador
NICARAGUA
EL SALVADOR
Managua
OCÉANO PACÍFICO
Barranquilla
Caracas
Puerto Limón
Cartagena
Puntarenas
Colón
VENEZUELA
San José
Panamá
COSTA RICA
PANAMÁ
Medellín
COLOMBIA

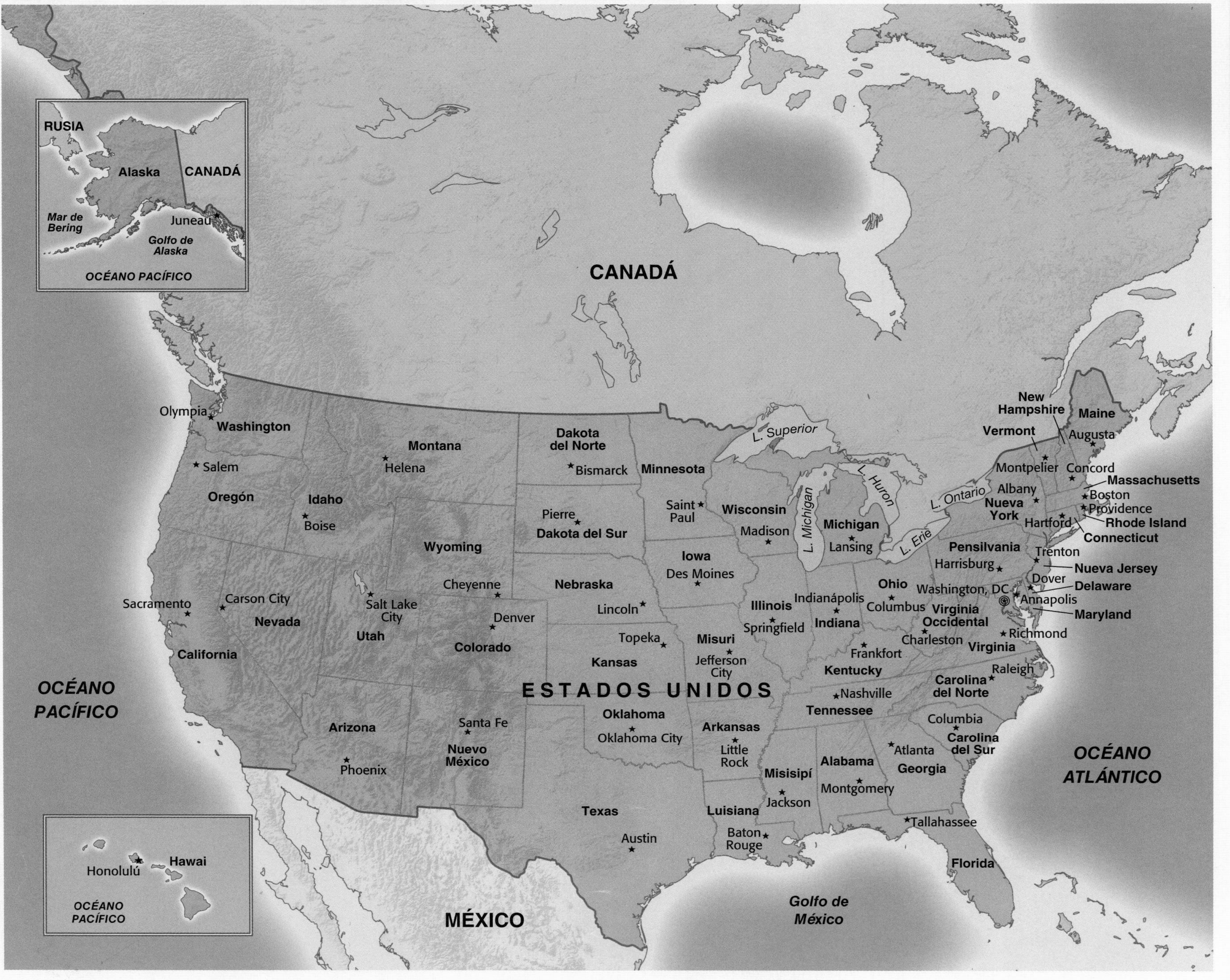
CANADÁ
ESTADOS UNIDOS
MÉXICO
OCÉANO PACÍFICO
OCÉANO ATLÁNTICO
Golfo de México
RUSIA
Alaska
CANADÁ
Mar de Bering
Juneau
Golfo de Alaska
OCÉANO PACÍFICO
Hawai
Honolulú
OCÉANO PACÍFICO
L. Superior
L. Michigan
L. Huron
L. Erie
L. Ontario
Washington
Olympia
Oregón
Salem
California
Sacramento
Nevada
Carson City
Idaho
Boise
Montana
Helena
Wyoming
Cheyenne
Utah
Salt Lake City
Colorado
Denver
Arizona
Phoenix
Nuevo México
Santa Fe
Dakota del Norte
Bismarck
Dakota del Sur
Pierre
Nebraska
Lincoln
Kansas
Topeka
Oklahoma
Oklahoma City
Texas
Austin
Minnesota
Saint Paul
Iowa
Des Moines
Misuri
Jefferson City
Arkansas
Little Rock
Luisiana
Baton Rouge
Wisconsin
Madison
Illinois
Springfield
Michigan
Lansing
Indiana
Indianápolis
Ohio
Columbus
Kentucky
Frankfort
Tennessee
Nashville
Misisipí
Jackson
Alabama
Montgomery
Georgia
Atlanta
Florida
Tallahassee
Carolina del Sur
Columbia
Carolina del Norte
Raleigh
Virginia
Richmond
Virginia Occidental
Charleston
Pensilvania
Harrisburg
Washington, DC
Maryland
Annapolis
Delaware
Dover
Nueva Jersey
Trenton
Nueva York
Albany
Connecticut
Hartford
Rhode Island
Providence
Massachusetts
Boston
Vermont
Montpelier
New Hampshire
Concord
Maine
Augusta

GeoVistas

Lake Titicaca on the border of Peru and Bolivia

Explorando el mundo hispanohablante

España SH44
México SH46
Guatemala, Honduras SH48
El Salvador, Nicaragua SH50
Costa Rica, Panamá SH52
Colombia, Venezuela SH54
Ecuador, Perú, Bolivia SH56
Chile, Argentina SH58
Paraguay, Uruguay SH60
Cuba, República Dominicana, Puerto Rico SH62
Estados Unidos SH64

GeoVista

España

Post office or Palacio de Comunicaciones in Madrid, the capital of Spain ▶

▲ Beautiful Moorish architecture in the Mezquita de Córdoba

▲ A picturesque bay on the Atlantic coast of Galicia

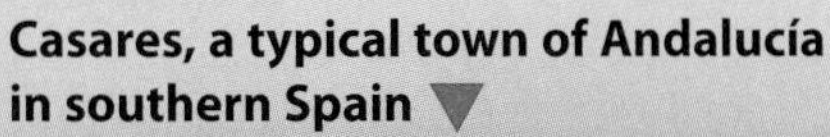

Casares, a typical town of Andalucía in southern Spain ▼

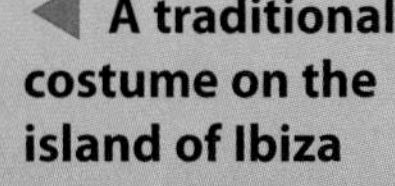

◀ A traditional costume on the island of Ibiza

A scene from the famous novel *El Quijote* ▼

▲ Windmills in La Mancha on the plains of central Spain

▲ Delicious oranges from Valencia

◀ Two youngsters in a garden in Galicia in the northwest of Spain

An Iberian lynx found in Iberia, the name of the peninsula Spain shares with Portugal ▼

GeoVista

México

▲ A view of Lake Chapala near Guadalajara

Monarch butterflies during the winter migration to the states of Mexico and Michoacán ▶

The modern resort of Cancún on the Yucatan Peninsula on Mexico's Caribbean coast ▶

▲ Beautiful modern buildings in Mexico's capital

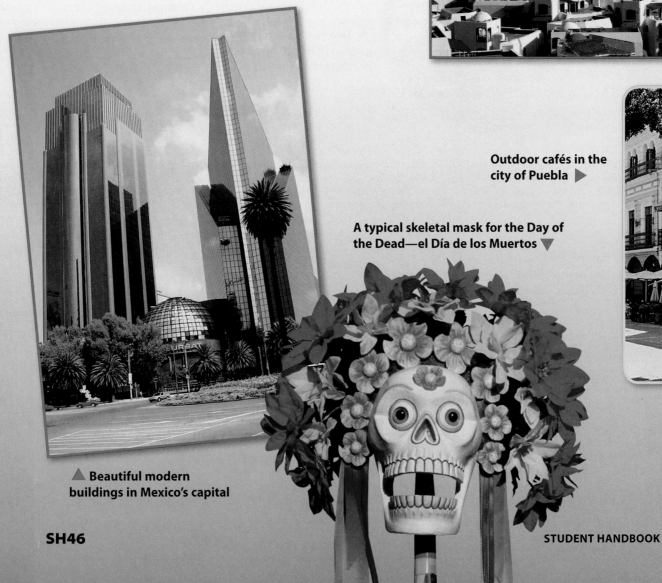

Outdoor cafés in the city of Puebla ▶

A typical skeletal mask for the Day of the Dead—el Día de los Muertos ▼

▲ A fruit stand in Cabo San Lucas in Baja California

◀ Colorful Mexican textiles in the state of Guerrero

Independence Monument on the famous Paseo de la Reforma in Mexico City, the capital of Mexico ▶

Famous ruins of the Toltec and Olmec indigenous civilizations in Monte Albán in the state of Oaxaca in southern Mexico ▶

GeoVista

Guatemala Honduras

▲ **Honduras** An ancient ballpark and stela in the Mayan ruins of Copán

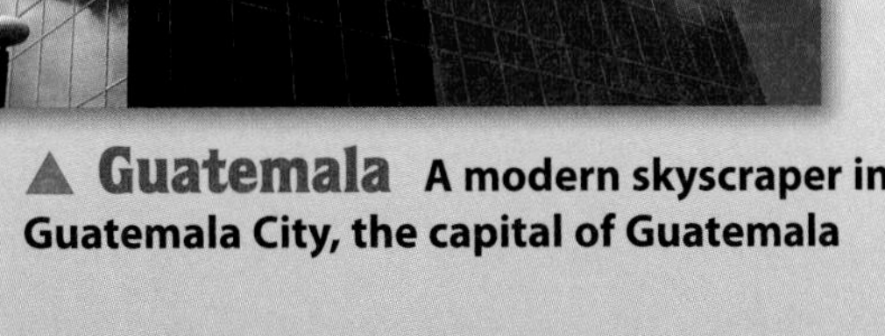

▲ **Guatemala** A modern skyscraper in Guatemala City, the capital of Guatemala

Guatemala A view of the colonial city of Antigua, the former capital of Guatemala ▶

Honduras An iguana on the island of Roatán ▼

▲ **Guatemala** Lake Atitlán and the San Pedro Volcano

MÉXICO
Mar Caribe
Islas del Cisne
Tikal
Flores
BELICE
Islas de la Bahía
Golfo de Honduras
Río Usumacinta
Río Dulce
Puerto Barrios
Puerto Cortés
GUATEMALA
SIERRA DE LOS CUCHUMATANES
Cobán
Lago de Izabal
San Pedro Sula
La Ceiba
El Progreso
SIERRA MADRE
Volcán Tajumulco
Huehuetenango
Río Motagua
SIERRAS DE MERENDÓN
Río Ulúa
Lago de Yojoa
HONDURAS
SIERRA DE AGALTA
Río Patuca
Puerto Lempira
Río Coco
Quetzaltenango
Retalhuleu / Suchitepéquez
Mazatenango
Lago Atitlán
Guatemala
Escuintla
Puerto Quetzal
Copán
Cerro Las Minas
CORDILLERA DE OPALACA
Juticalpa
Tegucigalpa
Danlí
EL SALVADOR
Choluteca
Golfo de Fonseca
NICARAGUA

Guatemala
A quetzal—the national bird of Guatemala ▶

Guatemala Friday market in the town of San Francisco El Alto ▼

▲ **Honduras** Vegetable vendors outside the church on a square in Tegucigalpa, the capital of Honduras

Guatemala Young girls in typical Mayan costumes ▼

GeoVista

El Salvador  Nicaragua

Nicaragua A modern high-rise and the colonial cathedral in Managua ▶

▲ **Nicaragua** View of the colonial city of Granada

▲ **Nicaragua** A modern theater in Managua, the capital of Nicaragua

El Salvador A spider monkey, one of those still inhabiting a few areas of El Salvador ▼

El Salvador Chaparrastique Volcano ▼

▲ **El Salvador**
Church of Santa Lucía in Suchitoto

▲ **Nicaragua** A bay in San Juan del Sur on the Pacific coast

Nicaragua
A group of students in a park in Matagalpa ▶

Nicaragua Cattle on a rural road in Viejo León ▼

GeoVista

Costa Rica  Panamá

◀ **Costa Rica** Tourists in the Inbioparque Center in San José, the capital of Costa Rica

▲ **Panama** A view of the modern capital of Panama, Panama City

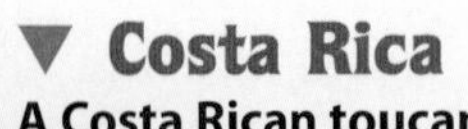

▼ **Costa Rica** A Costa Rican toucan

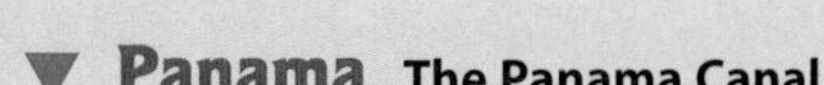

▼ **Panama** The Panama Canal

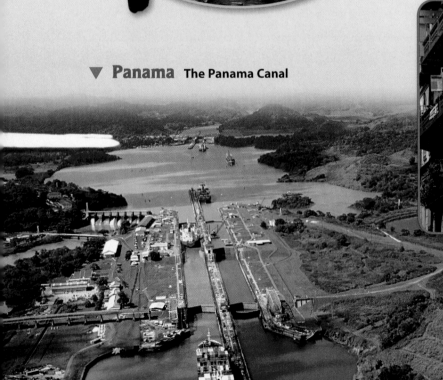

▲ **Panama** A view of the colonial section of Panama City

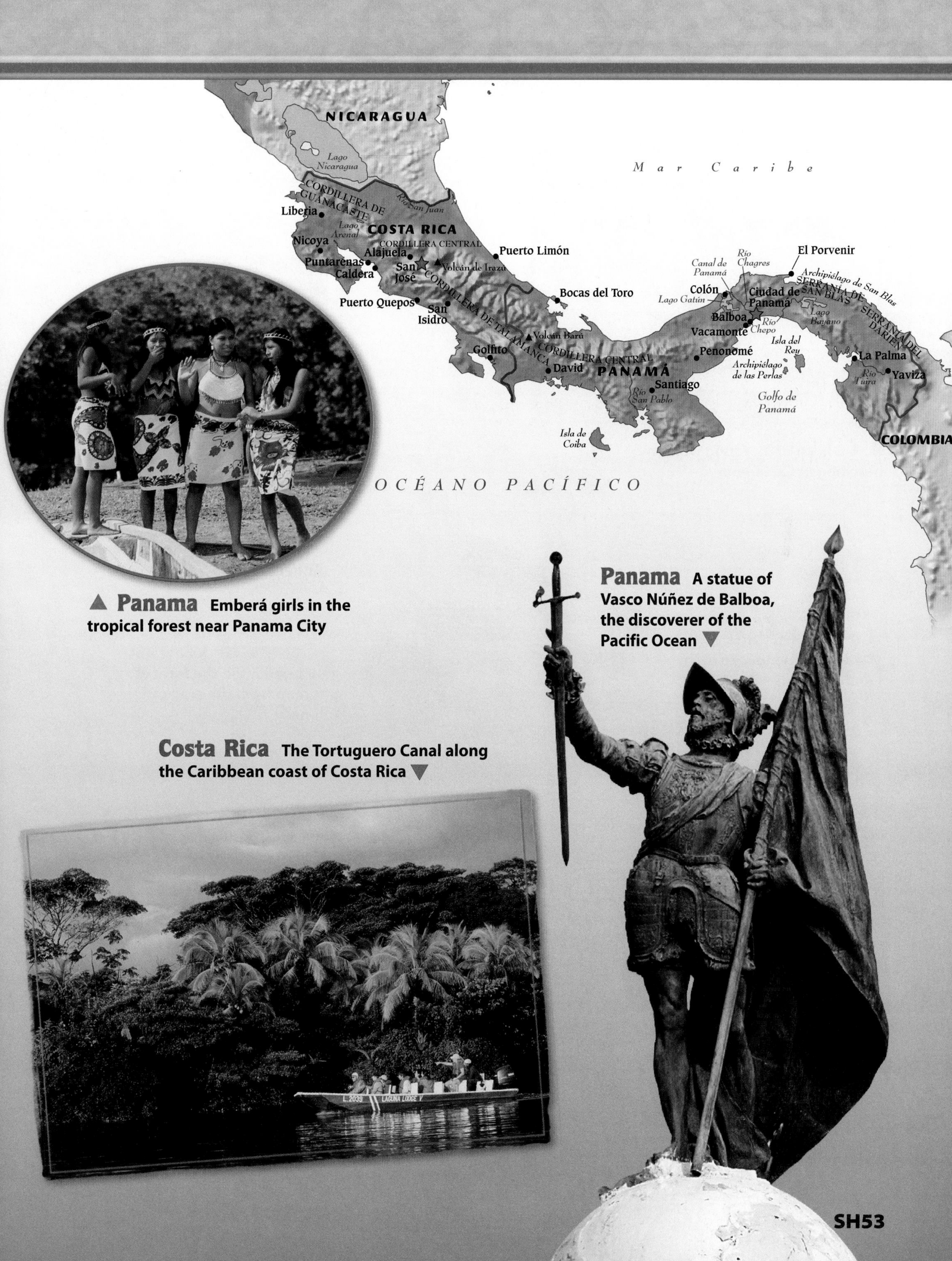

▲ **Panama** Emberá girls in the tropical forest near Panama City

Panama A statue of Vasco Núñez de Balboa, the discoverer of the Pacific Ocean ▼

Costa Rica The Tortuguero Canal along the Caribbean coast of Costa Rica ▼

GeoVista

Colombia  Venezuela

▲ **Colombia** Young women marching in Cartagena

▲ **Venezuela** The famous Angel Falls

◀ **Colombia** An ancient gold pendant in the form of a human from the area of Tolima

Colombia, Venezuela
A bear indigenous to many Andean areas ▼

Mar Caribe
Isla de Providencia
Isla de San Andrés
Archipiélago Los Roques
Isla de Margarita
Santa Marta
Pico Cristóbal Colón
Golfo de Venezuela
Coro
Caracas
Barranquilla
Puerto Bolívar
Cartagena
Maracaibo
Lago Maracaibo
Valencia
Lago Valencia
Maracay
SIERRA NEVADA DE SANTA MARTA
Río Magdalena
Pico Bolívar
Mérida
PANAMÁ
Cúcuta
San Cristóbal
Río Apure
San Fernando de Apure
Río Orinoco
Ciudad Bolívar
Ciudad Guayana
VENEZUELA
Bucaramanga
Canaima
Río Caroní
GUYA
Puerto Ayacucho
Medellín
Río Meta
Bogotá
Río Guaviare
Ibagué
Buenaventura
COLOMBIA
Cali
Pasto
LOS ANDES
Río Caquetá
Río Putumayo
ECUADOR
Río Amazonas
BRASIL
PERÚ

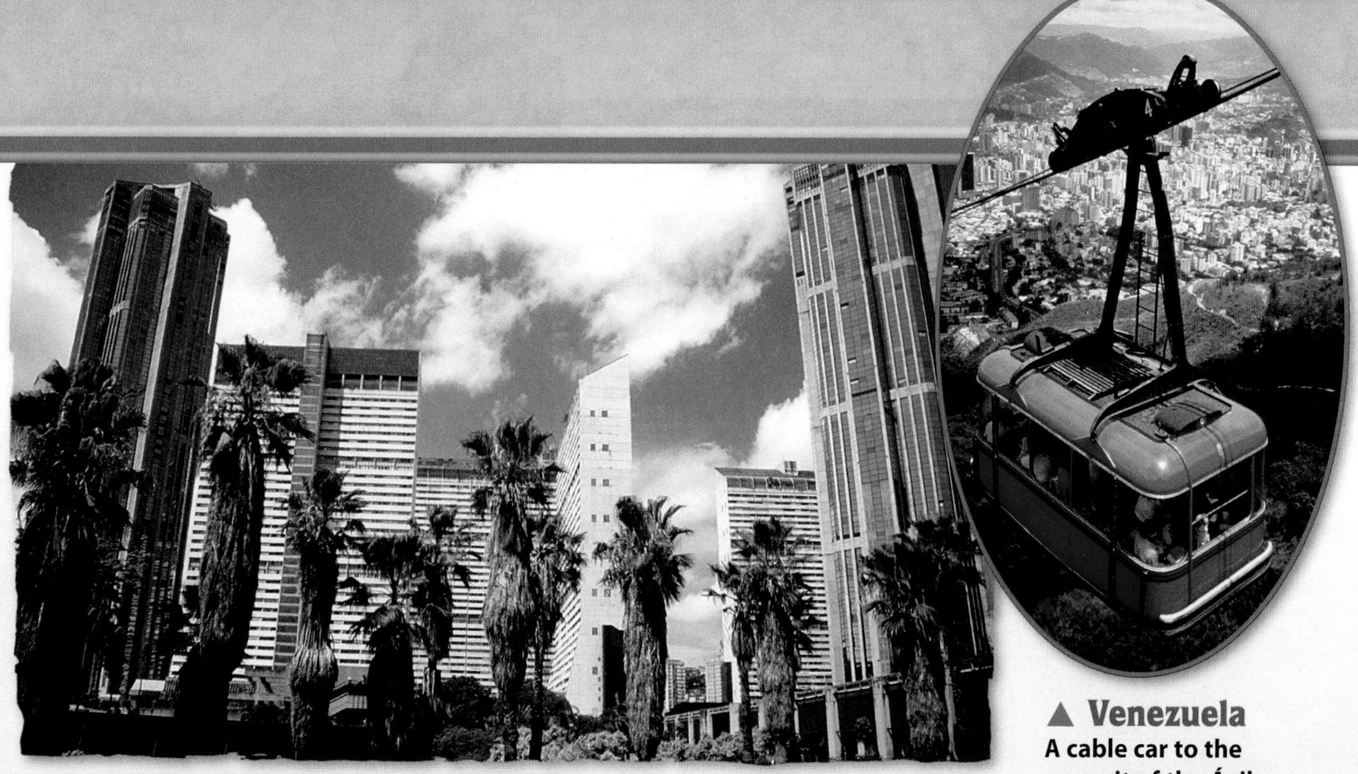

▲ **Venezuela** A view of the modern city of Caracas, the capital of Venezuela

▲ **Venezuela** A cable car to the summit of the Ávila Mountain in Caracas

▲ **Venezuela** Oil rigs on Lake Maracaibo

▲ **Colombia** A church built over the Guaitara River in the south of Colombia

Colombia The beautiful colonial city of Cartagena on the Caribbean coast of Colombia ▼

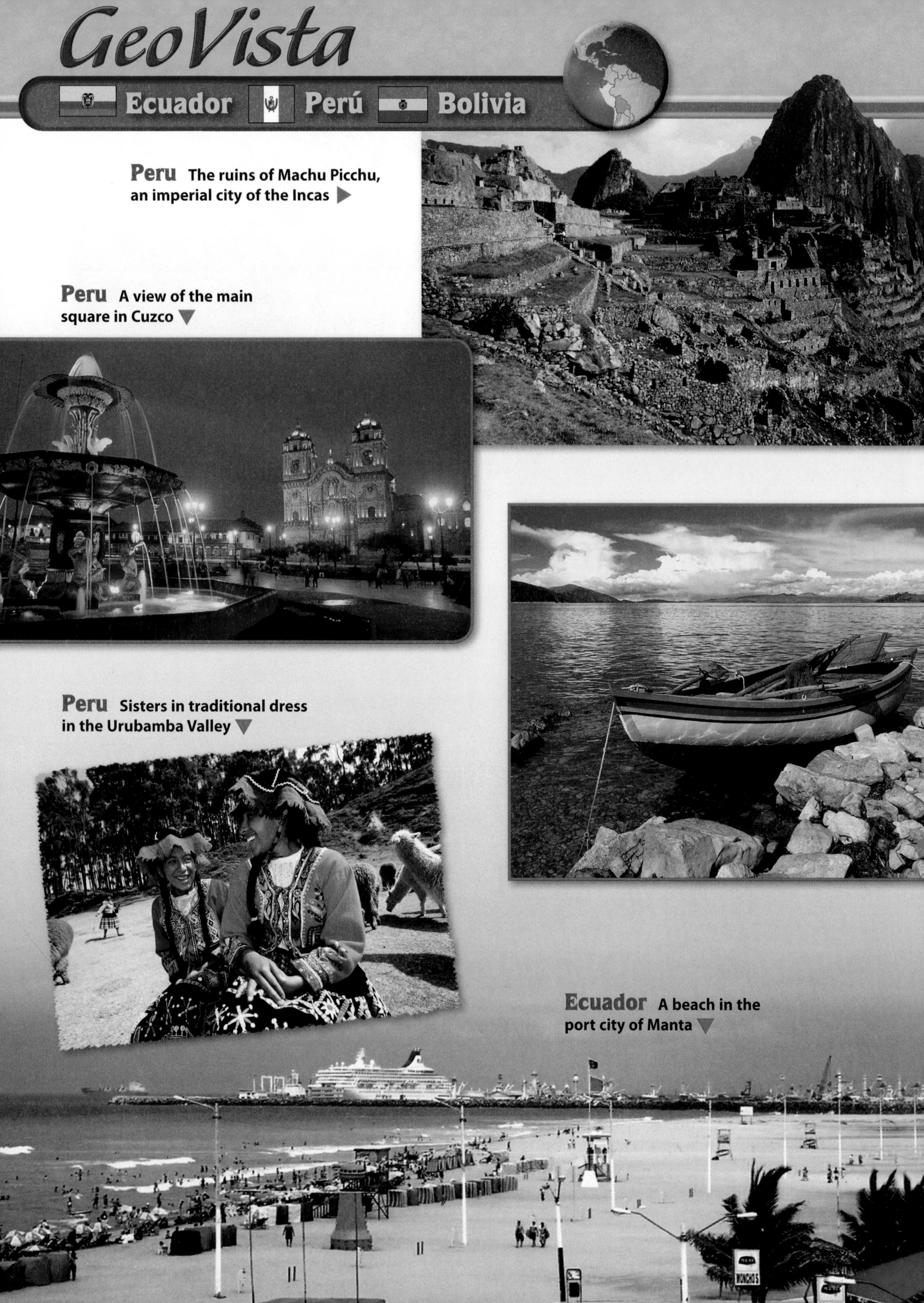

GeoVista

Ecuador **Perú** **Bolivia**

Peru The ruins of Machu Picchu, an imperial city of the Incas ▶

Peru A view of the main square in Cuzco ▼

Peru Sisters in traditional dress in the Urubamba Valley ▼

Ecuador A beach in the port city of Manta ▼

◀ **Ecuador**
The cathedral in Cuenca, a beautiful city in southern Ecuador

Islas Galápagos
Esmeraldas
COLOMBIA
Ibarra
Santo Domingo
Otavalo
Manta
Quito
Volcán Chimborazo
ECUADOR
Guayaquil
Riobamba
Río Napo
Río Putumayo
Golfo de Guayaquil
Cuenca
Puerto Bolívar
Iquitos
Río Amazonas
Punta Sal
Río Marañón
BRASIL
Río Ucayali
Huanchaco
Trujillo
PERÚ
LOS ANDES
Barranca
Cobija
Huancayo
Río Urubamba
Riberalta
Lima
Cuenca
Ayacucho
Pisac
Río Guaporé
Machu Picchu
Cuzco
Río Beni
Ica
Río Mamoré
Nazca
Trinidad
Puno
Arequipa
Lago Titicaca
La Paz
El Alto
Cochabamba
Santa Cruz
Nevado Sajama
Oruro
BOLIVIA
Sucre
Puerto Aguirre
Potosí
Río Pilcomayo
Río Paraguay
Tarija
PARAGUAY
CHILE
ARGENTINA

Bolivia
A young man playing the zampoña during a festival in Potosí ▶

◀ **Bolivia, Peru** A view of Lake Titicaca on the border of Peru and Bolivia

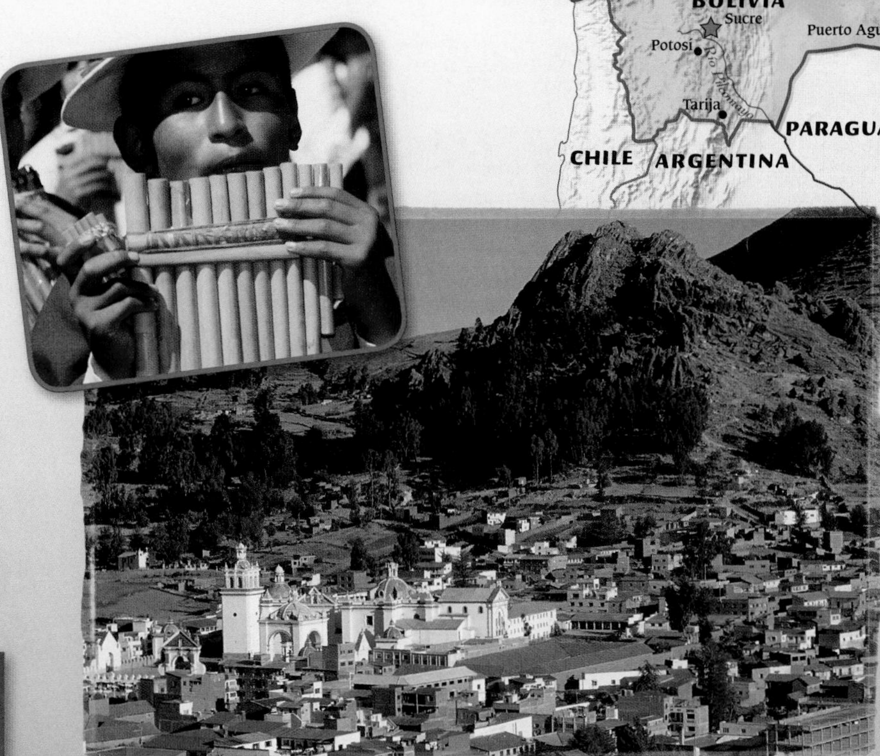

▲ **Bolivia** A view of the city of Copacabana

◀ **Ecuador** La Rotonda in Guayaquil, the place that commemorates a famous meeting between San Martín and Simón Bolívar

GeoVista

Chile Argentina

Argentina Dancing the Argentine tango in the San Telmo section of Buenos Aires, the capital of Argentina ▶

▲ **Argentina** La Casa Rosada, *Pink House*, in Buenos Aires

▲ **Argentina** A modern bridge over the Río de la Plata in the port area of Buenos Aires

Chile
A young man in the important fishing industry in Puerto Montt ▶

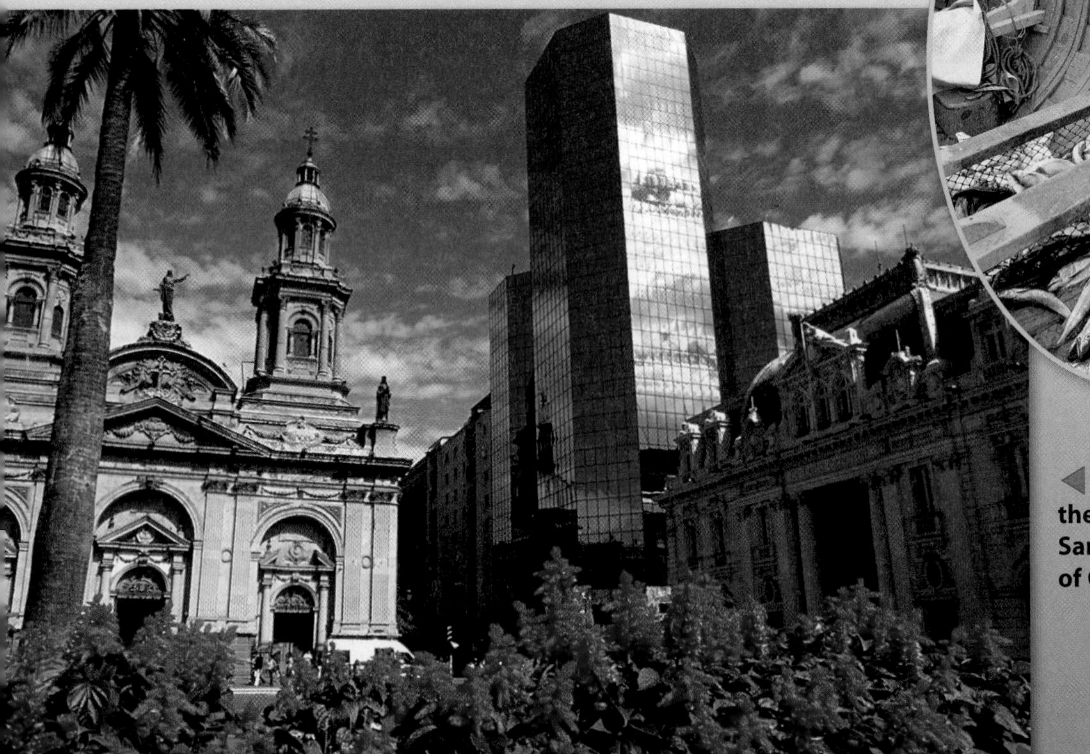

◀ **Chile** A view of the old and the new in Santiago, the capital of Chile

Chile Horses in the Torres del Paine National Park ▶

▲ **Chile** A view of the beautiful Elqui Valley in northern Chile

Argentina Colorful houses in the picturesque area of La Boca in Buenos Aires ▶

Argentina Sea lions in the Patagonian area of Argentina ▼

GeoVista

Paraguay Uruguay

▲ **Paraguay** A species of pineapple native to Paraguay and Brazil

▲ **Paraguay** A young man of Guaraní background in Asunción, the capital of Paraguay

Uruguay A view of Montevideo, the capital of Uruguay ▼

◀ **Uruguay** A hotel on the outskirts of the famous resort of Punta del Este in Uruguay

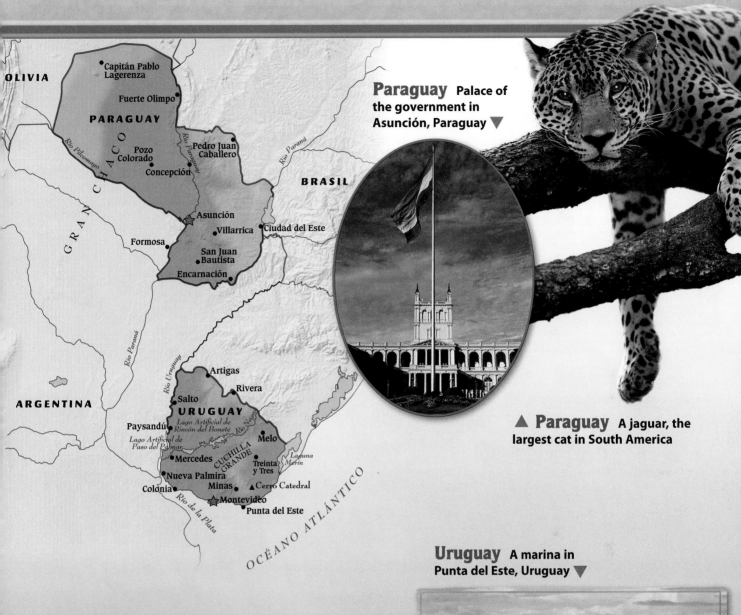

OLIVIA
PARAGUAY
Capitán Pablo Lagerenza
Fuerte Olimpo
GRAN CHACO
Río Pilcomayo
Río Paraguay
Pozo Colorado
Pedro Juan Caballero
Concepción
Río Paraná
BRASIL
Asunción
Villarrica
Ciudad del Este
Formosa
San Juan Bautista
Encarnación
Río Paraná
Río Uruguay
Artigas
Rivera
Salto
URUGUAY
ARGENTINA
Paysandú
Lago Artificial de Rincón del Bonete
Río Negro
Lago Artificial de Paso del Palmar
Melo
CUCHILLA GRANDE
Mercedes
Laguna Merín
Treinta y Tres
Nueva Palmira
Colonia
Minas
Cerro Catedral
Montevideo
Punta del Este
Río de la Plata
OCÉANO ATLÁNTICO

Paraguay Palace of the government in Asunción, Paraguay ▼

▲ **Paraguay** A jaguar, the largest cat in South America

Uruguay A marina in Punta del Este, Uruguay ▼

◄ **Paraguay** Iguazú Falls on the border of Paraguay, Argentina, and Brazil

GeoVista

 Cuba  República Dominicana  Puerto Rico 

◀ **Cuba** Scuba diving off the coast of Cuba

▲ **Dominican Republic** A square in Puerto Plata, a famous resort

▲ **Cuba** The town of Trinidad

Puerto Rico A group of students in their school uniform in Fajardo ▶

Cuba A view of the Vedado section of Havana, the capital of Cuba ▼

▲ **Puerto Rico** **Asopao, a typical dish of Puerto Rico**

▲ **Dominican Republic** **A view of tranquil Bayahibe Beach**

Puerto Rico
El Yunque rain forest ▼

Puerto Rico
The coquí—a beloved creature of Puerto Rico that gets its name from the sound it makes ▼

GeoVista

Estados Unidos

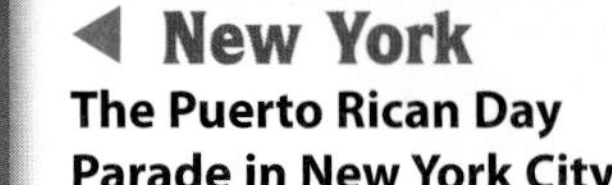

New York The Puerto Rican Day Parade in New York City

New York A Mexican restaurant in Greenwich Village in New York City

Washington Latino newscasters in Seattle

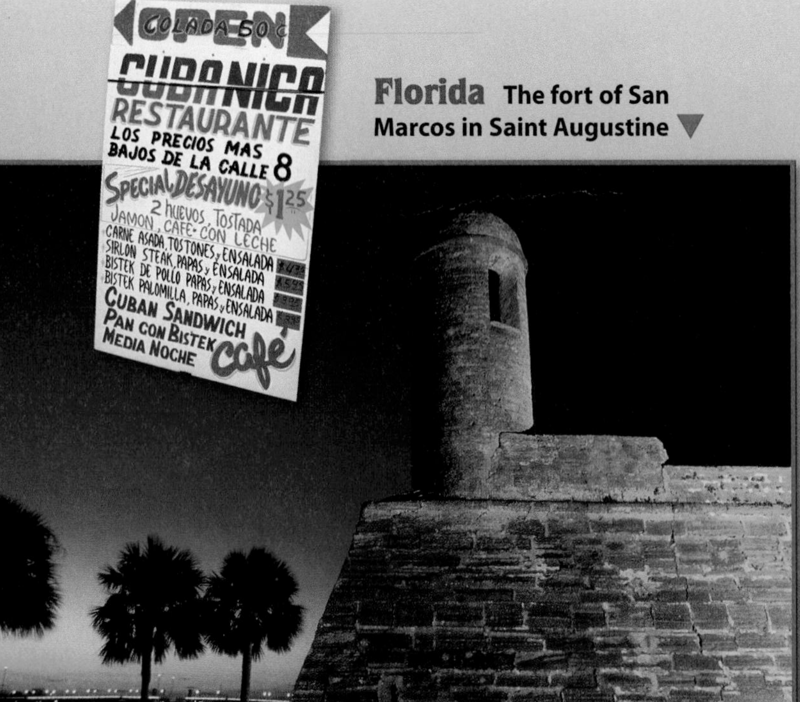

Florida The fort of San Marcos in Saint Augustine

Texas The famous River Walk in San Antonio

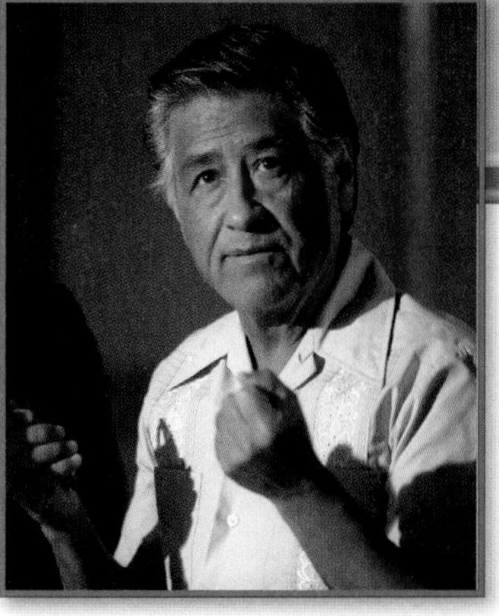

▲ Arizona César Chávez, the Mexican American labor leader who fought for the rights of all workers

RUSIA
Alaska
CANADÁ
Mar de Bering
Golfo de Alaska
CANADÁ
Washington
Oregón
Idaho
Montana
Wyoming
Dakota del Norte
Dakota del Sur
Minnesota
Wisconsin
Michigan
Nevada
Utah
California
Colorado
Nebraska
Iowa
ESTADOS UNIDOS
Illinois
Indiana
Ohio
Kansas
Misuri
Kentucky
Arizona
Nuevo México
Oklahoma
Arkansas
Tennessee
Misisipi
Alabama
Georgia
Texas
Luisiana
Florida
Pensilvania
Nueva York
Vermont
New Hampshire
Maine
Massachusetts
Rhode Island
Connecticut
Nueva Jersey
Delaware
Maryland
Washington, D.C.
Virginia Occidental
Virginia
Carolina del Norte
Carolina del Sur
OCÉANO PACÍFICO
OCÉANO ATLÁNTICO
Golfo de México
MÉXICO
Hawai
OCÉANO PACÍFICO

Florida A street sign in Ybor City, a section of Tampa ▼

▲ Florida Celebrating the Calle Ocho Carnaval in Miami's Little Havana section

California The Spanish Mission in Santa Barbara ▼

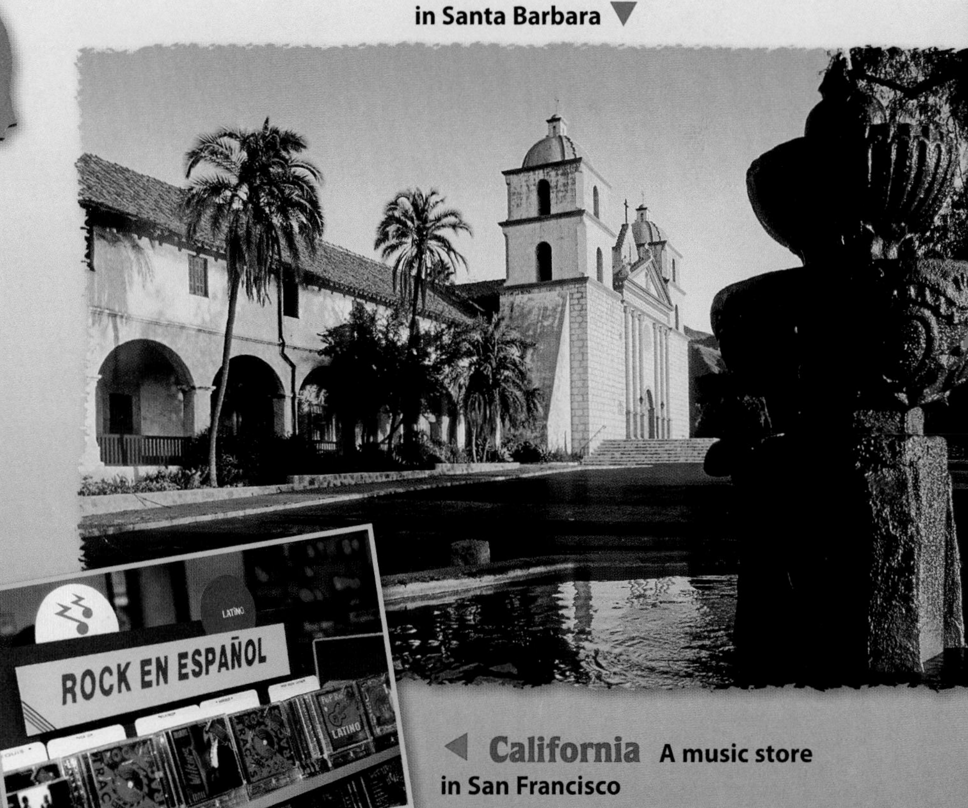

◀ California A music store in San Francisco

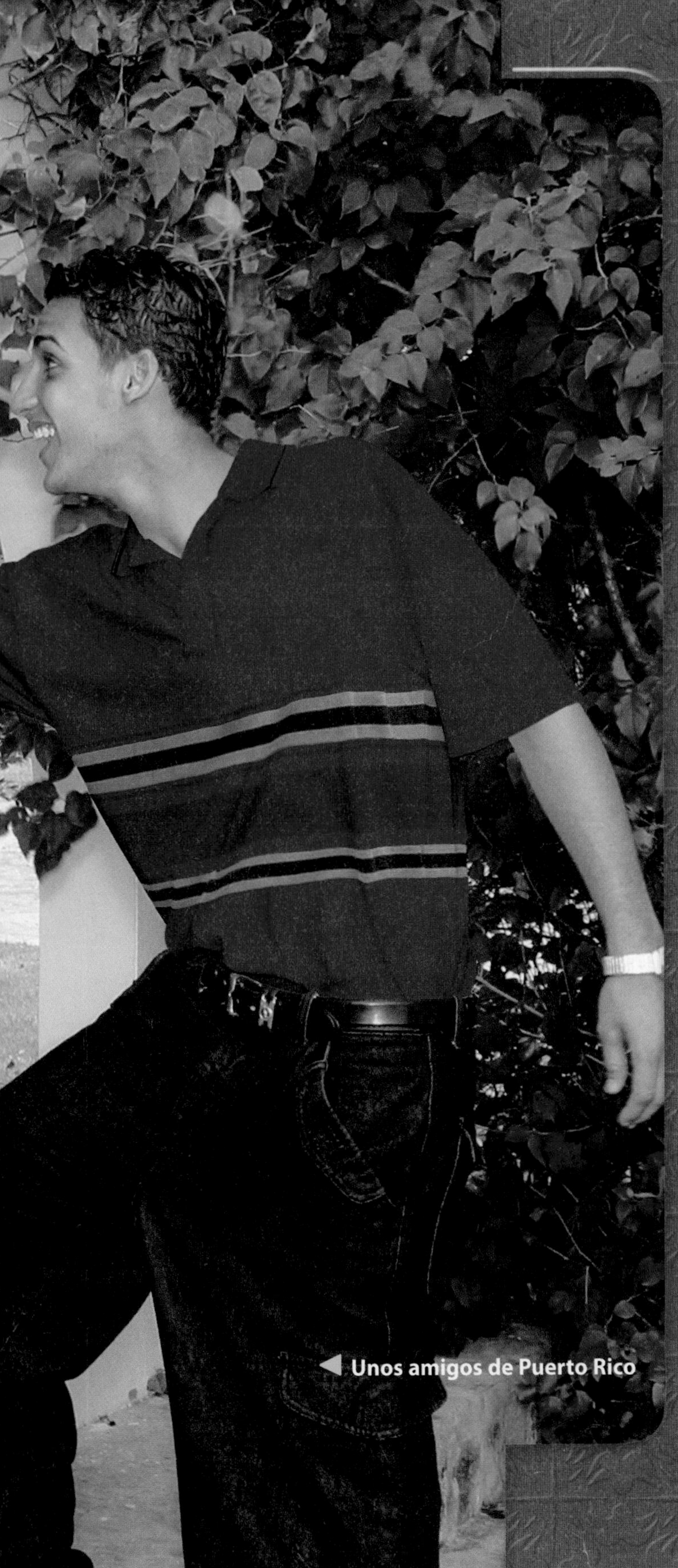

◀ Unos amigos de Puerto Rico

Lecciones preliminares

Objetivos

In these preliminary lessons you will:

- greet people
- say good-bye to people
- express yourself politely
- count to 100
- identify the days of the week
- identify the months of the year
- find out and give the date
- ask and tell the time
- discuss the seasons and weather

Preliminar A Saludos

Greeting people

To get off to a good start in Spanish, it is important to learn how to greet people. Look at the photographs and take note of some of the gestures people use when greeting each other in Spanish-speaking countries.

¡Hola!
¡Hola! ¿Qué tal?
Hola, Juan.
Bien, gracias. ¿Y tú?
Hola, Pedro. ¿Qué tal?
Muy bien.

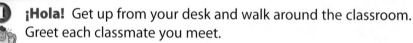

1 **¡Hola!** Get up from your desk and walk around the classroom. Greet each classmate you meet.

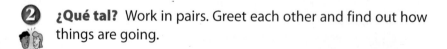

2 **¿Qué tal?** Work in pairs. Greet each other and find out how things are going.

3 **Muchachos** Look at these boys' names that are popular in the Spanish-speaking world. How many do you recognize? Which ones have English equivalents? Give Spanish names to the boys in this photo.

Cultura

Nombres de muchachos

Alejandro, Álvaro, Andrés, Ángel, Antonio, Carlos, Daniel, David, Eduardo, Emilio, Enrique, Felipe, Fernando, Francisco, Gabriel, Gerardo, Gustavo, Ignacio, Jaime, Javier, José, Juan, Lucas, Luis, Manuel, Mario, Mateo, Miguel, Moisés, Pablo, Pedro, Rafael, Raúl, Ricardo, Roberto, Stefano, Tomás, Vicente

4 **Muchachas** Look at these girls' names that are popular in the Spanish-speaking world. How many do you recognize? Which ones have English equivalents? Give Spanish names to the girls in this photo.

Cultura

Nombres de muchachas
Adela, Alejandra, Alicia, Ana, Andrea, Beatriz, Catalina, Clara, Claudia, Cristina, Débora, Elena, Elisa, Esperanza, Éster, Eva, Gabriela, Guadalupe, Isabel, Josefina, Juana, Julia, Karina, Leonor, Luisa, Luz, Maïte, Mar, María, Marisa, Marisol, Marta, Patricia, Paz, Pilar, Rosa, Sandra, Teresa

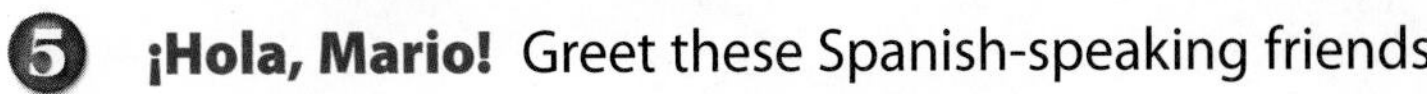

5 **¡Hola, Mario!** Greet these Spanish-speaking friends.

1. Mario
2. Alejandra
3. Julia
4. Felipe
5. Vicente
6. Andrea

Some Spanish greetings are more formal than **¡Hola!** When you greet someone, for example, you might say:

Buenos días, señora.
Buenas tardes, señorita.
Buenas noches, señor.

When speaking Spanish, the titles **señor, señora,** and **señorita** are most often used without the name of the person.

6 **¡Buenos días!** Greet the following people appropriately.

1. Señora Álvarez in the morning
2. Señor Salas in the afternoon
3. Señorita Ramos at night

7 **Saludos** Look at these photographs of people in Mexico. Do they greet each other differently than we do? Explain how.

Saying good-bye

In this lesson you will learn how to say good-bye to people. You will notice that there are many different expressions you can use when taking leave of a person.

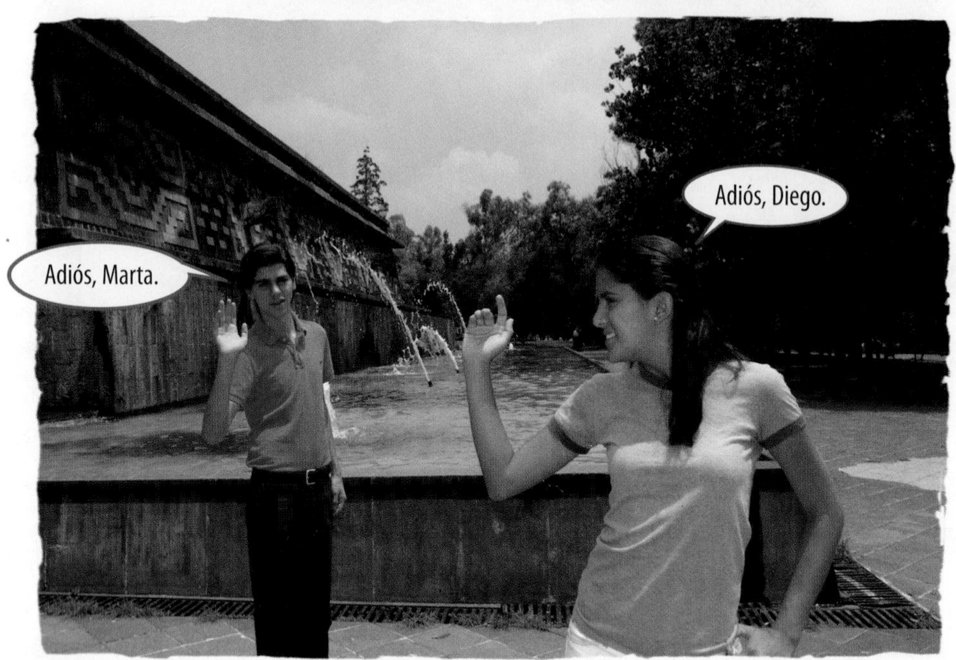
Adiós, Marta.
Adiós, Diego.

1. The usual expression to use when saying good-bye to someone is **¡Adiós!**
2. If you plan to see the person again soon, you can say **¡Hasta pronto!** or **¡Hasta luego!** If you plan to see the person the next day, you can say **¡Hasta mañana!**
3. You will frequently hear the informal expression **¡Chao!**, especially in Spain as well as in some countries of Latin America.

1 **¡Chao!** Go over to a classmate and say good-bye to him or her.

2 **¡Hasta luego!** Work with a classmate. Say **¡Chao!** to each other and let each other know that you will be getting together again soon.

3 **¡Adiós!** Say good-bye to your Spanish teacher. Then say good-bye to a friend. Use a different expression with each person.

Para conversar

¡Hola, Julio!
¡Hola, Mara! ¿Qué tal?
Muy bien. ¿Y tú?
Muy bien, gracias.
Chao, Julio.
Chao, Mara. ¡Hasta luego!

4 **¡Hola! ¡Adiós!** Listen to some Hispanic friends. Indicate on a chart like the one below whether they are greeting each other or saying good-bye.

greeting	saying good-bye

Comunicación

5 **¡Hola, amigo(a)!** Work with a friend. Speak Spanish together. Have fun saying as much as you can to each other.

6 Rompecabezas

Join two pieces to form a word. When you have finished, you should have nine words. Do not use any piece more than once.

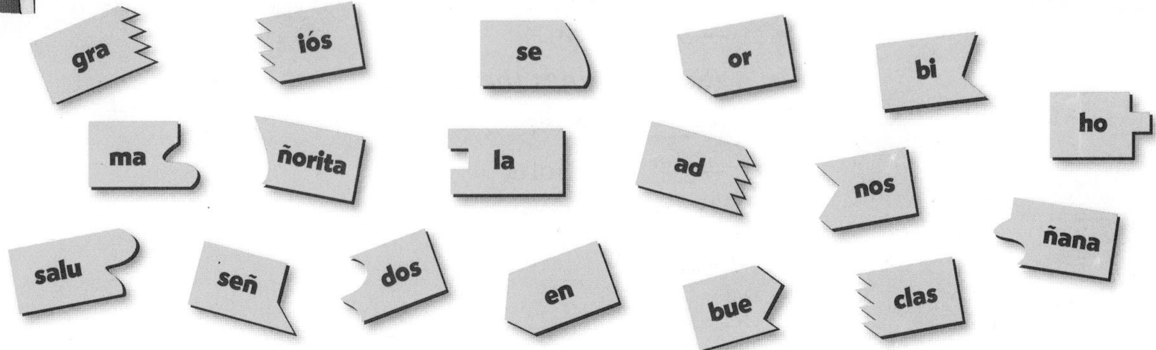

La cortesía

Speaking politely

In this lesson you will learn how to request some foods and drinks in a polite way.

1. Whenever you ask for something, remember to be polite and say **por favor.** Whenever someone gives you something or does something for you, say **gracias.**

2. There are several ways to express *You're welcome* in Spanish.

   De nada.
   Por nada.
   No hay de qué.

1 La cortesía, por favor. Complete the following conversation.

—Una limonada, ___1___.
—Sí, señora.
(Server brings the lemonade.)
—___2___, señor.
—___3___, señora.

2 **Una cola, por favor.** You are at a café in La Palma, Canary Islands. Order the following things in a polite way. A classmate will be the server.

1. un sándwich
2. un café
3. una limonada
4. una ensalada
5. una pizza
6. una hamburguesa

CULTURA

Restaurante La Placeta en La Palma, islas Canarias

3 **Por favor.** Order the following foods at a Mexican restaurant. Do you recognize them all? Be polite when you order.

1. un taco
2. una enchilada
3. una tostada
4. un burrito

CULTURA

Amigos en un café en Guanajuato, México

Preliminar D Algunos números

Counting in Spanish

In this lesson you will learn to count to one hundred. You will also learn how to find out the price of something.

1 uno	11 once	21 veintiuno	31 treinta y uno	50 cincuenta
2 dos	12 doce	22 veintidós	32 treinta y dos	60 sesenta
3 tres	13 trece	23 veintitrés	33 treinta y tres	70 setenta
4 cuatro	14 catorce	24 veinticuatro	34 treinta y cuatro	80 ochenta
5 cinco	15 quince	25 veinticinco	35 treinta y cinco	90 noventa
6 seis	16 dieciséis	26 veintiséis	36 treinta y seis	100 ciento (cien)
7 siete	17 diecisiete	27 veintisiete	37 treinta y siete	
8 ocho	18 dieciocho	28 veintiocho	38 treinta y ocho	
9 nueve	19 diecinueve	29 veintinueve	39 treinta y nueve	
10 diez	20 veinte	30 treinta	40 cuarenta	

1 **De diez a cien** Count from 10 to 100 by tens. Then do it backwards!

2 **¿Qué número es?** Say the following numbers in Spanish.

1. 32
2. 46
3. 51
4. 67
5. 77
6. 84
7. 96
8. 23

3 **El número, por favor.** Say the following numbers.

1. your area code
2. the number you dial for an emergency
3. your zip code
4. the number of your house or apartment

4 **Juego** Create a math pattern similar to the one below. Your partner will try to figure out the missing number before you count to ten in Spanish. Take turns.

tres seis nueve _____ quince

Nota

Note that before a noun **ciento** shortens to **cien.**

cien pesos
cien euros

but

ciento cincuenta pesos
ciento cuarenta euros

Finding out the price

To find out or give the price of something, you say:

5 **¿Cuánto es?** Work with a partner. Make believe you are buying something. Hold it up and get the price in pesos.

MODELO 20 →
—¿Cuánto es, por favor?
—Veinte pesos.

1. 30
2. 22
3. 45
4. 60
5. 15
6. 90
7. 78
8. 50
9. 84

Cultura

Monetary systems When you travel, you will use different currencies.

- Spain uses the **euro,** the currency of all countries of the European Union.
- In many Latin American countries, such as Mexico, the currency is the **peso.**
- Venezuela uses the **bolívar,** named in honor of the Latin American hero Simón Bolívar.
- In Guatemala, the currency is named after the beautiful national bird—**el quetzal.**
- In some countries, such as Panama and Ecuador, the monetary unit is the U.S. dollar.

6 **Las matemáticas** Count the money below. Give the total amount.

euros

pesos

bolívares

quetzales

La fecha

Identifying days of the week and months of the year

In this lesson you will learn the days of the week, months of the year, and how to give the date.

Look at the calendar to identify the days of the week.

lunes	martes	miércoles	jueves	viernes	sábado	domingo
					1	2
3	4	5	6	7	8	9
10	11	12	13	14	15	16

Cultura

In Spanish-speaking countries, the week begins with Monday and ends on Sunday. Saturday and Sunday are truly **el fin de semana.**

In Spanish-speaking countries, the date is often abbreviated as day/month/year, instead of month/day/year as we do in the United States. For example, September 23, 2012, would be abbreviated as 23/9/12.

To find out and give the day of the week, you say:

Para conversar

Nota

The days of the week and the months are not capitalized in Spanish.

1 **¿Qué día es?** Work with a partner. Have a conversation.

1. ¿Qué día es hoy?
2. ¿Qué día es mañana?
3. ¿Cuáles son los días de la semana?

Look at the calendars to identify the months of the year.

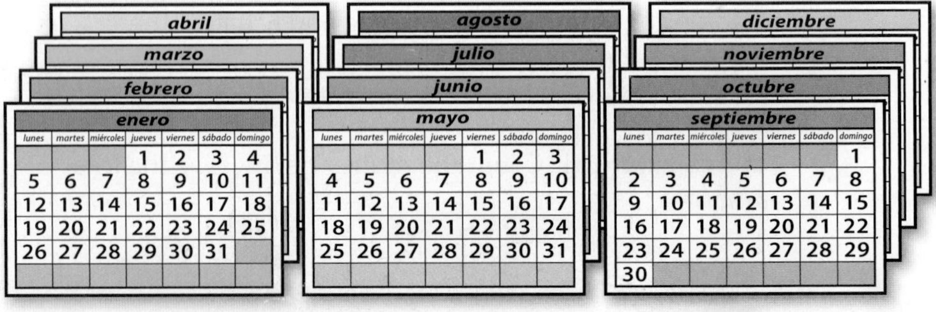

Finding out and giving the date

Hoy es el diez de septiembre.

2 **Mi cumpleaños** Each of you will stand up and give the date of your birthday in Spanish. Listen and keep a record of how many of you were born in the same month.

3 **La fecha, por favor.** Look at these calendars and give the dates.

mayo						
				1	2	3
4	5	6	7	8	9	10
11	12	13	14	15	16	17
18	19	20	21	22	23	24
25	26	27	28	29	30	31

febrero						
						1
2	3	4	5	6	7	8
9	10	11	12	13	14	15
16	17	18	19	20	21	22
23	24	25	26	27	28	

octubre						
			1	2	3	4
5	6	7	8	9	10	11
12	13	14	15	16	17	18
19	20	21	22	23	24	25
26	27	28	29	30	31	

4 **Fechas importantes** Give the Spanish for the following important dates.

1. January 1
2. July 4
3. February 14

Nota

For the first day of the month you say:

Es el primero de octubre.

5 **Un día favorito** Work with a partner. Tell the date of your favorite day of the year in Spanish. Your partner will try to guess the importance of that day. Take turns.

Conexiones

La música The following are the words for a song that is sung in Spain for a fiesta that takes place on July 7. Sing the song with your classmates.

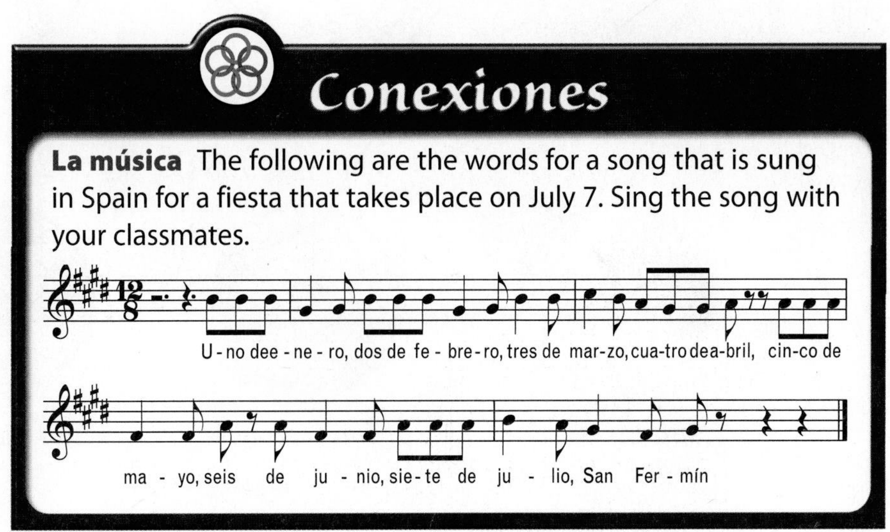

U-no dee-ne-ro, dos de fe-bre-ro, tres de mar-zo, cua-tro dea-bril, cin-co de
ma-yo, seis de ju-nio, sie-te de ju-lio, San Fer-mín

Telling time

In this lesson you will learn how to tell time in Spanish. You will also learn to tell at what time certain events take place.

To find out the time you ask:

¿Qué hora es?

Es la una.

Son las dos.

Son las tres.

Son las cuatro.

Son las cinco.

Son las seis.

Son las siete.

Son las ocho.

Son las nueve.

Son las diez.

Son las once.

Son las doce.

Cultura

In most Spanish-speaking countries it is not considered rude to arrive a bit late for an appointment. If you have a 10 A.M. appointment, it would not be unusual to arrive a bit later.

Son las siete...

y cinco.

y cuarto.

cuarenta.

y diez.

y media.

cuarenta y cinco.

1 **¿Qué hora es?** Give the following times.

1. 
2. 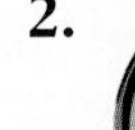 
3. 
4.  
5. 
6. 

2 **¡La hora, por favor!** Walk up to a classmate and ask for the time. Your classmate will answer you.

To find out and tell at what time something takes place you say:

3 **¿A qué hora es?** Work with a partner. Ask your partner at what time he or she has the following classes.

1. matemáticas
2. historia
3. educación física
4. ciencias
5. español
6. inglés

Cultura

Twenty-four-hour clock

In Spain and in many areas of Latin America, it is common to use the twenty-four-hour clock for formal activities such as reservations and train and airplane departures. Read the time below and figure out the time in the United States.

A las dieciocho horas
A las veinte cuarenta

Note that the words in Activity 3 are cognates. Cognates look alike in Spanish and English, but be careful. They are pronounced differently!

Preliminar G Las estaciones y el tiempo

Talking about the seasons

In this lesson you will learn to identify the seasons and describe the weather.

Las cuatro estaciones son:

el invierno

la primavera

el verano

el otoño

1 **¿Qué estación es?** Name the season.

1. los meses de junio, julio y agosto
2. los meses de marzo, abril y mayo
3. los meses de diciembre, enero y febrero
4. los meses de septiembre, octubre y noviembre

2 **¿En qué estación?** Name the season for these events.

1. Thanksgiving
2. April Fool's Day
3. Valentine's Day
4. U.S. Independence Day

3 **Juego** Play this guessing game with a partner. Your partner will try to guess the month and day of your birthday. The only hint you will give is the season in which it occurs. Take turns.

Describing the weather

¿Qué tiempo hace?

Hace buen tiempo.
Hace (mucho) calor.
Hace (Hay) sol.

Hace mal tiempo.
Llueve.

Hace frío.
Nieva.

Hace fresco.
Hace viento.

4 **¿Qué tiempo hace hoy?** Tell what the weather is like today.

5 **El tiempo** Describe the weather.

1. ¿Qué tiempo hace en el verano?
2. ¿Qué tiempo hace en el invierno?
3. ¿Qué tiempo hace en la primavera?
4. ¿Qué tiempo hace en el otoño?

6 **La estación** Identify the season according to its weather.

1. ¿En qué estación hace fresco?
2. ¿En qué estación hace mucho calor?
3. ¿En qué estación llueve mucho? ¿En qué mes?
4. ¿En qué estación nieva?

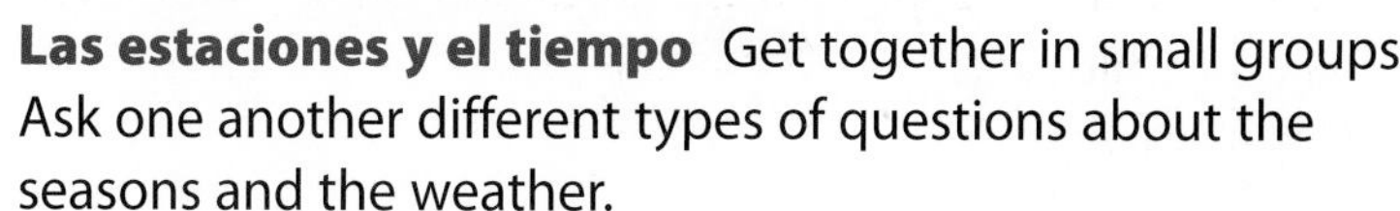

7 **Las estaciones y el tiempo** Get together in small groups. Ask one another different types of questions about the seasons and the weather.

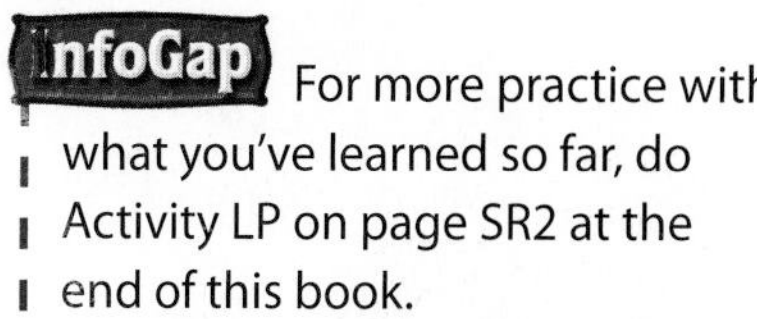

InfoGap For more practice with what you've learned so far, do Activity LP on page SR2 at the end of this book.

Repaso

Review what you have already learned. See all that you can do in Spanish.

1 Respond to each of the following.

1. ¡Hola!
2. ¿Qué tal?
3. ¿Qué día es hoy?
4. ¿Cuál es la fecha?
5. ¿Qué tiempo hace?
6. ¿A qué hora es la clase de español?
7. ¿Qué hora es?
8. ¡Adiós!

2 See how much you can already read in Spanish.

Es el mes de julio en Argentina. Hace mucho frío. ¿Hace frío en julio? En Argentina, sí. El mes de julio no es el verano en Argentina. Es el invierno. Cuando es el verano—los meses de junio, julio y agosto—en el hemisferio norte, es el invierno en el hemisferio sur. Las estaciones son contrarias en el hemisferio norte y en el hemisferio sur.

3 Answer the questions about the reading.

1. ¿Qué mes es en Argentina?
2. ¿Qué tiempo hace?
3. ¿Qué estación es en Argentina?
4. ¿Cuáles son los meses de invierno en Estados Unidos?
5. ¿Cuáles son los meses de invierno en Argentina?

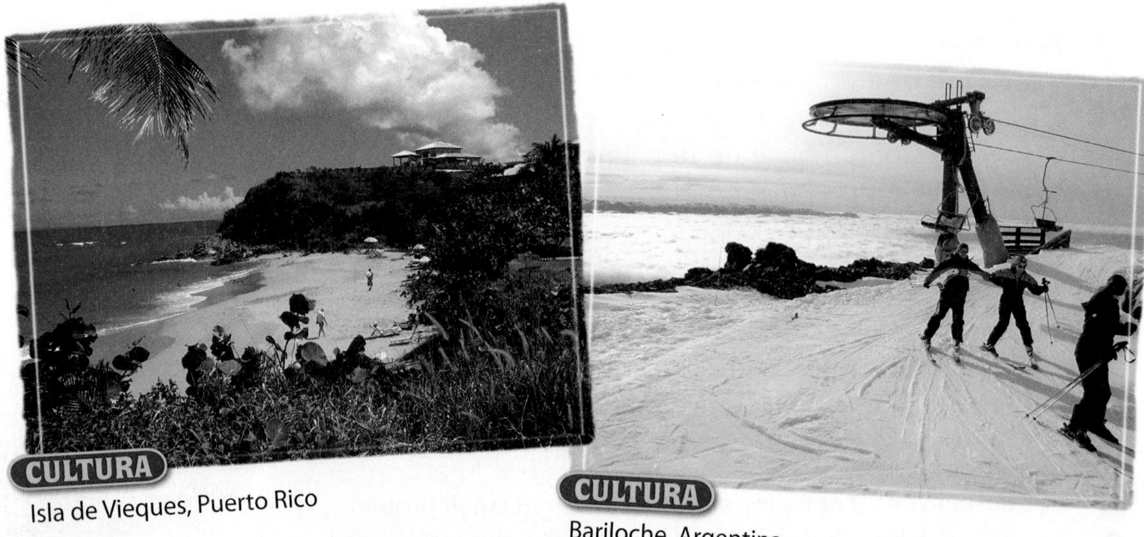

CULTURA

Isla de Vieques, Puerto Rico

CULTURA

Bariloche, Argentina

There are a number of cognates in this list. See how many you and a partner can find. Who can find the most? Compare your list with those of your classmates.

Vocabulario

Greeting people			
saludos ¡Hola!	Buenos días. Buenas tardes.	Buenas noches. ¿Qué tal?	Bien, gracias. Muy bien.

Identifying titles		
señor	señora	señorita

Saying good-bye		
¡Adiós! ¡Chao!	¡Hasta luego! ¡Hasta pronto!	¡Hasta mañana!

Being courteous		
la cortesía	Por favor. Gracias.	De (Por) nada. No hay de qué.

Identifying the days of the week			
¿Qué día es hoy? la semana lunes	martes miércoles jueves	viernes sábado domingo	hoy mañana

Identifying the months of the year			
¿Cuál es la fecha de hoy? enero febrero marzo	abril mayo junio julio agosto	septiembre octubre noviembre diciembre	el mes el año el primero (de enero) el dos (de enero)

Telling time			
¿Qué hora es? Es la una.	Son las dos (tres, cuatro...).	y cuarto y media	¿A qué hora es? Es a la una (a las dos, a las tres...).

Identifying the seasons		
¿Qué estación es?	el invierno la primavera	el verano el otoño

Describing the weather			
¿Qué tiempo hace? Hace buen tiempo.	Hace (mucho) calor. Hace (Hay) sol. Hace mal tiempo.	Llueve. Hace frío. Nieva.	Hace fresco. Hace viento.

Other useful words and expressions	
¿Cuánto es?	cumpleaños

CAPÍTULO 1

¿Cómo somos?

Aquí y Allí

Vamos a comparar Have you ever thought about what types of friends you might have if you lived in another country? The theme of friendship is universal, but the qualities that people like in a friend differ. In this chapter, you will learn how to describe friends—both their looks and their personality. Think about your own friends. What qualities do you look for in a good friend?

◀ Los jóvenes puertorriqueños son amigos muy buenos.

Objetivos

You will:

- identify and describe people and things
- tell where someone is from
- tell what subjects you take and express opinions about them
- talk about Spanish speakers in the United States

You will use:

- nouns, adjectives, and articles
- the verb **ser**
- **tú** and **usted**

Go to glencoe.com
For: **Online book**
Web code: **ASD9281c1**

Introducción al tema

¿Cómo somos?

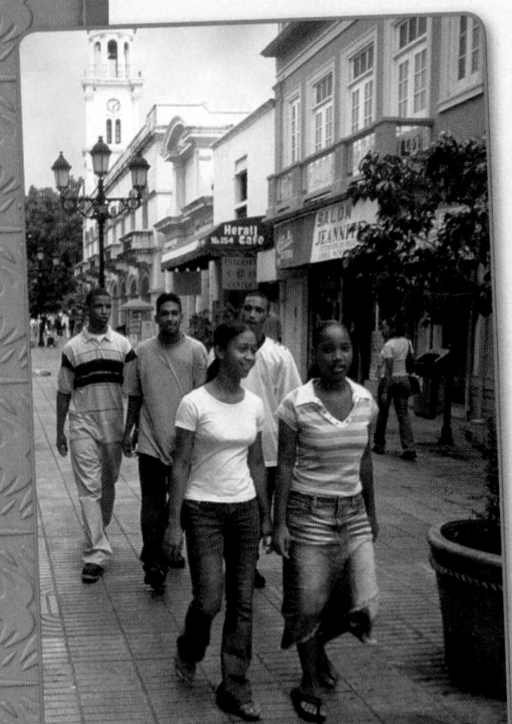

Look at these photographs to acquaint yourself with the theme of this chapter. You will learn to describe yourself and many new friends from all over the Spanish-speaking world as well as some Latino students in the United States. What similarities and differences do you see in the teens in these photos? How do they compare with your friends and the students in your school?

◀ **República Dominicana**
Un grupo de amigos en Santo Domingo, la capital de la República Dominicana

Perú **¡Hola, amigos! Somos todos amigos de Lima, la capital de Perú. Y ustedes, ¿de dónde son?** ▼

▲ **Colombia** Los muchachos son de Barranquilla, una ciudad y puerto en el norte de Colombia.

▲ **Puerto Rico** Unos amigos en la plaza principal de Isabela, Puerto Rico

▲ **Venezuela** Un grupo de amigos con motos en Mérida, Venezuela

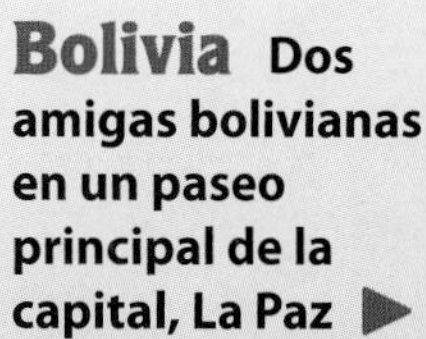

Bolivia Dos amigas bolivianas en un paseo principal de la capital, La Paz ▶

◀ **España** Un grupo de amigos en bici en Órgiva, España, un pueblo pequeño en el sur de España

¿Cómo es?

fea
guapa, bonita

baja
alto

pelirroja
morena
moreno
rubia

cómica, graciosa
seria

HOTEL
antipático
simpático

Roberto es un amigo de Julia.
Roberto es un amigo bueno.
Julia es una amiga de Roberto.
Julia es una amiga buena.

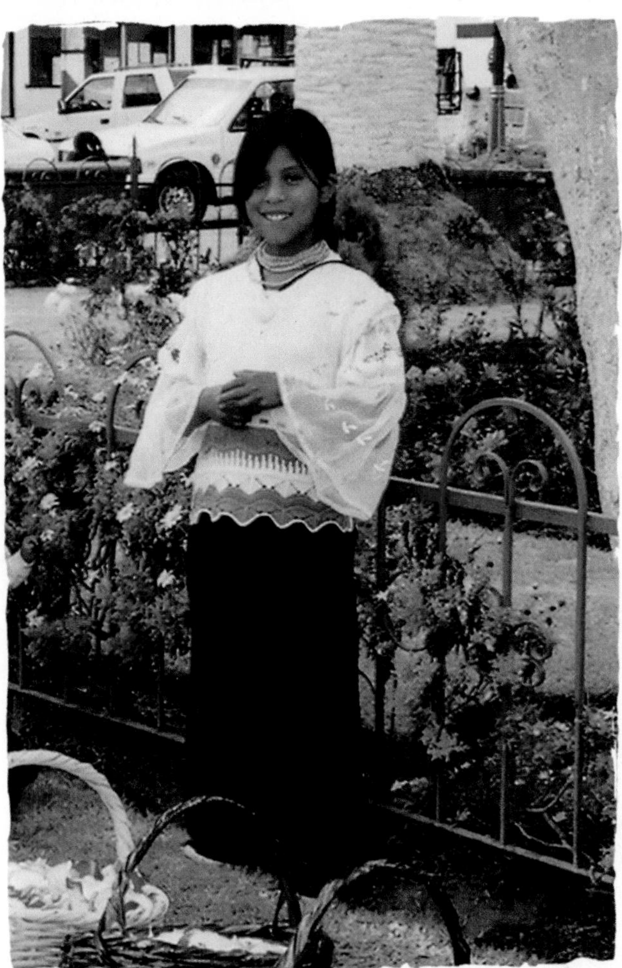

La muchacha joven es de Ecuador.
Ella es ecuatoriana.

Para conversar

¿Quién es el amigo de Julia?
Roberto.
¿Cómo es él?
Es alto y gracioso.

Para conversar

¿De dónde es la muchacha?
Es de Ecuador.
¿De qué nacionalidad es?
Es ecuatoriana.

En otras partes

In addition to **el muchacho,** you will also hear **el chico.** In Mexico you will hear **el chamaco.**

QuickPass
Go to glencoe.com
For: **Vocabulary practice**
Web code: **ASD9281c1**

CULTURA

Elena es de Santiago, la capital de Chile. Es una muchacha simpática, ¿no?

ESCUCHAR

1 Escucha y escoge. Match each statement you hear with the picture it describes.

LEER • HABLAR • ESCRIBIR

2 Parea. Look at the words below and match the opposites or antonyms.

guapo simpático antipático
malo cómico bajo alto
bueno feo serio

ESCUCHAR • HABLAR • ESCRIBIR

3 Contesta. Look at the photo of Elena and answer the questions about her.

1. ¿Quién es la muchacha? ¿Es Elena o Cecilia?
2. ¿Cómo es la muchacha? ¿Es pelirroja o morena?
3. ¿Cómo es la muchacha? ¿Es fea o guapa?
4. ¿Cómo es la muchacha? ¿Es graciosa o seria?
5. ¿Cómo es la muchacha? ¿Es simpática o antipática?

CULTURA

Eduardo es de Antigua, Guatemala. Es un muchacho guapo, ¿no?

HABLAR • ESCRIBIR

4 Describe a Eduardo. Look at the photo of Eduardo. Describe him. You may wish to choose the appropriate words from the **banco de palabras** to use in your description.

guapo	feo	bajo
moreno	serio	guatemalteco
gracioso	alto	pelirrojo

Más práctica

Workbook, pp. 1.3–1.4
StudentWorks™ Plus

Comunicación

5 Habla de un(a) amigo(a). In Activity 4, you learned about Eduardo. Present to the class some similar information about one of your own friends.

Mi amigo(a) es...

CULTURA

Antonia es una joven de Cuzco, Perú.

HABLAR

6 ¡Manos a la obra! Work in groups. Draw several faces. Exaggerate a feature on each one so members of your group can guess the adjective you have in mind.

HABLAR • ESCRIBIR

7 **Contesta.** Answer. Pay particular attention to the word that introduces each question.

1. ¿Quién es la muchacha? ¿Es Antonia?
2. ¿Cómo es Antonia?
3. ¿De dónde es Antonia?
4. ¿De qué nacionalidad es?

ESCUCHAR • HABLAR • ESCRIBIR

8 **Forma preguntas.** Form questions according to the model. Pay attention to the words in italics. They will help you figure out which question word to use.

MODELO **Rafael es *muy gracioso.* →**
¿Cómo es Rafael?

1. *Elena* es de Chile.
2. Paco es *muy serio.*
3. Felipe es *de México.*
4. La amiga de Felipe es *Sofía.*
5. Bárbara es *norteamericana.*
6. Carlos es *guapo y gracioso.*
7. Fernando es *puertorriqueño.*
8. *El muchacho* es de México.

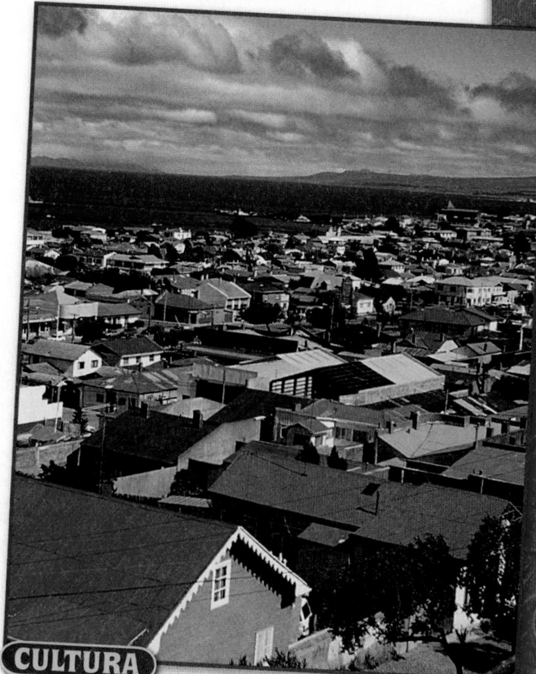

CULTURA

Es una vista de Punta Arenas, una ciudad en la Patagonia chilena. Aquí hace mucho frío.

HABLAR

9 Juego Work with a group of friends. Each person secretly chooses a student in the class and gives as many adjectives as possible to describe that person. The others try to guess who it is. Keep score.

VIDEO To practice your new words, watch **Vocabulario en vivo.**

¿Quiénes son?

Los alumnos son mexicanos.
Son alumnos en una escuela secundaria.
Son alumnos en la misma escuela.
Ellos son amigos también.

When you want to get someone's attention you can say **¡Oye!**
¡Oye! ¿Quién es?

Ricardo es un alumno nuevo.

VIDEO To meet some new friends in Argentina, watch **Diálogo en vivo.**

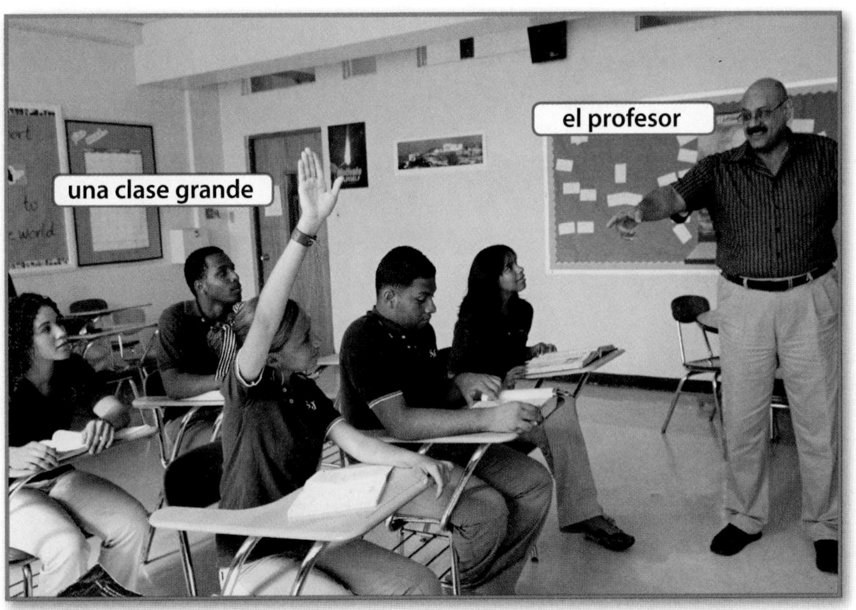

Es la clase de español.
Los alumnos son inteligentes.
Son muy buenos. No son malos.
Son ambiciosos. No son perezosos.

A cognate is a word that looks similar and means the same in two or more languages. But be careful. Although cognates look alike, they are pronounced differently. Guess the meaning of the following school subjects.

el español
el inglés
el francés
la ciencia
los estudios sociales
la historia
las matemáticas
la música
el arte
la educación física

Es una clase interesante. No es aburrida.
El curso es bastante difícil (duro).
No es fácil.

QuickPass
Go to glencoe.com
For: **Vocabulary practice**
Web code: **ASD9281c1**

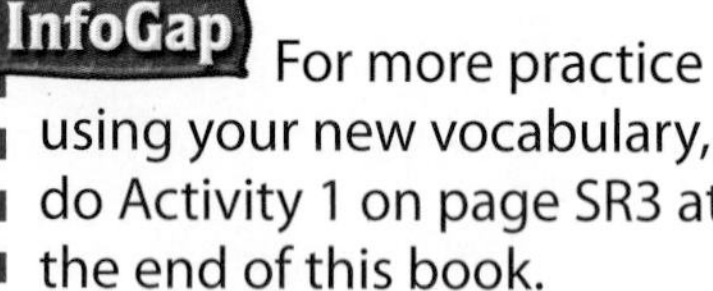
InfoGap For more practice using your new vocabulary, do Activity 1 on page SR3 at the end of this book.

ESCUCHAR

1 **Escucha y escoge.** Listen to each statement and indicate which photograph it refers to.

a.

b.

c.

d.

CULTURA
Las muchachas son de Barranquilla, una ciudad bonita en el norte de Colombia.

ESCUCHAR • HABLAR • ESCRIBIR

2 **Contesta.** Look at the photo and make up answers about Rosa and Gabriela, two good friends from Colombia.

1. ¿Quiénes son las dos muchachas?
2. ¿Son amigas?
3. ¿Son ellas colombianas?
4. ¿Son alumnas en una escuela en Barranquilla?
5. ¿Son muy inteligentes?
6. ¿Son alumnas buenas o malas?

ESCRIBIR

3 **Categoriza.** You have already learned a number of adjectives. Some describe physical appearance and others describe personality. Make a chart like the one below and put the adjectives you know into the appropriate category.

apariencia física	características de personalidad

ESCUCHAR • HABLAR • ESCRIBIR

4 **Personaliza.** Answer the questions about your own Spanish class.

1. ¿Es grande o pequeña la clase de español?
2. ¿Quién es el/la profesor(a) de español?
3. ¿Es interesante el curso de español?
4. ¿Es fácil o difícil?
5. ¿Son inteligentes los alumnos?

Comunicación

5 Work with a partner. Using words you have already learned, describe your courses to each other. Then share your results with the class. See how many of you agree.

ESCRIBIR

6 **Rompecabezas**

Join two pieces to form a word. When you have finished, you should have eight words. Do not use any piece more than once.

7 **Completa.** Complete the story with the correct words. **¡Cuidado!** You will now use different types of words, including nouns, adjectives, and verbs.

¿__1__ son los muchachos? El muchacho __2__ Diego y la muchacha __3__ Marta. Marta es una __4__ de Diego y Diego es un __5__ de Marta. Son alumnos en la misma __6__. Son alumnos __7__. ¿Cómo son? Diego es __8__ y Marta es __9__. ¿De __10__ nacionalidad son? Son __11__.

Más práctica

Workbook, pp. 1.5–1.7
StudentWorks™ Plus

FOLDABLES® Study Organizer

VOCABULARY BOOK

See page SH24 for help with making this foldable. Use this study organizer to help remember synonyms and antonyms. Compare your list with a partner to see who came up with more pairs.

Conexiones

La biología

La biología es una ciencia. La biología es el estudio de los animales y las plantas. El/La biólogo(a) es el científico. El microscopio es un instrumento muy importante para el/la biólogo(a).

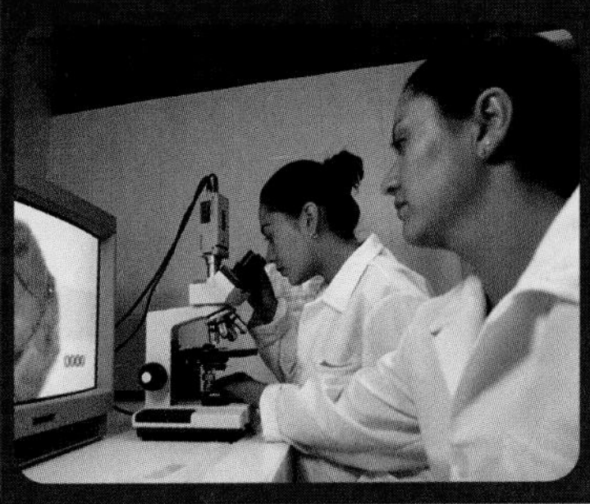

Gramática

Go to glencoe.com
For: **Grammar practice**
Web code: **ASD9281c1**

Comparaciones

In the United States we use the word "friend" a great deal. Spanish speakers use the word **amigo** a great deal, too, but **un amigo** is used only for a person they know well. If they don't know the person well, they say **un conocido.** Spanish speakers tend to use the word **conocido** more than we use the word "acquaintance."

Artículos y sustantivos

1. The name of a person, place, or thing is a noun. In Spanish, every noun has a gender, either masculine or feminine. Almost all nouns that end in **-o** are masculine and almost all nouns that end in **-a** are feminine.

2. *The* in English is called a definite article. In Spanish, the definite article is either **el** or **la.** You use **el** with masculine nouns and **la** with feminine nouns.

el muchacho	**la muchacha**
el amigo	**la amiga**
el curso	**la escuela**

Note that in the plural (more than one) **el** becomes **los** and **la** becomes **las.**

los muchachos	**las muchachas**
los amigos	**las amigas**
los cursos	**las escuelas**

3. *A, an,* and *some* are called indefinite articles. Note the following forms of the indefinite articles in Spanish.

un muchacho	**una muchacha**
un amigo	**una amiga**
unos muchachos	**unas muchachas**
unos amigos	**unas amigas**

4. Note that when a noun ends in **-e,** you have to learn whether it is masculine or feminine.

el continente	**los continentes**
la clase	**las clases**

CULTURA

Los muchachos son unos amigos muy buenos.

Más práctica
Workbook, pp. 1.8–1.10
StudentWorks™ Plus

Práctica

ESCUCHAR • HABLAR • ESCRIBIR

1 **Completa.** Complete with **el, la, los,** or **las.**

1. _____ amigo
2. _____ muchacha
3. _____ escuela
4. _____ alumnos
5. _____ amigas
6. _____ muchachos
7. _____ cursos
8. _____ alumno

EXPANSIÓN

Now repeat the words in the activity. Change **el, la, los,** and **las** to **un, una, unos,** and **unas.**

CULTURA

Las jóvenes son alumnas en la misma escuela en Antigua, Guatemala.

ESCUCHAR • HABLAR • ESCRIBIR

2 **Contesta.** Answer with *yes.* Pedro and María are friends from the United States. Answer the questions about them.

1. ¿Es norteamericano el muchacho?
2. ¿Y la muchacha? ¿Es ella norteamericana?
3. ¿Son norteamericanos los amigos?
4. ¿Son los muchachos alumnos buenos?
5. ¿Es Pedro un amigo de María?
6. ¿Es María una amiga de Pedro?

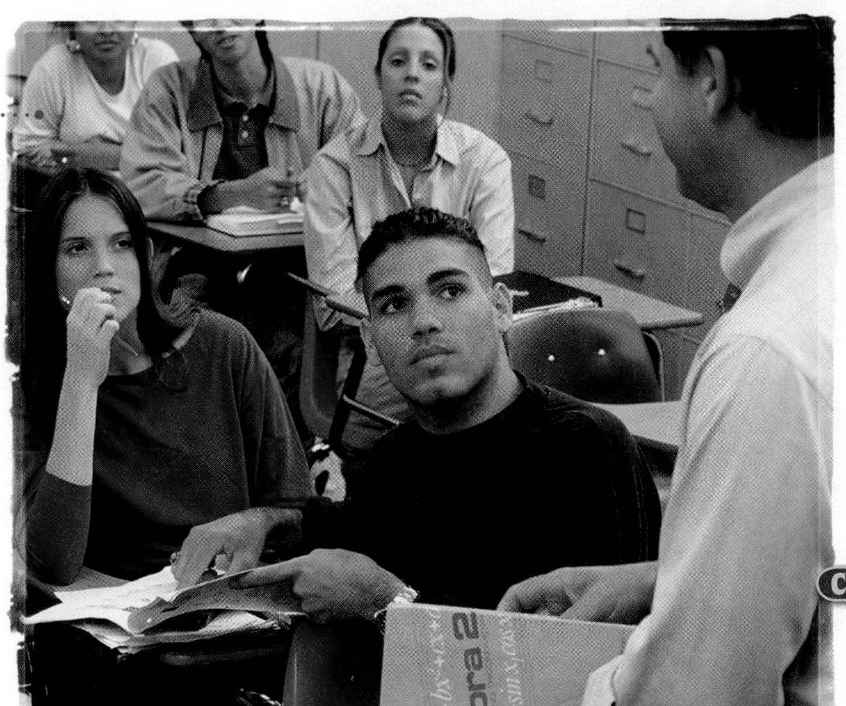

CULTURA

Pedro y María son alumnos en una escuela pública en la ciudad de El Paso en Texas.

VIDEO Want help with the agreement of nouns and adjectives? Watch Gramática en vivo.

Adjetivos

1. An adjective is a word that describes or modifies a noun. In Spanish, unlike English, the adjective must agree with the noun in gender (masculine or feminine) and number (singular or plural). Study the following examples.

ADJECTIVES ENDING IN -O

el muchacho argentino	**los muchachos argentinos**
la muchacha argentina	**las muchachas argentinas**

ADJECTIVES ENDING IN -E

el curso interesante	**los cursos interesantes**
la clase interesante	**las clases interesantes**

ADJECTIVES ENDING IN A CONSONANT

el curso fácil	**los cursos fáciles**

2. Note that you use the masculine form when a group consists of both boys and girls.

Juan y José son alumnos buenos.
María y Teresa son alumnas buenas.
José y Teresa son alumnos buenos.

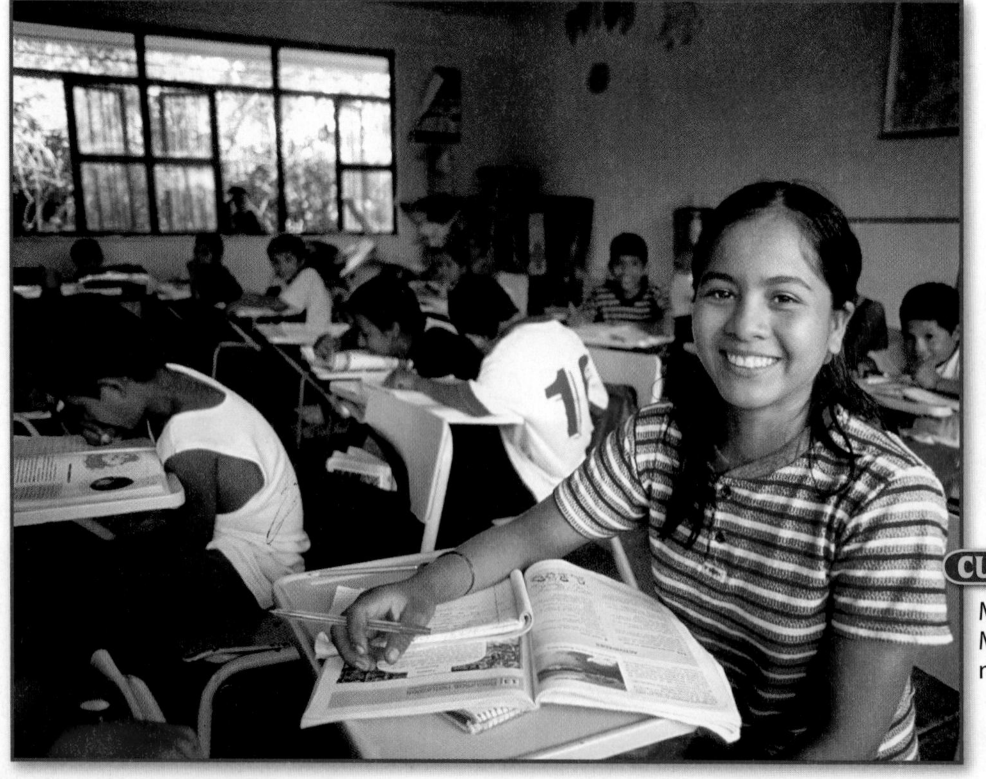

CULTURA

Marisol es de Puerto Vallarta, México. Ella es una alumna muy buena.

Más práctica

Workbook, pp. 1.8–1.10
StudentWorks™ Plus

Práctica

ESCUCHAR

3 Escucha. Listen to each statement and determine if it is about one person or thing or more than one. Make a chart like the one below to indicate your answers.

singular	plural

ESCUCHAR • HABLAR • ESCRIBIR

4 Contesta. Answer the questions. Pay attention to the form of the adjective.

1. ¿Es gracioso el muchacho guatemalteco?
2. ¿Es graciosa la muchacha guatemalteca?
3. ¿Son graciosos los muchachos guatemaltecos?
4. ¿Son graciosas las muchachas guatemaltecas?

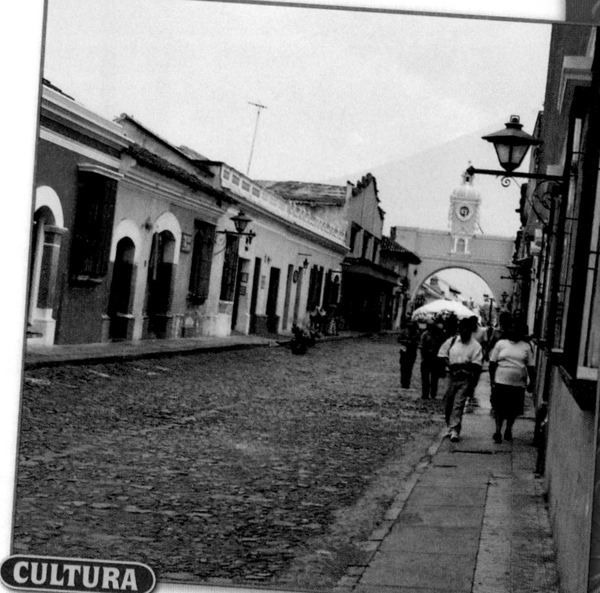

CULTURA

Las amigas guatemaltecas son alumnas en la misma escuela.

LEER • ESCRIBIR

5 Cambia Carlos a María. Change Carlos to María. Be careful to make all the necessary changes.

Carlos es colombiano. Él es moreno. No es rubio.
Carlos es muy inteligente y es bastante gracioso.
Carlos es un amigo bueno.

LEER • ESCRIBIR

6 Completa. Complete with the correct form of the adjective.

1. La escuela no es ______. (pequeño)
2. La escuela es ______. (grande)
3. Las clases no son ______. (pequeño)
4. Las clases son ______. (grande)
5. Un curso es ______. (difícil)
6. Y otro curso no es ______; es ______. (difícil, fácil)
7. Unos cursos son ______. (fácil)
8. Y otros cursos son ______. (difícil)

CULTURA

Una escuela primaria en Saquisilí, un pueblo en los Andes de Ecuador

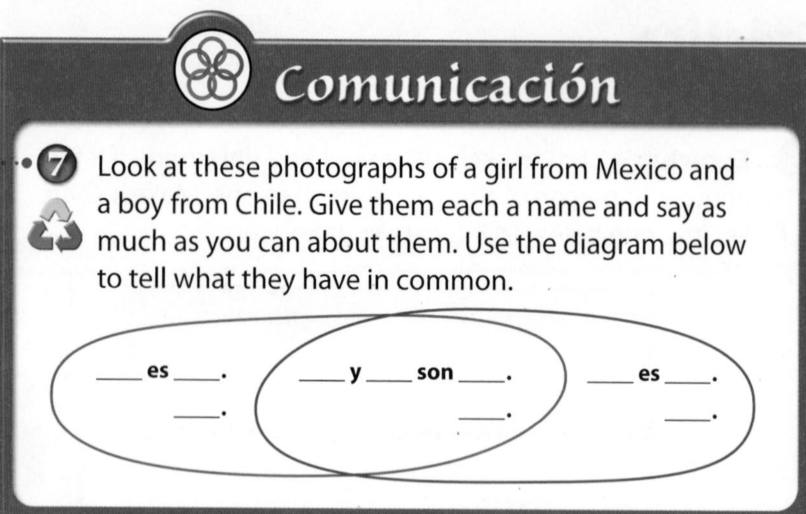

Comunicación
7 Look at these photographs of a girl from Mexico and a boy from Chile. Give them each a name and say as much as you can about them. Use the diagram below to tell what they have in common.
____ es ____.
____.
____ y ____ son ____.
____.
____ es ____.
____.

El verbo ser

1. Study the following forms of the verb **ser.**

ser			
yo	soy	nosotros(as)	somos
tú	eres	*vosotros(as)*	*sois*
Ud., él, ella	es	Uds., ellos, ellas	son

2. Note that the form of the verb changes with each subject. Since the verb changes, the subject pronouns **yo, tú, usted, él, ella, nosotros(as), ustedes, ellos,** and **ellas** are often omitted in Spanish.

(Yo) soy Juana.
(Nosotros) somos alumnos.

You use **yo** to talk about yourself.

You use **nosotros(as)** to talk about yourself and someone else.

(Él) es rubio y (ella) es rubia también.

You use **él** or **ella** to talk about someone.

Ellos son
cubanos.

Ellas son
mexicanas.

Ellos son
amigos.

You use **ellos** or **ellas** to talk about two or more people. Note that **ellos** also refers to a group of males and females.

3. Unlike in English, there are several ways to express *you* in Spanish.

   You use **tú** when speaking to a friend or person the same age.
   José, (tú) eres de México, ¿no?

   You use **usted** when speaking to an adult or someone you do not know well. **Usted,** often abbreviated **Ud.,** shows respect.
   Señor López, usted es de México, ¿no?

   Ustedes is a plural form. In the plural there is no distinction. You use **ustedes (Uds.)** when addressing two or more friends or adults.
   ¿Son ustedes de México?

   However, **vosotros(as)** is used in Spain as the plural of **tú** when addressing two or more friends.
   Sois de España, ¿no?

Práctica

ESCUCHAR • LEER • HABLAR

8 **Practica la conversación.** Practice the conversation with a classmate. Take turns playing each role. Pay close attention to the verb form you use when speaking about yourself as opposed to talking to a friend.

Susana ¡Hola!
Andrés ¡Hola! ¿Quién eres?
Susana ¿Quién? ¿Yo?
Andrés Sí, tú.
Susana Pues, soy Susana, Susana Gómez. Y tú, ¿quién eres?
Andrés Soy Andrés. Andrés Álvarez.
Susana Mucho gusto, Andrés. ¿Eres de Estados Unidos?
Andrés No. Soy de México.
Susana ¿De México? ¡Increíble! Yo también soy mexicana.

CULTURA

Monumento de la Independencia, Ciudad de México

ESCRIBIR • HABLAR

9 **Completa.** Complete the chart based on the information in the conversation. Then summarize the conversation using complete sentences.

	¿quién es?	¿de dónde es?	¿de qué nacionalidad es?
la muchacha			
el muchacho			

HABLAR • ESCRIBIR

10 **Personaliza.** Answer about yourself. Think about which verb form you use when you talk about yourself.

1. ¿Quién eres?
2. ¿Eres norteamericano(a)?
3. ¿De qué nacionalidad eres?
4. ¿De dónde eres?
5. ¿Eres gracioso(a) o serio(a)?

CULTURA

Una vista de San Juan, Puerto Rico

LEER • HABLAR • ESCRIBIR

11 **Completa la conversación.** Complete the conversation with the correct form of **ser.**

Catalina	Hola, Ricardo. ¿___1___ de Puerto Rico?
Ricardo	Sí, Catalina. ___2___ puertorriqueño.
Catalina	¿___3___ de San Juan?
Ricardo	Sí, ___4___ de la capital.
Catalina	¿___5___ alumno en una escuela privada en San Juan?
Ricardo	No, ___6___ alumno en una escuela pública.
Catalina	¿___7___ un alumno bueno o malo?
Ricardo	¡Oye, Catalina! Yo ___8___ un alumno bueno.

EXPANSIÓN

Now, without looking at the conversation, tell all you remember about Ricardo and Catalina. Your partner will add anything you forgot.

HABLAR • ESCRIBIR

12 **Personaliza.** Answer each question about yourself and a friend. Remember to use the **nosotros(as)** form of the verb.

1. ¿De qué nacionalidad son ustedes?
2. ¿Son ustedes alumnos(as)?
3. ¿En qué escuela son alumnos(as)?
4. ¿Son ustedes amigos(as) buenos(as)?
5. ¿Son ustedes alumnos(as) en la misma clase de español?

Más práctica

Workbook, pp. 1.10–1.12
StudentWorks™ Plus

Comunicación

13 Work in small groups. Interview one another to find out as much as possible about yourselves and your friends. Take turns. Share what you have learned about one another with your classmates.

ESCUCHAR • HABLAR • ESCRIBIR

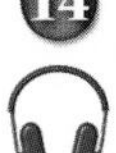

14 **Forma preguntas con De dónde.** Ask where the people are from. Use **tú, usted,** or **ustedes** as appropriate.

1. Adelita

2. Linda y Marta

3. Señor Nadal

4. Señor y Señora Gómez

5. Antonio

HABLAR

15 **Juego** Work in teams. One person begins by giving **el, la, los,** or **las.** Each member will then add a new word until a complete sentence is formed.

Comunidades

The Latino demographics in the United States are changing. Until recently, most Latinos were of Mexican, Cuban, or Puerto Rican background. Today there are people from many other Latin American countries. For example, sections of New York City that were predominantly Puerto Rican now have more Dominican residents than Puerto Rican. Are there any Latinos in your community? What areas are they from?

HABLAR • ESCRIBIR

16 **Completa.** Complete with **ser.** You will now have to use all forms of this verb.

¡Hola! Yo __1__ un amigo de Marcos. Marcos y yo __2__ muy buenos amigos. Marcos __3__ de Puerto Rico y yo __4__ de la República Dominicana. Puerto Rico y la República Dominicana __5__ dos islas en el mar Caribe. __6__ dos islas tropicales.

Ahora nosotros __7__ alumnos en una escuela secundaria en Nueva York. Nosotros __8__ alumnos muy buenos. Marcos __9__ un alumno muy bueno en matemáticas y yo __10__ un alumno bueno en historia. Y nosotros dos __11__ alumnos muy buenos en español.

Y ustedes, ¿de dónde __12__? ¿Y quiénes __13__? ¿__14__ ustedes alumnos buenos en español también?

CULTURA

Una plaza colonial en Santo Domingo, la capital de la República Dominicana

ESCRIBIR

17 **Forma frases.** Choose words from each column to make sentences. Be sure to make the adjectives agree with the words they describe.

yo usted tú Julia y Roberto nosotros la amiga de José	somos es eres son soy	dominicano norteamericano puertorriqueño chileno venezolano

HABLAR • ESCRIBIR

18 **Completa.** Complete the following activity. **¡Cuidado!** You will have to use nouns, articles, adjectives, verbs, etc.

Carlos __1__ Teresa __2__ alumnos en __3__ escuela __4__ en Lima, __5__ capital de Perú. Ellos son __6__ muy buenos. __7__ clase de español __8__ muy interesante y __9__ profesora __10__ español es simpática. Carlos y Teresa __11__ alumnos y amigos.

Refrán

Can you guess what the following proverb means?

Un amigo sincero es un tesoro divino.

PRONUNCIACIÓN 

Las vocales a, e, i, o, u

When you speak Spanish, it is important to pronounce the vowels carefully. The vowel sounds in Spanish are short, clear, and concise. The vowels in English have several different pronunciations, but in Spanish they have only one sound. Note that the pronunciation of **a** is similar to the *a* in *father.* The pronunciation of **e** is similar to the *a* in *mate.* The pronunciation of **i** is similar to the *ee* in *bee.* The **o** is similar to the *o* in *most,* and **u** is similar to the *u* in *flu.* Repeat the following.

a	e	i	o	u
Ana	**Elena**	**Isabel**	**o**	**uno**
baja	**peso**	**Inés**	**no**	**mucha**
amiga	**Felipe**	**italiano**	**Paco**	**mucho**
alumna	**feo**	**simpático**	**amigo**	**muchacho**

Pronounce the following sentences carefully. Then write them to prepare for a dictation.

Ana es alumna.
Adán es alumno.
Ana es una amiga de Adán.
Elena es una amiga de Felipe.
Inés es simpática.
Sí, Isabel es italiana.

You have now learned all the new vocabulary and grammar in this chapter. Continue to use and practice all that you know while learning more cultural information. ¡Vamos!

Conversación

QuickPass
Go to glencoe.com
For: **Conversation practice**
Web code: **ASD9281c1**

UN ALUMNO NUEVO

¿Comprendes?

A **Contesta.** Answer based on the information in the conversation between Sandra, Anita, and José.

1. ¿Es alto o bajo José Cárdenas?
2. ¿Son amigos José y Sandra?
3. ¿Es José un alumno nuevo en la escuela?
4. ¿Es guapo?
5. ¿De dónde es?
6. Y, ¿de dónde es Anita?
7. ¿Son colombianos los dos?

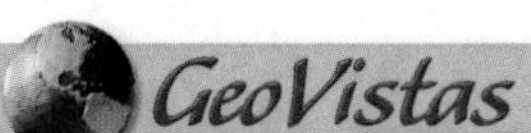

GeoVistas

To learn more about Colombia, take a tour on pages SH54–SH55.

B **¿Sí o no?** Correct any wrong information.

1. José es alto.
2. Sandra y José son amigos.
3. José es norteamericano.
4. José es colombiano y Sandra es colombiana también.

C **Resumiendo** Work with a partner. Summarize what Sandra, Anita, and José talked about.

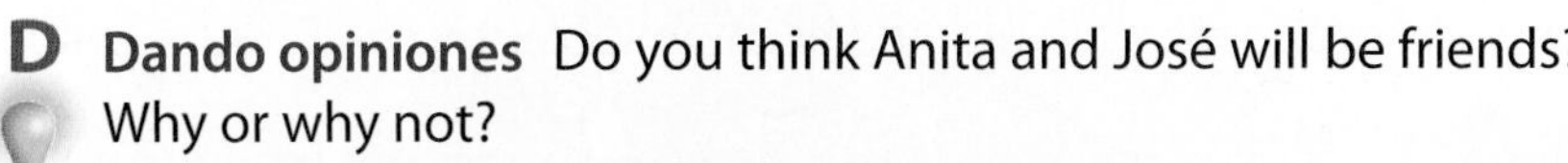

D **Dando opiniones** Do you think Anita and José will be friends? Why or why not?

CULTURA

Una vista de la parte moderna de Cartagena, Colombia

LECTURA CULTURAL

Antes de leer

Read the title of the reading. Based on the title, what do you think this reading is about?

READING STRATEGY

Using titles and subtitles What is the first thing you see when you look at any reading? The title, right? Titles provide important information about the content of a reading. As you read, remember to also focus on any subtitles. Understanding titles and subtitles will clarify content and help you understand and enjoy what you read.

Amigos latinos en Estados Unidos

Reading Check

¿Es el español una lengua extranjera para Francisco y Guadalupe?

Durante la lectura

Look at the subtitle of each section. How does it help you understand what you are reading?

Reading Check

Ramón y Marisa son de ascendencia cubana. Pero no son de Cuba. ¿De dónde son?

Mexicanoamericanos ¡Hola, amigos! Somos Francisco Chávez y Guadalupe Garza. Somos alumnos en una escuela secundaria en Norteamérica. Somos alumnos en una escuela secundaria norteamericana pero para nosotros el español no es una lengua extranjera[1]. ¿Por qué? Porque nosotros somos de ascendencia[2] mexicana. Somos mexicanoamericanos. Somos el grupo número uno—el grupo mayoritario—de hispanohablantes[3] en Estados Unidos.

Cubanoamericanos Somos Ramón Ugarte y Marisa Dávila. Somos de Miami en la Florida. Como muchas personas en Miami, somos de ascendencia cubana. Somos cubanoamericanos.

El español es una lengua importante en todas partes de Estados Unidos. En Estados Unidos hay[4] más de cuarenta y cuatro millones de hispanohablantes.

[1]extranjera *foreign*
[2]ascendencia *background*
[3]hispanohablantes *Spanish speakers*
[4]hay *there are*

Después de leer

Did the reading discuss what you predicted? Explain.

Guadalupe y Francisco

Marisa y Ramón

¿Comprendes?

Más práctica

Workbook, pp. 1.13–1.14
StudentWorks™ Plus

A Recordando hechos Answer the questions to see how much information you remember from the story.

1. ¿Dónde son alumnos Francisco y Guadalupe?
2. ¿De qué ascendencia son?
3. ¿Es el español una lengua extranjera para Francisco y Guadalupe?
4. ¿De dónde son Ramón y Marisa?
5. ¿De qué ascendencia son Ramón y Marisa?

Comunidades

Hay muchos latinos en todas partes de Estados Unidos. ¿Hay latinos en la escuela donde tú eres alumno(a)? ¿De dónde son ellos? ¿De qué países o naciones hispanohablantes son?

B Buscando información Find the following information in the reading.

1. estado con muchos residentes o habitantes de ascendencia cubana
2. el grupo mayoritario de latinos en Estados Unidos
3. la población (el número de habitantes) latina en Estados Unidos

CULTURA

Influencia mexicana en Santa Cruz, California

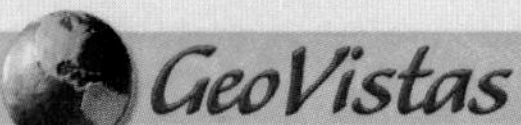

GeoVistas

To learn more about the United States, take a tour on pages SH64–SH65.

C Describiendo Write as much information as you can about the following people.

Francisco Chávez y Guadalupe Garza	Ramón Ugarte	Marisa Dávila

LECTURA UN POCO MÁS

Antes de leer

You are going to read about two main characters in a famous Spanish novel. Have you ever heard of Don Quijote and Sancho Panza in other courses?

Dos personajes importantes

Una descripción Una novela famosa de la literatura española es *El Quijote*. El autor es Miguel de Cervantes Saavedra.

El Quijote es la historia del famoso caballero andante[1] don Quijote de la Mancha. La Mancha es una región de España.

CULTURA

Don Quijote montado a caballo y Sancho Panza montado en un asno

Don Quijote es alto y flaco[2]. Sancho Panza es el compañero de don Quijote. Pero don Quijote y Sancho Panza son dos personajes muy diferentes. Sancho, ¿es alto y flaco como don Quijote? No, de ninguna manera. Él es bajo y gordo[3]. Sancho Panza es una persona graciosa. Él es cómico pero don Quijote, no. Él es muy serio y es una persona honesta y generosa. Pero según[4] Sancho Panza, don Quijote es tonto[5]. Y según don Quijote, Sancho es perezoso.

Conexiones

La literatura

The novel *El Quijote* is the second most widely read book in the world. The first is *La Biblia. El Quijote* has also been translated into more languages than any other literary work.

[1]caballero andante *knight errant*
[2]flaco *thin*
[3]gordo *fat*
[4]según *according to*
[5]tonto *foolish, crazy*

¿Comprendes?

A **Escoge.** Choose the correct answer or completion.

1. El título de la novela es ____.
   - **a.** *España*
   - **b.** *Un caballero andante*
   - **c.** *El Quijote*
   - **d.** *Don Quijote y Sancho Panza*

2. Cervantes es ____.
   - **a.** un personaje en la novela
   - **b.** un famoso caballero andante
   - **c.** una región de España
   - **d.** el autor de la novela

3. ¿Cómo es don Quijote?
   - **a.** Es perezoso.
   - **b.** Es serio.
   - **c.** Es bajo.
   - **d.** Es gracioso.

4. ____ es un defecto.
   - **a.** Ser cómico
   - **b.** Ser serio
   - **c.** Ser perezoso
   - **d.** Ser un caballero andante

5. ____ es un atributo positivo.
   - **a.** Ser tonto
   - **b.** Ser perezoso
   - **c.** Ser honesto
   - **d.** Ser alto

B **Categoriza.** Make a chart similar to the one below. Place a check under the character each adjective describes. Then use the adjectives and the verb **ser** to compare Don Quijote and Sancho Panza.

característica	don Quijote	Sancho Panza
alto		
bajo		
gordo		
flaco		
gracioso		
serio		
generoso		
honesto		
tonto		
perezoso		

CULTURA

Unos molinos de viento en La Mancha

Prepárate para el examen
Self-check for achievement

To review **Vocabulario 1** and **Vocabulario 2,** turn to pages 22–23 and 26–27.

Vocabulario

1 **Parea.** Match each description with the girl it describes.

A B C D E F

1. una muchacha rubia
2. una muchacha alta
3. una muchacha graciosa
4. una muchacha inteligente

2 **Completa.** Complete.

5. El joven es _____. No es alto.
6. Ella no es muy seria. Es bastante _____.
7. Carlos es un _____ muy bueno en matemáticas.
8. La clase de español no es pequeña. Es _____.
9. Rosa no es antipática. Es _____.
10. La señora Ortiz es una _____ de español.

3 **Escoge.** Choose the correct answer.

11. ¿Quién es?
    a. Carlos b. la clase c. grande
12. ¿Cómo es él?
    a. mexicano b. José c. alto
13. ¿De dónde es?
    a. Puerto Rico b. la escuela c. sincero
14. ¿Quiénes son?
    a. los cursos b. José c. José y Tomás

Gramática

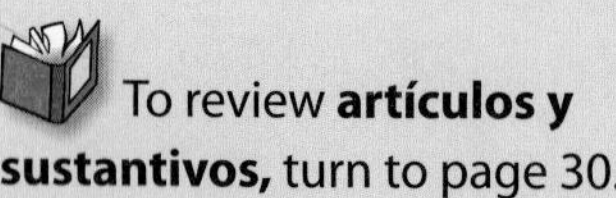

To review **artículos y sustantivos,** turn to page 30.

4 **Escoge.** Choose.

15. _____ muchacho es de Guatemala.
    a. El b. Los c. La
16. Carlos es _____ amigo sincero.
    a. una b. un c. unos

17. _____ escuelas son grandes.
   a. Unas b. Una c. La

18. _____ cursos son fáciles.
   a. El b. Las c. Los

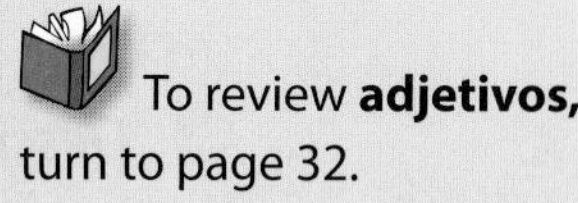

To review **adjetivos,** turn to page 32.

5 **Completa.** Complete with the correct form of the adjective.

19. La amiga de Enrique es _____. (rubio)
20. Los cursos son _____. (difícil)
21. La clase es _____. (aburrido)
22–23. Los alumnos son _____ y _____. (inteligente, bueno)
24. Paco y Anita son _____. (ambicioso)
25. Las profesoras son muy _____. (simpático)

To review **ser,** turn to pages 34–35.

6 **Completa con ser.** Complete with the correct form of **ser.**

26. ¡Hola! Yo _____ Teresa.
27. ¿De qué nacionalidad _____ tú?
28. Nosotros _____ amigos.
29. ¿_____ ustedes alumnos en la misma escuela?
30. Él _____ un alumno muy bueno.
31. Los cursos _____ interesantes.
32. ¿_____ usted argentino?
33. Las escuelas _____ grandes.
34. Ella _____ una alumna nueva.

To review **tú** vs. **usted** (Activity 7), turn to page 35.

To review this cultural information (Activity 8), turn to pages 42–43.

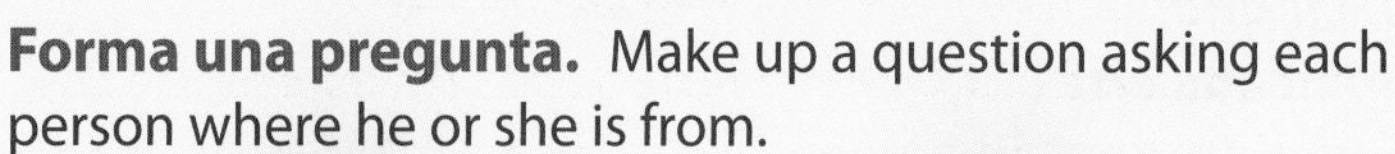

7 **Forma una pregunta.** Make up a question asking each person where he or she is from.

35. Carlos

36. Señora Álvarez

Cultura

8 **¿Sí o no?**

37. Hay muchos cubanoamericanos en Miami, en la Florida.
38. Los cubanoamericanos son el grupo número uno de hispanohablantes en Estados Unidos.
39. Para los mexicanoamericanos en Estados Unidos, el español es una lengua extranjera.
40. El español es una lengua importante en Estados Unidos.

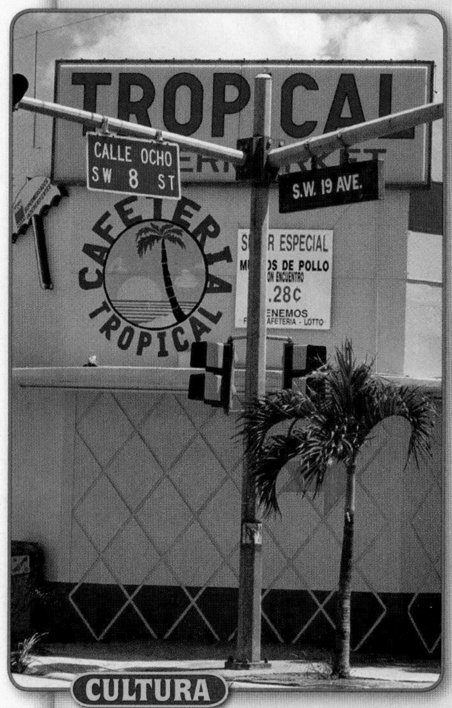

CULTURA

La calle Ocho es una calle importante en la Pequeña Habana en Miami.

Prepárate para el examen

Practice for oral proficiency

1 **Un amigo nuevo**

Describe a friend

Work with a partner. Look at this photograph of your new friend, Sergio Díaz, who is from Puerto Rico. Tell as much as you can about Sergio. Then ask each other questions about him.

2 **La escuela y los cursos**

Talk about school and subjects you take

Work with a partner. One of you will be Isabel Cortés, a student from Guatemala. She does not know much about schools in the United States and she has questions about your classes and teachers. Answer her questions.

3 **Un alumno nuevo**

Talk about yourself and get information about someone else

It's difficult to be a new student in a new school—even more difficult when you are in a new country. Take turns with a partner. Practice "breaking the ice." One of you will be Miguel Ramos, a new student from Nicaragua. Tell him about yourself and ask him things you want to know about him.

4 **Personas interesantes**

Describe people

Bring in a photograph of several people. It can be a family photograph or a picture from a magazine. Give each person in the photograph a name. Say as much as you can about the people in the photograph.

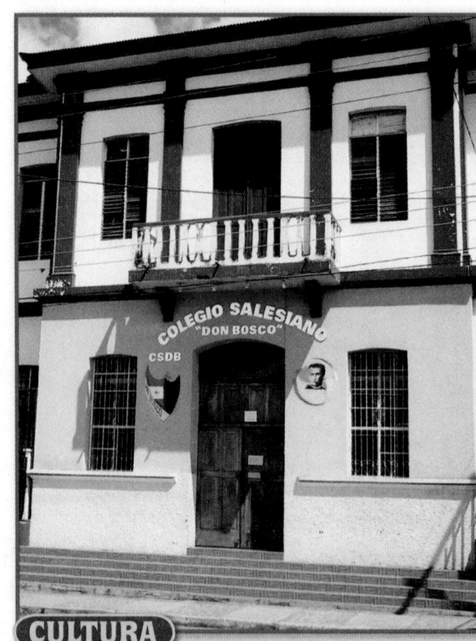

CULTURA

Un colegio, o una escuela secundaria, en Masaya, Nicaragua

Prepárate para el examen

Practice for written proficiency

Tarea

Picture two of your best friends—a boy and a girl. Write a description of each of them. Include some things about them that are the same and other things that are different.

Writing Strategy

Describing Grab any popular novel and you will find colorful, detailed descriptions. Why? A good description brings a simple noun to life. Would you prefer to meet **una persona** or **una persona interesante?** The more adjectives you use to describe a person, the more interesting the portrait of that person is.

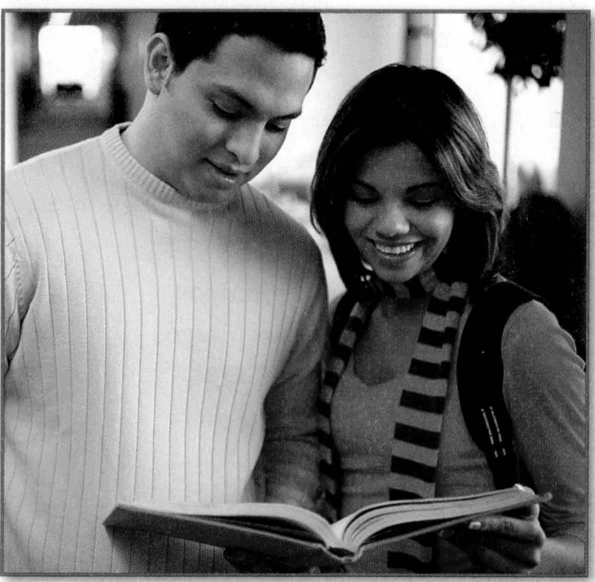

1 Prewrite

There may be things you want to say about your friends, but you can't because you have not yet learned how to say them. When writing in Spanish, stick to what you know. Here is a suggestion to help you do that.

- Make a chart similar to the one below. Think of all the adjectives you have learned and put them in the appropriate categories in your chart.

	physical appearance	personality	background
boy			
girl			

2 Write

- Describe each friend in a separate paragraph. From your chart, pick out the adjectives you need for that person.
- Begin each paragraph with a good introductory sentence. Be sure your introductory sentence identifies the person you are going to describe. A good example might be, **Anita es una amiga muy buena.**
- Be sure each paragraph has a logical order. Ask yourself if the paragraph describes the physical characteristics of your friend first and then his or her personality traits.
- Proofread your work and correct any errors. Check the endings of words you used to describe each person.
- Give your composition a title.
- You may wish to share your work with a classmate to have him or her edit your composition.

Evaluate

Don't forget that your teacher will evaluate you on your ability to bring your friends to life through vivid description, correctness of grammar, sentence structure, and the completeness of your message.

Repaso del Capítulo 1

Gramática

- **Artículos y sustantivos** *(page 30)*
  Nouns in Spanish are either masculine or feminine. The definite and indefinite articles that modify a noun must agree with the noun in gender and in number.

el amigo	**los amigos**
un amigo	**unos amigos**
la clase	**las clases**
una clase	**unas clases**

- **Adjetivos** *(page 32)*
  An adjective must also agree with the noun it describes or modifies.

El amigo es simpático.	**Los amigos son simpáticos.**
La muchacha es seria.	**Las muchachas son serias.**
La escuela es grande.	**Las escuelas son grandes.**
El curso es difícil.	**Los cursos son difíciles.**

- **Ser** *(pages 34–35)*
  Review the forms of the verb **ser** *(to be)*.

singular		plural	
yo	soy	nosotros(as)	somos
tú	eres	*vosotros(as)*	*sois*
Ud., él, ella	es	Uds., ellos, ellas	son

- **Tú vs. usted** *(page 35)*
  Remember that there is more than one way to express *you* in Spanish.

  Tomás, (tú) eres un amigo bueno.
  Señora Cortés, (usted) es una profesora buena.

CULTURA

Es una escuela o instituto secundario en Ushuaia, Argentina.

There are a number of cognates in this list. See how many you and a partner can find. Who can find the most? Compare your list with those of your classmates.

Vocabulario

Identifying a person or thing

el muchacho	el amigo	la escuela	el profesor
la muchacha	la amiga	la clase	la profesora
el joven	el alumno	el curso	
la joven	la alumna		

Describing a person

guapo(a)	pelirrojo(a)	cómico(a)	simpático(a)
bonito(a)	alto(a)	gracioso(a)	antipático(a)
feo(a)	bajo(a)	serio(a)	inteligente
moreno(a)	bueno(a)	ambicioso(a)	joven
rubio(a)	malo(a)	perezoso(a)	

Finding out information

¿quién?	¿cómo?	¿de qué nacionalidad?
¿quiénes?	¿de dónde?	

Identifying nationalities

argentino(a)	cubano(a)	guatemalteco(a)	peruano(a)
chileno(a)	dominicano(a)	mexicano(a)	puertorriqueño(a)
colombiano(a)	ecuatoriano(a)	norteamericano(a)	venezolano(a)

Describing classes and courses

grande	interesante	difícil, duro(a)
pequeño(a)	aburrido(a)	fácil

Identifying school subjects

el español	la ciencia	las matemáticas	la educación física
el francés	los estudios sociales	la música	
el inglés	la historia	el arte	

Other useful words and expressions

secundario(a)	también	pero
nuevo(a)	bastante	¡Mucho gusto!
mismo(a)	muy	¡Oye!

Repaso cumulativo

Repasa lo que ya has aprendido

These activities will help you review what you have learned so far in Spanish.

CULTURA

Unos amigos puertorriqueños

Escucha y escoge. Listen to each expression. On a separate sheet of paper, indicate whether you use the expression when you greet someone **(saludos)** or when you take leave of someone **(despedidas).**

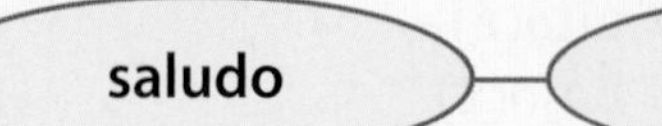

Completa. Make a calendar like the one below. Fill it in with the current month. Include numbers and days of the week. Remember which day is the first day of the week on a Spanish calendar.

¿Qué hora es? Tell what time it is on each clock.

1. 
2. 

3. 
4. 
5. 

6. 

4 Personaliza. Answer giving information about your school day.

1. ¿A qué hora es la clase de español?
2. ¿A qué hora es la clase de matemáticas?
3. ¿A qué hora es la primera clase?

5 Contesta. Answer.

1. ¿Qué tiempo hace hoy?
2. ¿Qué estación es?

6 Contesta. Answer.

Give the expressions you know in Spanish to be polite.

7 Personaliza. Answer about yourself.

¿Quién eres?
¿De dónde eres?
¿De qué nacionalidad eres?
¿Cómo eres?
¿En qué escuela eres alumno(a)?
¿Qué tipo de alumno(a) eres?

8 Rompecabezas

¿Quién es el/la culpable? Look at the following people. Read the clues to find out who is to blame for stealing the pie.

Es pelirroja. Es baja. Es seria. ¿Quién es?

CAPÍTULO 2

La familia y la casa

Aquí y Allí

Vamos a comparar In both Spain and Latin America, families were often quite large. However, family size is decreasing. Do you think families are also becoming smaller in the United States? The extended family, including aunts, uncles, cousins, second cousins, etc., is very important in the Spanish-speaking world. Do you think the same is true in the United States?

Objetivos

You will:

- talk about families and pets
- describe a house or apartment
- describe rooms and some furnishings
- discuss a family from Ecuador

You will use:

- the verb **tener**
- possessive adjectives

◀ Una familia de Santo Domingo, la capital de la República Dominicana

QuickPass

Go to glencoe.com
For: **Online book**
Web code: **ASD9281c2**

Introducción al tema

La familia y la casa

Look at these photographs to acquaint yourself with the theme of the chapter. You will learn to describe your family and home, as well as families and homes in Spanish-speaking countries. What do you notice about the families and homes seen here? Do any look like your own? How are they similar? How are they different?

▲ **España** Las casas típicas de Guipúzcoa en el norte tienen balcones. En cada balcón hay flores bonitas.

República Dominicana ▶
Una familia dominicana durante una fiesta familiar—abuelos, tíos, padres, primos y nietos

◀ **Argentina** Una casa en una zona residencial de Buenos Aires, Argentina

Costa Rica Es una casa en San José, Costa Rica. Como muchas casas en Latinoamérica tiene un patio bonito en el centro. ▶

◀ **Panamá** Son casas típicas de los indígenas en las zonas tropicales de muchos países latinoamericanos. Son casas sobre pilotes con techos de paja.

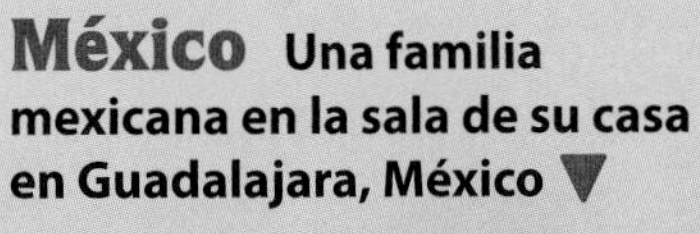

México Una familia mexicana en la sala de su casa en Guadalajara, México ▼

▲ **México** Una casa lujosa en una zona residencial de la Ciudad de México

Vocabulario 1 presentación 

La familia

Pariente is a false cognate. It looks like *parent* but it means *relative.* We call a false cognate **un amigo falso.**

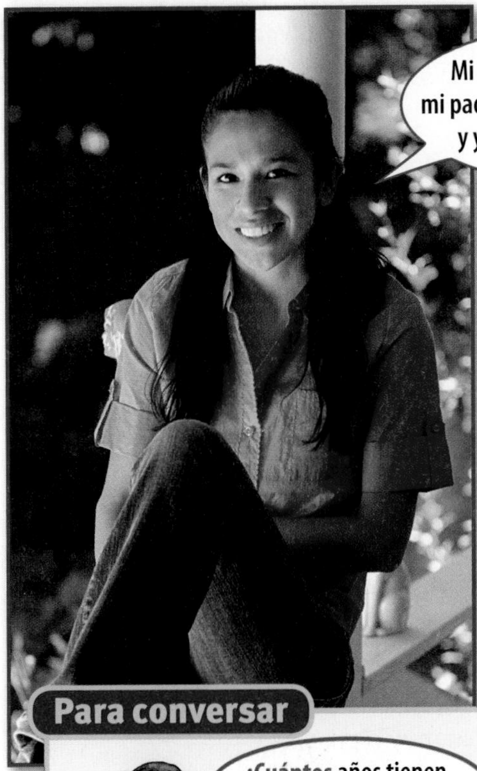

Mi tía Laura es la hermana de mi padre. Su hijo Emilio es mi primo y yo soy la sobrina de mi tía.

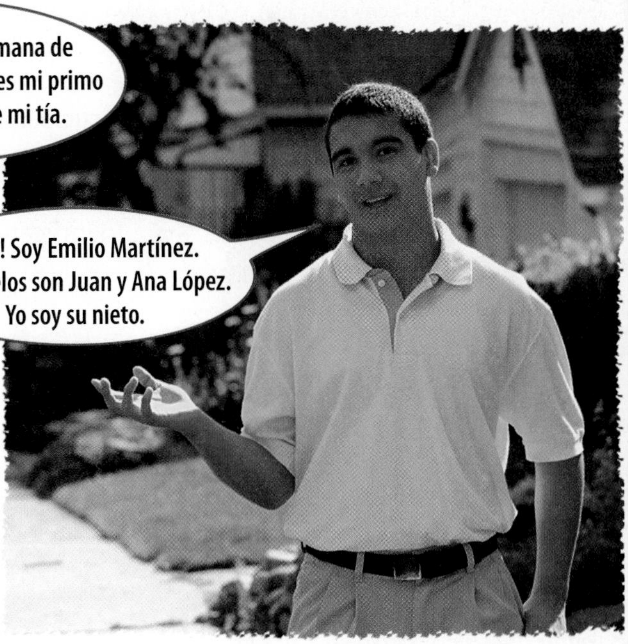

¡Hola! Soy Emilio Martínez. Mis abuelos son Juan y Ana López. Yo soy su nieto.

Para conversar

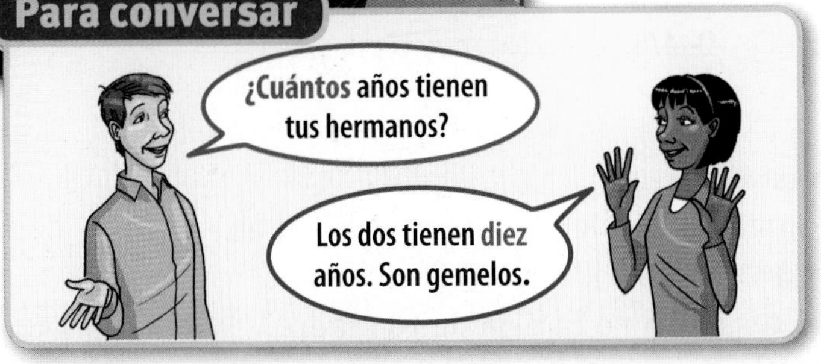

¿Cuántos años tienen tus hermanos?
Los dos tienen diez años. Son gemelos.

el pelo castaño
el pelo rubio
el pelo negro

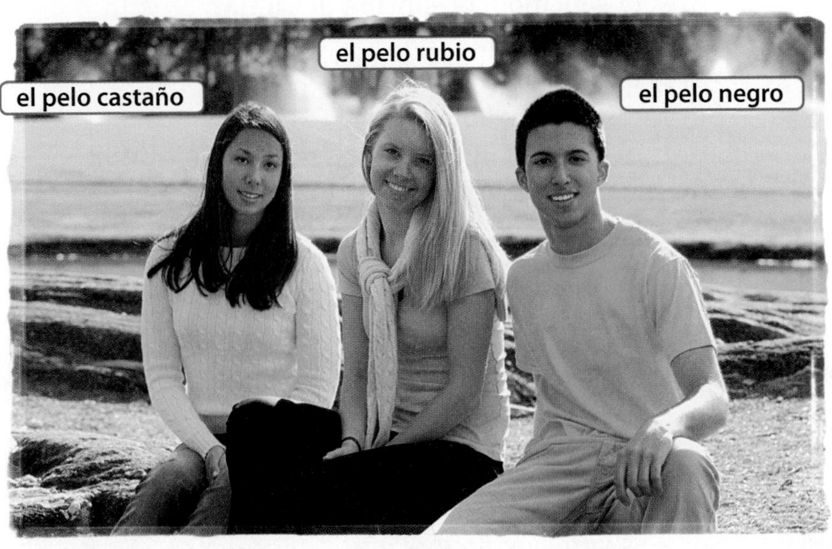

Nota

You may have a stepparent or stepbrother or sister. You can say:

- **mi padrastro** el marido (el esposo) de mi madre
- **mi madrastra** la mujer (la esposa) de mi padre
- **mi hermanastro** el hijo del esposo de mi madre o de la esposa de mi padre
- **mi hermanastra** la hija del esposo de mi madre o de la esposa de mi padre

los ojos azules

los ojos verdes

los ojos castaños

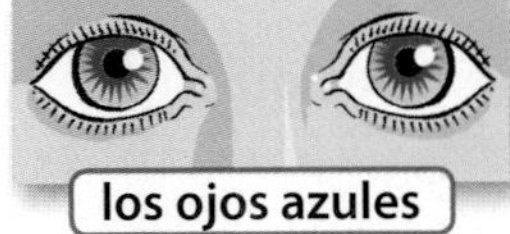

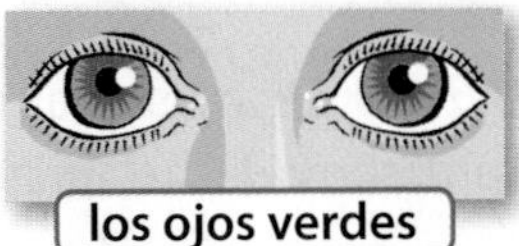

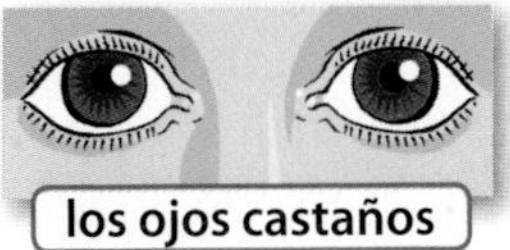

QuickPass
Go to glencoe.com
For: **Vocabulary practice**
Web code: **ASD9281c2**

CULTURA
Una familia latina en Estados Unidos

Nota

The suffix **-ito** as in **gatito** can convey the meaning *small.* It can also express affection. Children often address their grandparents as **abuelito** and **abuelita.** Parents often say **mi hijito(a)** when speaking to their children.

ESCUCHAR

1 **Escucha y escoge.** Listen to the statements. Decide if each statement is correct or not. Make a chart like the one below to indicate your answers.

correcto	incorrecto

How many did you get right?

8/8	¡Estupendo!
7/8	¡Excelente!
6/8	¡Muy bien!
5/8	¡Bien!
0–4/8	No muy bien. 

LEER • ESCRIBIR

2 **Personaliza.** Answer about yourself. Pay attention to the gender.

1. ¿Eres el hijo o la hija de tu madre?
   Soy ____ de mi madre.
2. ¿Eres el sobrino o la sobrina de tu tía?
   Soy ____ de mi tía.
3. ¿Eres el nieto o la nieta de tus abuelos?
   Soy ____ de mis abuelos.
4. ¿Eres el primo o la prima de los hijos de tu tío?
   Soy ____ de los hijos de mi tío.

LEER

3 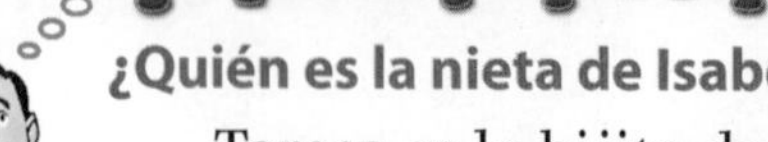

¿Quién es la nieta de Isabel?

Teresa es la hijita de Isabel.
Juana es la hermana de Teresa.
Sofía es la hermana de Paco.
Teresa es la madre de Paco.

Pista *(Hint)* Draw a diagram of the relationships to help discover the answer.

Más práctica

Workbook, pp. 2.3–2.4
StudentWorks™ Plus

ESCUCHAR • HABLAR • ESCRIBIR

4 Contesta. Answer the questions to tell a story about Felipe and Emilia using the information given.

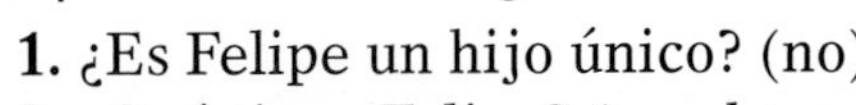

1. ¿Es Felipe un hijo único? (no)
2. ¿Qué tiene Felipe? (una hermana, Emilia)
3. ¿Son hermanos Felipe y Emilia? (sí)
4. ¿Cuántos años tiene Felipe? (catorce)
5. ¿Cuántos años tiene Emilia? (dieciséis)
6. ¿Quién es menor? (Felipe)
7. ¿Quién es mayor? (Emilia)
8. ¿Tienen Felipe y Emilia una mascota cariñosa? (sí)
9. ¿Qué tienen? ¿Un perro o un gato? (un perro)
10. ¿Cuál es su nombre? (Roco)

EXPANSIÓN

Now, without looking at the questions, tell your partner all you remember about Felipe and Emilia. Then your partner will add any information you forgot.

InfoGap For more practice using your new vocabulary, do Activity 2 on page SR4 at the end of this book.

Comunicación

5 Work in small groups and tell who in your Spanish class has the following.

ojos azules	**ojos castaños**	**ojos verdes**
el pelo negro	**el pelo castaño**	**el pelo rubio**
el pelo rojo		

LEER • ESCRIBIR

6 Personaliza. Complete to tell all about yourself.

¡Hola! Yo soy __1__. Tengo __2__ años. Soy bastante __3__. No soy muy __4__. Tengo el pelo __5__ y tengo ojos __6__.

HABLAR

7 ¡Manos a la obra! Using pictures from a magazine, pick who you want your ideal family to be. Make a collage of your family and introduce the members to your classmates, indicating what relationship each of these people is to you.

CULTURA

La familia Suárez es de Arica, Chile. Los señores tienen dos hijos.

VIDEO To practice your new words, watch **Vocabulario en vivo.**

La casa

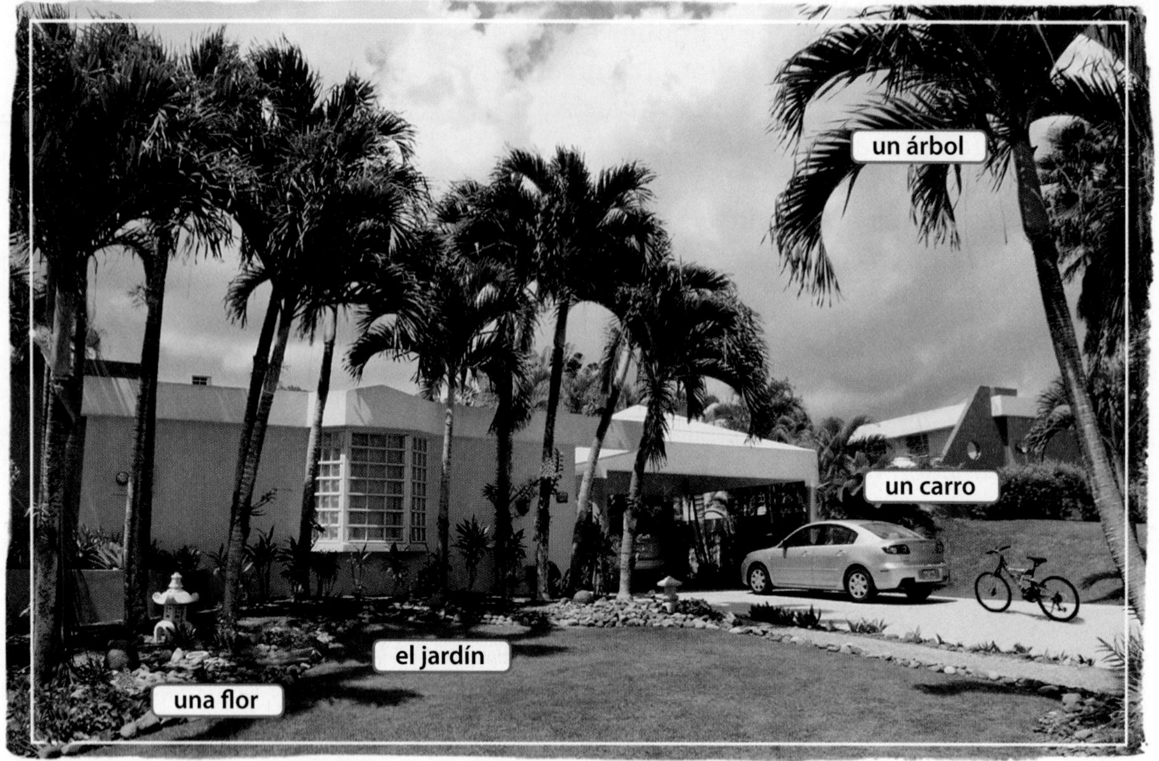

La familia Benavides tiene una casa privada
en las afueras (los suburbios).
Hay un jardín delante de su casa.
Los Benavides tienen un carro nuevo. No es viejo.
Hay una bicicleta detrás del carro.

¡Ojo!

Note that the word **cada** does not change.
cada casa
cada apartamento

La familia Solís tiene un apartamento en la ciudad.
Los Solís tienen un apartamento en un edificio alto.
Cada piso del edificio tiene seis apartamentos.

Los cuartos y los muebles

¡Así se dice!

- The expression **hay** means *there is* or *there are.*
  Hay un garaje al lado de *(next to)* **la casa.**
  Hay árboles alrededor de *(around)* **la casa.**
- Whenever **de** is followed by **el**, it becomes one word, **del.**
  delante del árbol
  detrás del sofá

En otras partes

- The word **el carro** is used in almost all areas of Latin America. In Spain, **el coche** is used.
- The word **piso** means *floor.* In Spain, **el piso** can also mean *apartment.* Other common terms for *apartment* are **un departamento** and **un apartamiento.**
- **La recámara** is used in Mexico as well as in some other countries of Central and South America. Other commonly used terms in many areas are **el dormitorio, la alcoba, la habitación,** and **la pieza.** Ask Spanish speakers in your class what words they use to express these items.

QuickPass
Go to glencoe.com
For: **Vocabulary practice**
Web code: **ASD9281c2**

ESCUCHAR

1 Indica. Decide if the statements you hear are true or false. Make a chart like the one below to indicate your answers.

verdad	falso

HABLAR • ESCRIBIR

2 Identifica. Identify each item. Use **el** or **la.**

1. 
2. 
3. 
4.
5. 
6. 

ESCRIBIR

3 Rompecabezas

Change one letter in each word to form a new word.

cama el madre
un su

Más práctica

Workbook, pp. 2.5–2.7
StudentWorks™ Plus

4 **Contesta.** Based on the layout, answer the questions about the Perez family's apartment.

1. ¿Tienen los Pérez un apartamento?
2. ¿Tiene un balcón su apartamento?
3. ¿Es grande o pequeño el apartamento?
4. ¿Cuántos cuartos tiene?
5. ¿Qué cuartos tiene?

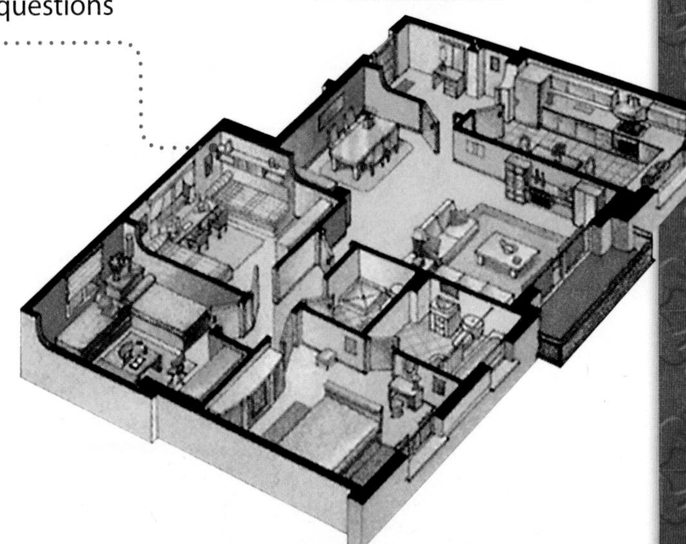

EXPANSIÓN

Now, without looking at the questions, tell all you remember about the home of the Perez family. Your partner will fill in any information you forgot.

5 **Completa según el dibujo.**
Complete according to the illustration.

1. Hay _____ delante de la casa.
2. Hay _____ detrás de la casa.
3. Hay _____ al lado de la casa.
4. Hay _____ al lado del árbol.
5. Hay _____ detrás del carro.
6. Hay _____ al lado del sofá.

HABLAR

6 **Juego** Draw any part of a house, inside or outside, with a tiny cat for your partner to find. When your partner discovers the cat's hiding place, he or she exclaims, for example, **¡Hay un gato detrás del sofá en la sala!** Then reverse roles.

Comunicación

7 Think of a family you know. Tell as much as you can about them—members of the family, what they look like, their house or apartment, and their pets if they have any. Answer any questions your partner may have.

QuickPass
Go to glencoe.com
For: **Grammar practice**
Web code: **ASD9281c2**

El verbo tener

1. You will use the verb **tener** *(to have)* a great deal as you speak Spanish. Study the forms of this verb.

tener			
yo	tengo	nosotros(as)	tenemos
tú	tienes	*vosotros(as)*	*tenéis*
Ud., él, ella	tiene	Uds., ellos, ellas	tienen

2. You use the verb **tener** to express age **(la edad).**

¿Cuántos años tienes?
Yo tengo catorce años.
Mi hermana menor tiene once años.

Práctica

HABLAR • ESCRIBIR

1 **Contesta.** Use the photos to tell what Antonio has and what the Ayerbes have.

Antonio

los Ayerbe

Más práctica
Workbook, pp. 2.8–2.10
StudentWorks™ Plus

ESCUCHAR • HABLAR

2 **Conversa. Practica la conversación.** Practice the conversation with a classmate. Take turns playing each role. Pay attention to the changes in the forms of **tener.**

—Pepe, ¿tienes hermanos?
—Sí, tengo dos—un hermano y una hermana.
—¿Cuántos años tiene tu hermana?
—Mi hermana tiene diez años y mi hermano tiene dieciséis.
—Y tú, ¿cuántos años tienes?
—Tengo dieciséis años también. Mi hermano y yo somos gemelos.

EXPANSIÓN

Now, without looking at the conversation, tell all you remember about Pepe. Your partner will add anything you forgot.

HABLAR • ESCRIBIR

3 **Personaliza.** Answer about yourself.

1. ¿Tienes una familia grande o pequeña?
2. ¿Eres hijo(a) único(a) o tienes hermanos?
3. ¿Cuántos hermanos tienes?
4. Y tú, ¿cuántos años tienes?
5. ¿Tienes ojos azules, verdes o castaños?
6. ¿Tienes una mascota?
7. ¿Tienes un perro adorable?
8. ¿Tienes un gato cariñoso?

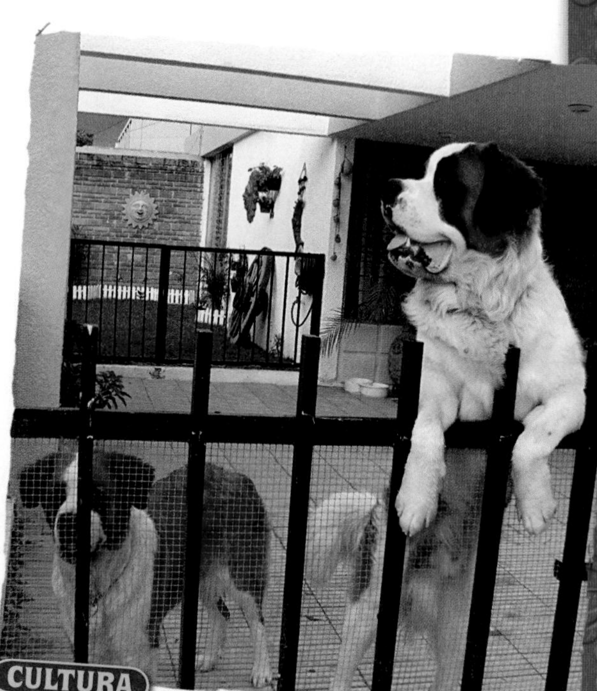

CULTURA

Son las mascotas de una familia en Guadalajara, México. Los perros son grandes, ¿no?

4 **Rompecabezas**

Complete the sentences with the correct form of **tener** and then solve the puzzle. **¿Cuántos años tiene Alberto?**

Yo __1__ una familia grande. Yo __2__ dieciséis años. Mi hermana Reina __3__ veintidós años. Los gemelos __4__ catorce años. Susana __5__ diez años y mi hermano Roberto __6__ siete años. Si el total de los años de todos los hijos es ciento, ¿cuántos años tiene mi hermano Alberto?

VIDEO To visit a family birthday party, watch **Diálogo en vivo.**

HABLAR

5 **Conversa.** Work in groups of four.

Use the diagram below to make up short conversations to find out what your friends have. Use the model as your guide.

MODELO **muchos o pocos hermanos →**
—¿Tienen ustedes muchos o pocos hermanos?
—Tenemos muchos (pocos) hermanos.

ESCRIBIR

6 **Escribe un e-mail.** You have a key pal in the Canary Islands in Spain. Write your key pal an e-mail telling as much as you can about your family and yourself. Ask your key pal questions about his or her family.

CULTURA

Una plaza en Tenerife en las islas Canarias, España

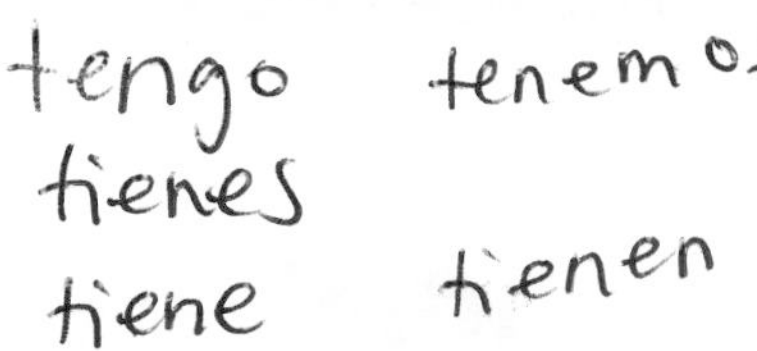

LEER • ESCRIBIR

7 **Completa con tener.** Complete with **tener.** You will now have to use all forms of the verb.

CULTURA

Una familia en el jardín delante de su casa en un suburbio de Caracas, Venezuela

Aquí ___1___ (nosotros) una fotografía de la familia Sánchez. La familia Sánchez ___2___ una casa bonita en Caracas, Venezuela. Su casa ___3___ siete cuartos. Los Sánchez ___4___ dos hijos—Guadalupe y Daniel.

Guadalupe: ¡Hola! Soy Guadalupe Sánchez. Yo ___5___ dieciséis años y mi hermano Daniel ___6___ catorce. Nosotros ___7___ mascotas, dos perros cariñosos.

Daniel: ¡Hola, amigo! Y tú, ¿cuántos años ___8___? ¿___9___ hermanos? ¿Cuántos hermanos ___10___ (tú)? ¿___11___ ustedes una mascota también? ¿Qué ___12___? ¿Un perro o un gato?

HABLAR • ESCRIBIR

8 **¡Te toca a ti!** Using words from each of the boxes below, make up complete sentences telling what these people or places have or don't have.

Nosotros Tú Yo Daniela La casa El jardín Mis primos Mi tía	tener no tener	dos pisos un gato un hijo único quince años pelo rubio ojos castaños un garaje dos mascotas plantas y árboles un carro nuevo

Conexiones

La genética

Todos nosotros tenemos genes de nuestros padres. Los genes determinan, por ejemplo, el color de nuestros ojos, de nuestro pelo y otras características físicas. Los factores genéticos son muy importantes en cada individuo.

Remember that the possessive adjective agrees with the thing possessed, not with the subject who possesses it.

el perro de mis primos → su perro

los gatos de mi primo → sus gatos

En muchas zonas de las ciudades de Latinoamérica hay casas privadas y edificios altos con condominios. En muchos casos hay un muro *(wall)* alrededor de las casas privadas. Detrás del muro hay un jardín. En tu pueblo o ciudad, ¿hay edificios de apartamentos y casas privadas? ¿Hay muros alrededor de las casas privadas?

Los adjetivos posesivos

1. A possessive adjective tells who owns or possesses something—*my* book and *your* pencil. Observe the possessive adjectives in Spanish. Note that, like other adjectives in Spanish, they agree with the noun they modify.

yo	**mi padre**	**mi prima**	**mis padres**	**mis primas**
tú	**tu padre**	**tu prima**	**tus padres**	**tus primas**
él / ella / ellos / ellas / usted / ustedes	**su padre**	**su prima**	**sus padres**	**sus primas**

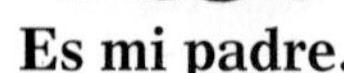

Es mi padre.

Es tu padre.

Es su padre.

2. The possessive adjectives **mi, tu,** and **su** have only two forms—singular and plural. As you can see from the examples above, **su** and **sus** can refer to many different people.

el perro de él	**su perro**
el perro de ella	**su perro**
el perro de usted	**su perro**
el perro de ellos	**su perro**
el perro de ustedes	**su perro**

3. The possessive adjective **nuestro** (and **vuestro**), like other adjectives that end in **-o,** has four forms.

nosotros(as) →

nuestro padre
nuestra prima
nuestros padres
nuestras primas

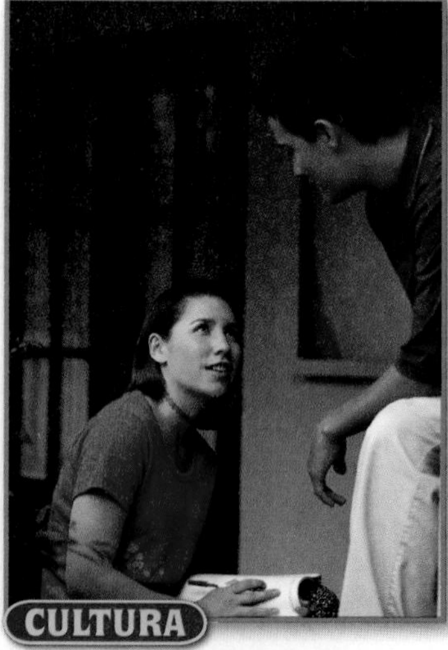

CULTURA

Elena y su hermano en casa en Buenos Aires

Más práctica

Workbook, pp. 2.10–2.11
StudentWorks™ Plus

Práctica

HABLAR • ESCRIBIR

9 **Personaliza.** Answer about yourself.

1. ¿Es grande o pequeña tu familia?
2. ¿Cuántos años tiene tu hermano o tu hermana?
3. ¿Tiene tu familia un carro?
4. ¿Quién es tu profesor(a) de español?
5. ¿Es fácil o difícil tu curso de español?

ESCUCHAR • HABLAR

10 **Personaliza.** Work with a partner. Think of as many relatives as you can. Make up conversations as in the models and give personal answers.

MODELOS **una prima →**
—Yo tengo una prima.
—¿Ah, sí? ¿Quién es tu prima?
—Mi prima es ____.

dos primos →
—Yo tengo dos primos.
—¿Ah, sí? ¿Quiénes son tus primos?
—Mis primos son ____ y ____.

ESCUCHAR • HABLAR • ESCRIBIR

11 **Contesta según el modelo.**
Answer according to the model.

MODELO **el carro del señor González / nuevo →**
—¿Es el carro del señor González?
—Sí, es su carro. Su carro es nuevo.

1. el hermano de Paco / inteligente
2. las hermanas de Eduardo / gemelas
3. los amigos de Mari / alumnos en la misma escuela
4. el perro de ellos / cariñoso
5. la casa de los Gómez / bonita

CULTURA
Unas amigas de la misma escuela en Puebla, México

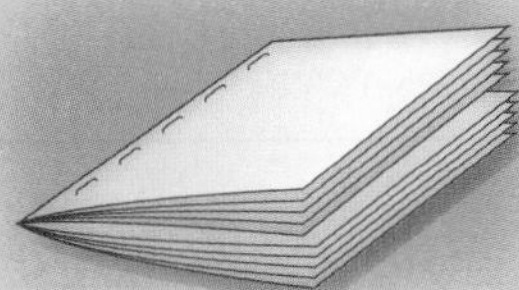

MINIBOOK
See page SH28 for help with making this foldable. Practice vocabulary pertaining to the family and house. On the left, draw your family members and your house or apartment. On the right, describe what you have drawn. Share your Minibook with a partner and ask each other questions about it.

HABLAR • ESCRIBIR

12 **Personaliza.** Answer about your school and classes. Be careful to use the correct possessive adjectives in your answers.

1. ¿Es nueva o vieja la escuela de ustedes?
2. Su clase de español, ¿es grande o pequeña?
3. ¿Cuántos alumnos hay en su clase de español?
4. En general, ¿son grandes o pequeñas las clases en su escuela?
5. ¿Son interesantes sus cursos? ¿Cuáles son interesantes?

Comunicación

13 Get together with a classmate. Talk to him or her about some things that you have, he or she has, or some friends have. Use the verb **tener** and possessive adjectives. You may want to use words from the **banco de palabras.**

casa	**apartamento**	**perro**	**gato**
mascota	**carro**	**amigos**	**pelo (color)**
jardín	**hermanos**	**bicicleta**	**ojos (color)**

HABLAR • ESCRIBIR

14  **Juego** These words are all mixed up! Can you rearrange them to make sentences?

1. seis hermano años su tiene
2. lámpara al lado de una hay cama mi
3. profesores de son dónde nuestros
4. grande tiene mi cocina casa una
5. son flores bonitas sus muy
6. perezoso padres gato un tienen tus

CULTURA

Unos hermanos panameños

15 **Rompecabezas**

Paco is related to Juana. Read what he says below about Juana. Figure out how Paco and Juana are related. After you solve this riddle, make up others to present to the class.

Su tía es la hija de nuestros abuelos. Mi tío es su padre.

PRONUNCIACIÓN 

Las consonantes f, l, m, n, p

The pronunciation of the consonants **f, l, m, n,** and **p** is very similar in both Spanish and English. The **p,** however, is not followed by a puff of air as it often is in English. Repeat the following.

f	l	m	n	p
favor	**la**	**mucho**	**no**	**Pepe**
familia	**Lola**	**menor**	**alumna**	**padre**
fácil	**Lupe**	**madre**	**nieto**	**piso**
famoso	**alumno**	**cómico**	**nuevo**	**Perú**
sofá	**abuela**	**amigo**	**sobrino**	**guapo**

Dictado

Pronounce the following sentences carefully. Then write them to prepare for a dictation.

La familia de Felipe es francesa.
Mi hermano menor es Fernando.
Mis abuelos tienen un nieto nuevo.
El apartamento de Pepe tiene dos pisos.
Pepita es una peruana popular.
Mi mascota Mona es mala.
Perú es un país fabuloso.

Refrán

Can you guess what the following proverb means?

El mejor amigo, un perro.

CULTURA

Plaza de Armas, Trujillo, Perú

¡Bravo!

You have now learned all the new vocabulary and grammar in this chapter. Continue to use and practice all that you know while learning more cultural information. ¡Vamos!

QuickPass
Go to glencoe.com
For: **Conversation practice**
Web code: **ASD9281c2**

LA HERMANA DE FEDERICO

¿Comprendes?

A **Contesta.** Answer based on the conversation.

1. ¿Tiene hermanos Federico?
2. ¿Cuántos tiene?
3. ¿Quién es una hermana de Federico?
4. ¿Es su hermana menor o mayor?
5. ¿Tiene muchas preguntas José?

B **Completa.** Complete the summary of the conversation between José and Federico.

Federico __1__ tres hermanos. __2__ familia es bastante grande. La hermana __3__ de Federico es Laura. Ella es __4__ amiga de Maricarmen. Son amigas __5__.

C **Cuenta.** In your own words give as much information as you can about each of the following people.

Federico	José	Laura	Maricarmen

D **Dando opiniones** Give an opinion.

¿Tiene José mucho interés en la hermana de Federico? ¿Cómo indica que tiene mucho interés o no?

LECTURA
CULTURAL

Antes de leer

Skim the reading to see if there are any words that are unfamiliar to you.

READING STRATEGY

Using context to guess meaning When you read in a new language, you will likely come across some words you do not know. You can guess the meaning of unfamiliar words by the way they are used in the sentence. Look at the words, phrases, or passages that come before or after an unfamiliar word. The context will help clarify the meaning.

Durante la lectura

As you read, look for the information around any unfamiliar word. It will help give you the meaning of the word.

Una familia ecuatoriana 

La familia Morales La familia Morales no es muy grande y no es muy pequeña. Es mediana. Los señores Morales tienen tres hijos—Jorge, Mari y Francisco. Jorge, el menor, tiene diez años. Mari tiene quince años y Francisco, el mayor, tiene diecisiete. Mari y Francisco son alumnos en un colegio en Quito, la capital de Ecuador. Pero no son alumnos en el mismo colegio. No van a un colegio mixto. Mari es alumna en un colegio para muchachas y Francisco es alumno en un colegio para muchachos. En Latinoamérica un colegio no es una universidad. Es una escuela secundaria.

¿Cuántas personas hay en la familia Morales?

La casa de los Morales Los Morales tienen una casa privada en un barrio residencial de Quito en las montañas, los Andes. En su barrio, hay casas privadas y edificios altos con condominios. Los edificios altos son muy modernos. Muchos tienen balcones con flores bonitas y de los balcones hay vistas fabulosas de la ciudad de Quito, de los picos andinos y del volcán Pichincha. La casa de los Morales tiene siete cuartos y detrás de la casa hay un jardín bonito con muchas plantas y flores. Alrededor de su casa hay un muro.

Reading Check

¿Dónde tiene la familia Morales una casa privada?

Una vista panorámica de Quito, Ecuador

CULTURA

Después de leer

Were you able to guess the meaning of any unfamiliar words using context clues? Which ones?

Más práctica

Workbook, pp. 2.12–2.13
StudentWorks™ Plus

¿Comprendes?

A Recordando hechos Answer the questions to see how much you remember about the Morales family from the story.

1. ¿Es grande la familia Morales?
2. ¿Cuántos hijos tienen los señores Morales?
3. ¿Cuántos años tiene el hijo menor?
4. ¿Cuántos años tiene el hijo mayor?
5. ¿Cuántos años tiene Mari?

CULTURA

Un edificio de departamentos en el centro de Quito, Ecuador

B Confirmando información
Correct all the wrong information.

1. Los Morales son de un barrio residencial en la costa del Pacífico.
2. Muchos condominios en los edificios altos tienen jardines con flores bonitas.
3. Los Morales tienen un condominio.

C Aumentando tu vocabulario Match each word with its definition.

1. un colegio	a. una casa de una sola familia
2. fabuloso	b. un tipo de terraza
3. andino	c. un tipo de escuela
4. un suburbio	d. una zona residencial
5. un pico	e. muy bueno, extraordinario
6. una casa privada	f. montañas de Sudamérica
7. un balcón	g. de los Andes
8. los Andes	h. parte superior de una montaña

D Describiendo Give as much information as you can about the following.

los miembros de la familia Morales	la casa de los Morales	la ciudad de Quito

LECTURA
UN POCO MÁS

Antes de leer

Think about the pets that people have. Are some rather exotic? Do you think people in different parts of the world may have different pets?

Cultura

Aquí tenemos un sato adorable. El sato es un perro especial de Puerto Rico. Los satos son muy cariñosos. No son todos del mismo color. Y no son todos del mismo tamaño. Unos son pequeños y otros son medianos. Pero no son grandes. Un sato puertorriqueño es un amigo sincero.

GeoVistas

To learn more about Peru, take a tour on pages SH56–SH57.

Mascotas

¿Tienes una mascota? Aquí en Estados Unidos, muchas familias tienen mascota, ¿no? En España y en Latinoamérica muchas tienen su mascota también. Como aquí, la mascota favorita es un perro o un gato. Los perros y los gatos son unos amigos buenos y sinceros.

En España y en Latinoamérica hay una cosa interesante. Hay unas excepciones pero en general las mascotas son populares en las ciudades y en los suburbios pero no en las zonas rurales. En las zonas rurales o en el campo, la gente no tiene un animal como un perro o un gato en casa.

Mascotas exóticas Hay también mascotas exóticas. Jorge es de Pisac en los Andes de Perú. Él tiene como mascota una llama. En Perú, Ecuador y Bolivia las llamas son domesticadas. Pero, ¡atención! Las llamas no tienen mucha paciencia y a veces son un poco desagradables, pero no peligrosas[1].

Andrea es de una zona tropical en Guatemala. Ella tiene un loro[2]. Su loro es bastante pequeño pero hay loros que son muy grandes. Los loros tienen muchos colores bonitos.

[1]peligrosas *dangerous* [2]loro *parrot*

CULTURA

Los niños son de los Andes en Perú. Como Jorge en Pisac y Andrea en Guatemala ellos también tienen mascotas exóticas—un loro y una alpaca.

¿Comprendes?

Escoge. Select the correct answer or completion.

1. Muchas familias tienen una mascota porque ____.
   a. son de Estados Unidos, España o Latinoamérica
   b. las mascotas son amigos buenos
   c. las mascotas son animales
2. En España y en Latinoamérica, las mascotas son populares ____.
   a. en general
   b. en las zonas rurales
   c. en las zonas urbanas
3. ¿Por qué son desagradables a veces las llamas?
   a. Son domesticadas.
   b. Son peligrosas.
   c. No tienen mucha paciencia.
4. Un loro es ____ que tiene muchos colores bonitos.
   a. un perro
   b. un gato
   c. un pájaro

Conexiones

Las ciencias

¿Tienes interés en los animales exóticos? ¿Sí? Pues, las islas Galápagos en el océano Pacífico al oeste de Ecuador son para ti. En las islas Galápagos hay todo tipo de animales marinos y reptiles raros. Y no hay depredadores.

Una tortuga de las islas Galápagos

Vocabulario

1 **Completa.** Complete.

1. Mis padres tienen dos hijos. Yo soy Eduardo y mi _____ es Anita.

2–3. Yo soy el _____ de mis padres y Anita es su _____.

4. Mi padre tiene una hermana. Es mi _____ Isabel.

5. El _____ de Isabel es mi tío Enrique.

6. Tienen tres _____: Carlos, Susana y Teresa.

7. Sus hijos son mis _____.

8. Carlos tiene diez años y Susana y Teresa tienen quince. Las dos hermanas son _____.

9–10. Los padres de mis padres son mis _____ y yo soy su _____.

11. Mi hermana Anita es también su _____.

12. La esposa de mi abuelo es mi _____.

13. Nosotros somos todos _____ de la misma familia.

14–15. Mi primo tiene _____ castaño y _____ azules.

To review **Vocabulario 1,** turn to pages 58–59.

2

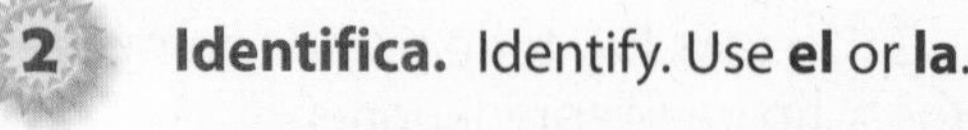

Identifica. Identify. Use **el** or **la**.

To review **Vocabulario 2,** turn to pages 62–63.

Gramática

3 **Contesta.** Answer.

23. ¿Cuántos años tienes?
24. ¿Cuántos hermanos tienes?
25. ¿Tienes una mascota?

To review the verb **tener,** turn to page 66.

4 **Crea una frase nueva.** Rewrite each sentence with the correct form of **tener** to agree with the new subject.

26. Elena tiene muchos primos.
    Sus amigos ____.
27. Ustedes tienen un jardín bonito.
    Nosotros ____.
28. Yo tengo un profesor muy bueno.
    Ella también ____.
29. Ellos tienen un perro.
    Ustedes ____.
30. Ella tiene dieciséis años.
    Tú ____.
31. Nosotros tenemos ojos verdes.
    Usted también ____.

5 **Completa.** Complete with the correct possessive adjective.

32. Nosotros tenemos un apartamento. ____ apartamento es bastante pequeño.
33. Yo tengo un hermano. ____ hermano tiene quince años.
34. Mi tío tiene hijos. ____ hijos son mis primos.
35. —Carlos y María, ¿tienen ____ padres un carro nuevo o viejo?
36. —José, ¿es de Puerto Rico ____ profesora de español?
37. Nosotros tenemos una casa en las afueras de la ciudad. Hay un muro alrededor de ____ casa.

To review **adjetivos posesivos,** turn to page 70.

Cultura

6 **Identifica.** Identify.

38. la capital de Ecuador
39. montañas altas de Sudamérica
40. un volcán cerca de Quito

To review this cultural information, turn to pages 76–77.

Prepárate para el examen

Practice for oral proficiency

1 Tu familia

Discuss families

Conduct an interview with a friend. One of you will ask questions to get the following information and the other will answer. Then reverse roles.

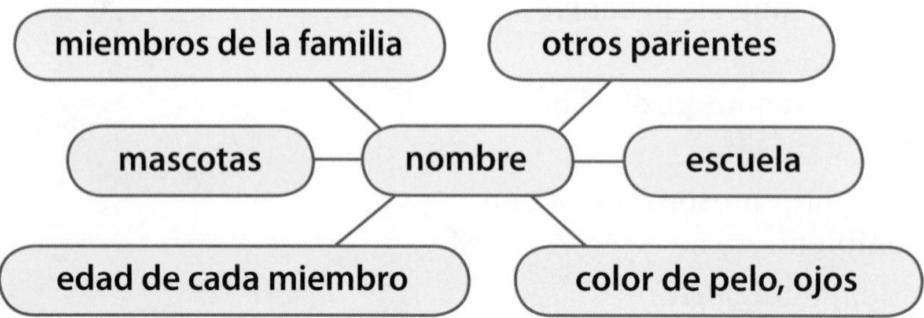

2 ¿Cuál prefieres?

Talk about housing

You are a realtor. You show your client (your partner) these two ads and describe the two properties. Your partner asks you questions about each of the dwellings.

ZONA RESIDENCIA
Piso 3 dormitorios, salón, cocina, baño nuevo.
Exterior. Reformado y amueblado.
99,165 €

ENTRADA CHICLANA
Chalet , 3 dorm, salón, cocina, baño.
87,000 €

3 Fotos de un álbum

Describe families

Bring in a photo of a family from a magazine. Give them a family name. Identify the various members of the family. Then describe them.

4 Tu casa o apartamento

Talk about your house or apartment

With a partner, describe your house or apartment. Ask each other questions. Compare and contrast the two homes.

Prepárate para el examen

Practice for written proficiency

Tarea

Write about your house or a house you dream of having someday—**la casa de mis sueños.**

Writing Strategy

Spatial ordering Always remember that when you write in the early stages of foreign language learning you have to "stick to" what you know how to say. Even though you may only be able to write a little, you have to give your writing some order.

One type of ordering is called "spatial ordering." This means that you will describe things as they actually appear from left to right, front to back, or top to bottom. You may wish to use spatial ordering for the topic you will now write about.

1 Prewrite

Here are some suggestions to help you organize your writing.

- Draw a sketch of your dream house. Include the outside and the rooms on the inside. You will refer to this as a visual aid to organize your writing. Ask yourself, **¿Cómo es?**
- Begin to think of adjectives to describe your house. Begin with the outside. You may want to use the expressions **delante de, detrás de,** and **al lado de** with **hay.**
- Then move into your house. Make a list of the rooms. Go from room to room in a logical order. Think of words to use to describe each room. Include the furniture in each room.

Una casa en el lago Cuicocha en el norte de Ecuador

2 Write

- Begin with a good introductory sentence, such as **La casa de mis sueños es...**
- Be sure your writing has a logical order. For example, do you describe the house in a logical fashion as you move through it?
- Give your composition a title.
- When you finish writing your description, proofread your work. Does it include the new vocabulary and the verbs **tener, ser, hay?** Did you use the right verb forms? Are the adjective endings correct? Did you check your spelling?
- You may wish to share your work with a classmate to have him or her edit your composition.

Evaluate

Don't forget that your teacher will evaluate you on your ability to organize your writing, to use correct grammar, and to present a vivid picture of your house that your readers will clearly understand.

Repaso del Capítulo 2

Gramática

- **El verbo tener** *(page 66)*
  Review the forms of the verb **tener.**

tener			
yo	tengo	nosotros(as)	tenemos
tú	tienes	*vosotros(as)*	*tenéis*
Ud., él, ella	tiene	Uds., ellos, ellas	tienen

- **Los adjetivos posesivos** *(page 70)*
  Review the forms of the possessive adjectives.

mi abuelo	**mi abuela**	**mis abuelos**	**mis abuelas**
tu abuelo	**tu abuela**	**tus abuelos**	**tus abuelas**
su abuelo	**su abuela**	**sus abuelos**	**sus abuelas**
nuestro abuelo	**nuestra abuela**	**nuestros abuelos**	**nuestras abuelas**

Note that **nuestro** has four forms rather than two.

CULTURA

Las mascotas son populares en Madrid. ¿Son grandes o pequeños los perros que tienen las señoras?

There are a number of cognates in this list. See how many you and a partner can find. Who can find the most? Compare your list with those of your classmates.

Vocabulario

Describing family members

la familia
el miembro
los parientes
el padre
la madre
los padres
el/la esposo(a)
el marido
la mujer

el padrastro
la madrastra
el/la hermano(a)
el/la hermanastro(a)
el/la tío(a)
el/la primo(a)
el/la abuelo(a)
el/la nieto(a)
el/la hijo(a)
  (único[a])

el/la sobrino(a)
el/la gemelo(a)
el nombre
la mascota
el/la perro(a),
  el/la perrito(a)
el/la gato(a),
  el/la gatito(a)

menor
mayor
cariñoso(a)
el pelo castaño
  (rubio, negro)
los ojos castaños
  (azules, verdes)
tener...años

Discussing housing

la casa
los cuartos
  la sala
  el comedor
  la cocina
  el cuarto de dormir,
    la recámara
  el cuarto de baño

el jardín
la flor
el árbol
el edificio
la casa de
  apartamentos
el apartamento
el piso

los muebles
  el sofá
  la silla
  la mesa, la mesita
  la lámpara
  la cama
el garaje
el carro

privado(a)
viejo(a)
la ciudad
las afueras
los suburbios

Other useful words and expressions

la bicicleta
hay
cada
otro(a)

al lado de
delante de
detrás de
alrededor de

Repaso cumulativo

Repasa lo que ya has aprendido

These activities will help you review and remember what you have learned so far in Spanish.

1 **¿Sí o no?** Look at the photo below. Listen to each statement and indicate on a separate sheet of paper whether or not it describes the photo.

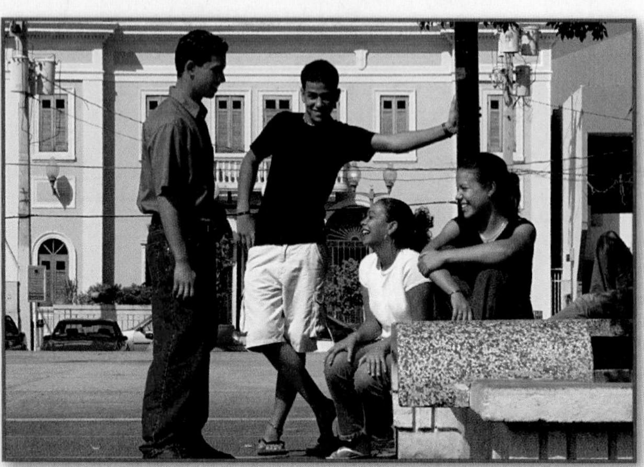

2 **Completa con ser o tener.** Complete with **ser** or **tener.**

1. ¡Hola! Yo _____ Emilia Castro. _____ quince años y _____ alumna en una escuela secundaria de Miami.
2. Mi hermano _____ alumno en la misma escuela que yo. Pero él _____ menor que yo. Él _____ trece años.
3. Mi hermano y yo _____ buenos amigos. _____ alumnos en la misma escuela. Nosotros _____ una mascota. ¿_____ ustedes una mascota también? ¿Qué _____?
4. Y tú, ¿quién _____? ¿De dónde _____? ¿_____ hermanos? ¿Cuántos _____? ¿_____ ustedes alumnos en la misma escuela?

CULTURA

Emilia es una alumna seria.

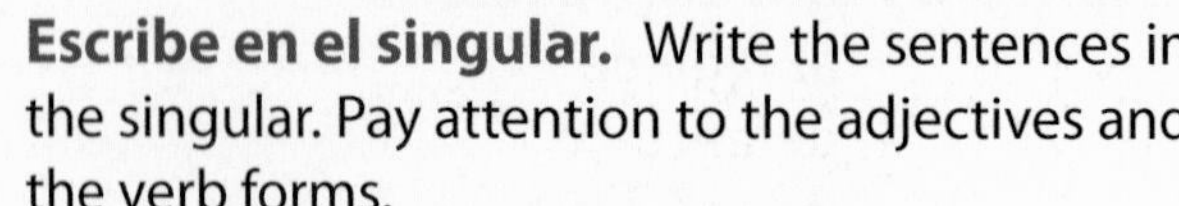

3 **Escribe en el singular.** Write the sentences in the singular. Pay attention to the adjectives and the verb forms.

1. Los alumnos son inteligentes.
2. Las clases son pequeñas.
3. Los cursos son interesantes.
4. Pero los cursos son difíciles.
5. Las casas son bonitas.
6. Los edificios son altos.

Parea la pregunta con la(s) persona(s).
Match the question and person(s).

a. 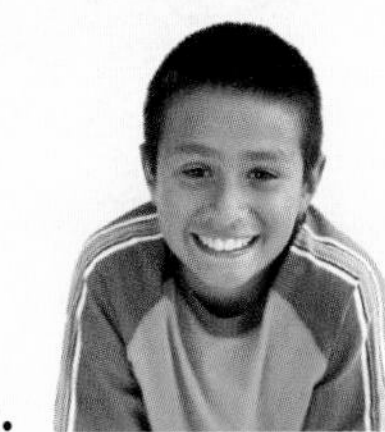 b.  c. 

1. ¿De dónde eres?
2. ¿De qué nacionalidad es usted?
3. ¿Tiene usted hijos?
4. ¿Cuántos hermanos tienes?
5. ¿Son ustedes amigas?
6. ¿De dónde son ustedes?
7. ¿Cuántos años tienes?
8. ¿Tienen ustedes un apartamento en la capital?

Parea los contrarios. Match the opposites.

rubio serio alto difícil cómico

delante BUENO diferente bajo

detrás moreno menor feo

pequeño mismo GRANDE

fácil malo guapo mayor

Personaliza. Answer and tell all about yourself. Make a diagram like the one below to help organize your thoughts.

CAPÍTULO 3

En clase y después

Aquí y Allí

Vamos a comparar Think about your school day. What do you do during school and after school? As you study this chapter, you'll discover some things that you have in common with students in Spanish-speaking countries and some things that are different.

Objetivos

You will:

- talk about what you do in school
- identify some school clothes and school supplies
- talk about what you and your friends do after school
- compare school and after-school activities in Spanish-speaking countries and the United States

You will use:

- present tense of **-ar** verbs
- the verbs **ir, dar,** and **estar**
- the contractions **al** and **del**

◀ **Los alumnos estudian español en una escuela de lenguas en las islas Canarias. Todos tienen su carpeta. Las escuelas donde los alumnos toman cursos de español son muy populares en España y Latinoamérica.**

Go to glencoe.com
For: **Online book**
Web code: **ASD9281c3**

Introducción al tema

En clase y después

España ▲
El colegio San José es un colegio privado en Estepona, España, en la Costa del Sol. El colegio San José es un colegio mixto para muchachos y muchachas.

Look at these photographs to acquaint yourself with the theme of this chapter—school life in Spain and Latin America. You will learn about what students do in school and after school. As you proceed through the chapter, think about the many things that you and the students of the Spanish-speaking world have in common.

◄ Costa Rica
Las muchachas van a la escuela a pie en un suburbio de San José, Costa Rica. Llevan uniforme a la escuela—una blusa y una falda.

▲ México **Son alumnos de un colegio en Guadalajara, México. Hoy no tienen clases porque van con su profesora a visitar unos monumentos históricos en su ciudad. Observa que los alumnos llevan sus materiales escolares en una mochila.**

Ecuador **Los dos amigos son alumnos en la misma escuela en Manta, Ecuador. Como las muchachas en Costa Rica, ellos también llevan uniforme a la escuela—un pantalón, una camisa y un suéter. ▼**

◄ Ecuador
Como en Estados Unidos, muchos alumnos toman un bus escolar a la escuela. Aquí tenemos un minibus escolar en El Bosque, una zona residencial de Quito, Ecuador.

▲ **Perú** Cuando los alumnos necesitan un libro que no tienen, van a una biblioteca. La biblioteca aquí está en Barranco, una zona o barrio interesante de Lima, Perú.

▲ **Cuba** Los alumnos aquí en La Habana, Cuba, prestan mucha atención cuando su profesora habla.

▲ **Colombia** Los alumnos están en el pasillo de su escuela en Barranquilla, Colombia. En su escuela no tienen que llevar uniforme.

▲ **Panamá** Los alumnos van a regresar a casa en bus. La muchacha, como muchos alumnos en los países hispanos, lleva una carpeta.

Nicaragua Es un colegio moderno en Masaya, Nicaragua. ▶

En la sala de clase

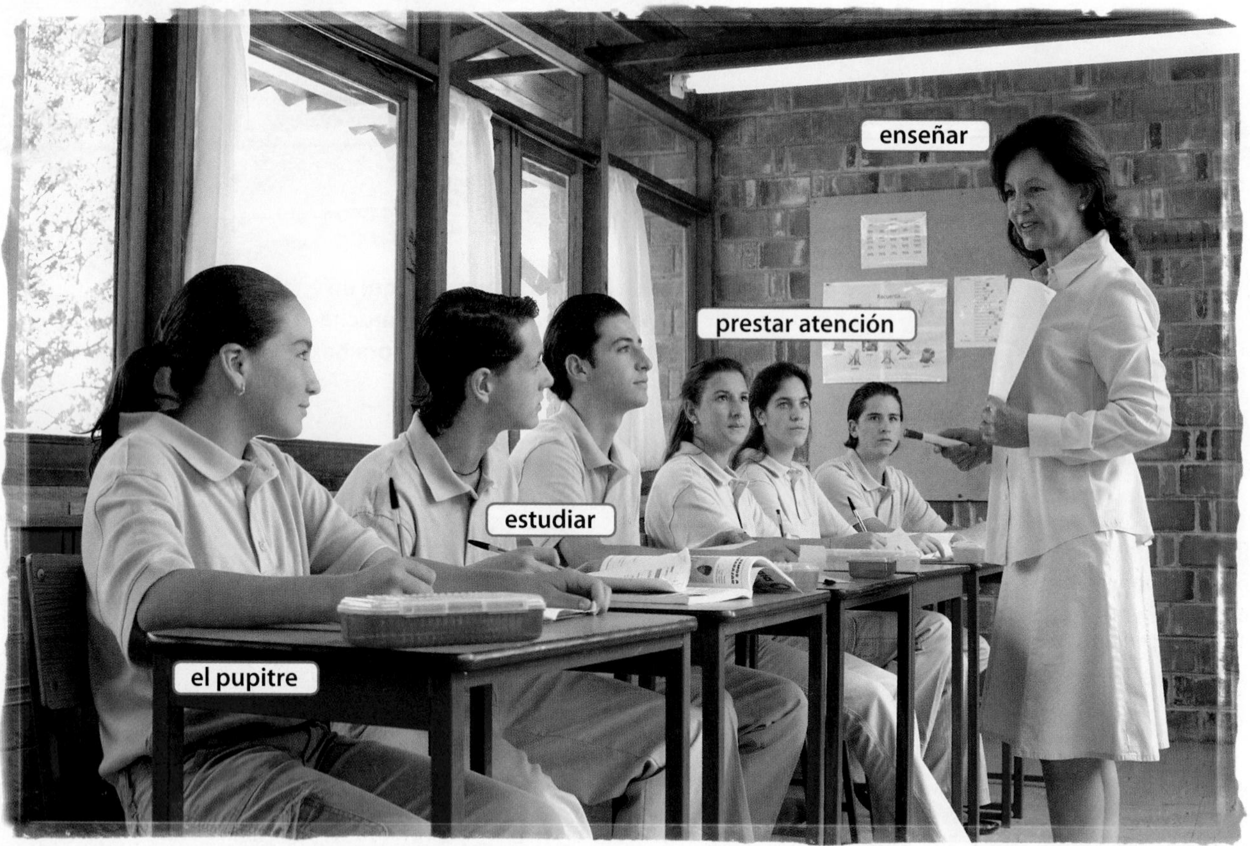

Los alumnos están en la sala de clase.
La profesora enseña (el) español.
Los alumnos prestan atención cuando ella habla.

¡Así se dice!

- When you want to get a friend's attention to look at something, you can say **¡Mira!**
- **¿Qué pasa?** is a good expression you can use when you want to find out what's happening or what's going on.

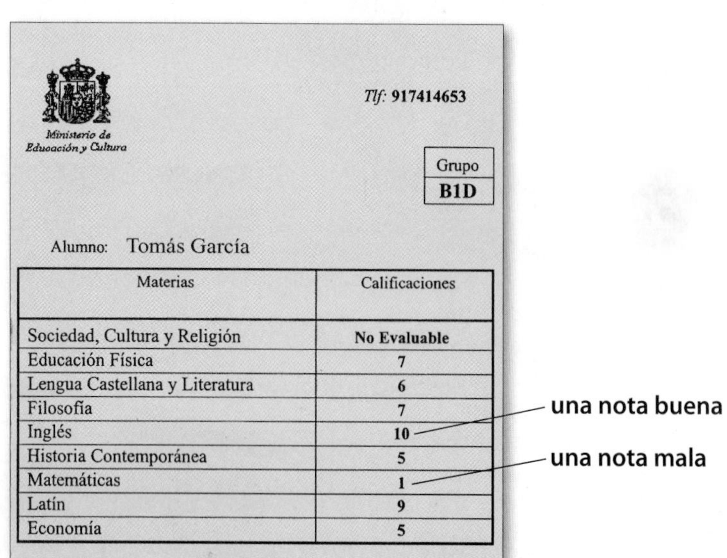

Ministerio de Educación y Cultura

Tlf: 917414653

Grupo B1D

Alumno: Tomás García

Materias	Calificaciones
Sociedad, Cultura y Religión	No Evaluable
Educación Física	7
Lengua Castellana y Literatura	6
Filosofía	7
Inglés	10
Historia Contemporánea	5
Matemáticas	1
Latín	9
Economía	5

Tomás saca una nota buena en inglés.
Saca una nota mala en matemáticas.

Julia tiene una pregunta.
Levanta la mano.
El profesor contesta la pregunta.

La profesora da un examen (una prueba).
Los alumnos toman el examen.

Los alumnos llevan uniforme a la escuela.
Los muchachos llevan un pantalón y una camisa.
Las muchachas llevan una falda y una blusa.

- Note that **la mano** ends in **o,** but it is feminine and takes the article **la.**
- The verb **llevar** can mean *to wear* or *to carry.*

Carlos lleva una mochila. ¿Qué lleva en la mochila?

En otras partes

The most common terms for *ballpoint pen* are **el bolígrafo** and **el lapicero.** In some countries you will hear **la pluma,** but **la pluma** is more frequently a *fountain pen.* Ask Spanish speakers in your class what word they use for *pen.*

QuickPass
Go to glencoe.com
For: **Vocabulary practice**
Web code: **ASD9281c3**

ESCUCHAR

1 Escucha y escoge. Match each statement you hear with the photo it describes.

a. 

b. 

c. 

d. 

e. 

LEER • HABLAR

Parea. Match the items below to describe José's busy day.

1. José estudia	**a.** en un laboratorio
2. José estudia biología	**b.** una nota mala
3. José contesta	**c.** español
4. José saca	**d.** la mano
5. José lleva	**e.** un pantalón y una camisa
6. José levanta	**f.** la pregunta

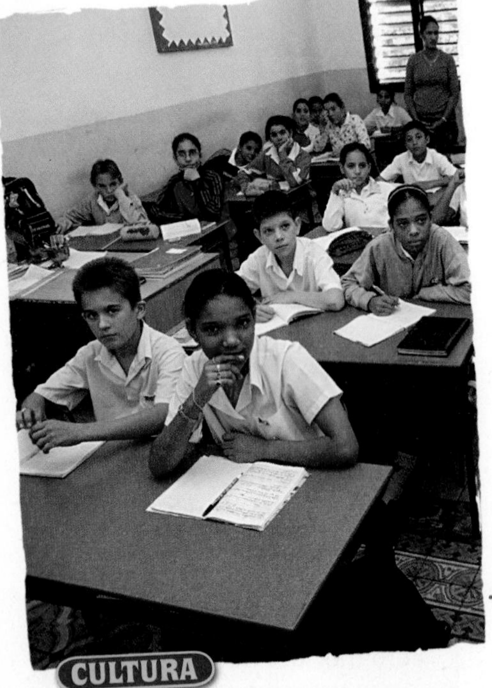

CULTURA

Son alumnos en una escuela en La Habana, Cuba. Prestan mucha atención, ¿no?

HABLAR • ESCRIBIR

Mira y contesta. Look at the photo and, based on what you see, answer **sí** or **no.**

1. ¿Está en clase la profesora?
2. ¿Miran los alumnos a la profesora?
3. ¿Prestan atención los alumnos?
4. ¿Da la profesora un examen?
5. ¿Levanta una muchacha la mano?
6. ¿Llevan los alumnos uniforme a la escuela?

EXPANSIÓN

Now, without looking at the questions, tell all you remember about the classroom. Your partner will add anything you forgot.

Más práctica

Workbook, pp. 3.3–3.5
StudentWorks™ Plus

ESCUCHAR • LEER

Escoge. Choose the correct completion.

1. Los alumnos que estudian mucho sacan (notas buenas, notas malas).
2. Los alumnos llevan (sus uniformes, sus materiales escolares) en una mochila.
3. Los alumnos (hablan, prestan atención) cuando la profesora habla.
4. (El pupitre, La silla) es un tipo de mesa.
5. Cuando un alumno tiene una pregunta, el profesor (levanta, contesta) la pregunta.

HABLAR • ESCRIBIR

Contesta. Make up answers about this classroom in the Dominican Republic.

1. ¿Quiénes están en la sala de clase?
2. ¿Quién enseña?
3. ¿Enseña geografía o matemáticas?
4. ¿Cuándo levanta la mano un alumno?
5. ¿Qué llevan los muchachos a la escuela?
6. ¿Qué llevan los alumnos en su mochila?

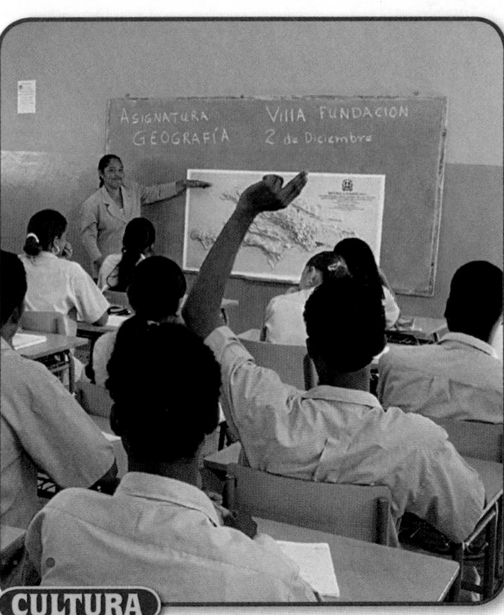

CULTURA

La profesora está delante de su clase en Santo Domingo en la República Dominicana.

Comunicación

6 Ask if your partner has a certain item in his or her backpack. Your partner will answer and show you the item if it's there. Take turns.

7 Say something about one of your friends or several friends using the following words.

estudiar **sacar** **llevar** **tomar** **hablar**

HABLAR

8 **Juego** Put school supplies in your backpack. With eyes closed, your partner takes out one item at a time and guesses what it is. Take turns.

Comparaciones

An important difference between English and Spanish is that in English we say *after school.* In Spanish we say **después de las clases** or **después de los cursos.**

VIDEO To practice your new words, watch **Vocabulario en vivo.**

Después de las clases

ESCOLAR 8 DE OCTUB
5919
PZK-460

Los alumnos regresan a casa.
Van en el bus escolar.
Van en bus porque su casa está lejos de la escuela.

PAPELERIA COPIAS
BATIZ

Los alumnos van a casa a pie porque su casa está cerca de la escuela.
Primero, van a una tienda.
Necesitan materiales escolares.

En la tienda

¿Cuánto cuesta la carpeta?
Noventa pesos.
la empleada
el dinero
la carpeta

José y María están en la tienda.
Compran una carpeta.
Dan el dinero a la empleada.
Pagan en la caja.
La empleada trabaja en la tienda.

Para conversar

¿Adónde van José y María?
Van a una tienda. Y luego van a casa.
¿Por qué van a la tienda?
Porque necesitan materiales escolares.

En casa

mirar un DVD

escuchar música

hablar en su móvil

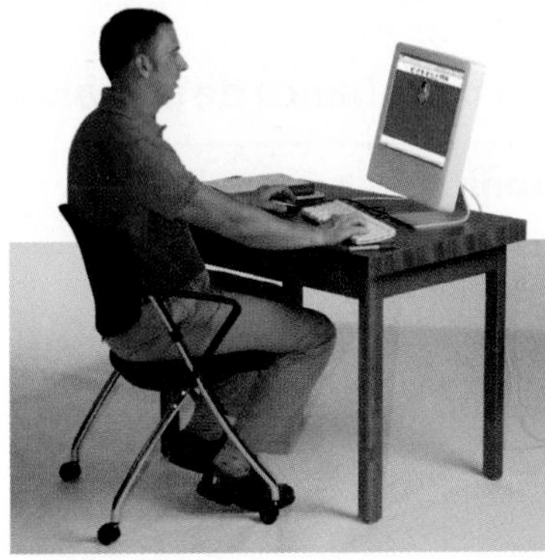
usar la computadora

navegar la red (el Internet)

enviar correos electrónicos

Andrés está en su cuarto.
Navega la red.
Busca información en el Internet.

En otras partes

La computadora is used throughout Latin America to express *computer.* **El ordenador** is used in Spain.

QuickPass
Go to glencoe.com
For: **Vocabulary practice**
Web code: **ASD9281c3**

ESCUCHAR

1 **Determina cuándo.** You will hear a series of statements. On a sheet of paper make a chart like the one below. As you listen, determine when the activities take place.

antes de las clases	durante las clases	después de las clases

Conexiones

La tecnología

Cuando navegas el Internet tienes acceso al mundo entero. Es posible buscar información sobre la historia, el arte, la música—todo. Es posible enviar correos electrónicos y conversar con amigos en todas partes del mundo.

Con tu móvil además de hablar con amigos es posible sacar fotografías y bajar *(download)* música. Las posibilidades son infinitas.

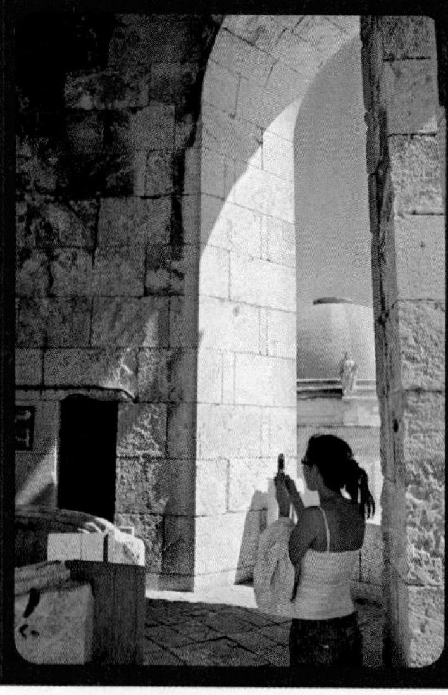

HABLAR

2 **Contesta.** Answer using a word from the **banco de palabras.**

un DVD	**un correo electrónico**	**su móvil**
información	**música**	**el dinero**

1. ¿Qué busca José cuando navega la red?
2. ¿Qué compra Elena en la tienda de videos?
3. ¿Qué da a la empleada?
4. ¿Qué escucha Teresa?
5. ¿Qué envía Carlos a un amigo?
6. ¿Qué usa Mari cuando habla con sus amigos?

LEER

3 **Escoge.** Choose the correct word to complete each sentence.

1. Jorge _____ música en su MP3.
   a. escucha **b.** envía **c.** mira **d.** navega
2. Mi hermana _____ la red.
   a. estudia **b.** levanta **c.** navega **d.** habla
3. Elena _____ en su móvil.
   a. trabaja **b.** mira **c.** busca **d.** habla
4. Mis amigos _____ correos electrónicos.
   a. envían **b.** escuchan **c.** compran **d.** regresan
5. Ellos _____ información en el Internet.
   a. hablan **b.** buscan **c.** van **d.** están
6. El empleado _____ en la tienda.
   a. paga **b.** compra **c.** trabaja **d.** regresa

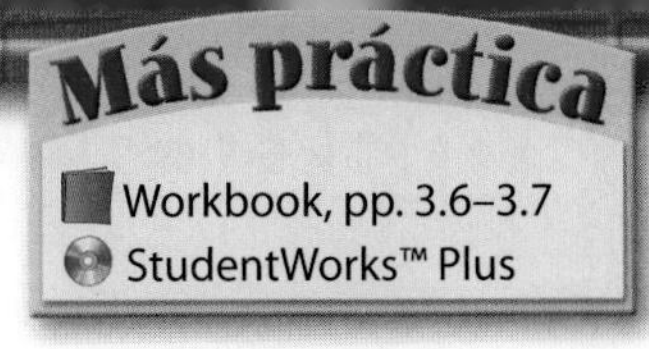

Workbook, pp. 3.6–3.7
StudentWorks™ Plus

LEER • HABLAR • ESCRIBIR

4 **Pregunta.** Make up questions using the question words from the **banco de palabras.** The words in italics will help you figure out which question word to use.

¿Qué?	**¿Cuándo?**	**¿Cómo?**	**¿Por qué?**
¿Quiénes?	**¿Quién?**	**¿Dónde?**	**¿Adónde?**
¿Cuánto?			

1. Los alumnos van *a casa.*
2. Los amigos están *en la sala.*
3. *José* necesita una camisa nueva.
4. *Los amigos* van a una tienda.
5. Van a una tienda *después de las clases.*
6. Luis habla *muy bien* el español.
7. Luis compra *una carpeta.*
8. La carpeta cuesta *ocho pesos.*
9. Los alumnos regresan a casa a pie *porque su casa está cerca de la escuela.*

CULTURA

Las muchachas regresan a casa después de sus clases en Managua, Nicaragua.

Comunicación

5 Get together with a classmate. He or she will take the role of a newly arrived exchange student from Nicaragua. Tell him or her what your friends typically do after school.

Después de las clases mis amigos...

ESCUCHAR • LEER • HABLAR

6 **Parea.** Match the first part of each sentence with the best completion. Use **porque.**

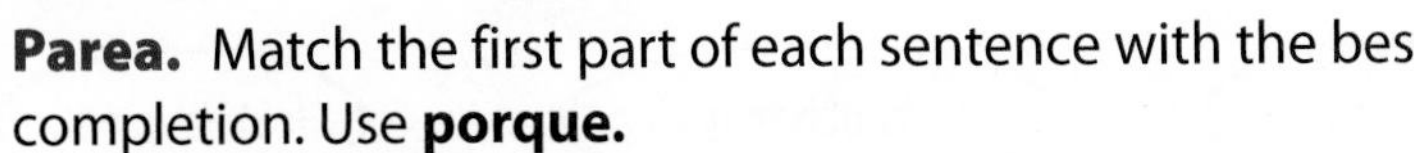

1. Rafael va a la tienda
2. Teresa saca notas buenas
3. Enrique va a la caja
4. Él presta atención
5. Carlota levanta la mano
6. Sarita toma el bus escolar a casa

a. estudia mucho
b. el profesor habla
c. tiene una pregunta
d. necesita materiales escolares
e. tiene que pagar
f. su casa está lejos

Gramática

QuickPass
Go to glencoe.com
For: **Grammar practice**
Web code: **ASD9281c3**

Presente de los verbos en -ar

Comparaciones

El inglés
In English, it is necessary to use a subject such as *I, you, we.* However, in Spanish, you can often omit the subject because the verb ending indicates who the subject is.

1. Action words are verbs. Most verbs in Spanish belong to a family or conjugation. Verbs that have an infinitive *(to speak, to study)* that ends in **-ar (hablar, estudiar)** are called **-ar** verbs or first conjugation verbs. In this chapter you have learned the following **-ar** verbs:

estudiar, enseñar, levantar, contestar, hablar, tomar, mirar, escuchar, sacar, llevar, regresar, necesitar, navegar, buscar, enviar, comprar, pagar, trabajar

2. All Spanish verbs change their endings according to the subject. Study the following forms of the verbs **hablar** and **mirar.**

infinitive	hablar		
stem	habl-		
yo	hablo	nosotros(as)	hablamos
tú	hablas	*vosotros(as)*	*habláis*
Ud., él, ella	habla	Uds., ellos, ellas	hablan

infinitive	mirar		
stem	mir-		
yo	miro	nosotros(as)	miramos
tú	miras	*vosotros(as)*	*miráis*
Ud., él, ella	mira	Uds., ellos, ellas	miran

3. Study the following.

When you talk about yourself, you use the ending -o.

When you speak to a friend, you use the ending -as.

When you talk about someone, you use the ending -a.

Más práctica
Workbook, pp. 3.8–3.9
StudentWorks™ Plus

Hablamos español.

When you speak about yourself and someone else, you use the ending **-amos.**

Hablan español.

When you talk about two or more people, you use the ending **-an.**

Hablan español.

When you speak to two or more people, you also use the ending **-an.**

Práctica

LEER • HABLAR • ESCRIBIR

1 Forma frases. Make up complete sentences by putting the words in order.

1. español / Juan / estudia
2. el mismo curso / los amigos / toman
3. en la clase de español / habla / el profesor / español
4. Anita / la red / navega / en casa
5. su música favorita / en su MP3 / escucha / Enrique
6. los amigos / miran / navegan / la red / un DVD / después de las clases / y
7. busca / Manuel / escolares / en la tienda / materiales
8. en / pagan / la caja

ESCUCHAR • HABLAR • ESCRIBIR

2 Personaliza. Answer about yourself.

1. ¿Estudias español?
2. ¿Hablas español en clase?
3. ¿Hablas bien?
4. ¿Usas la computadora?
5. ¿Navegas la red?
6. ¿Tomas cuatro o cinco cursos?
7. ¿Sacas notas buenas o malas?
8. ¿Llevas uniforme a la escuela?

VIDEO To visit a math class in Spain, watch **Diálogo en vivo.**

ESCUCHAR • HABLAR

3 Conversa. You didn't hear what your friend said. As in the model, ask your friend to repeat the information.

MODELO **—Necesito un lápiz.**
—Perdón, ¿qué necesitas?
—Un lápiz.

1. Busco mi cuaderno.
2. Necesito mi libro de español.
3. Escucho mi música favorita.
4. Necesito un bolígrafo.
5. Miro un DVD.
6. Compro una carpeta.

ESCRIBIR

4  Juego Compete with a partner. Copy this chart and see who can finish first with no mistakes. Correct each other's chart.

yo	tú	usted	él	nosotros	ellas
miro					
				estudiamos	
		paga			
	buscas				
					escuchan
			levanta		

Conexiones

La geografía
La geografía es el estudio de la Tierra y sus características—los océanos, las montañas, los desiertos, las junglas, etcétera. Cuando necesitas información sobre un punto geográfico, ¿navegas el Internet?

ESCUCHAR • HABLAR • ESCRIBIR

5 Contesta. Answer about yourself and a friend. Remember to use the **nosotros** form of the verb.

1. ¿Estudian ustedes geografía?
2. ¿Toman ustedes cuatro o cinco cursos?
3. ¿Navegan ustedes la red?
4. ¿Buscan ustedes información en la red?
5. ¿Toman ustedes muchos exámenes?
6. ¿Sacan ustedes notas buenas?

EXPANSIÓN

Now ask a classmate these same questions. Remember to use **tú**.

CULTURA

Dos amigas del mismo colegio en Guadalajara, México

ESCUCHAR • HABLAR

 **Conversa.** Speak with some friends as in the model.

 MODELO **—Ustedes necesitan estudiar.**

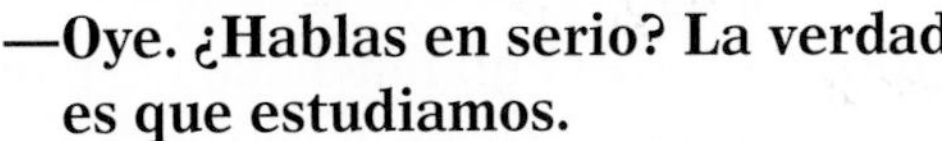

—Oye. ¿Hablas en serio? La verdad es que estudiamos.

1. Ustedes necesitan estudiar mucho.
2. Ustedes necesitan escuchar.
3. Ustedes necesitan sacar notas buenas.
4. Ustedes necesitan prestar atención.

LEER

 **Parea.** Read each sentence and determine to whom it refers.

1. Hablo en mi móvil.
2. Ellos llevan muchos libros.
3. Estudias mucho.
4. Navegamos la red.
5. Ustedes escuchan música clásica.
6. Siempre presta atención.
7. Usted habla muy bien.

a. *myself*
b. *you (a friend)*
c. *you (an adult)*
d. *other people*
e. *you (several people)*
f. *myself and others*
g. *another person*

HABLAR • ESCRIBIR

8 **Completa.** Complete the following story about a student in Barcelona. You will now use all forms of the **-ar** verbs. **¡Cuidado!** Pay careful attention to the endings.

CULTURA

Barcelona, la ciudad de Emilio, es una ciudad grande en Cataluña en el nordeste de España. En Barcelona, Emilio habla español y catalán. En las escuelas los profesores enseñan en catalán.

Emilio ___1___ (ser) un muchacho español. Él ___2___ (estudiar) en un colegio en Barcelona. Los amigos de Emilio ___3___ (llevar) uniforme a la escuela. Uno de sus amigos ___4___ (hablar):

—Sí, todos nosotros ___5___ (llevar) uniforme a la escuela. ¿___6___ (Llevar) ustedes uniforme a la escuela en Estados Unidos?

Los amigos de Emilio ___7___ (tomar) muchos cursos. Y Emilio también ___8___ (tomar) muchos cursos. Unos cursos ___9___ (ser) fáciles y otros ___10___ (ser) difíciles. Los amigos de Emilio ___11___ (hablar):

—Nosotros ___12___ (tomar) nueve cursos. En algunos cursos nosotros ___13___ (sacar) notas muy buenas y en otros ___14___ (sacar) notas bajas.

Un amigo ___15___ (preguntar):

—¡Oye, Emilio! ¿En qué cursos ___16___ (sacar) tú notas buenas y en qué cursos ___17___ (sacar) tú notas malas?

Emilio ___18___ (contestar):

—Cuando yo ___19___ (estudiar) yo ___20___ (sacar) notas buenas en todos mis cursos.

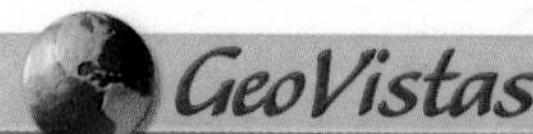

To learn more about Spain, take a tour on pages SH44–SH45.

Más práctica
Workbook, pp. 3.10–3.11
StudentWorks™ Plus

Los verbos ir, dar, estar

1. The verbs **ir, dar,** and **estar** are irregular, because they have a different form with **yo.** All the other forms are the same as those of a regular **-ar** verb.

	ir	dar	estar
yo	voy	doy	estoy
tú	vas	das	estás
Ud., él, ella	va	da	está
nosotros(as)	vamos	damos	estamos
vosotros(as)	*vais*	*dais*	*estáis*
Uds., ellos, ellas	van	dan	están

2. You use **estar** to tell how you feel.

—¿Cómo estás?
—Estoy bien, gracias.

You also use **estar** to tell where you are.

—¿Dónde estás?
—Estoy en la escuela.

CULTURA

Los alumnos dan un paseo con su profesor durante una excursión escolar en la Ciudad de Panamá. Están en el casco viejo (histórico) de la capital.

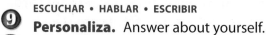

VIDEO To visit a dance class with Spanish students after school, watch **Cultura en vivo.**

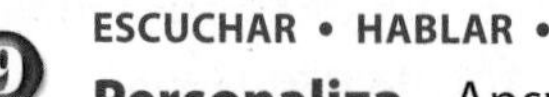

Práctica

CULTURA

Diego es un alumno en una escuela en Colombia. Tiene una mochila pero cuando va de una clase a otra no lleva sus libros en la mochila.

ESCUCHAR • HABLAR • ESCRIBIR

9 **Personaliza.** Answer about yourself.

1. ¿Cómo estás hoy?
2. ¿Estás en la escuela ahora o estás en casa?
3. ¿En qué clase estás?
4. ¿Vas a casa después de las clases?
5. ¿Vas a casa a pie o en el bus escolar?

ESCUCHAR • HABLAR

10 **Conversa.** You didn't hear what your friend said. Have him or her repeat as in the models.

MODELOS **—Voy a la escuela.**
—¿Adónde vas?
—Vamos a la escuela.
—¿Adónde van ustedes?

1. Voy a la clase de español.
2. Voy al laboratorio de biología.
3. Voy a la cocina.
4. Voy al café.
5. Voy al gimnasio.
6. Voy a la tienda.

HABLAR • ESCRIBIR

11 **Forma frases.** Make up sentences using the following cues. You will use all forms of the verbs.

1. nosotros / ir / a la cocina
2. mis padres / estar / en la sala
3. yo / ir / a mi cuarto
4. mi computadora / estar / en mi cuarto
5. yo / navegar / la red / y / dar la información a mi hermanito
6. el profesor / dar / un examen
7. usted / ir / a la tienda
8. tú / estar / lejos de tu casa

InfoGap For more practice using **-ar** verbs and **ir, dar,** and **estar,** do Activity 3 on page SR5 at the end of this book.

Más práctica

Workbook, p. 3.12
StudentWorks™ Plus

Las contracciones al y del

1. The preposition **a** means *to* or *at.* **A** contracts with **el** to form one word—**al. A** does not contract with **la, las,** or **los.**

Él va al cuarto.	**Voy a la tienda.**
Vamos al gimnasio.	**Ellos van a la sala.**

2. The preposition **a** has another important use. Whenever the direct object of a verb is a person, you must put **a** before it. This **a** is not translated. It is called the **a personal.** Observe the following sentences.

Miro la televisión.	**Miro al amigo de Teresa.**
Escucho la música.	**Escucho a la profesora.**
Busco un bolígrafo.	**Busco a mis amigas.**

3. The preposition **de** means *of* or *from.* **De** contracts with **el** to form **del.** It does not contract with **la, las,** or **los.**

Es el libro del profesor.
Es la escuela de la amiga de Pablo.

4. De also forms a part of many other prepositions.

delante del jardín	**antes de los exámenes**
cerca del carro	**detrás de la casa**
después de las clases	**lejos de la tienda**

CULTURA

Los alumnos están en la clase de español. Ellos prestan atención al profesor. Ellos levantan la mano. Tienen muchas preguntas.

The expression **ir a casa** means *to go home.* Note that you do not use the article **la** with this expression.
Voy a casa.

POCKET BOOK

See page SH23 for help with making this foldable. Organize your new vocabulary. Label the pockets with topics such as school activities, after-school activities, and school supplies. Then with a partner make index cards with the words and phrases you have learned. Add to these pockets as you learn new words.

Práctica

HABLAR

12 Conversa. With a partner prepare a conversation based on the model.

MODELO **el laboratorio →**
—¡Oye! ¿Adónde vas?
—¿Quién? ¿Yo?
—Sí, tú.
—Pues, voy al laboratorio.

1. el gimnasio
2. la cafetería
3. el auditorio
4. la tienda

HABLAR • ESCRIBIR

13 Completa. Complete each sentence with the correct form of the preposition **de.**

1. Ellos hablan _____ familia de José.
2. El profesor está delante _____ clase.
3. Cerca _____ casa hay un patio.
4. Detrás _____ patio hay un garaje.
5. ¿Qué opinión tienes _____ profesor?
6. Después _____ clases vamos a casa.

ESCUCHAR • HABLAR • ESCRIBIR

14 Contesta. Answer.

1. ¿Miras la televisión?
2. ¿Miras a la profesora también?
3. ¿Escuchas un CD?
4. ¿Escuchas al profesor cuando él habla?
5. ¿Contestas la pregunta?
6. ¿Contestas a tu amigo?

HABLAR • ESCRIBIR

15 Forma frases. Make up two sentences using each verb. Be sure to use the **a personal** when it is necessary.

yo	mirar	el profesor
tú	escuchar	los alumnos
él	enseñar	la lección
usted	buscar	un pantalón
nosotros		mi amigo
ellas		la música
		un DVD
		mi hermana
		el muchacho
		la profesora

ESCRIBIR

16 **¡Te toca a ti!** E-mail your key pal in Mexico. Tell about what you do in school and after school.

HABLAR • ESCRIBIR

17 **Juego** Have a contest and see who can make up the most sentences in three minutes using the following verbs.

tomar · escuchar · ir · hablar · MIRAR

PRONUNCIACIÓN 

La consonante t

You pronounce the **t** in Spanish with the tip of the tongue pressed against your upper teeth. No puff of air follows the **t** sound. It is very clear. Repeat the following.

ta	te	ti	to	tu
nota	Teresa	tío	toma	tú
está	interesante	tiene	levanto	estudia
carpeta	siete	tipo	momento	

Pronounce the following sentences carefully. Then write them to prepare for a dictation.

Tito presta atención.
Tu tío Tito es simpático.
Tus tíos tienen tres tacos.
Tu gato Tigre está detrás de la terraza.

Refrán

Can you guess what the following proverb means?

Libro cerrado, no saca letrado.

¡Bravo!

You have now learned all the new vocabulary and grammar in this chapter. Continue to use and practice all that you know while learning more cultural information. ¡Vamos!

CULTURA

Es la casa de la familia Duarte en Cotacachi, en el norte de Ecuador. Delante de la casa hay un jardín con flores bonitas.

Conversación

Go to glencoe.com
For: **Conversation practice**
Web code: **ASD9281c3**

Dos amigos

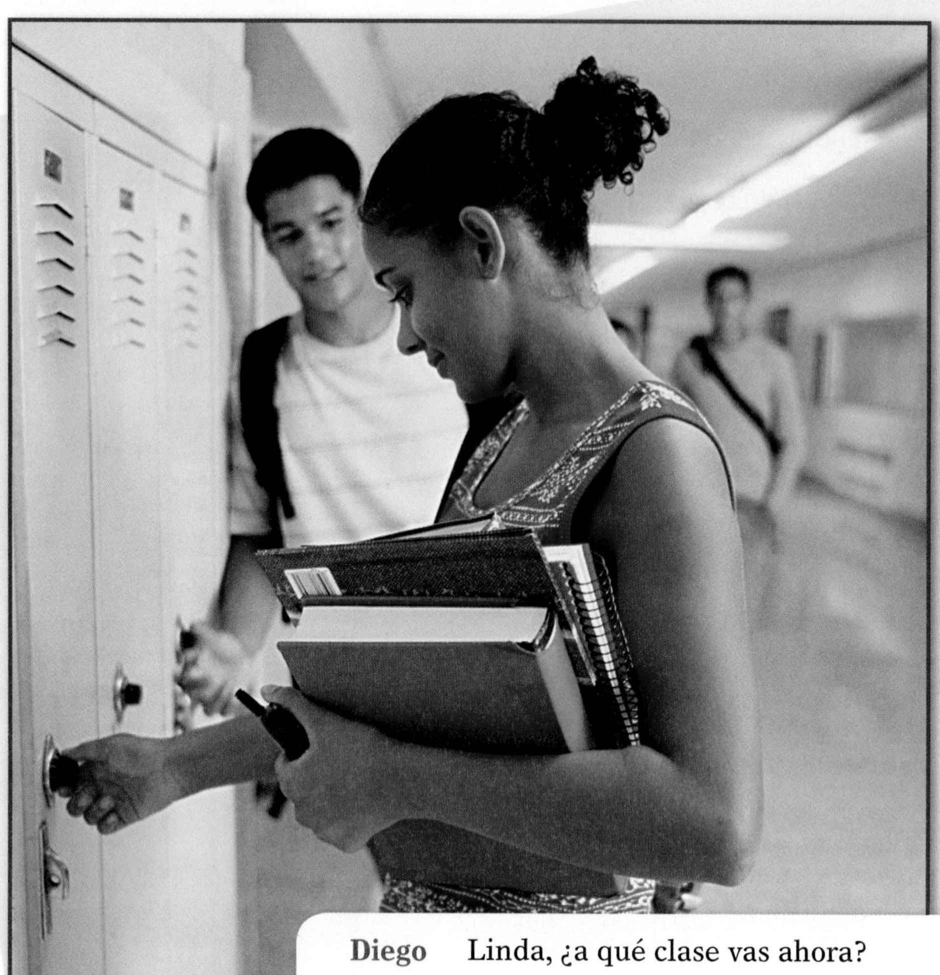

Diego	Linda, ¿a qué clase vas ahora?
Linda	Voy a la clase de español.
Diego	¿Qué tal tu clase de español?
Linda	Es bastante interesante y no muy difícil.
Diego	¿Hablas en serio?
Linda	Sí, sí. Hablo en serio. La señora Gómez es muy simpática.
Diego	¡Ay, Linda!
Linda	¿Qué pasa?
Diego	¿Mi móvil? ¿Dónde está?
Linda	¿Por qué no buscas en tu mochila?
Diego	¡Un momento! Ah, sí. Aquí está.
Linda	El viernes, ¿vas a la fiesta de Sandra?
Diego	Sí, ¿y tú?
Linda	Sí, voy. ¡Cómo no!

¿Comprendes?

A **¿Quién es?** Tell whether each statement is talking about Diego or Linda.

	Diego	Linda
1. Va a su clase de español.		
2. Probablemente no toma un curso de español. No estudia español.		
3. Busca su móvil.		
4. Su móvil está en su mochila.		
5. Va a la fiesta de Sandra.		

B **Contesta.** Answer based on the information in the conversation.

1. ¿A qué clase va Linda?
2. ¿Cómo es la clase de español?
3. ¿Cómo es la profesora?
4. ¿Quién es la profesora?
5. ¿Qué busca Diego?
6. ¿Dónde está?

C **Llegando a conclusiones** What does Linda say to Diego that surprises him? What tells you that he is surprised?

CULTURA

Una vista bonita de Miami, Florida

LECTURA CULTURAL

Antes de leer

Think of some cognates that you have already learned.

READING STRATEGY

Recognizing cognates When you read in Spanish, it is possible that you will come across some new words. There are several strategies you can use to guess the meaning of these new words. One is to recognize cognates—words that look alike and mean the same thing in Spanish and English. In Spanish they are called **palabras afines.**

Escuelas aquí y en Latinoamérica

Reading Check

¿Está Magalí ahora en Perú o en Estados Unidos?

Magalí es una alumna de intercambio[1]. Ella es de Arequipa, Perú, pero pasa un año con una familia en Nueva York. Ella va a la escuela con sus nuevos «hermanos». Magalí observa que hay diferencias entre su escuela en Perú y su nueva escuela en Nueva York.

En Perú muchos alumnos van a una escuela privada. La mayoría[2] de las escuelas privadas no son mixtas. Los muchachos van a una escuela y las muchachas van a otra. Pero la mayoría de las escuelas públicas son mixtas. Los alumnos de las escuelas privadas y públicas llevan uniforme. No van a clase en un blue jean y T-shirt.

¿Qué es una escuela mixta?

Durante la lectura

As you read, write down all the cognates you recognize.

CULTURA

Lupe y sus amigas, como Magalí, son peruanas. Ellas van a la misma escuela en una región rural cerca de Arequipa.

Después de leer

How many cognates did you find? Was it easy to guess their meaning?

Las escuelas en Perú como en muchas partes de Latinoamérica tienen nombres diferentes que las escuelas en Estados Unidos. Por ejemplo, un colegio es una escuela secundaria. Una academia es una escuela primaria o secundaria. En la lengua de los alumnos o estudiantes, la escuela secundaria o *high school* es la prepa—una forma corta o abreviada de «la preparatoria».

¿Cuáles son otras palabras para «escuela secundaria»?

[1]de intercambio *exchange*

[2]mayoría *majority*

¿Comprendes?

Más práctica

Workbook, pp. 3.13–3.17
StudentWorks™ Plus

A Buscando información Indicate which place(s) each statement refers to.

	Latinoamérica	Estados Unidos	los dos
1. La mayoría de los alumnos llevan uniforme a la escuela.			
2. Hay escuelas públicas y privadas.			
3. Un gran número de alumnos van a escuelas privadas.			
4. Son los profesores que enseñan.			
5. Un colegio es una escuela secundaria.			

B Aumentando tu vocabulario Complete each statement.

1. Otras palabras que significan «escuela» son ____, ____ y ____.
2. Otra palabra que significa «alumno(a)» es ____.
3. Otra expresión que significa «la mayoría» es ____.
4. Otra palabra que significa «elemental» es ____.

Cultura

En muchas escuelas de Latinoamérica y también en España los alumnos no van de una sala a otra para cada clase. Son los profesores que van de una sala a otra.

C Contrastando ¿Cuáles son unas diferencias entre las escuelas en Perú y en Estados Unidos?

CULTURA

Plaza de Armas en Arequipa, Perú

¿Quiénes trabajan?

Antes de leer

You are going to read about the jobs or work of young people in the Spanish-speaking world. Before reading this selection, consider the answers to the following personal questions: **¿Trabajas después de las clases? ¿Qué tipo de trabajo tienes? ¿Cuántas horas trabajas? Y tus amigos, ¿trabajan muchos de ellos después de las clases o no?**

En Estados Unidos En Estados Unidos muchos alumnos trabajan después de las clases. Trabajan, por ejemplo, en un café, en un restaurante o en una tienda. No trabajan a tiempo completo, solo a tiempo parcial.

En los países hispanos Hay jóvenes que trabajan en los países hispanos también. Son los jóvenes que terminan su educación después de la primaria o escuela elemental. Por lo general, los alumnos que van a la secundaria o prepa no trabajan. En unos colegios las clases no terminan hasta bastante tarde[1]. Y los alumnos de las escuelas secundarias toman muchos cursos en un semestre. Ellos trabajan mucho—pero no en un restaurante o una tienda. Trabajan en la escuela. Y de noche[2] cuando regresan a casa preparan sus tareas.

A veces unos alumnos trabajan durante el *weekend* o el fin de semana o durante sus vacaciones.

[1]bastante tarde *rather late*
[2]de noche *at night*

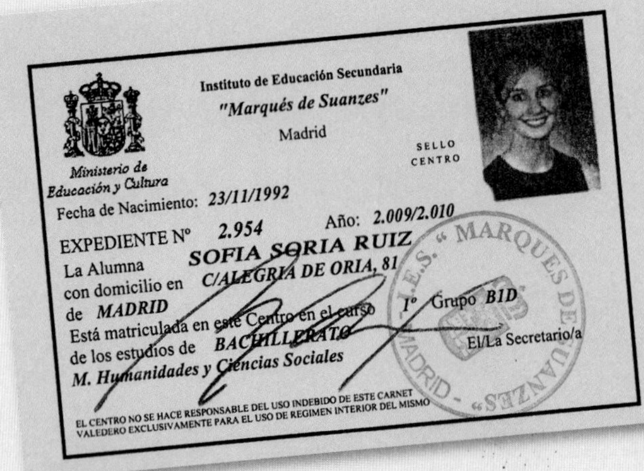

Instituto de Educación Secundaria
"Marqués de Suanzes"
Madrid

Ministerio de Educación y Cultura

SELLO CENTRO

Fecha de Nacimiento: 23/11/1992
EXPEDIENTE Nº 2.954 Año: 2.009/2.010
La Alumna SOFIA SORIA RUIZ
con domicilio en C/ALEGRÍA DE ORIA, 81
de MADRID
Está matriculada en este Centro en el curso 1º Grupo B1D
de los estudios de BACHILLERATO
M. Humanidades y Ciencias Sociales
El/La Secretario/a

EL CENTRO NO SE HACE RESPONSABLE DEL USO INDEBIDO DE ESTE CARNET
VALEDERO EXCLUSIVAMENTE PARA EL USO DE REGIMEN INTERIOR DEL MISMO

La Feria **SOLICITA PERSONAL** La Feria

REQUISITOS:
EDAD: 17 A 24 AÑOS
ESCOLARIDAD: SECUNDARIA TERMINADA
EXCELENTE PRESENTACION
DISPONIBILIDAD DE TIEMPO COMPLETO O ESTUDIANTES PARA FINES DE SEMANA

INTERESADOS PRESENTAR SOLICITUD DE EMPLEO ELABORADA CON FOTOGRAFIA DE LUNES A VIERNES DE 9:00 A 18:00 HRS. EN RECURSOS HUMANOS.

¿Comprendes?

Escoge. Choose the correct answer or completion.

1. ¿Quiénes trabajan en Latinoamérica?
   a. los alumnos secundarios
   b. los alumnos que no van a la secundaria
   c. los jóvenes en la escuela primaria
   d. por lo general, todos los jóvenes latinoamericanos
2. ¿Por qué no trabajan los alumnos que van a la secundaria en Latinoamérica?
   a. No trabajan.
   b. Sus clases terminan bastante tarde.
   c. Terminan con su educación.
   d. Solo trabajan a tiempo parcial.
3. ¿Qué es la prepa?
   a. una escuela elemental o primaria
   b. una escuela privada
   c. una escuela secundaria
   d. un trabajo a tiempo parcial
4. De noche los alumnos hispanos _____.
   a. llevan uniforme
   b. van a clase
   c. trabajan a tiempo completo
   d. estudian y preparan sus tareas

CULTURA

Unos alumnos secundarios en un pasillo *(hallway)* de su escuela en León, en el norte de Nicaragua

Prepárate para el examen
Self-check for achievement

Vocabulario

1 **Identifica.** Identify. Use **el** or **la.**

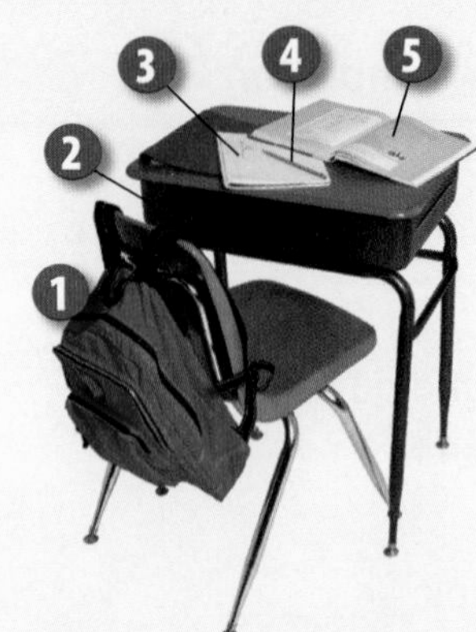

To review **Vocabulario 1,** turn to pages 92–93.

2 **Escoge.** Choose the correct word to complete each sentence.

va	toma	mira	compra
lleva	presta	escucha	da

To review **Vocabulario 1** and **Vocabulario 2,** turn to pages 92–93 and 96–97.

9. José _____ un DVD en la tienda.
10. Él _____ el DVD en la sala.
11. Un alumno bueno _____ atención cuando el profesor habla.
12. Ella _____ uniforme a la escuela.
13. Elena _____ su música favorita.
14. El profesor _____ un examen hoy.
15. ¿Adónde _____ tu amigo?

Gramática

3 **Completa.** Complete with the correct form of the indicated verb.

To review **-ar** verbs, turn to pages 100–101.

16. Yo _____ una nota buena en español. (sacar)
17. Nosotros _____ un examen. (tomar)
18. ¿En qué _____ (tú) tus materiales escolares? (llevar)
19. Todos ustedes _____ muchos materiales escolares en su mochila, ¿no? (llevar)
20. Ella _____ la computadora en clase. (usar)
21. Yo _____ la red. (navegar)
22. Ellos _____ información en el Internet. (buscar)

4 **Contesta.** Answer.

23. ¿Vas a la escuela en el bus escolar?
24. ¿Das tus tareas a la profesora?
25. ¿Estás en casa o en la escuela?
26. ¿Están ustedes en la escuela ahora?
27. ¿Van ustedes a casa a pie o en el bus escolar?

To review **ir, dar,** and **estar,** turn to page 105.

5 **Escribe frases.** Write a sentence using the following words.

28. nosotros / ir / tienda / después de / clases
29. alumnos / peruano / ir / colegio

To review **las contracciones,** turn to page 107.

6 **Completa.** Complete with the correct form of **a** or **de.**

30–31. Es el libro ______ profesor, no ______ profesora.
32. Ellos van ______ tienda, ¿no?
33. ¿Vas ______ colegio Bolívar?
34. Es la casa ______ familia Salas.

To review the **a personal,** turn to page 107.

7 **Completa.** Complete with the **a personal** when necessary.

35. Miro ______ la televisión.
36. Escucho ______ profesor.

To review this cultural information, turn to pages 112–113.

Cultura

8 **¿Sí o no?** Indicate whether the following statements are true or false.

37. En Perú la mayoría de las escuelas privadas son mixtas.
38. Una prepa es una escuela primaria.
39. En Latinoamérica los alumnos de muchas escuelas públicas llevan uniforme.
40. Cuando los alumnos hablan, usan formas cortas de palabras como «la prepa» y «la tele».

CULTURA

Una muchacha peruana

Prepárate para el examen

Practice for oral proficiency

1 **La clase de español**

Talk about your Spanish class

Tell a friend all the things you do in Spanish class. Tell him or her what you think about your Spanish class.

2 **Un alumno bueno o malo**

Describe different types of students

Work with a partner. Give some traits of a good student and a bad student. Think about the traits and tell what type of student you are. Find out if your partner agrees.

CULTURA

Unos alumnos dominicanos en su escuela en Santo Domingo

3 **Después de las clases**

Talk about what you do after school

Work with a partner. Discuss the things you do after school.

4 **En clase**

Talk about what you and your classmates do in school

Look around your classroom and tell all that is going on. Tell some things your classmates are doing. Give your opinions about the class. Use the expression **a mi parecer** to introduce your opinions.

Prepárate para el examen

Practice for written proficiency

Tarea

Interview and write a report about an exchange student in your school.

Writing Strategy

Preparing for an interview An interview is a good way to gather information for a story or a report. Like any good interviewer you have to prepare questions ahead of time. To prepare the questions, think about what you want to learn from the person. Your questions should be open-ended, not just *yes/no* questions.

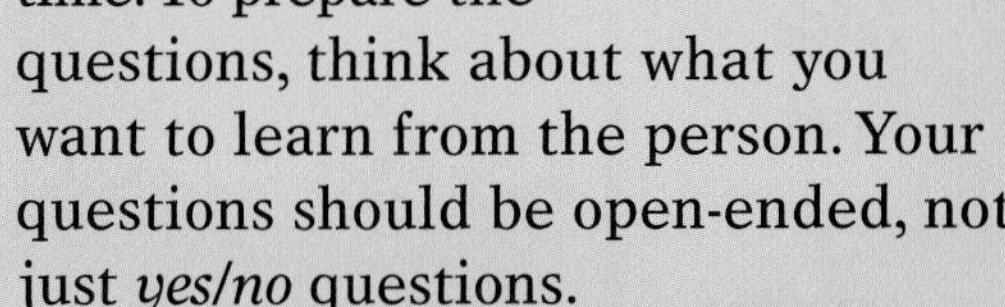

The following diagram gives you question words you can use to prepare your interview.

1 Prewrite

Here are some suggestions to help you prepare for your interview.

- Make a list of the verbs you know that you can use in your questions.
- Write the questions you want to ask him or her using the question words in the diagram.
- Look at the chart below for ideas about the information you want.

personal	actividades escolares
su familia	su escuela
su casa	un día típico en su escuela
su apariencia física	actividades con sus amigos
su personalidad	

2 Write

- After you have prepared your questions, conduct the interview with a classmate.
- Write down his or her answers to your questions.
- Then organize the answers to your questions to write your article based on the interview.

Evaluate

Don't forget that your teacher will evaluate you on your ability to write meaningful, open-ended interview questions and on your ability to write a well-organized, grammatically correct article based on the person's answers to your questions.

Repaso del Capítulo 3

Gramática

- **Presente de los verbos en -ar** *(pages 100–101)*
  Study the following forms of the present tense of a regular **-ar** verb.

hablar			
yo	hablo	nosotros(as)	hablamos
tú	hablas	*vosotros(as)*	*habláis*
Ud., él, ella	habla	Uds., ellos, ellas	hablan

- **Presente de ir, dar, estar** *(page 105)*
  These three irregular verbs have the same endings as a regular **-ar** verb in all forms except **yo.** Study the following.

	ir	dar	estar
yo	voy	doy	estoy
tú	vas	das	estás
Ud., él, ella	va	da	está
nosotros(as)	vamos	damos	estamos
vosotros(as)	*vais*	*dais*	*estáis*
Uds., ellos, ellas	van	dan	están

- **Las contracciones al y del** *(page 107)*
  The prepositions **a** and **de** contract with **el** to form one word—**al, del.**

  Yo voy al colegio.
  Es el libro del profesor.

- **A personal** *(page 107)*
  Whenever the direct object of a verb is a person, you must put **a** before it. This **a** is not translated.

  Miro al amigo de Teresa.

CULTURA

Las muchachas regresan a casa después de las clases en Antigua, Guatemala. Una muchacha lleva flores que va a dar a su mamá. Las flores que tiene son del mismo color que el suéter del uniforme que lleva a la escuela.

There are a number of cognates in this list. See how many you and a partner can find. Who can find the most? Compare your list with those of your classmates.

Vocabulario

Talking about school and school activities

la escuela
la sala de clase
el pupitre
una pregunta
enseñar
hablar
estudiar
escuchar
mirar
prestar atención
levantar la mano
contestar
dar un examen, una prueba
tomar un examen
sacar una nota
buena (alta)
mala (baja)
ir
dar
estar

Identifying some school supplies

una mochila
los materiales escolares
un libro
un bolígrafo
una hoja de papel
un cuaderno
un lápiz, unos lápices
una calculadora
una carpeta

Identifying some clothing

el uniforme
el pantalón
la camisa
la falda
la blusa
llevar

Talking about after-school activities

el móvil
el MP3
la música
un DVD
la computadora, el ordenador
regresar
ir a pie
en el bus escolar
navegar la red, el Internet
enviar un correo electrónico

Talking about shopping

una tienda
un(a) empleado(a)
el dinero
la caja
trabajar
necesitar
buscar
comprar
pagar

Other useful words and expressions

antes de
durante
después de
cerca de
lejos de
¿adónde?
¿cuándo?
¿por qué?
porque
¡Mira!
¿Cuánto cuesta?
¿Qué pasa?
usar

You may wish to read about the epic poem *El Cid,* found on pages 398–401.

Repaso cumulativo

Repasa lo que ya has aprendido

These activities will help you review what you have learned so far in Spanish.

1 Escucha y escoge. Listen to each statement and identify the character it describes.

Felipe

Carlos

Ana

Mari

Diego

Sara

2 Describe a tu profesor(a). Describe your teacher. Answer the following questions.

1. ¿Quién es?
2. ¿De dónde es?
3. ¿Cómo es?
4. ¿Tiene una computadora en clase?

3 Personaliza. Answer about yourself.

1. ¿Quién eres?
2. ¿De qué nacionalidad eres?
3. ¿Cuántos años tienes?
4. ¿Tienes el pelo rubio, castaño o negro o eres pelirrojo(a)?
5. ¿Tienes ojos azules, castaños o verdes?
6. ¿Dónde eres alumno(a)?
7. ¿Cuántos cursos tienes?
8. ¿Eres hijo(a) único(a)?
9. ¿Tienes hermanos? ¿Cuántos?
10. ¿Quiénes son?
11. ¿Cómo son tus hermanos?
12. ¿Hay gemelos en tu familia?

CULTURA

El joven está en la plaza principal en Mérida en la península Yucatán en México. En el centro de la plaza está la bandera mexicana.

Personaliza. Describe your house or apartment.

Da lo contrario. Give the opposite.

1. serio
2. alto
3. bueno
4. rubio
5. ambicioso
6. antes de
7. delante de
8. grande

Completa. Complete with the verb **tener.**

1. Yo ____ mucho trabajo.
2. Mi hermano ____ cinco cursos.
3. Mi hermano y yo ____ una mascota.
4. Nuestra mascota ____ solo dos meses.
5. ¿____ tú hermanos?
6. ¿____ ustedes una mascota también?

Crea preguntas. Make up questions.

1. *Los alumnos* hablan mucho.
2. *La profesora* enseña.
3. Los alumnos van *a la cafetería.*
4. Son *de Nueva York.*
5. Son *inteligentes.*
6. Tienen *cuatro* libros.

CULTURA

Es una casa de estilo colonial en Antigua, Guatemala. Las casas coloniales son muy bonitas. Tienen solamente un piso.

8 **Rompecabezas**

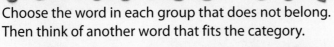

Choose the word in each group that does not belong. Then think of another word that fits the category.

1. ¡Buenos días! ¡Hasta luego! ¡Buenas tardes! ¡Hola!
2. alto bajo ambicioso guapo
3. la historia el francés el inglés el español
4. la profesora el curso la clase el amigo
5. norteamericana chilena Venezuela guatemalteco

CAPÍTULO 4

¿Qué comemos y dónde?

Aquí y Allí

Vamos a comparar ¿Tienes una idea de lo que come la gente en otros países? En este capítulo vas a aprender lo que comen unas familias hispanas y donde. Compara la comida que comen las familias latinas con la comida que tu familia come.

Objetivos

You will:

- identify foods and discuss meals
- talk about places where you eat
- order food or a beverage at a café
- compare eating habits in Spain, Latin America, and the United States

You will use:

- present tense of regular **-er** and **-ir** verbs
- expressions with the infinitive—**ir a, tener que, acabar de**

◀ Una familia mexicana come en el patio de su casa en Tepoztlán en el estado de Morelos.

QuickPass

Go to glencoe.com
For: **Online book**
Web code: **ASD9281c4**

Introducción al tema

¿Qué comemos y dónde?

Los platos de muchos países latinoamericanos llevan pimientos que tienen nombres diferentes como chiles, ajíes, chipotles y morrones. ▶

Look at these photographs to acquaint yourself with the theme of this chapter—what we eat and where. You will notice here and throughout the chapter that in the Spanish-speaking world there is a great variety of interesting and delicious foods. What people eat in one area is different from what people eat in another area, just as in the United States. Do you recognize any of the foods you see here? Of all the foods, which would be your favorite?

▲ **México** En su carrito en el famoso Parque de Chapultepec en la Ciudad de México, la señora prepara y vende bocadillos o sándwiches. En México son tortas.

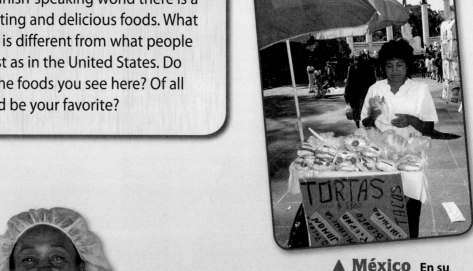

Puerto Rico
La señora prepara unas frituras de Puerto Rico en un puesto de comida en Piñones cerca de San Juan. ▶

▲ **Perú** La muchacha tiene un puesto en Huanchaco, Perú, donde prepara y vende raspadillas—un refresco de hielo granizado y el jugo de una fruta tropical.

El chocolate es un producto de las Américas. La palabra «chocolate» es de la palabra «xocoatl» en náhuatl, una lengua de los indígenas de México. Aquí vemos unos bombones de chocolate y una planta de cacao que produce el chocolate. ▶

◀ **España** Un mesón es un tipo de café adonde va la gente a comer tapas. Aquí vemos un jamón famoso de España—el jamón serrano—y un queso famoso—el queso manchego.

Argentina El delicioso bife argentino es famoso en el mundo entero. El señor prepara bife y pollo a la parrilla en un restaurante de Buenos Aires. ▶

Las comidas

Las bebidas

En otras partes

Las papas is used throughout Latin America and **las patatas** is used in Spain. *Dessert* is usually **el postre,** but **la sobremesa** is used as well. In addition to **los frijoles,** you will also hear **las habichuelas. La torta** usually means *cake,* but you also hear **el pastel, la tarta,** and **el bizcocho**. In Mexico, **una torta** is a sandwich.

Para conversar
Tengo mucha hambre. Voy a comer algo.
Tengo mucha sed. Tengo que beber algo.

¿Dónde comemos?

Lidia toma el desayuno en casa.
¿Qué come para el desayuno?
Come cereal y bebe un vaso de jugo de naranja.

Los alumnos toman el almuerzo en la cafetería.
Comen un bocadillo o una pizza.

La familia Valdés es de Colombia.
Viven en Bogotá.
Esta noche cenan en casa.

Los Valdés reciben una sorpresa.
Abuelita llega con una torta grande.
¡Qué deliciosa!

QuickPass
Go to glencoe.com
For: **Vocabulary practice**
Web code: **ASD9281c4**

FOLDABLES® Study Organizer

TAB BOOK

See page SH25 for help with making this foldable. Use this study organizer to tell what you do or do not eat and drink. Share your results with a partner. Find out if you have similar tastes.

ESCUCHAR

1 **Escucha y escoge.** Match each statement you hear with the photo it describes.

a. 

b. 

c. 

d.

HABLAR

2 **Completa.** Tell at what meal José eats the following.

MODELO **José come un sándwich de queso. →**
José come un sándwich de queso para el almuerzo.

1. José come cereales.
2. José come carne, un biftec.
3. José come un bocadillo de jamón.
4. José come pan tostado.

HABLAR • ESCRIBIR

3 **Contesta.** Look at the picture of Anita. Make up answers about her.

1. Cuando Anita tiene hambre, ¿come algo o bebe algo?
2. Cuando Anita tiene sed, ¿come algo o bebe algo?
3. Anita es vegetariana. ¿Come ella carne? ¿Come arroz y frijoles?
4. ¿Qué come Anita cuando tiene hambre?
5. ¿Qué bebe Anita cuando tiene sed?
6. ¿Qué come Anita ahora?
7. ¿Dónde viven Anita y su amiga?

CULTURA

Anita come un helado con una amiga después de las clases. Anita y su amiga son de México. Viven en Guadalajara.

Más práctica

Workbook, pp. 4.3–4.5
StudentWorks™ Plus

LEER

4 **¿Sí o no?** Carmen doesn't know if she has put the following items in the correct categories. Create a chart similar to the one below on a piece of paper to record your answers. Put a check under **sí** if she is correct and **no** if she is wrong. Then help her out by indicating the correct categories for your **no** responses.

	sí	no	la categoría correcta
1. La naranja es una fruta.	✓		
2. El café es una bebida.			
3. La leche es una comida.			
4. El biftec es una carne.			
5. La lechuga es una fruta.			
6. El tocino es una carne.			
7. El helado es un pescado.			
8. La torta es un postre.			

HABLAR • ESCRIBIR

5 **Personaliza.** Tell what your favorite foods are for the following meals.

1. tu desayuno favorito
2. tu almuerzo favorito
3. tu cena favorita en casa
4. tu cena favorita en un restaurante
5. tu bebida favorita

ESCRIBIR

6 **Rompecabezas**

Join two pieces to form a word. When you have finished, you should have nine words. Do not use any piece more than once.

Conexiones

La salud

Es muy importante comer comidas que contienen vitaminas. Mira la tabla. Luego analiza tu dieta. ¿Contiene tu dieta vitaminas suficientes? ¿Qué comes para tener las vitaminas necesarias?

Vitamina	
A	vegetales, leche, algunas frutas
B	carne, huevos, leche, cereales, vegetales verdes
C	frutas cítricas, tomates, lechuga
D	leche, huevos, pescado
E	vegetales, huevos, cereales

En otras partes

Jugo de naranja means *orange juice* and is universally understood in the Spanish-speaking world. **Zumo de naranja** is used exclusively in Spain. You will hear **jugo de china** in Puerto Rico. Ask Spanish speakers in your class if they use any other words to express *orange juice*.

VIDEO To practice your new words, watch **Vocabulario en vivo.**

En el café

Los refrescos

Las meriendas

Tapas, Antojitos

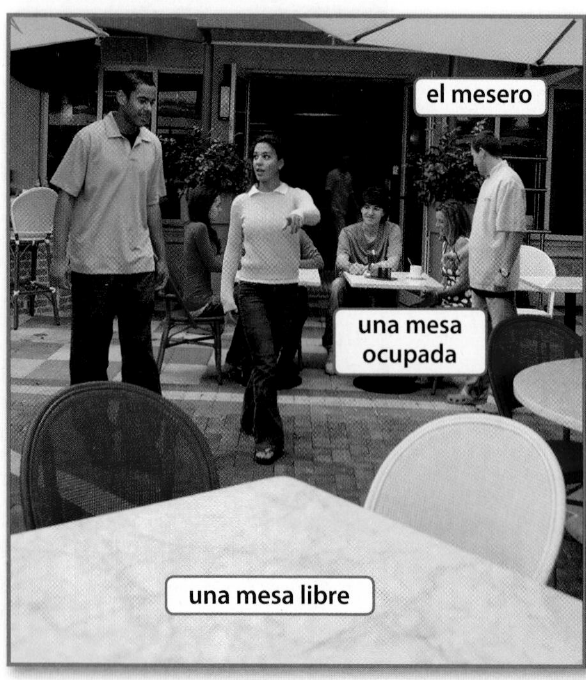

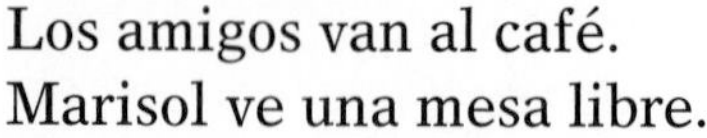

Los amigos van al café.
Marisol ve una mesa libre.

José Luis abre el menú.
Marisol lee el menú.

Antes de comer

Para conversar

Sí, señores. ¿Qué desean tomar?
Para mí, un batido de papaya.
Y para mí, una cola y una empanada de carne. Tengo hambre.

Los amigos hablan con el mesero.
El mesero escribe la orden.

VIDEO To visit a café watch **Diálogo en vivo.**

En otras partes

Small snacks are called **tapas** in Spain and in other countries. They are called **botanas** in Mexico and **antojitos** or **bocaditos** as well in parts of Latin America. **Tostones** in the Caribbean are called **patacones** in many areas of Latin America. **El mesero** is used throughout Latin America and **el camarero** is used in Spain.

Después de comer

Para conversar

La cuenta, por favor.
Sí, señorita. Enseguida.
¿Está incluido el servicio?
Sí, señorita.
Café Estrella
Mesa nº 4
D.
Fecha 3 oct
Cantidad
CONCEPTO
1 batido 12
1 empanadas 24
1 gaseosa 10
SERVICIO INCLUIDO
TOTAL 46

QuickPass
Go to glencoe.com
For: **Vocabulary practice**
Web code: **ASD9281c4**

LEER

1 Escoge. Draw a chart similar to the one below. Indicate whether each item of food is a beverage, snack, or meal.

	refresco	merienda	comida
1. una limonada			
2. antojitos			
3. una empanada			
4. carne y legumbres			
5. un batido			
6. huevos y jamón			

InfoGap For more practice using your new vocabulary, do Activity 4 on page SR6 at the end of this book.

ESCUCHAR • HABLAR • ESCRIBIR

2 Corrige. Work with a partner. Read each sentence aloud and have your partner correct the wrong information. Take turns.

1. Los amigos buscan una mesa ocupada.
2. Anita escribe el menú en el café.
3. Jorge desea unos pinchitos porque tiene sed.
4. Los clientes escriben la orden.
5. Una empanada es una bebida con una fruta tropical.
6. Sarita lee el menú y luego abre el menú.

Un taco es una tortilla frita de carne o pollo con tomate, lechuga y queso.

LEER • HABLAR

3 Rompecabezas

Choose the word in each group that does not belong. Then think of another word that fits the category.

1. 

2. 

3. las aceitunas | el pinchito | el tostón | el pollo

4. el helado | el flan | el refresco | la torta

Una enchilada es una tortilla blanda con carne, pollo o queso. Muchos platos mexicanos van acompañados [illegible] arroz y frijoles.

Más práctica

Workbook, pp. 4.6–4.7
StudentWorks™ Plus

HABLAR • ESCRIBIR

4 Contesta. Answer the questions to tell a story about some friends in a café in Uruguay.

1. ¿Van los amigos al café antes de las clases o después de las clases? ¿Viven ellos en Uruguay?
2. Antes de comer, ¿qué tienen todos en la mano? ¿El menú o la cuenta?
3. ¿Leen el menú?
4. Carlos no tiene hambre. ¿Desea una merienda o solo un refresco?
5. Teresa tiene hambre. ¿Va a comer algo? ¿Qué va a comer?
6. ¿Habla el mesero con los amigos?
7. ¿Escribe él su orden?

EXPANSIÓN

Now, without looking at the questions, tell all you remember about the friends from Uruguay.

CULTURA

Hay muchos cafés en España y Latinoamérica. Aquí vemos un café típico en una calle de Colonia, Uruguay. El café tiene una terraza al aire libre.

HABLAR • ESCRIBIR

5 Pregunta. Make up questions using words from the **banco de palabras.** Be sure to pay attention to the italicized words so you choose the correct question word.

¿Qué?	**¿Quién?**	**¿Quiénes?**	**¿Cómo?**
¿Cuándo?	**¿Dónde?**	**¿Adónde?**	

1. *Los amigos* van al café.
2. Ellos van *al café.*
3. Van al café *después de las clases.*
4. Ven una mesa libre *en el café.*
5. Toman *una merienda.*
6. *Felipe* no come.
7. El mesero es *muy simpático* y *da un servicio bueno.*
8. *El servicio* está incluido en la cuenta.

GeoVistas

To learn more about Uruguay, take a tour on pages SH60–SH61.

Comunicación

6 Get together in small groups as if you were at a café in a Spanish-speaking country. Talk all about your school activities, but don't forget to look at the menu and tell the server what you want.

SE SIRVEN
DESAYUNOS ALMUERZOS
REFACCIONES Y CENAS
CHURRASCO
PESCADO FRITO
POLLO FRITO
CALDO DE RES
BISTEK
TORTILLAS CON CARNE
POLLO, CHORIZO o LONGANIZA
"BEBIDAS"
CAFE, TE, LECHE, CHOCOLATE
AGUAS FRIAS
¡ BIENVENIDOS !

QuickPass
Go to glencoe.com
For: **Grammar practice**
Web code: **ASD9281c4**

¡Así se dice!

When you want to find out a friend's opinion about something, you can ask:
¿Qué crees?
You respond with:
Creo que sí. or
Creo que no.
When you think someone should do something, you can say:
Debes estudiar.
Debes aprender el español.

Presente de los verbos en -er, -ir

1. You have already learned the present tense of regular **-ar** verbs. There are two other families or conjugations of regular verbs. Verbs whose infinitives end in **-er** are second conjugation verbs. Verbs whose infinitives end in **-ir** are third conjugation verbs. Some verbs of the second and third conjugations that you will use frequently are **comer, beber, leer, ver, comprender** *(to understand)*, **aprender** *(to learn)*, **abrir, recibir, escribir**, and **vivir.**

2. Study the following forms of **-er** and **-ir** verbs.

infinitive	comer		
stem	com-		
yo	como	nosotros(as)	comemos
tú	comes	*vosotros(as)*	*coméis*
Ud., él, ella	come	Uds., ellos, ellas	comen

infinitive	vivir		
stem	viv-		
yo	vivo	nosotros(as)	vivimos
tú	vives	*vosotros(as)*	*vivís*
Ud., él, ella	vive	Uds., ellos, ellas	viven

Note that all forms of **-er** and **-ir** verbs are the same except **nosotros(as)** and **vosotros(as).**

3. Note also the forms of the verb **ver.**

ver	
veo	vemos
ves	*veis*
ve	ven

La familia Gómez vive en Texas. La familia come enchiladas. Esta noche papá prepara la comida. ▼

Práctica

ESCUCHAR

1 **Escucha y escoge.** Listen to the sentences. Determine whether each one refers to one person or more than one person. Make a chart like the one below to indicate your answers.

one person	more than one person

ESCUCHAR • HABLAR • ESCRIBIR

2 **Cambia según el modelo.** Redo each sentence using the new subject. Pay particular attention to the verb ending.

MODELO **Juan come en la cafetería. (Juan y Ana) →**
Juan y Ana comen en la cafetería.

1. María vive en California. (ellas)
2. Ella asiste a una escuela pública. (su hermano y ella)
3. Ella aprende español en la escuela. (ellas)
4. Ella lee y escribe mucho. (sus amigas)
5. A veces ella ve la televisión. (ellas)

HABLAR • ESCRIBIR

3 **Personaliza.** Answer about yourself.

1. ¿Qué comes para el desayuno?
2. ¿Qué bebes para el desayúno?
3. Cuando tienes sed, ¿bebes agua caliente o agua fría?
4. ¿Lees mucho?
5. ¿Recibes muchos correos electrónicos?
6. ¿A qué escuela asistes?
7. ¿Qué aprendes en la escuela?

HABLAR • ESCRIBIR

4 **Escribe tu nombre y dirección.** Write the information about yourself on a card like the one below. Trade cards with classmates. Present the information on your card to the class.

Nombre ______

Calle/Avenida ______

Pueblo/Ciudad ______

Estado ______

Zona postal ______

País ______

¡Ojo!

The verb **asistir** is a false cognate. It means *to attend*, not *to assist*.

Cultura

El ceviche

Comen ceviche en muchos países latinoamericanos cerca de la costa. El ceviche es pescado crudo marinado en limón y otras hierbas y especias. ¡Qué rico! Donde tú vives, ¿es popular el ceviche?

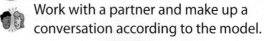

VIDEO Want help with the present tense of regular verbs? Watch **Gramática en vivo.**

HABLAR

5 Conversa según el modelo.

Work with a partner and make up a conversation according to the model.

MODELO

— Oye, ¿qué ves?
— Veo la televisión.

1.

2.

3.

4.

Comunidades

Un restaurante mexicano

Aquí vemos un restaurante mexicano en Miami. Como en Estados Unidos, los restaurantes mexicanos son populares en España y Latinoamérica también. ¿Hay un restaurante mexicano donde vives? ¿Vas al restaurante? ¿Qué comes?

HABLAR

6 Conversa. Work with a group of friends and find out who eats what as in the model.

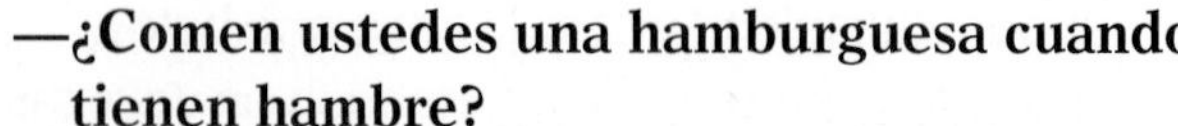

MODELO **—¿Comen ustedes una hamburguesa cuando tienen hambre?**
—Sí, (No, no) comemos una hamburguesa cuando tenemos hambre.

1.

2.

3.

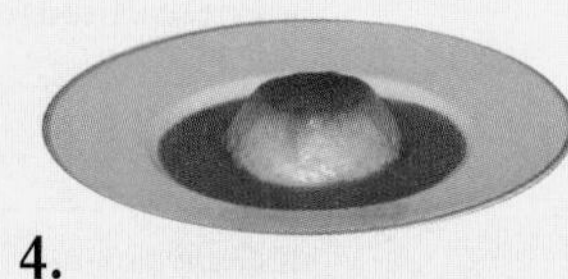

4.

Más práctica

Workbook, pp. 4.8–4.9
StudentWorks™ Plus

Gramática

HABLAR

Personaliza. Work with a partner and talk about yourself and some friends. Remember to use **nosotros.**

1. ¿Dónde viven ustedes?
2. ¿A qué escuela asisten ustedes?
3. ¿Reciben notas buenas o malas?
4. ¿Qué aprenden ustedes en la escuela?
5. ¿Leen ustedes muchos libros?
6. ¿Escriben muchos correos electrónicos?

LEER • ESCRIBIR

Completa. Complete with the correct form of the indicated verb. You will now use all forms of the verb.

Yo __1__ (vivir) en Colorado y mi amigo Alonso __2__ (vivir) en Colorado también. Nosotros __3__ (asistir) a la misma escuela. Nosotros __4__ (aprender) mucho.

Nosotros __5__ (comer) el almuerzo en la cafetería. Alonso __6__ (comer) ensaladas y yo __7__ (comer) bocadillos. Después de las clases vamos a un café. Yo __8__ (ver) al mesero en el café. Yo __9__ (leer) el menú y doy la orden al mesero. El mesero __10__ (escribir) la orden.

Cuando mis amigos regresan a casa ellos __11__ (leer) los correos electrónicos que __12__ (recibir). __13__ (Ver) la televisión también. Y tú, ¿__14__ (recibir) muchos correos electrónicos? Y, ¿__15__ (ver) la televisión?

Comunicación

9 You received an e-mail from a key pal in Spain in which he describes an afternoon with friends. Respond and let him know what you do after school. Do you go to a café or a fast-food restaurant **(restaurante de comida rápida)**? Tell him what you and your friends talk about.

CULTURA

Las hermanas compran un refresco antes de regresar a casa después de las clases en Ecuador.

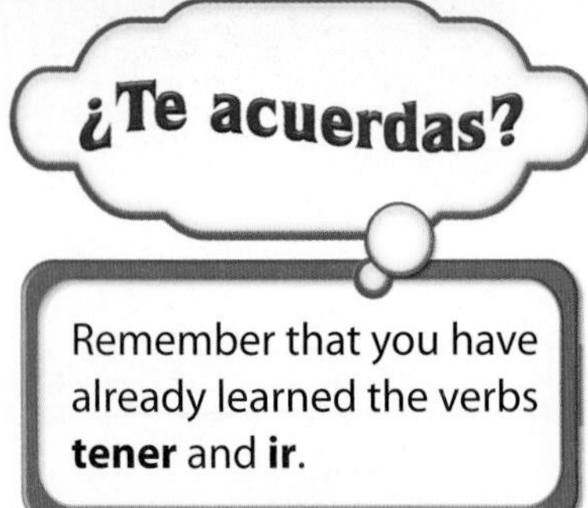

¿Te acuerdas?
Remember that you have already learned the verbs **tener** and **ir**.

Expresiones con el infinitivo

1. You have already learned that the infinitive of a verb in Spanish ends in **-ar, -er,** or **-ir.** The infinitive often follows another verb or expression. You have already seen the infinitive used in the following sentences.

   ¿Qué desean ustedes tomar?
   Debes estudiar y aprender más.

2. Here are some other useful expressions that are followed by the infinitive.

   tener que *to have to*
   ir a *to be going to*
   acabar de *to have just (done something)*

   —Tengo que comer algo. Voy a ir a la cafetería.
   —Yo no. Acabo de comer y no tengo hambre.

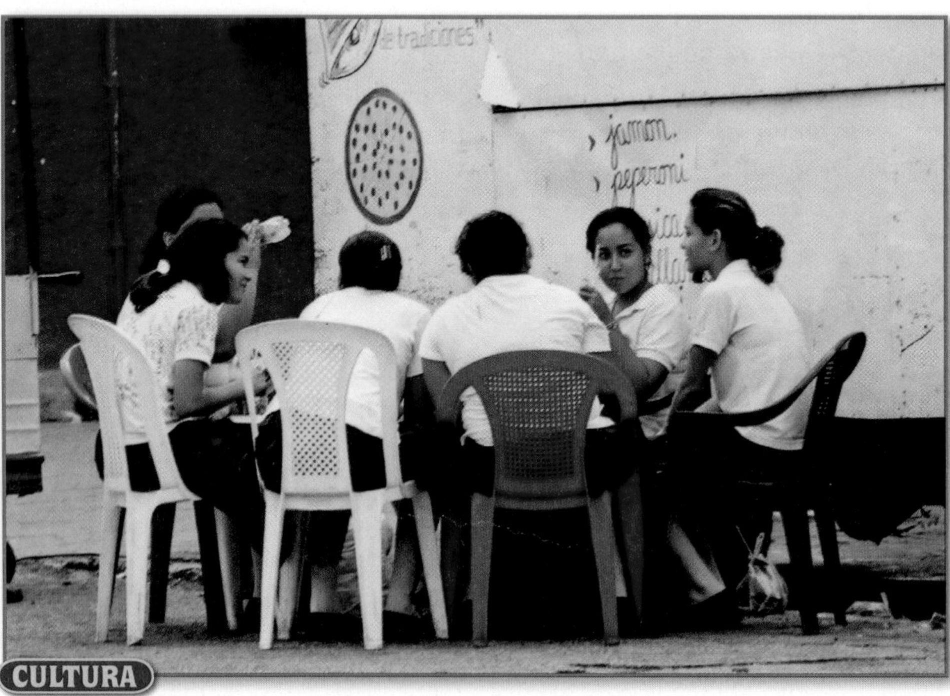

CULTURA

Las alumnas de un colegio de León en Nicaragua toman una merienda en un puesto de comida cerca de su escuela.

Más práctica

Workbook, p. 4.10
StudentWorks™ Plus

Práctica

HABLAR • ESCRIBIR

10 **Personaliza.** Answer the questions to tell what you are going or not going to do after school.

1. Después de las clases, ¿vas a ir a un café con tus amigos?
2. ¿Vas a regresar a casa?
3. ¿Vas a comer un bocadillo?
4. ¿Vas a tomar un refresco?
5. ¿Vas a enviar o recibir correos electrónicos?
6. ¿Vas a hablar en tu móvil?

ESCUCHAR • HABLAR

11 **Entrevista a un(a) amigo(a).** Work with a classmate. Interview each other. Ask the following questions.

1. ¿Tienes que estudiar?
2. ¿Tienes que prestar atención cuando la profesora habla?
3. ¿Tienes que leer y escribir mucho en clase?
4. ¿Tienes que llevar uniforme a la escuela?
5. ¿Tienes que recibir notas buenas?

HABLAR • ESCRIBIR

12 **Sigue el modelo.** Make up a sentence as in the model.

MODELO **ver la televisión / trabajar →**
No vamos a ver la televisión porque tenemos que trabajar.

1. escuchar un CD / estudiar
2. hablar por teléfono / ver un programa importante
3. tomar seis cursos / sacar notas buenas
4. hablar / escuchar
5. ir a la fiesta / estudiar para un examen

Comparaciones

Inca Kola

Inca Kola es la bebida nacional de Perú. ¿Qué crees? ¿Cuál es la bebida nacional de Estados Unidos?

Comunicación

13 Tell a partner some things you're not going to do tomorrow because you have to do something else. Tell what you have to do. Your classmate will let you know if he or she is in the same situation.

CULTURA

Los alumnos no estudian más hoy porque acaban de tomar un examen y ahora conversan en una calle de Quito, Ecuador.

HABLAR • ESCRIBIR

14 Contesta. Answer telling what you or your friends have or have not just done.

1. ¿Acaban de comer ustedes?
2. ¿Acabas de hablar con tus abuelos?
3. ¿Acaban ustedes de tomar un examen?
4. ¿Acabas de ver un programa de televisión?
5. ¿Acaban tus amigos de navegar el Internet?

Comunicación

15 Tell your friends some things you're not going to do because you just did them. Take turns.

16 You and a friend decide to go to your favorite cafeteria. Look at the menu and tell each other what you are going to eat.

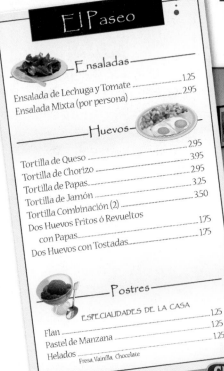

El Paseo

Ensaladas

Ensalada de Lechuga y Tomate	1.25
Ensalada Mixta (por persona)	2.95

Huevos

Tortilla de Queso	2.95
Tortilla de Chorizo	3.95
Tortilla de Papas	2.95
Tortilla de Jamón	3.25
Tortilla Combinación (2)	3.50
Dos Huevos Fritos ó Revueltos con Papas	1.75
Dos Huevos con Tostadas	1.75

Postres

ESPECIALIDADES DE LA CASA

Flan	1.25
Pastel de Manzana	1.25
Helados (Fresa, Vainilla, Chocolate)	1.25

CULTURA

En muchos países hispanos hay cafeterías como la cafetería que vemos aquí en San Juan, Puerto Rico. La gente va a la cafetería a tomar una merienda, un refresco o una comida completa.

PRONUNCIACIÓN 

La consonante d

The pronunciation of **d** in Spanish varies according to its position in the word. When a word begins with **d** (initial position) or follows the consonants **l, n,** or **r,** the tongue gently strikes the back of the upper front teeth. Repeat the following.

da	de	di	do	du
da	**debo**	**día**	**domingo**	**duda**
falda	**desayuno**	**diciembre**	**cuando**	**durante**
merienda	**depende**	**difícil**	**comprendo**	**verduras**

When **d** appears within the word between two vowels (medial position), **d** is extremely soft. Your tongue should strike the lower part of your upper teeth, almost between the upper and lower teeth. Repeat the following.

da	de	di	do	du
tostada	**modelo**	**estudio**	**helado**	**educado**
ensalada	**idea**	**adiós**	**sábado**	**educación**
enchilada	**decide**	**bocadillo**	**pescado**	

 Dictado

Pronounce the following sentences carefully. Then write them to prepare for a dictation.

Diego da el helado a Donato.
David Dávila debe dar el dinero a Diana.
Debes comer una ensalada de verduras.
Es un domingo de diciembre.

Refrán

Can you guess what the following proverb means?

Cuatro ojos ven más que dos.

¡Bravo!

You have now learned all the new vocabulary and grammar in this chapter. Continue to use and practice all that you know while learning more cultural information. ¡Vamos!

 Cultura

El mate

El mate es una bebida muy popular en Argentina, Uruguay y Paraguay. Es un té herbal. La gente bebe o toma el mate de una bombilla. ¿Beben tus padres de una bombilla?

Conversación

QuickPass
Go to glencoe.com
For: **Conversation practice**
Web code: **ASD9281c4**

Al teléfono

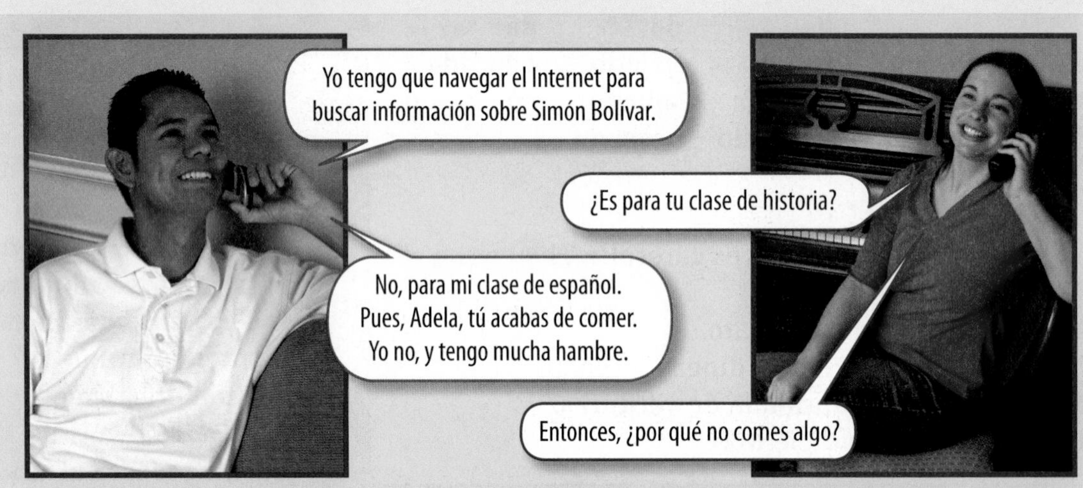

¿Comprendes?

A **Contesta.** Answer based on the information in the conversation between Diego and Adela.

1. ¿Hablan por teléfono Diego y Adela?
2. ¿Quién acaba de comer?
3. ¿Qué va a ver?
4. ¿Tiene ella tareas?
5. ¿Por qué tiene que navegar el Internet Diego?
6. ¿Para qué clase es?
7. ¿Quién tiene hambre?
8. ¿Por qué no tiene hambre Adela?

B **Escoge.** Choose the correct answer.

1. ¿Dónde está Adela?
   - **a.** en la escuela
   - **b.** en casa
2. ¿Quién es Diego?
   - **a.** el amigo de Adela
   - **b.** el hermano de Adela
3. ¿Por qué usa la computadora Diego?
   - **a.** porque tiene que buscar información sobre un héroe latinoamericano
   - **b.** porque tiene que escribir una composición para su clase de historia
4. ¿Qué va a comer Diego?
   - **a.** una comida completa
   - **b.** una merienda

C **Comparando** Make a diagram similar to the one below. Fill in the diagram with statements that apply to Diego, Adela, and both.

Diego	Both	Adela
1.	1.	1.
2.	2.	2.
3.		3.

D **Resumiendo** Work with a partner. Summarize what you learned about Adela and Diego.

Conexiones

La historia

Diego indica en la conversación que tiene que escribir una composición sobre Simón Bolívar—el héroe latinoamericano que lucha contra España por la independencia de los países de la América del Sur. Simón Bolívar es el gran libertador de los países del norte del continente. ¿Quién es un héroe en la historia de Estados Unidos?

SIMON BOLIVAR
LIBERTADOR
DE SEIS NACIONES
PANAMÁ BOLIVIA
COLOMBIA ECUADOR
PERU Y VENEZUELA

READING STRATEGY

Using visuals Before you start to read, be sure to look at any illustrations, photographs, or graphic images that accompany the selection. Visuals provide clues to help you understand content. So remember, make it easy on yourself: look before you read.

Antes de leer

Look at the photographs that go with this story. What do you think the story might be about?

¿Dónde viven las dos familias?

La comida en otras partes

La familia de José Luis Aparicio vive en Madrid, la capital de España. La familia de Catalina Ayerbe vive en Granada, Nicaragua.

El desayuno Por la mañana, cada familia toma el desayuno. Los Aparicio en España comen pan con mantequilla o mermelada. A veces comen churros. Los padres toman café con leche y José Luis y sus hermanos toman chocolate caliente.

Los Ayerbe en Nicaragua también comen pan con mantequilla o mermelada. Y un plato muy popular es el gallopinto—una combinación de arroz con frijoles. Mucha gente come gallopinto con huevos para el desayuno. Y beben un jugo de una deliciosa fruta tropical.

Durante la lectura

Look at the photograph that goes with the section you are reading. How does it help you understand what you are reading?

El almuerzo Los Aparicio y los Ayerbe no regresan a casa a tomar el almuerzo. Los jóvenes comen en la cafetería de la escuela o en un café o cafetería cerca de la escuela o en un puesto o tenderete[1] de comida. Para el almuerzo comen simplemente una pizza o un bocadillo. En España comen a veces una tortilla a la española. No es como una tortilla mexicana. Es un tipo de *omelet* de patatas, cebolla[2] y huevos. A veces Catalina y sus amigos comen carne asada[3] con arroz y frijoles o unas bocas (tapas) como tostones con queso.

Después de leer

Were you correct in your predictions about the story based on what you saw in the photos?

¿Cenan todos a la misma hora en las diferentes partes del mundo hispano?

La cena Por lo general los Aparicio y los Ayerbe cenan en casa. Pero, ¿a qué hora? Pues, en España no cenan hasta las diez o diez y media. En Nicaragua como en otros países latinoamericanos cenan a eso de[4] las ocho.

[1]puesto, tenderete *stand*
[2]cebolla *onion*
[3]asada *roasted*
[4]a eso de *at about*

¿Comprendes?

A Recordando hechos Answer based on the information in the reading.

1. ¿Dónde vive la familia de José Luis Aparicio?
2. ¿Dónde viven los Ayerbe?
3. ¿Dónde toman los jóvenes el desayuno?
4. ¿Dónde toman el almuerzo?

CULTURA

Aquí vemos unos edificios bonitos en Granada, Nicaragua. La familia de Catalina vive en Granada, una ciudad colonial.

B Describiendo Tell what you learned about the following.

1. el desayuno típico de una familia en España
2. el desayuno típico de una familia en Nicaragua
3. una tortilla a la española
4. un almuerzo típico de Catalina en Nicaragua

C Comparando Create a chart like the one below and then discuss your answers with your classmates. You may check more than one column for each sentence.

	en España	en Nicaragua	donde vivo yo
1. Tomamos el desayuno por la mañana.			
2. Comemos churros.			
3. El gallopinto es un plato típico.			
4. Comemos tortillas de huevos, patatas y cebolla.			
5. Cenamos a las diez de la noche.			
6. Cenamos a eso de las ocho.			
7. A veces tomamos el almuerzo en un puesto de comida.			

D Comparando y contrastando Cuando comparas algo, citas cosas que son similares. Cuando contrastas algo, das diferencias. En la lectura, ¿cuáles son unas actividades de las familias de José Luis y de Catalina que son similares? Y, ¿cuáles son diferentes? ¿Cuáles de las actividades de las dos familias son similares o diferentes de las actividades de tu familia?

To learn more about Nicaragua, turn to pages SH50–SH51.

Una merienda ¿Dónde?

Antes de leer

Vas a aprender adonde van los jóvenes en España y Latinoamérica a tomar algo. Cuando tienes sed o hambre y deseas tomar algo, ¿adónde vas?

En un café Después de las clases en España y Latinoamérica muchos alumnos van a un café o una cafetería. Muchos cafés tienen una terraza al aire libre[1]. Cuando hace buen tiempo buscan una mesa libre en la terraza.

En el café toman un refresco si solo tienen sed o toman una merienda si tienen hambre. En el café ven a sus amigos y conversan con ellos. Hablan de muchas cosas.

En un mesón Los universitarios van a un mesón. Los mesones son muy populares en España pero hay mesones en Latinoamérica también. En el mesón los estudiantes hablan con sus amigos y comen tapas en España o antojitos en Latinoamérica. No tienen que leer un menú porque ven los antojitos o tapas en platos en una barra[2] y seleccionan los antojitos que desean comer.

Los tunos A veces entra en el mesón un grupo de tunos. Los tunos son músicos que tocan[3] la guitarra y cantan[4]. Los estudiantes cantan con ellos. Los tunos son populares sobre todo en España y en Guanajuato, México.

[1]al aire libre *outdoors*
[2]barra *counter*
[3]tocan *play*
[4]cantan *sing*

CULTURA

Los tunos tocan la guitarra y cantan. Son populares en España y Guanajuato, México.

¿Comprendes?

Escoge. Select the correct answer or completion based on the information in the reading.

1. ¿Adónde van muchos alumnos después de las clases?
   a. al café
   b. a casa
   c. a la escuela
2. La terraza del café está _____.
   a. en el interior del café
   b. delante del café
   c. en la cocina del café
3. ¿Quiénes toman una merienda?
   a. los alumnos que tienen un menú
   b. los alumnos que tienen hambre
   c. los universitarios
4. «Conversar» significa _____.
   a. leer
   b. tomar
   c. hablar
5. ¿Dónde comen tapas los universitarios?
   a. en el café
   b. en un mesón
   c. con los tunos
6. ¿Por qué no tienen que leer los universitarios un menú en el mesón?
   a. No comprenden el menú.
   b. No necesitan comida en el mesón.
   c. Ven los platos de tapas en la barra.
7. ¿Qué son los tunos?
   a. meseros
   b. mesones
   c. músicos

CULTURA

Las jóvenes toman una merienda y un refresco en un café en la Plaza Mayor en Madrid.

Prepárate para el examen
Self-check for achievement

To review **Vocabulario 1,** turn to pages 128–129.

To review **Vocabulario 2,** turn to pages 132–133.

Vocabulario

1 **Completa.** Complete.

1. Yo tengo _____. Voy a tomar una gaseosa.
2. Elena tiene _____. Va a comer algo.
3. Paco es vegetariano. No come _____.
4. Normalmente los alumnos toman el desayuno en casa, pero toman _____ en la escuela.
5. Viven cerca de la costa. Así comen mucho _____.

2 **Contesta.** Answer.

6. ¿Cuáles son tres cosas que comemos para el desayuno?
7. ¿Cuáles son tres cosas que comemos para el almuerzo?
8. ¿Cuáles son tres cosas que comemos para la cena?

3 **Parea.** Match each statement with the illustration it describes. Then fill in the missing words.

a. 
b. 
c. 
d. 
e. 

9. Los amigos van _____.
10. Teresa ve _____ libre.
11. Tomás lee _____.
12. Tomás tiene sed. Toma _____.
13. El mesero escribe _____.

Gramática

4 **Completa.** Complete with the correct form of the verb.

14. Ellos ____ muchas legumbres. (comer)
15. Nosotros ____ en Estados Unidos. (vivir)
16. Nosotros ____ el español en la escuela. (aprender)
17–18. Yo ____ y ____ mucho. (leer, escribir)
19. ¿Qué ____ tú en la televisión? (ver)
20. ¿Qué ____ ustedes? (beber)
21. ¿____ (tú) una sorpresa a veces? (recibir)
22. Los amigos ____ el menú. (leer)
23. José tiene que estudiar. Él ____ su libro. (abrir)
24. Todos los parientes ____ a la fiesta. (asistir)
25. El mesero ____ la orden. (escribir)

To review the present tense of **-er** and **-ir** verbs, turn to page 136.

5 **Completa.** Complete with the correct form of **ir a, tener que,** or **acabar de.**

26. Yo no tengo hambre porque ____ comer.
27. Es necesario. Yo ____ estudiar porque mañana tengo un examen importante.
28. Voy al café donde ____ tomar un refresco.

To review the expressions **ir a, tener que,** and **acabar de,** turn to page 140.

6 **Escribe con nosotros.** Write with **nosotros.**

29–33. Después de las clases tengo que ir a casa. Voy a usar la computadora porque recibo muchos correos electrónicos. Leo los correos. Luego escribo muchos correos electrónicos.

To review the present tense of **-er** and **-ir** verbs and **ir a** and **tener que,** turn to pages 136, 140.

Cultura

7 **Contesta.** Answer.

34. ¿Cuál es un desayuno típico en España?
35. ¿Cuál es un desayuno típico en Nicaragua?
36. ¿Dónde toman los alumnos el almuerzo en España y Nicaragua?
37. ¿En qué país cenan muy tarde?

To review this cultural information, turn to pages 146–147.

8 **Corrige.** Correct the following false statements.

38. La tortilla mexicana lleva huevos, patatas y cebolla.
39. El gallopinto es una mezcla de papas y frijoles.
40. Los jóvenes toman el desayuno en la cafetería o en un café.

Un desayuno típico en España y muchas partes de Latinoamérica

Prepárate para el examen
Practice for oral proficiency

1 ¿Qué comes?

Talk about eating habits

Work in groups of three or four. Find out what each of you eats for different meals.

2 En un café

Tell about your friends and school

Get together with several friends and pretend you are chatting in a café. Have a lively conversation talking about typical topics such as your friends, your teachers, your school activities, your after-school activities, etc. There's quite a bit you can say.

CULTURA

Los alumnos y los profesores toman el almuerzo en la cafetería de una escuela en Barranquilla, Colombia.

3 En otras partes

Compare eating habits in Spanish-speaking countries with your own

Get together with several friends. Discuss what you learned about some of the eating habits in Spain and Nicaragua. Are they similar to yours or different?

4 Debo, pero no voy a...

Tell what you should do and what you have to do

Tell some things you should do but aren't going to do because you have to do something else.

5 Ahora no, porque...

Tell what you have just done and what you are going to do

Tell some things you don't have to do now because you just did them. Continue by telling some things you are going to do.

Prepárate para el examen

Practice for written proficiency

Tarea

Write an essay in Spanish comparing and contrasting some foods and eating habits of Hispanic families you have learned about. Then think about your family's eating customs and discuss ways your family's habits are similar to or different from those of the families in Spain and Nicaragua.

Writing Strategy

Organizing To present ideas you must give some organization to what you write. Here are two possible choices as to how to organize your writing.

- Write all the information you know about a particular person or group before moving on to the next one.
- Write about one topic and compare the people or groups before going on to the next topic.

CULTURA

Tapas en una barra de una cafetería en España

1 Prewrite

Remember to write using only Spanish you have learned. Stick to what you know. Here are some ideas to help you.
You may wish to use charts similar to the ones below to help you organize.

- List the Spanish verbs that you will want to use.
- List the meals and foods you plan to discuss.
- List the habits or customs you plan to discuss.

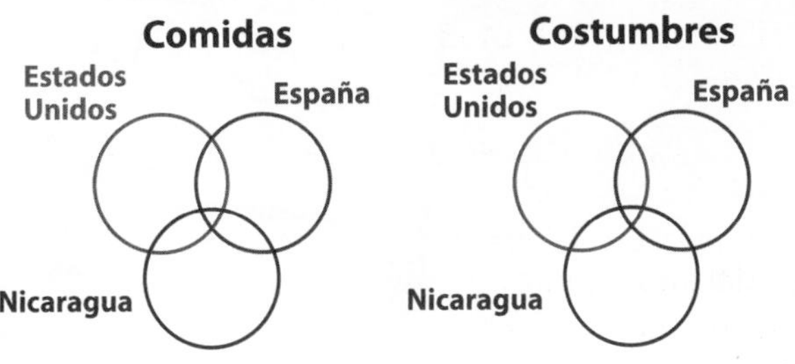

2 Write

- Create sentences using words in your lists.
- Organize your sentences following one of the suggestions given in the Writing Strategy.
- Prepare a draft. Read it and correct any errors.
- Give your composition an attention-grabbing title.

Evaluate

Don't forget that your teacher will evaluate you on organization, use of vocabulary, correctness of grammar, and completeness of information.

Repaso del Capítulo 4

Gramática

- **Presente de los verbos en -er, -ir** *(page 136)*
  Verbs of the second and third conjugations have the same endings in all forms except **nosotros(as)** and **vosotros(as).**

comer			
yo	como	nosotros(as)	comemos
tú	comes	*vosotros(as)*	*coméis*
Ud., él, ella	come	Uds., ellos, ellas	comen

escribir			
yo	escribo	nosotros(as)	escribimos
tú	escribes	*vosotros(as)*	*escribís*
Ud., él, ella	escribe	Uds., ellos, ellas	escriben

Note the forms of the verb **ver.**

ver			
yo	veo	nosotros(as)	vemos
tú	ves	*vosotros(as)*	*veis*
Ud., él, ella	ve	Uds., ellos, ellas	ven

- **Expresiones con el infinitivo** *(page 140)*
  Ir a *(to be going to)*, **tener que** *(to have to)*, and **acabar de** *(to have just)* are frequently used expressions in Spanish that are followed by the infinitive—the form of the verb that ends in **-ar, -er,** or **-ir.**

Acabo de llegar a Masaya. Yo voy a ir al café.
Tengo que comer algo.

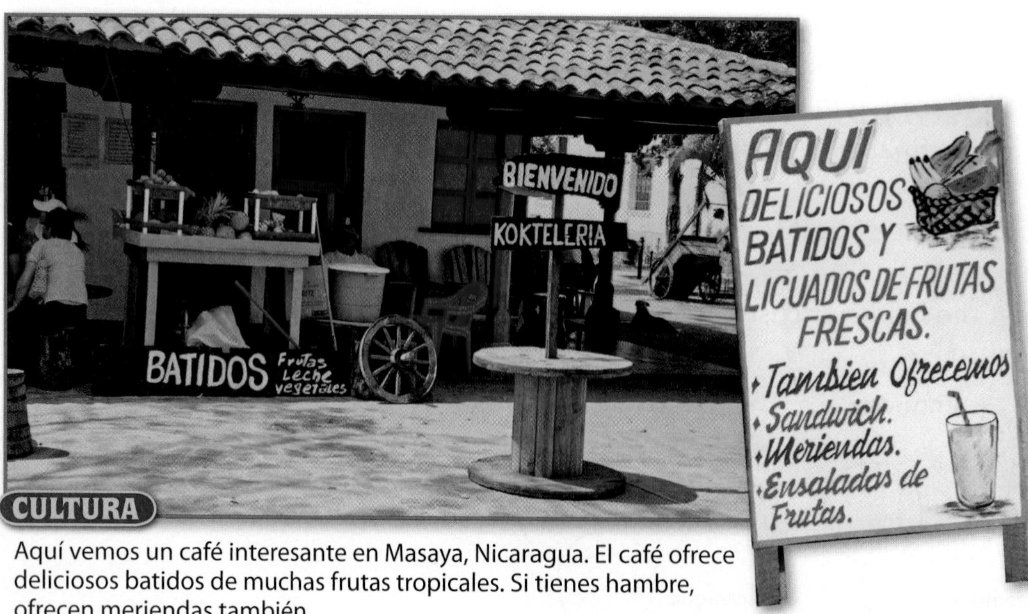

CULTURA

Aquí vemos un café interesante en Masaya, Nicaragua. El café ofrece deliciosos batidos de muchas frutas tropicales. Si tienes hambre, ofrecen meriendas también.

There are a number of cognates in this list. See how many you and a partner can find. Who can find the most? Compare your list with those of your classmates.

Vocabulario

Talking about meals

la comida
el desayuno
el almuerzo
la cena
vegetariano(a)
tener hambre
tener sed
tomar
comer
beber
cenar

Identifying some foods

las tostadas, el pan tostado
el panecillo
la mantequilla
el cereal
el huevo
el tocino, el bacón
un sándwich, un bocadillo
el jamón
el queso
una ensalada
una pizza
una hamburguesa
la carne
el pollo
el pescado
el arroz
los frijoles
las legumbres, los vegetales, las verduras
la lechuga
el tomate
las papas, las patatas fritas
el postre
el helado
el flan
la torta

Identifying some drinks

el refresco
la bebida
un jugo de naranja
la leche
la gaseosa
el agua (mineral) (con gas)
el chocolate
el café
el batido
la cola
el vaso
la taza
caliente
frío(a)

Talking about a café

la merienda
las tapas, los antojitos
la empanada
los tostones
los pinchitos
los camarones
las aceitunas
las albóndigas
una mesa ocupada
una mesa libre
el/la mesero(a)
el/la cliente(a)
el menú
la orden
la cuenta
ver
leer
abrir
recibir
escribir
¿Qué desean tomar?
¿Está incluido el servicio?

Other useful words and expressions

una sorpresa
enseguida
llegar
tener que
ir a
acabar de
aprender
comprender
creer que sí (que no)
deber
vivir

Repaso cumulativo

Repasa lo que ya has aprendido

These activities will help you review what you have learned so far in Spanish.

¿Sí o no? Look at the family tree below of **la familia Hernández.** Listen to each statement and indicate on a separate sheet of paper whether each statement is true or false.

Personaliza. Answer the questions giving information about yourself.

1. ¿Cuántos años tienes?
2. ¿Cuántos hermanos tienes?
3. ¿Cuántos años tienen ellos?
4. ¿Tiene tu familia una casa privada o un apartamento?
5. ¿Cuántos cuartos tiene tu casa o apartamento?
6. ¿Tienen ustedes una mascota?
7. ¿Qué tienen? ¿Un perro o un gato?

Escribe cada frase de nuevo. Rewrite each sentence with the new subject. Pay particular attention to the verb ending.

1. Yo estudio español. (nosotros)
2. Ellos sacan notas buenas. (tú)
3. Los alumnos prestan atención. (el alumno)
4. Tú hablas mucho. (ustedes)
5. Nosotros miramos un DVD. (yo)
6. Carlos escucha un CD. (ellos)

CULTURA

Aquí vemos a una madre con su bebé durante una fiesta en Cotacachi, Ecuador.

CULTURA

Unas alumnas colombianas regresan a casa después de las clases.

Lee y escribe. Read the story and then redo it changing Carlos to your own name. Tell all about yourself.

Yo soy Carlos. Soy de Caracas, Venezuela. Tengo diecisiete años. Ahora estoy en clase. Después de las clases voy a un café con mis amigos.

Escribe. Rewrite Activity 4 changing **yo** to **él**.

Personaliza. Answer about yourself.

1. ¿Quién eres?
2. ¿De dónde eres?
3. ¿Cómo eres?
4. ¿Quién es tu amigo(a)?
5. ¿Cómo es él o ella?

Inventa. Look at the illustrations of a typical day in the life of Rafael and his younger brother, Jaime. Describe their day. Include as many details as possible.

CAPÍTULO 5

Deportes

Aquí y Allí

Vamos a comparar Los deportes son populares en casi todas partes del mundo. Pero la popularidad o importancia de cierto deporte puede variar de un país a otro. En unas culturas son muy apreciados los deportes de equipo y en otras los deportes individuales. ¿Juegan un papel o rol importante los equipos deportivos en tu escuela? ¿Qué deporte es muy popular? Vas a aprender si los mismos deportes que nos interesan mucho a nosotros son populares también en España y Latinoamérica.

Un grupo de amigos juegan fútbol en la isla de Ometepe en el lago de Nicaragua. Al fondo podemos ver los volcanes Concepción y Maderas.

Objetivos

You will:

- talk about sports
- describe a soccer uniform
- identify colors
- compare team sports in the U.S. and Spanish-speaking countries

You will use:

- present tense of stem-changing verbs
- verbs such as **interesar, aburrir,** and **gustar**

Go to glencoe.com
For: **Online book**
Web code: **ASD9281c5**

Introducción al tema

Deportes

▲ **República Dominicana** Es una carrera de ciclistas durante los Juegos Panamericanos en Santo Domingo, en la República Dominicana.

Honduras Aquí vemos a un pelotero—un joven que juega pelota—durante la época de los mayas. La estatua del pelotero está en Copán, Honduras. Los deportes son populares aun en la época de los mayas. ▼

Look at these photographs to acquaint yourself with the theme of this chapter—sports. In this chapter you will learn to discuss sports that are played throughout Spain and Latin America. What do these photos tell you about sports in Spanish-speaking countries? Are the same sports popular in the United States? Can you think of a major sport in the United States that is not shown here?

Argentina Un tenista argentino juega contra un tenista español en una competición en la Avenida Nueve de Julio en Buenos Aires, Argentina. ▼

▲ **Cuba** En unos países hispanos, pero no en todos, el béisbol es muy popular. Aquí vemos a un joven beisbolista cubano.

Guatemala Las dos muchachas juegan básquetbol en una cancha delante de unas ruinas de una iglesia en Antigua, Guatemala. ▼

México El fútbol es el deporte número uno. Aquí el equipo brasileño juega contra el equipo mexicano. ▼

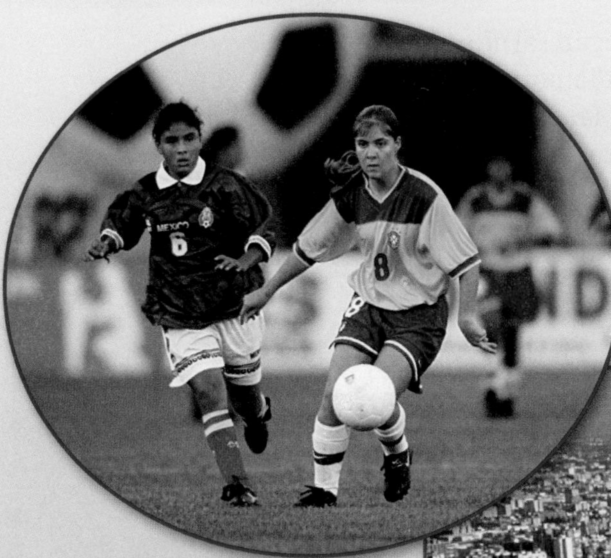

Chile Es una entrada a un juego de fútbol en que juega la Universidad de Chile. ▼

México Aquí vemos el Estadio Azul en la Ciudad de México. Muchas ciudades españolas y latinoamericanas tienen grandes estadios deportivos. ▶

Vocabulario 1 presentación

El fútbol

In Chapter 3 you learned the expressions **ir a pie** and **levantar la mano.** Do you remember the meanings of **el pie** and **la mano?**

Los jugadores juegan (al) fútbol.
El portero guarda la portería.
El jugador puede lanzar (tirar) el balón con el pie.
Pero no puede tocar el balón con la mano.

Hay dos tiempos en el partido de fútbol.
Cuando empieza el segundo tiempo, los jugadores vuelven al campo.

El portero no puede bloquear el balón.
El balón entra en la portería.
El jugador marca un tanto.
Los aficionados aplauden.

Cada equipo quiere ganar el partido.
Pero no puede ser.
Un equipo pierde.

¡Así se dice!

- When you want to express disappointment over an event or situation, you can say: **¡Qué pena! Lo siento mucho.**
- When you want to find out what a friend thinks about something, you can ask: **¿Qué piensas?**
  —¿Qué piensas del equipo?
  —Pienso que es fantástico. Siempre gana.

¿De qué color es?

El uniforme de cada equipo tiene su propio color o colores.

Para conversar

A mí me gusta el fútbol. Y a ti, ¿te gusta también? ¿Te interesa o no?
No, no me interesa el fútbol, pero me gusta el tenis.

QuickPass
Go to glencoe.com
For: **Vocabulary practice**
Web code: **ASD9281c5**

Comunidades

¿Viven muchos hispanos o latinos en tu comunidad o cerca de tu comunidad? ¿Son ellos muy aficionados al fútbol? ¿Que tipo de fútbol juegan más—el fútbol americano o el soccer? ¿Hay brasileños donde vives? ¡Los brasileños son fanáticos del fútbol!

ESCUCHAR

1 Escucha y decide. Listen to each statement. Indicate whether each one is correct or not. Make a chart similar to the one below to indicate your answers.

correcto	incorrecto

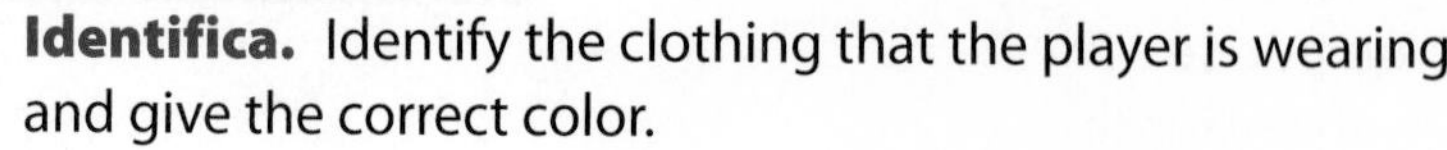

HABLAR • ESCRIBIR

2 Identifica. Identify the clothing that the player is wearing and give the correct color.

ESCUCHAR • HABLAR • ESCRIBIR

3 Contesta. Answer the questions about a sporting event.

1. ¿Qué llevan los jugadores de fútbol?
2. En un partido de fútbol, ¿quiénes vuelven al campo cuando empieza el segundo tiempo?
3. ¿Cuándo mete un gol o marca un tanto un jugador?
4. En un juego de fútbol, ¿con qué pueden lanzar el balón los jugadores?
5. ¿Son futbolistas los jugadores?
6. ¿Quieren ganar los dos equipos?
7. ¿Pueden ganar los dos equipos?

EXPANSIÓN

Now, without looking at the questions, tell all you remember about the game. Your partner will add any information you forgot.

Más práctica

Workbook, pp. 5.3–5.5
StudentWorks™ Plus

HABLAR

4 Ask your partner these questions. Develop brief conversations by giving your own opinions as well. When you agree with your partner's opinion, you can add **Estoy de acuerdo.**

1. ¿Qué piensas del fútbol?
2. ¿Qué piensas del equipo de fútbol de tu escuela?
3. ¿Qué piensas de tu clase de español?
4. ¿Qué piensas de tus amigos?
5. ¿Qué piensas de tus profesores?

LEER • HABLAR

5 **Lee y completa.** Cuando los equipos juegan en la Copa Mundial, todos los jugadores del equipo son de la misma nacionalidad. Cada equipo tiene la bandera de su país. Da los colores de las banderas de los siguientes países.

México

Argentina

Chile

Perú

Comparaciones
6
Con un(a) amigo(a), compara y contrasta el fútbol americano y el fútbol que juegan en Europa y Latinoamérica.
fútbol americano
fútbol en Europa y Latinoamérica

VIDEO To practice your new words, watch **Vocabulario en vivo.**

El béisbol

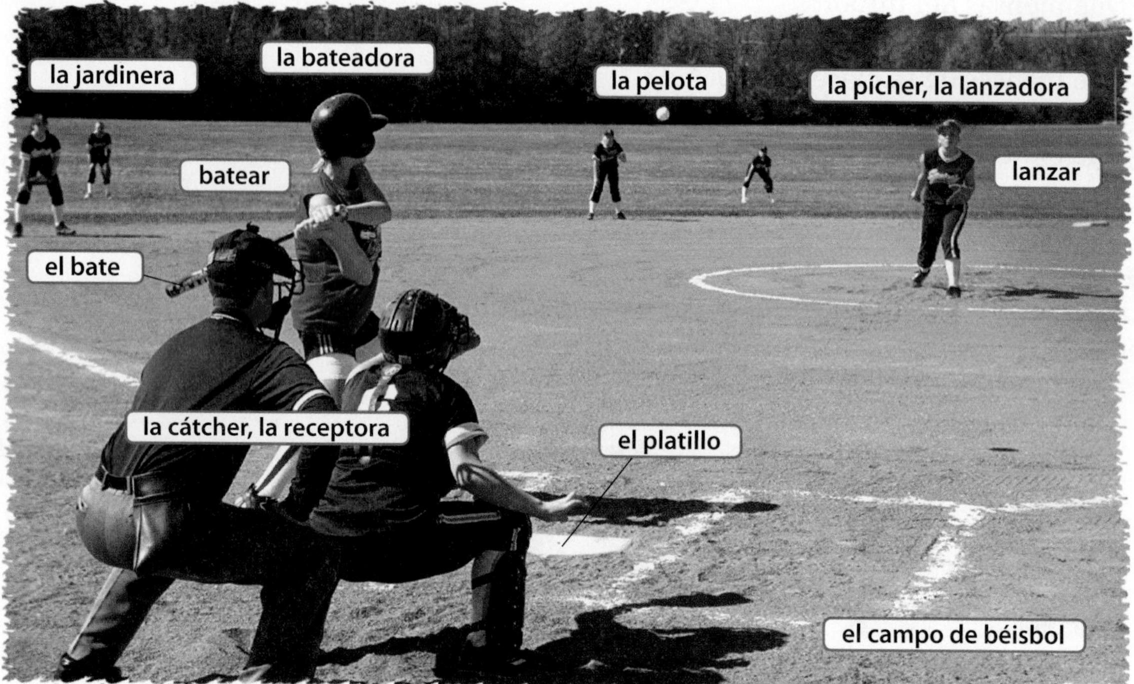

La pícher lanza la pelota.

La bateadora batea.

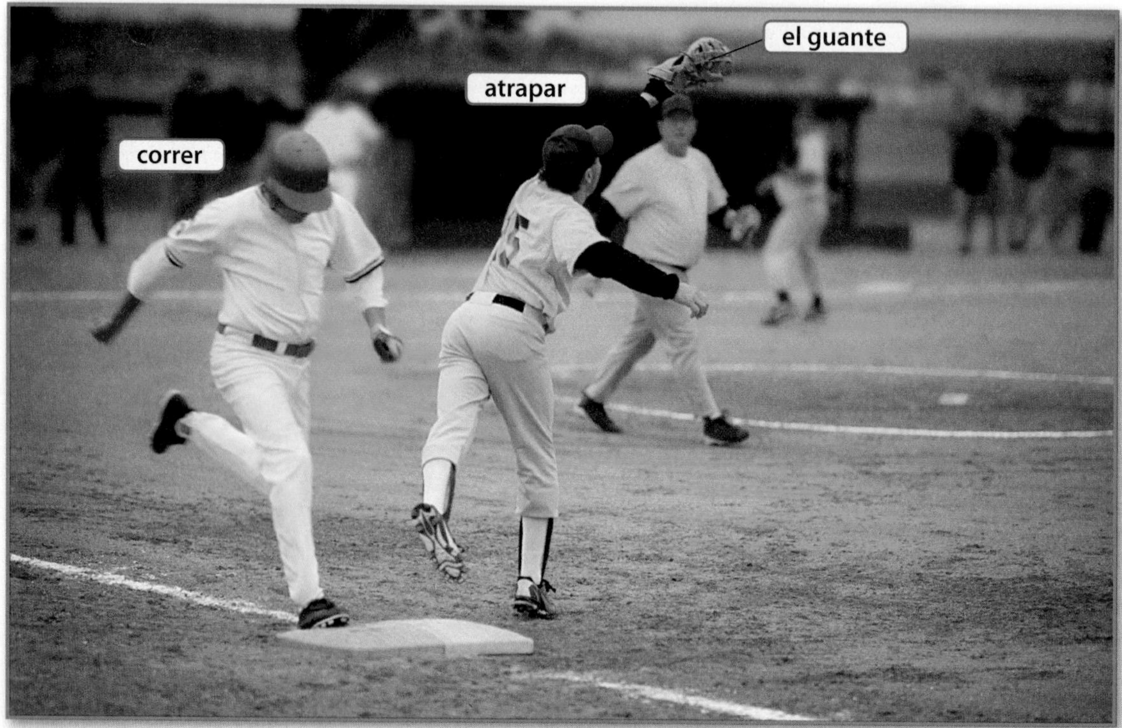

El jugador (beisbolista) corre de una base a otra.

El jugador atrapa la pelota. Atrapa la pelota con el guante.

El básquetbol, El baloncesto

El jugador dribla con el balón.

El jugador tira el balón.
Cuando mete el balón en el cesto, encesta.

El tenis

Las amigas juegan (al) tenis.
Una jugadora golpea la pelota.
Otra jugadora devuelve la pelota.
La pelota tiene que pasar por encima de la red.
Juegan individuales. No juegan dobles.

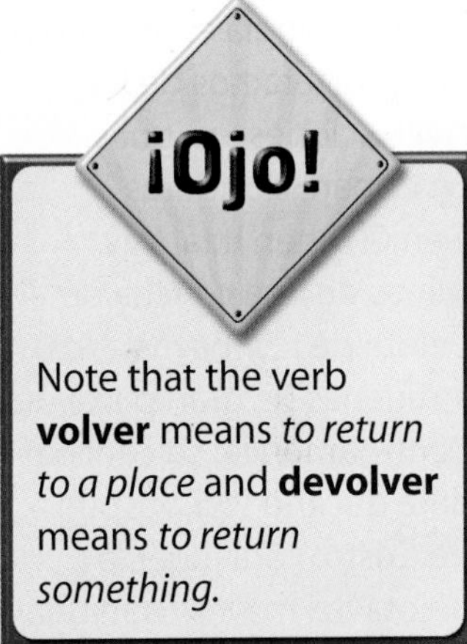

¡Ojo!

Note that the verb **volver** means *to return to a place* and **devolver** means *to return something.*

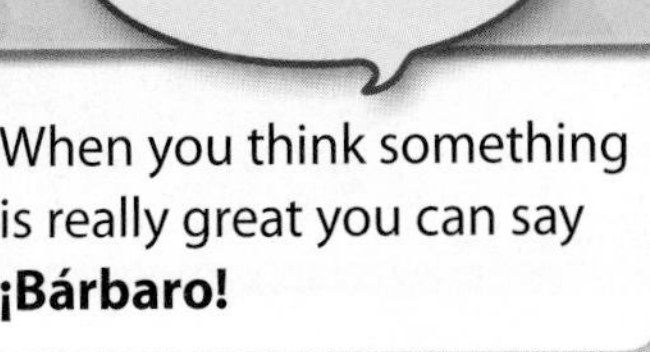

¡Así se dice!

When you think something is really great you can say **¡Bárbaro!**

QuickPass
Go to glencoe.com
For: **Vocabulary practice**
Web code: **ASD9281c5**

ESCUCHAR

1 **Escucha y escoge.** Match each statement you hear with the sport being played in the photo.

a. 

b.

c. 

Conexiones

La arqueología

La arqueología es el estudio de los artefactos de las civilizaciones antiguas. En Copán, Honduras y en Chichén Itzá, hay ruinas de una cancha de pelota de los mayas—los indígenas de gran parte de Centroamérica. La cancha data del año 755 después de Cristo. Para jugar la pelota los mayas usan una pelota muy grande y pesada *(heavy)* y no pueden tocar la pelota con las manos.

LEER • ESCRIBIR

2 **Escoge y completa.** Choose the correct word from the **banco de palabras** to complete each sentence.

atrapa	devuelve	marca
corre	dribla	batea

1. La jugadora _____ un jonrón.
2. El beisbolista _____ la pelota con un guante.
3. El beisbolista _____ de una base a otra.
4. Cuando el jugador de básquetbol mete el balón en el cesto, _____ un tanto.
5. El jugador de básquetbol _____ con el balón.
6. En un juego de tenis un jugador _____ la pelota al otro.

ESCUCHAR • HABLAR • ESCRIBIR

3 **Contesta.** Answer the questions about a basketball game.

1. ¿Es el baloncesto un deporte de equipo o un deporte individual?
2. ¿Cuántos jugadores juegan en un equipo de básquetbol? ¿Cinco o nueve?
3. Durante un partido de baloncesto, ¿driblan los jugadores con el balón o lanzan el balón con el pie?
4. ¿El jugador de básquetbol tira el balón en el cesto o en la portería?
5. ¿Marca un tanto el jugador cuando encesta?
6. Cuando marca un tanto, ¿aplauden los aficionados?

Más práctica
Workbook, pp. 5.6–5.8
StudentWorks™ Plus

LEER

4 Rompecabezas

Choose the word in each group that does not belong. Then switch the wrong words to make each group correct.

1. campo guardar raqueta portero
2. receptor platillo guante portería
3. pelota canasta red golpear
4. bate cesto balón driblar

ESCUCHAR • HABLAR • ESCRIBIR

5 Confirma. Correct the false statements.

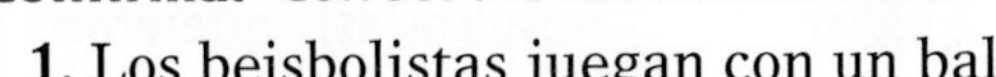

1. Los beisbolistas juegan con un balón.
2. Los beisbolistas juegan en una cancha.
3. Los futbolistas llevan un guante.
4. Juegan básquetbol con una pelota.
5. El jugador de básquetbol mete el balón en un guante para marcar un tanto.
6. En el tenis la pelota tiene que tocar (rebosar) la red.
7. Hay dos tenistas en un partido de dobles.

LEER • ESCRIBIR

6 Completa. Complete with the correct color.

1. Las zapatillas del jugador de béisbol son ____.
2. El guante de béisbol es de color ____.
3. La camiseta del jugador de básquetbol es ____.
4. El pantalón corto del jugador de básquetbol es ____.
5. Los calcetines del jugador de tenis son ____.
6. La camiseta del jugador de tenis es ____.

Cultura

El jai alai

El jai alai o la pelota vasca es un juego del País Vasco (Euskadi) en el norte de España. Los jugadores de jai alai, «los pelotaris», usan una cesta para lanzar y atrapar la pelota. Mira el uniforme que lleva un jugador de jai alai.

Comunicación

7  Work with a partner. Give some information about a sport. Your partner will tell what sport you're talking about. Take turns.

Gramática

Go to glencoe.com
For: **Grammar practice**
Web code: **ASD9281c5**

Remember that if you pronounce the verb form correctly, you will write it correctly. It is always important to pay attention to the pronunciation.

Los verbos de cambio radical e → ie

1. Some verbs in Spanish are called stem-changing verbs. The verbs **empezar, pensar, perder, querer,** and **preferir** are examples of stem-changing verbs. All forms, except the **nosotros** (and **vosotros**) forms, change the **e** of the infinitive to **ie.** The endings of these verbs are the same as those of a regular verb.

querer			
yo	quiero	nosotros(as)	queremos
tú	quieres	*vosotros(as)*	*queréis*
Ud., él, ella	quiere	Uds., ellos, ellas	quieren

2. Read the following verbs across. Observe the stem change and note that the endings are the same as those of a regular verb.

	empezar	perder	preferir
yo	empiezo	pierdo	prefiero
tú	empiezas	pierdes	prefieres
Ud., él, ella	empieza	pierde	prefiere
nosotros(as)	empezamos	perdemos	preferimos
vosotros(as)	*empezáis*	*perdéis*	*preferís*
Uds., ellos, ellas	empiezan	pierden	prefieren

¿Te acuerdas?

Review the verb **tener,** which you learned in Chapter 2. It follows this same pattern except for the **yo** form **tengo.**

CULTURA

Los amigos compran un helado en Zafra, España. Pedro y Antonio quieren un helado de vainilla pero Francisco prefiere el chocolate.

Más práctica

Workbook, pp. 5.9–5.11
StudentWorks™ Plus

Práctica

ESCUCHAR • HABLAR • ESCRIBIR

Personaliza. Answer about yourself and some friends.

1. ¿Quieren ustedes jugar fútbol?
2. ¿Empiezan ustedes a jugar a las tres y media?
3. ¿Quieren ustedes ganar?
4. ¿Pierden ustedes a veces?
5. ¿Dónde prefieren ustedes jugar?

¿Lo sabes?

Empezar and **comenzar** *(to begin)* require **a** before an infinitive.

Empiezan a jugar.
Comienzan a jugar.

LEER • HABLAR • ESCRIBIR

Forma frases. Form sentences.

1. los jugadores / empezar a jugar
2. los dos equipos / querer ganar
3. el equipo de Javier / querer ganar
4. Javier / querer meter un gol
5. el portero / querer bloquear el balón
6. el equipo de Javier / perder

Comunicación

You're at a school sporting event. A friend calls you on your cell phone and asks about how things are going for the team. Try to use the following verbs.

empezar **pensar** **perder** **querer** **preferir**

CULTURA

El padre y su hijo no quieren jugar en el parque. Prefieren jugar en una calle cerca de su casa en Cádiz, España.

HABLAR • ESCRIBIR

Personaliza. Answer about yourself.

1. ¿Prefieres jugar béisbol o fútbol?
2. ¿Prefieres jugar con un grupo de amigos o con un equipo organizado?
3. ¿Prefieres jugar o ser espectador(a)?
4. ¿Siempre quieres ganar?
5. ¿Pierdes a veces?

LEER • ESCRIBIR

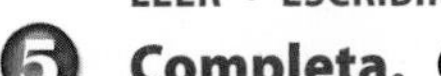

Completa. Complete with the correct form of the verb(s).

1. Tú no _____ perder y no _____. (querer, perder)
2. Ustedes _____ ganar y nosotros _____ ganar también. (preferir, preferir)
3. ¿Qué _____ usted? ¿_____ empezar ahora o no? (pensar, querer)

Los verbos de cambio radical o → ue

CULTURA

Los alumnos son de León, Nicaragua. Ellos vuelven a casa después de las clases.

1. The verbs **poder, volver, devolver,** and **dormir** *(to sleep)* are also stem-changing verbs. The **o** of the infinitive changes to **ue** in all forms except **nosotros** (and **vosotros**).

poder			
yo	puedo	nosotros(as)	podemos
tú	puedes	*vosotros(as)*	*podéis*
Ud., él, ella	puede	Uds., ellos, ellas	pueden

2. Read the following verbs across. Observe the stem change and note that the endings are the same as those of a regular verb of the same conjugation.

	volver	dormir
yo	vuelvo	duermo
tú	vuelves	duermes
Ud., él, ella	vuelve	duerme
nosotros(as)	volvemos	dormimos
vosotros(as)	*volvéis*	*dormís*
Uds., ellos, ellas	vuelven	duermen

3. The **u** in the verb **jugar** also changes to **ue** in all forms except **nosotros** (and **vosotros**).

jugar			
yo	juego	nosotros(as)	jugamos
tú	juegas	*vosotros(as)*	*jugáis*
Ud., él, ella	juega	Uds., ellos, ellas	juegan

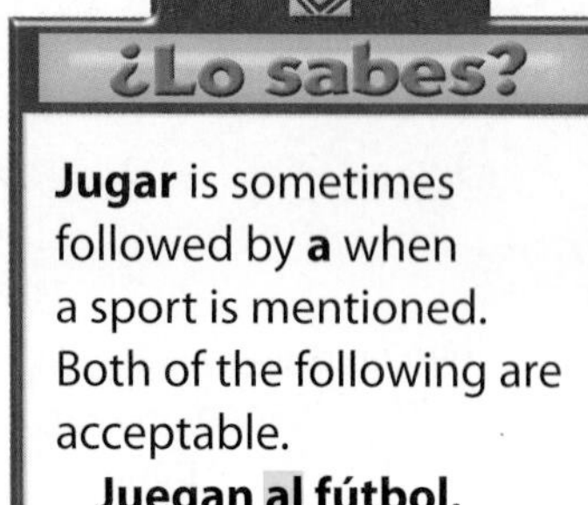

¿Lo sabes?

Jugar is sometimes followed by **a** when a sport is mentioned. Both of the following are acceptable.

Juegan al fútbol.
Juegan fútbol.

VIDEO Want help with the present tense of stem-changing verbs? Watch **Gramática en vivo.**

Más práctica

Workbook, pp. 5.12–5.14
StudentWorks™ Plus

Práctica

ESCUCHAR • HABLAR • ESCRIBIR

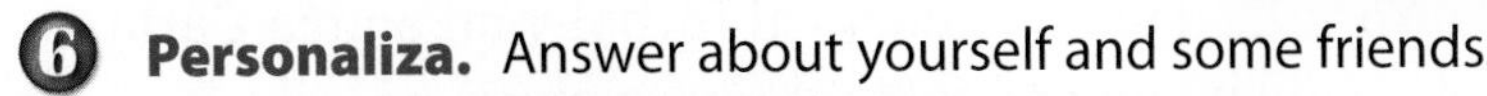

6 **Personaliza.** Answer about yourself and some friends.

1. ¿Juegan ustedes tenis?
2. ¿Pueden ustedes jugar tenis en la escuela?
3. Cuando juegan tenis, ¿prefieren ustedes jugar individuales o dobles?
4. ¿Duermen ustedes bien después de muchas actividades físicas?

LEER • ESCRIBIR

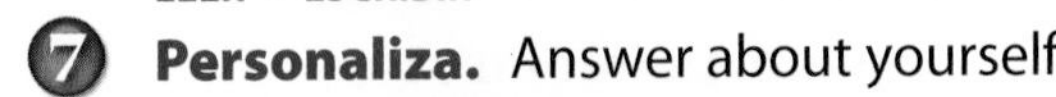

7 **Personaliza.** Answer about yourself.

1. ¿A qué hora empieza tu clase de español?
2. ¿Puedes hablar inglés en la clase de español?
3. A veces, ¿juegas Bingo en la clase de español?
4. ¿Duermes en clase?
5. Cuando tomas un examen, ¿devuelve tu profesor(a) los exámenes pronto?
6. ¿A qué hora vuelves a casa después de las clases?

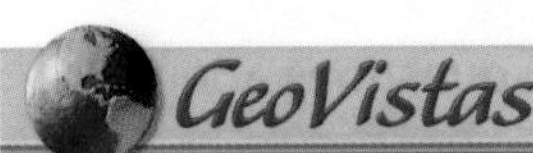

GeoVistas

To learn more about Mexico, take a tour on pages SH46–SH47.

HABLAR • ESCRIBIR

8 **Sigue el modelo.** Make up sentences as in the model.

MODELO **ellas / jugar básquetbol →**
Ellas juegan básquetbol.

1. juego / empezar ahora
2. jugadoras / volver a la cancha
3. tú / tener que driblar
4. Catalina / querer encestar
5. su equipo / no poder perder
6. nosotros / tener que ganar

HABLAR

9 **Dramatiza.** Stand up and act out soccer, basketball, baseball, and tennis moves. Have someone tell you what you're doing.

CULTURA

Es una cancha de baloncesto en Zihuatanejo, México. Cuando juegas baloncesto aquí, puedes disfrutar también de una vista de Zihuatanejo y del océano Pacífico.

FORWARD-BACKWARD BOOK

See page SH22 for help with making this foldable. Use this study organizer to talk about sports. Work with a partner. You and a partner will each create a Forward-Backward Book with terminology and pictures for two sports. Then ask questions about the content of your partner's book.

LEER • ESCRIBIR

10 **Completa.** Complete with the correct form of the indicated verb. You will use all verb forms.

Yo __1__ (jugar) mucho al fútbol y mi amiga Carla __2__ (jugar) mucho también pero ahora no __3__ (poder).

Vamos a hablar con Carla.

—Carla, ¿por qué no __4__ (poder) jugar con nosotras?

—Yo __5__ (querer) pero no __6__ (poder). __7__ (Querer) volver a casa.

—¿Por qué __8__ (querer) ir a casa?

—Porque __9__ (tener) dos amigos que __10__ (volver) hoy de España y __11__ (querer) estar en casa.

EXPANSIÓN

Now, without looking at the conversation, tell all you remember about it. Your partner will add anything you forgot.

Comunicación

11  A classmate will ask you if you want to do something or go somewhere. Tell him or her that you want to but can't because you have to do something else. Take turns asking and answering the questions. Remember to use **querer, poder,** and **tener que.**

HABLAR

12  **Juego** Work with a partner. The people below all want to play a certain sport, but there is a problem. Tell why they cannot do what they want to do. Take turns.

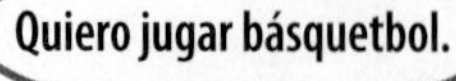

Los verbos interesar, aburrir, gustar

1. The verbs **interesar** and **aburrir** function the same in English and in Spanish. Study the following examples.

¿Te aburre el béisbol?	*Does baseball bore you?*
No, el béisbol me interesa.	*No, baseball interests me.*
¿Te aburren los deportes?	*Do sports bore you?*
No, los deportes me interesan.	*No, sports interest me.*

2. The verb **gustar** in Spanish functions the same as **interesar** and **aburrir. Gustar** conveys the meaning *to like,* but its true meaning is *to please.* The Spanish way of saying *I like baseball* is *Baseball pleases me.*

¿Te aburre el béisbol? No. Me interesa.
¿Te gusta el béisbol? Sí, me gusta mucho el béisbol.
¿Te gustan los deportes en general? Sí, me gustan todos.

3. **Gustar** is often used with an infinitive to tell what you like to do.

¿Te gusta ganar? Sí. No me gusta perder.
¿Te gusta comer? Sí, me gusta comer.

¿Lo sabes?

Mí and **ti** are used after a preposition: **a mí** and **a ti.** You will frequently use **a mí** and **a ti** to add emphasis.

—A mí me gusta. ¿A ti también?
—Sí, a mí también.

—A mí no me gusta. ¿Y a ti?
—(No.) Ni a mí tampoco.

CULTURA

Aquí vemos a unos miembros del equipo de básquetbol de una escuela secundaria en Mérida, Venezuela.

Más práctica

Workbook, pp. 5.15–5.16
StudentWorks™ Plus

Práctica

Los alumnos tienen mucho interés en la biología. ¿A ti te interesa también?

HABLAR • ESCRIBIR

13 **Personaliza.** Answer about yourself.

1. ¿Te gusta el fútbol?
2. ¿Qué te gusta más? ¿El fútbol o el béisbol?
3. En general, ¿te gustan los deportes o no?
4. ¿Te gustan el tenis y el golf?
5. ¿Te gusta más practicar un deporte o ser espectador(a)?

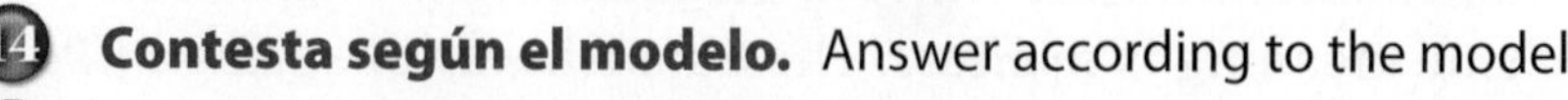

ESCUCHAR • HABLAR • ESCRIBIR

14 **Contesta según el modelo.** Answer according to the model.

MODELO —**¿Te gustan los tomates?**
—**Sí, a mí me gustan y como muchos. ¿Y a ti?**

1. ¿Te gustan las hamburguesas?
2. ¿Te gusta la carne?
3. ¿Te gustan los cereales?
4. ¿Te gusta el helado?
5. ¿Te gustan las frutas?
6. ¿Te gusta el arroz?

ESCUCHAR • HABLAR • ESCRIBIR

15 **Personaliza.** Answer about yourself.

1. ¿Te interesa el curso de historia? ¿Te gusta la historia?
2. ¿Te interesa el curso de español? ¿Te gusta el español?
3. ¿Te interesa la biología? ¿Te gustan las ciencias?

Comunicación

16 Work with a partner. Tell which courses interest you and which courses bore you. Also, tell which ones you really like and the ones you don't like very much. Take turns.

InfoGap For more practice using **interesar, aburrir,** and **gustar,** do Activity 5 on page SR7 at the end of this book.

HABLAR • ESCRIBIR

17 **¡Te toca a ti!** Tell your classmates all the things you like to do.

HABLAR

 18 **¡Manos a la obra!**  Make a collage of some things you like and don't like. Use your collage to explain your likes and dislikes to the class. You may want to include pictures of the following: **comidas, deportes, actividades.**

PRONUNCIACIÓN

Las consonantes s, c, z

The consonant **s** is pronounced the same as the *s* in *sing.* Repeat the following.

sa	se	si	so	su
sala	**seis**	**sí**	**sobre**	**su**
pasa	**base**	**decisión**	**solo**	**Susana**
mesa	**serio**	**siete**	**ambicioso**	**suburbio**
interesa	**mesero**	**siento**	**curso**	
rosado	**camiseta**	**televisión**		
piensa	**segundo**	**física**		

The consonant **c** in combination with **e** or **i (ce, ci)** is pronounced the same as an **s** in all areas of Latin America. In many areas of Spain, **ce** and **ci** are pronounced like the *th* in English. Likewise, the pronunciation of **z** in combination with **a, o, u (za, zo, zu)** is pronounced as an **s** throughout Latin America and as *th* in most areas of Spain. Repeat the following.

za	ce	ci	zo	zu
lanza	**cesto**	**cinco**	**empiezo**	**Venezuela**
empieza	**cena**	**recibe**	**lanzo**	**azul**
zapatillas	**necesita**	**aficionado**	**perezoso**	**zumo**
comienza	**calcetines**	**encima**	**almuerzo**	
		ciento	**venezolano**	

Dictado

Pronounce the following sentences carefully. Then write them to prepare for a dictation.

El señor González enseña en la sala de clase.
El aficionado lleva una camiseta, zapatillas y calcetines largos.
Toma el almuerzo a las doce y diez en la cocina.
Los venezolanos empiezan a volver al campo.
Sí, Susana recibe seis camisetas.

Refrán

Can you guess what the following proverb means?

Perro que ladra no muerde.

You have now learned all the new vocabulary and grammar in this chapter. Continue to use and practice all that you know while learning more cultural information. ¡Vamos!

Conversación

QuickPass
Go to glencoe.com
For: **Conversation practice**
Web code: **ASD9281c5**

¿Quiénes juegan?

Sara	Hola, Esperanza. ¿Qué hay?
Esperanza	¿Qué piensas? ¿Quieres jugar fútbol?
Sara	¡Bárbaro! Me gusta mucho el fútbol. ¿Cuándo jugamos? ¿Ahora?
Esperanza	Ahora, sí.
Sara	¡Oye, Esperanza! ¿Puede jugar mi amiga Teresa? Es muy buena jugadora.
Esperanza	Ay, ¡qué pena! Lo siento mucho pero ya tenemos las once jugadoras. Ella puede jugar mañana si quiere.
Sara	¡Cómo no! ¿A qué hora empiezan a jugar mañana?
Esperanza	A la misma hora.

¿Comprendes?

A Contesta. Answer based on the conversation.

1. ¿Quiénes hablan?
2. ¿Quiere jugar Sara?
3. ¿Qué piensa? ¿Es una buena idea?
4. ¿Cuándo van a jugar?
5. ¿Quién más quiere jugar?
6. ¿Puede o no?
7. ¿Por qué no puede?
8. ¿Cuándo puede jugar?

B Resumiendo Retell the events in the conversation in your own words.

C Analizando Trabaja con un(a) compañero(a). En la conversación hay un problema. ¿Cuál es? ¿Cómo resuelven el problema las muchachas?

VIDEO To observe a lesson on how to play **pato,** a popular sport in Argentina, watch **Diálogo en vivo.** To visit a **pato** match, watch **Cultura en vivo.**

CULTURA

El fútbol es un deporte muy popular en Perú. Aquí vemos el Estadio Nacional en Lima, la capital.

LECTURA CULTURAL

Antes de leer

Think about sports teams and sporting events in your school. Does your school have organized teams? What sports are popular?

READING STRATEGY

Making connections You will become more involved with what you read if you relate the information in the reading to your own life. Connecting is finding the links between what you read and your own experience.

Los deportes de equipo 

Como en Estados Unidos, los deportes de equipo tienen muchos aficionados en España y Latinoamérica también.

El fútbol El deporte número uno en la mayoría de los países hispanos es el fútbol—el *soccer* en Estados Unidos. Cuando no hay clases, grupos de amigos organizan un partido espontáneo de fútbol en un parque, en la calle o en el patio de la escuela. Cada vez que un jugador mete un gol los otros miembros del equipo aplauden. Son ellos sus mismos porristas[1].

Reading Check

¿Dónde practican los deportes los jóvenes en Latinoamérica?

Durante la lectura

Think about the role of school sports in Hispanic countries compared with the role of sports in your school.

CULTURA

Los jóvenes juegan fútbol en las afueras de La Paz, Bolivia.

Reading Check

¿Qué deporte es muy popular en España y Latinoamérica?

El fútbol profesional El fútbol profesional es muy popular. Muchas ciudades tienen su propio equipo como el Real Madrid, por ejemplo. Y cada país tiene su equipo nacional. Cada equipo tiene sus colores. Cuando el equipo de un país juega contra el equipo de otro país, van miles de aficionados al estadio para ver el partido.

Reading Check

¿Dónde es popular el béisbol?

El béisbol El béisbol es muy popular en el Caribe—Puerto Rico, Cuba, la República Dominicana—y también en Venezuela, Panamá y Nicaragua. El pequeño pueblo de San Pedro de Macorís en la República Dominicana es el pueblo que produce más beisbolistas de las Grandes Ligas que cualquier[2] otro pueblo.

Después de leer

Can you relate to the information in the reading? Do sports play a role in your life?

[1]mismos porristas *own cheerleaders* [2]cualquier *any*

¿Comprendes?

Más práctica
Workbook, pp. 5.17–5.19
StudentWorks™ Plus

A Confirmando información ¿Correcto o no?

1. En Latinoamérica el fútbol tiene muchos aficionados. Es muy popular.
2. Los jóvenes en los países hispanos solo juegan partidos organizados de fútbol en la escuela.
3. El fútbol que juegan en España y Latinoamérica es el mismo fútbol que jugamos en Estados Unidos.
4. No hay equipos de fútbol profesionales en Latinoamérica.
5. El béisbol es muy popular en varios países latinoamericanos.

B Recordando hechos Contesta.

1. ¿Dónde juegan fútbol los jóvenes?
2. ¿Dónde juegan los equipos profesionales?
3. ¿Cuál es el deporte número uno en muchas partes de Latinoamérica?
4. ¿En qué países es el béisbol el deporte número uno?

GeoVistas

To learn more about the Dominican Republic, take a tour on pages SH62–SH63.

C Analizando

¿Por qué es el pequeño pueblo de San Pedro de Macorís un pueblo importante y famoso?

D Infiriendo

An inference is something that is not explicitly stated; it is a hidden message. Based on what you just read, how would you answer the following? **¿Dónde son más populares o importantes los deportes escolares organizados? ¿En Estados Unidos o en España y Latinoamérica? ¿Por qué contestas así?**

CULTURA

Es una vista del pueblo de San Pedro de Macorís en la República Dominicana. Es un pueblo pequeño pero produce muchos beisbolistas famosos de las Grandes Ligas.

Roberto Clemente

Antes de leer

Vas a leer una biografía corta del famoso beisbolista puertorriqueño Roberto Clemente. Piensa en unos jugadores de béisbol famosos. Hay unos que son héroes. Vas a leer sobre las hazañas, o buenas acciones, de Roberto Clemente. Luego decide si él es héroe.

Roberto Clemente es de Carolina, Puerto Rico. Cuando tiene solo diecisiete años ya es jugador profesional de béisbol. Clemente juega con los Piratas de Pittsburgh. Cuatro veces es campeón de los bateadores y diez veces recibe el premio[1] del Guante de Oro por ser el mejor jardinero derecho[2] de su liga.

Es diciembre en Puerto Rico. Hace calor en la isla tropical. Clemente va a Puerto Rico donde pasa unas vacaciones con su familia. Pero algo ocurre. En Managua, la capital de Nicaragua, hay un terremoto desastroso. Clemente recibe las noticias del desastre el día de Nochebuena[3]. Tiene que actuar. Organiza ayuda[4] para sus hermanos nicaragüenses. Los puertorriqueños contribuyen generosamente. Clemente busca un avión[5]. Solo puede encontrar un avión viejo. Llena el avión de medicinas, comida y otras provisiones para las víctimas del terremoto. Clemente está en la cabina de mando con el piloto. El avión despega[6]. Momentos después—otro desastre. El avión cae[7] en las aguas del Caribe. Clemente muere—pierde su vida.

Aquí tenemos el comentario de un famoso entrenador[8]: «Es imposible producir un filme sobre la vida de Roberto. No hay otro Roberto. No hay actor para tomar el papel (el rol) de Roberto Clemente».

Hoy hay un gran centro deportivo para los jóvenes de Puerto Rico que lleva el nombre de Roberto. La calle donde está la casa de Roberto lleva su nombre. Pero la señora de Clemente y sus hijos prefieren el nombre original. Cuando la calle lleva el nombre original, Clemente vive.

CULTURA

La pobre ciudad de Managua, Nicaragua, después de la destrucción causada por el terremoto del 23 de diciembre de 1972

[1]premio *prize*
[2]mejor jardinero derecho *best right fielder*
[3]Nochebuena *Christmas Eve*
[4]ayuda *help*
[5]avión *airplane*
[6]despega *takes off*
[7]cae *falls*
[8]entrenador *manager*

¿Comprendes?

Escoge. Choose the correct completion or answer.

1. Roberto Clemente es de ____.
   a. Pittsburgh
   b. Puerto Rico
   c. Nicaragua
   d. Estados Unidos

2. ¿Qué son los Piratas?
   a. aficionados de Pittsburgh
   b. hombres malos
   c. un equipo profesional de béisbol
   d. un premio

3. Clemente juega la posición de ____.
   a. pícher
   b. jardinero
   c. cátcher
   d. bateador

4. Un terremoto es ____.
   a. una ocurrencia
   b. un desastre natural
   c. un accidente
   d. ¡Bárbaro!

5. ¿Por qué busca Clemente un avión?
   a. Busca ayuda.
   b. Quiere estar en la cabina de mando.
   c. Quiere enviar provisiones a Nicaragua.
   d. Quiere comprar un avión.

6. ¿Cuál es la idea principal de las palabras del famoso entrenador?
   a. Roberto Clemente es Roberto Clemente.
   b. Roberto Clemente es un actor muy bueno.
   c. No hay otro hombre como Roberto Clemente.
   d. No hay filme sobre su vida.

CULTURA

Hay escuelas que llevan el nombre de Roberto Clemente como la escuela que vemos aquí en Germantown, Maryland. ¿Hay una escuela cerca de donde tú vives que lleva el nombre de una persona famosa?

Prepárate para el examen

Self-check for achievement

Vocabulario

Completeta. Complete.

1. Los beisbolistas atrapan la pelota en _____.
2. Los calcetines pueden ser _____ o cortos.
3. El béisbol y el básquetbol son dos _____.
4. _____ guarda la portería.
5. Un equipo _____ y otro equipo pierde.
6. El jugador _____ un gol y marca un tanto.

7–8. El _____ de básquetbol mete el balón en el _____.

To review **Vocabulario 1** and **Vocabulario 2,** turn to pages 162–163 and 166–167.

Identifica el deporte. Identify the sport.

9. Corren de una base a otra.
10. Tienen que driblar con el balón.
11. La pelota tiene que pasar por encima de la red.
12. El balón tiene que entrar en la portería.

Identifica. Identify.

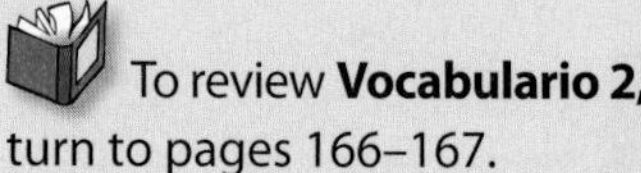

To review **Vocabulario 2,** turn to pages 166–167.

13. 

14. 

15. 

16. 

Gramática

4 **Completa.** Complete.

17. Los jugadores ____ al campo. (volver)

18–19. Nosotros ____ jugar pero no ____. (querer, poder)

20. Nuestro equipo no ____. (perder)

21. ¿Cuándo ____ tú? (empezar)

22. Ustedes ____ bastante bien. (jugar)

23. Yo lo ____ mucho. (sentir)

24. ¿____ usted jugar béisbol o fútbol con sus amigos? (preferir)

25. Después del partido, tú ____ bien. (dormir)

26. Nosotros ____ a formar un equipo de béisbol. (comenzar)

27. Yo ____ la pelota pero no pasa por encima de la red. (devolver)

To review **los verbos de cambio radical,** turn to pages 170 and 172.

5 **Completa.** Complete.

28–29. ¿A ti ____ gust__ los deportes?
—Sí, a mí ____ gust__ mucho.

30–31. A ti ____ gust__ la ensalada y comes mucha. Pero a mí no ____ gust__.

32. Me gust__ comer frijoles.

33. El arte me interes__ mucho.

34. No me interes__ las matemáticas.

35–36. —¿A ti ____ aburr__ tus clases?
—No, a mí ____ interes__ todas.

To review **interesar, aburrir,** and **gustar,** turn to page 175.

Cultura

6 **Corrige.** Correct any wrong information.

37. El deporte número uno en todas partes de España y Latinoamérica es el béisbol.

38. Los jóvenes latinoamericanos organizan partidos espontáneos de fútbol en el gimnasio de su escuela, no en un parque o en la calle.

39. El béisbol es muy popular en Puerto Rico, Cuba y Venezuela.

40. El Real Madrid es un equipo de béisbol.

To review this cultural information, turn to pages 180–181.

CULTURA

La fuente de fútbol delante del edificio de la Confederación Sudamericana de Fútbol en Asunción, Paraguay

Prepárate para el examen
Practice for oral proficiency

1 **El uniforme del equipo**

Discuss team uniforms

Your team is choosing its uniform and you have to decide on the colors for the shirts, shorts, socks, and shoes. Find out what a friend thinks of your choices. He or she will respond with **Me gusta(n) (mucho)...** or **No me gusta(n)... Prefiero...**

2 **¿Qué piensas?**

Ask for an opinion

Have a conversation with a friend. Ask the friend what he or she thinks about certain sports. Your friend will answer and will ask you what you think.

3 **Intereses**

Talk about your interests

Work with a classmate. Share some things that interest and/or bore you.

4 **Un deporte favorito**

Describe a sport

Describe your favorite sport to a friend. Then ask your friend about his or her favorite sport.

CULTURA

Aficionados en un evento deportivo en Argentina

5 **Un reportaje televisivo**

Announce a sporting event

You are a sports announcer for a Spanish-speaking television station. Give a brief description of a sporting event that you are attending at your school.

Prepárate para el examen

Practice for written proficiency

Tarea

Describe one of your school's sports teams. You may want to include the number of players, the captains, the team's colors, and the team's win-loss record. Also, tell what happens during a typical game.

Writing Strategy

Clustering Think about the information you want to include. "Brainstorm" by writing down whatever ideas come into your mind. Then organize these random ideas into groups or "clusters" such as the one below. Clustering helps you present your information in a clear and organized fashion.

1 Prewrite

- Write your brainstorming ideas in Spanish. Write the verbs, adjectives, and nouns that you have learned and that you want to include in your essay.
- Create a cluster similar to the one below.
- Decide on the order of your paragraphs.

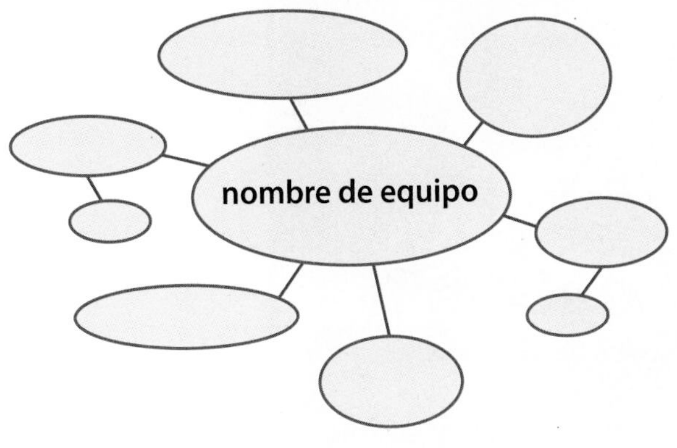

CULTURA

Los jóvenes juegan fútbol en el patio de su escuela en Chichicastenango, Guatemala.

2 Write

- Begin with a brief introduction to capture the reader's attention. You could start with a question or an interesting fact about the team.
- Start each paragraph with a topic sentence. Then write sentences that focus and expand on that information.
- Write a brief conclusion to summarize or to express your opinion about the team.
- Give your composition an interest-grabbing title.
- Proofread your work. Did you use the correct words and endings? Did you spell correctly?
- Read your composition one final time. You may want another student to read it also.

Evaluate

Don't forget that your teacher will evaluate you on your organization, spelling, correct use of vocabulary and grammar, and completeness of your message.

Repaso del Capítulo 5

Gramática

- **Los verbos de cambio radical e → ie, o → ue** *(pages 170, 172)*
  Review the forms of stem-changing verbs. Note that in all forms except **nosotros** (and **vosotros**) the **e** of the infinitive changes to **ie** and the **o** of the infinitive changes to **ue.**

querer (e → ie)	
quiero	queremos
quieres	*queréis*
quiere	quieren

poder (o → ue)	
puedo	podemos
puedes	*podéis*
puede	pueden

- **Los verbos interesar, aburrir, gustar** *(page 175)*
  The verbs **interesar** and **aburrir** function the same in English and Spanish. **Gustar** in Spanish conveys the meaning *to like,* but its literal meaning is *to please.* Therefore, it functions the same as **interesar** and **aburrir.**

  —Me interesa el béisbol. ¿Te interesa a ti también?
  —A mí, no. Me aburre.
  —A mí me gustan todos los deportes.

  Note that **mí** and **ti** are used following a preposition.

  A mí me gusta el tenis.
  ¿A ti te gusta?

CULTURA

Dos equipos de jóvenes juegan durante un partido de básquetbol en Bilbao, en el País Vasco (Euskadi) en el norte de España.

There are a number of cognates in this list. See how many you and a partner can find. Who can find the most? Compare your list with those of your classmates.

Vocabulario

Identifying sports

los deportes
el fútbol
el béisbol
el básquetbol, el baloncesto
el tenis

Talking about a sporting event in general

el partido, el juego
el equipo
el/la jugador(a)
el/la aficionado(a)
el/la espectador(a)
el tanto
jugar (a)
empezar, comenzar
volver
poder
querer
perder
ganar
aplaudir

Describing a soccer (el fútbol) game

el campo de fútbol
el tiempo
el balón
el/la portero(a)
la portería
el gol
lanzar
tocar
guardar
entrar
bloquear
volver
meter (un gol)

Describing a baseball game

el campo de béisbol
el/la beisbolista
el/la bateador(a)
el/la lanzador(a), el/la pícher
el/la cátcher, el/la receptor(a)
el/la jardinero(a)
la pelota
el bate
el guante
el platillo
la base
el jonrón
batear
correr
atrapar

Describing a basketball game

la cancha
el cesto, la canasta
el balón
tirar
driblar (con)
encestar

Describing a tennis game

la cancha
la raqueta
la pelota
la red
individuales
dobles
golpear
pasar
devolver
por encima de

Identifying a soccer team uniform

la camiseta
el pantalón corto
los calcetines largos
las zapatillas

Identifying colors

¿De qué color es?
el color
amarillo(a)
anaranjado(a)
azul
blanco(a)
de color marrón
gris
negro(a)
rojo(a)
rosado(a)
verde

Expressing likes and dislikes

gustar
interesar
aburrir

Other useful words and expressions

pensar
dormir
preferir
propio(a)
¡Qué pena!
Lo siento (mucho).
¿Qué piensas de...?
¡Bárbaro!

Repaso cumulativo

Repasa lo que ya has aprendido

These activities will help you review what you have learned so far in Spanish.

Escucha. Look at the illustrations. You will hear two statements about each one. On a separate sheet of paper, indicate whether the statement accurately describes the illustration.

a. 

b. 

c. 

2 **Contesta.** Answer.

1. ¿Qué comes para el desayuno?
2. ¿Qué come tu familia para la cena?
3. ¿Qué comida toman tú y tus amigos en la cafetería?
4. ¿Qué aprendes en la escuela?
5. ¿Comprendes bien cuando tu profesor(a) habla en español?
6. ¿Reciben tú y tus amigos notas buenas?

Completa con el adjetivo posesivo. Complete with the possessive adjective.

1. Nosotros tenemos un buen equipo. El equipo de _____ escuela gana muchos partidos.
2. Me gusta mucho el básquetbol. Es _____ deporte favorito.
3. Oye, Enrique. ¿Cuál es _____ deporte favorito?
4. Aprendemos mucho en la clase de español. _____ profesor es muy bueno.
5. La familia de José tiene un carro nuevo. _____ carro está en el garaje.
6. Yo tengo muchos amigos. _____ amigos son muy simpáticos.
7. María, ¿tienes muchos primos? ¿Dónde viven _____ primos?

CULTURA

Los jóvenes comen y conversan (charlan) en la cafetería de su escuela en Barranquilla, Colombia. Una muchacha chequea (verifica) mensajes en su móvil.

Habla con la señora Vargas. Change the questions to speak with Mrs. Vargas. Remember to use **usted.**

1. ¿Vas con Juan?
2. ¿Hablas español?
3. ¿Usas la computadora?
4. ¿Tienes un carro nuevo?
5. ¿Lees mucho?
6. ¿Ves la televisión?
7. ¿Dónde vives?
8. ¿Puedes ir?
9. ¿Quieres comer ahora?
10. ¿Qué piensas?

Personaliza. Get together with a classmate. Tell your partner all about yourself. Some information you may want to give is:

Parea los contrarios. Match the opposites.

1. bonito, guapo	**a.** pequeño
2. gracioso	**b.** aburrir
3. ambicioso	**c.** serio
4. alto	**d.** aburrido
5. grande	**e.** feo
6. difícil	**f.** bajo
7. interesar	**g.** perezoso
8. interesante	**h.** fácil

Juego Tell where each of the following might take place. **¡Cuidado!** Some might happen in more than one place.

escuchar la música **mirar un DVD** **enviar correos electrónicos** **tomar el desayuno** **llevar uniforme** **preparar la comida** **usar la computadora** **prestar atención** **tomar un examen** **escuchar a la profesora** **cenar con la familia** **hablar en el móvil**

EN CASA	EN LA ESCUELA

CAPÍTULO 6

El bienestar

Aquí y Allí

Vamos a comparar Vas a aprender unas características de personalidad y unas emociones que tenemos de vez en cuando. En general no hay grandes diferencias en la personalidad y las emociones entre los seres humanos de las muchas partes del mundo. Las generalizaciones sobre tales aspectos de la naturaleza humana son casi siempre estereotípicas. Pero sabemos que las personas en todas partes del mundo quieren estar contentas y gozar de buena salud.

Objetivos

You will:

- describe people's personality, conditions, and emotions
- explain minor illnesses
- talk about a doctor's appointment
- learn about a literary genre—the picaresque novel

You will use:

- **ser** and **estar**
- indirect object pronouns

◀ El médico le da su diagnóstico a la paciente quien le presta mucha importancia. A ella le importan mucho su salud y bienestar.

QuickPass

Go to glencoe.com
For: **Online book**
Web code: **ASD9281c6**

Introducción al tema

El bienestar

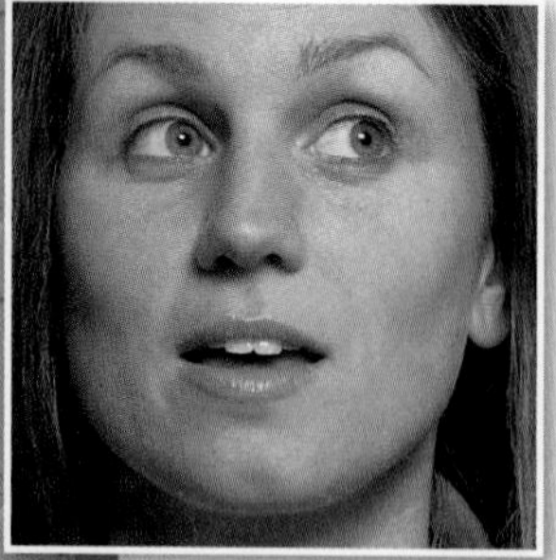

◀ **Venezuela** **¿Cómo está la muchacha venezolana? ¿Qué expresiones tiene en la cara?**

Look at these photographs to acquaint yourself with the theme of this chapter—well-being. In this chapter you will talk about your and others' personality, emotions, and health. What emotions do you see on the girl's face at the left? Personality, emotions, and health are universal themes. It doesn't matter who we are or where we're from—we all have personalities, feel emotions, and strive for good health.

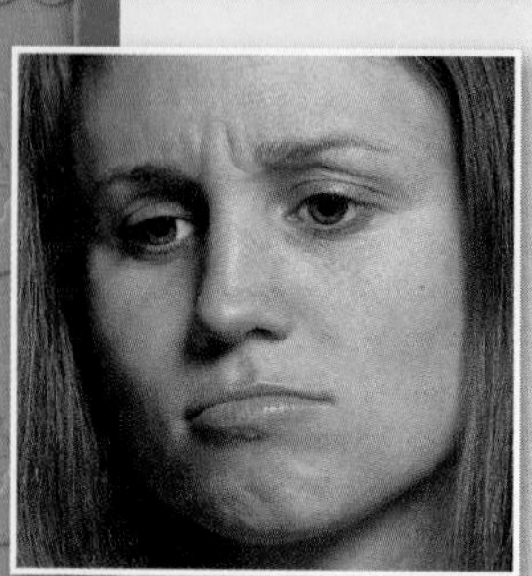

Estados Unidos **Todos los alumnos que vemos aquí están contentos, ¿no? ¿De dónde son? Pues son de muchos países pero ahora están en Estados Unidos. Cuatro de ellos son hispanos o latinos.** ▼

Clínica

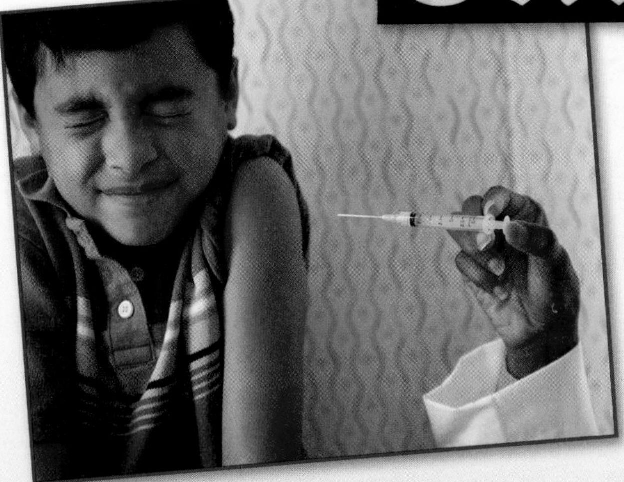

◀ **Puerto Rico** Los dos niños visitan una clínica en Puerto Rico. La muchacha tiene fiebre y le toman la temperatura. El muchacho necesita una inyección. No le gusta. Pica.

España Muchas farmacias son bastante bonitas. Aquí vemos una decoración en el exterior de una farmacia en Barcelona, España. ▶

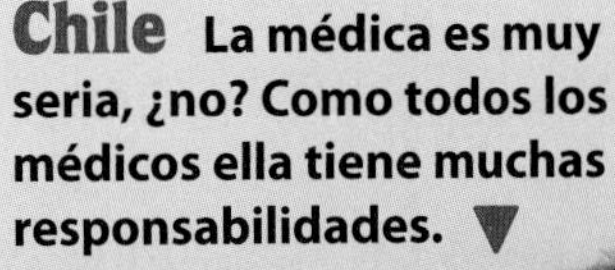

Chile La médica es muy seria, ¿no? Como todos los médicos ella tiene muchas responsabilidades. ▼

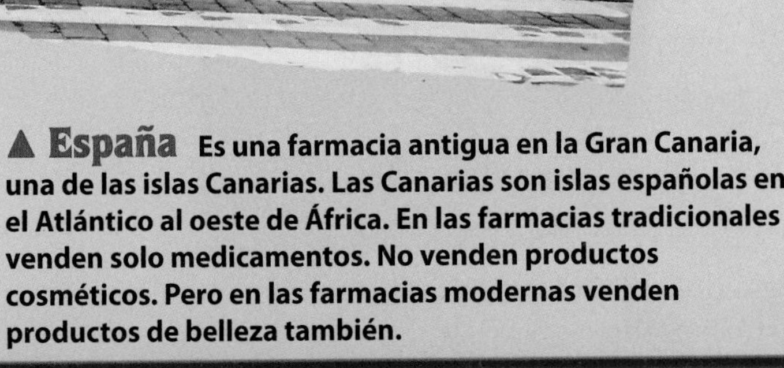

▲ **España** Es una farmacia antigua en la Gran Canaria, una de las islas Canarias. Las Canarias son islas españolas en el Atlántico al oeste de África. En las farmacias tradicionales venden solo medicamentos. No venden productos cosméticos. Pero en las farmacias modernas venden productos de belleza también.

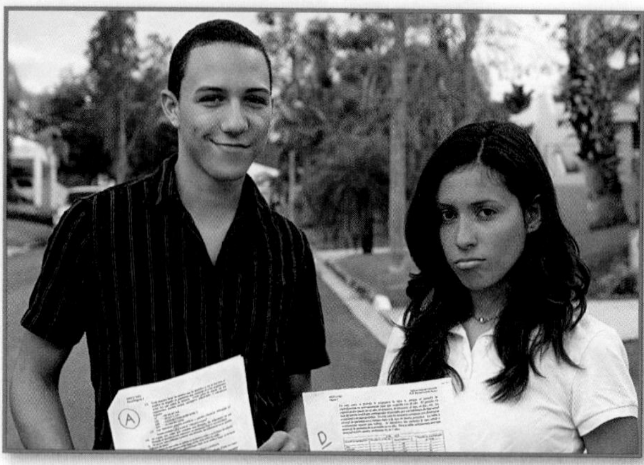

José está muy contento. Acaba de recibir una A en español.
Elena está triste porque acaba de recibir una nota mala.

Susana está de buen humor.
Tiene una sonrisa en la cara.
Tiene también un buen sentido de humor.
Julia está de mal humor. Está enojada (enfadada).

¡Ojo!

Note that the adjectives **bueno** and **malo** are often shortened to **buen** and **mal** when placed before a masculine noun. **Buena** and **mala** are not shortened.

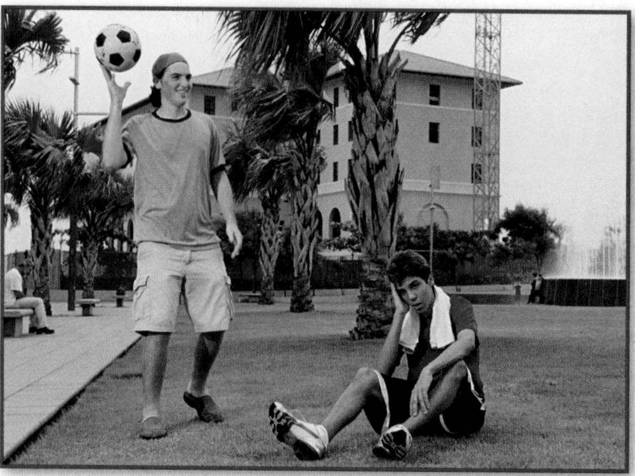

Tomás está lleno de energía y tiene mucho entusiasmo.
Felipe está cansado.

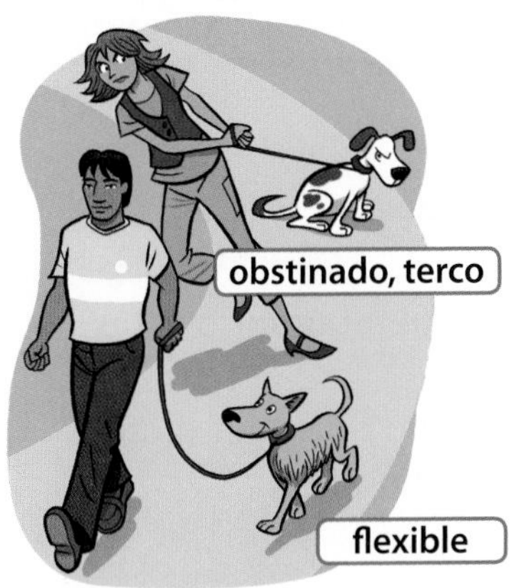

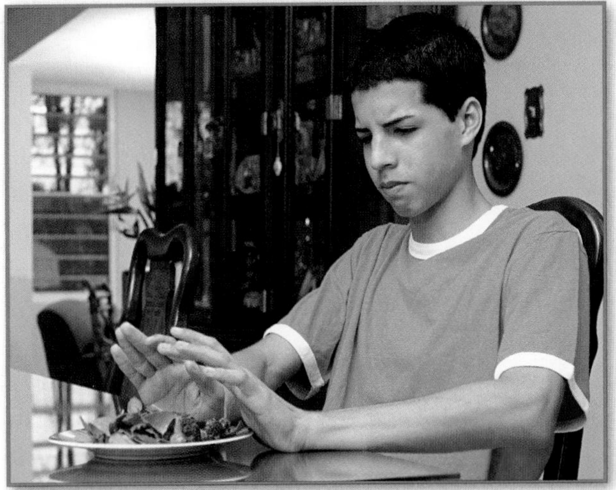
Alejandro no es flexible. Es muy terco y obstinado. Es un tipo muy difícil.

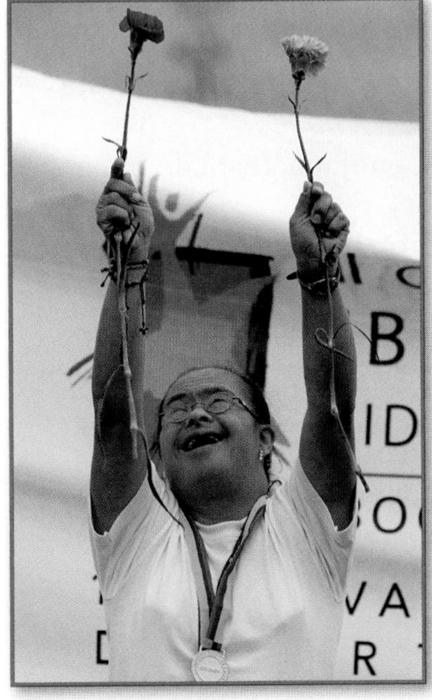
Lupe es ambiciosa. Siempre quiere tener éxito—quiere tener buenos resultados.

Maripaz es bien educada. Siempre tiene buena conducta. Pero su hermano es mal educado. Tiene malos modales.

Para conversar
A Rubén le falta paciencia.
Es muy impaciente.
A veces su comportamiento me molesta (enfada, enoja).

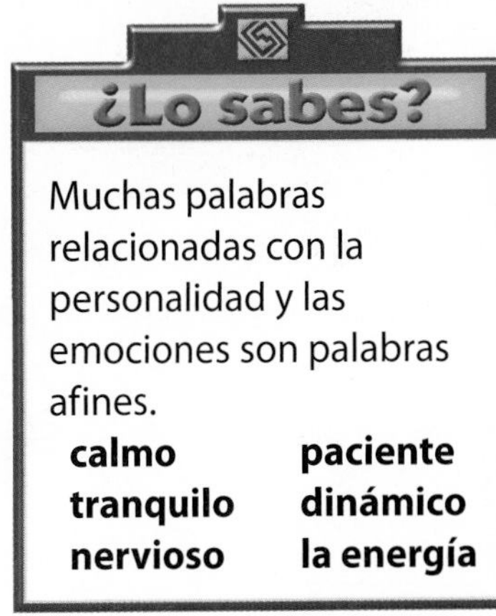

¿Lo sabes?
Muchas palabras relacionadas con la personalidad y las emociones son palabras afines.
calmo
tranquilo
nervioso
paciente
dinámico
la energía

QuickPass
Go to glencoe.com
For: **Vocabulary practice**
Web code: **ASD9281c6**

ESCUCHAR • HABLAR

Personaliza. Da respuestas personales.

1. ¿Eres flexible o terco(a)?
2. Por lo general, ¿estás de buen humor o estás de mal humor?
3. ¿Estás cansado(a) cuando no duermes bien?
4. ¿Estás lleno(a) de energía hoy?
5. ¿Siempre quieres tener éxito?

LEER • HABLAR • ESCRIBIR

Escoge la palabra correcta.

1. Una persona (paciente, impaciente) pierde control con frecuencia.
2. Una persona (de buen humor, de mal humor) está contenta.
3. Cuando una persona está enojada, (está de buen humor, está de mal humor).
4. Una persona está (contenta, triste) cuando recibe notas buenas.
5. Él duerme bien y está (cansado, lleno de energía).
6. Le gusta mucho el plan y está muy (deprimido, entusiasmado).
7. Él es un tipo (flexible, terco) y siempre toma en cuenta los deseos y opiniones de otros.
8. Él es muy (bien educado, mal educado). Tiene buena conducta.

CULTURA

Las alumnas están en una sala de clase en Madrid. Una parece que tiene estrés. Pero la otra tiene una sonrisa y expresión alegre, ¿no?

LEER

3 Parea los contrarios.

1. contento
2. cansado
3. tranquilo
4. ambicioso
5. flexible
6. positivo

a. energético
b. perezoso
c. terco
d. triste
e. nervioso
f. negativo

4 **Rompecabezas**

Make as many words as possible from the letters below.

t	i	m	a	r	e	j
o	s	n	d	u	c	h

Más práctica

Workbook, pp. 6.3–6.5
StudentWorks™ Plus

LEER

5 Parea los sinónimos.

1. calmo	**a.** alegre
2. enojado	**b.** conducta
3. contento	**c.** enfadado
4. molestar	**d.** tranquilo
5 comportamiento	**e.** enojar
6. terco	**f.** obstinado

ESCRIBIR

6 Categoriza. Haz una lista de características positivas y características negativas.

características	
positivas	negativas

CULTURA

Marisa es bastante graciosa, ¿no? Tiene una sonrisa bonita en la cara. ¿De dónde es Marisa? Es de California y es de ascendencia mexicana.

ESCRIBIR

7 Personaliza. Prepara una autoevaluación. ¿Cuáles consideras unas características de tu personalidad?

HABLAR • ESCRIBIR

8 Da la característica de cada persona.

1. Él tiene buena conducta. Es ____.
2. Las opiniones de otros no le tienen mucha importancia. Es ____.
3. Ella siempre tiene una ____ agradable en la cara.
4. Siempre quiere ir en adelante y tener éxito. Es ____.
5. Él escucha a todos y luego toma una decisión. Es muy ____.
6. Ella es bastante cómica. Tiene un buen ____ de humor.

9 Trabajen en grupos. Hagan una encuesta. Hablen de las características que buscan o consideran importantes en un(a) amigo(a) bueno(a). Indiquen las respuestas en una tabla como la de al lado. Compartan los resultados con la clase.

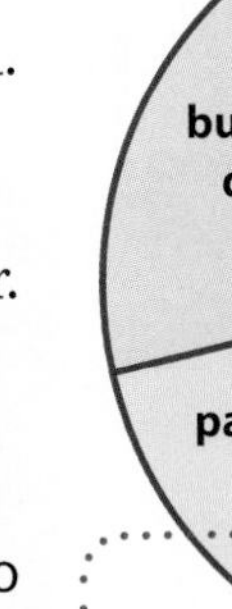

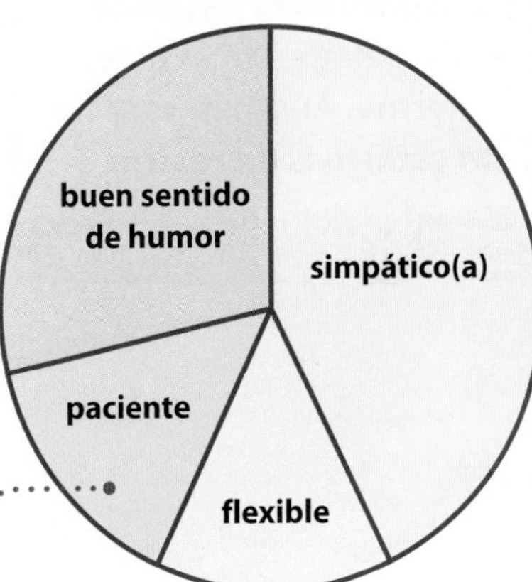

10 Work with a classmate. Tell some typical things people do. Each of you will determine whether you think it's **buen comportamiento** or **mal comportamiento.**

Vocabulario 2 presentación

VIDEO To practice your new words, watch **Vocabulario en vivo.**

En la consulta del médico

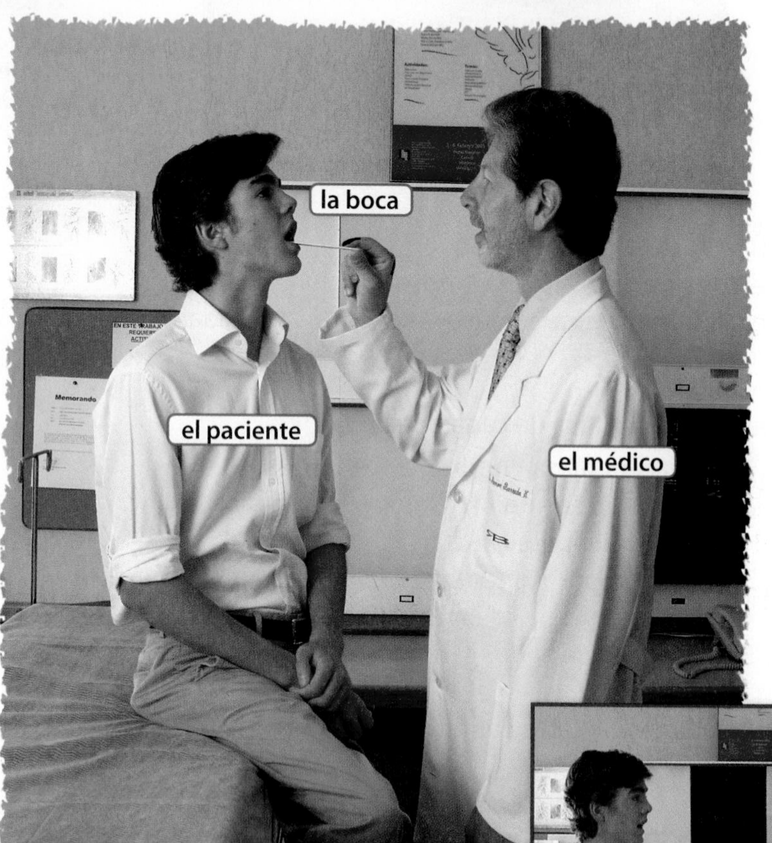

En otras partes

In addition to **la consulta** you will also hear **el consultorio. El paciente** is also referred to as **el enfermo.** Another word for **un catarro** is **un resfrío.**

Pablo está en la consulta del médico.
¿Está enfermo? No.
Necesita un examen físico.
El médico le da un examen.
Pablo abre la boca.
Todo está normal.

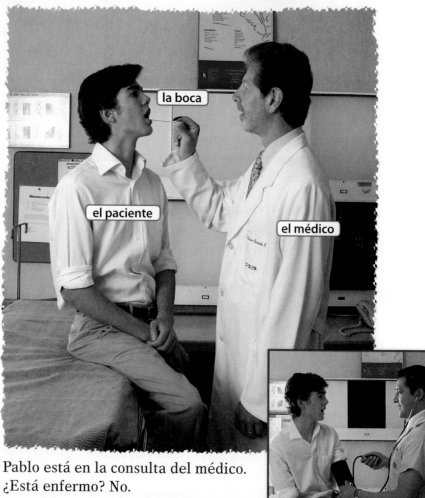

El enfermero le toma la tensión arterial.
También toma el pulso.

¿Estás bien o no?

VIDEO To visit a sick friend, watch **Diálogo en vivo.**

Enrique tiene fiebre.
Tiene que guardar cama.

Inés tiene catarro.
Está resfriada.

Adolfo tiene mucho estrés.
Tiene dolor de cabeza.

Lupe tiene dolor de estómago.
Le duele el estómago.

Luis tiene tos.
Tose mucho.

Teresa tiene dolor de garganta.
Le duele la garganta.

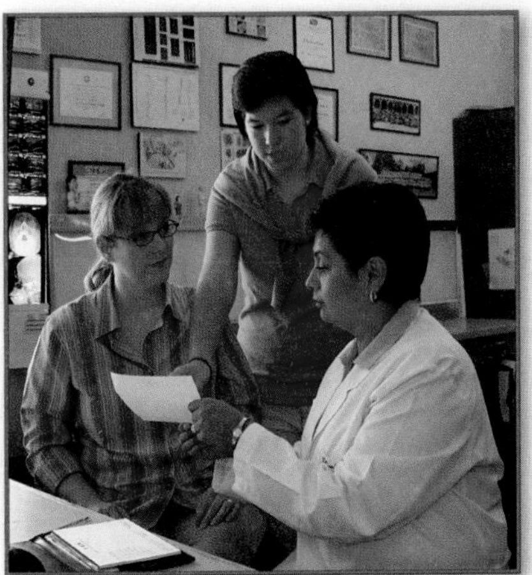
La médica le da una receta.
Le receta una medicina para la tos.

Teresa y su madre van a la farmacia.
En la farmacia venden medicamentos (medicinas).

QuickPass
Go to glencoe.com
For: **Vocabulary practice**
Web code: **ASD9281c6**

ESCUCHAR

Escucha. Indica si la frase es correcta o no.

correcta	incorrecta

ESCUCHAR • HABLAR • ESCRIBIR

Contesta.

1. Sonia tiene la temperatura normal. ¿Tiene fiebre?
2. Sonia quiere jugar en el equipo de fútbol. ¿Por qué tiene que ir a la consulta del médico?
3. ¿Qué le da el médico?
4. ¿Quién le toma el pulso?
5. ¿Cuál es el diagnóstico del médico?

EXPANSIÓN

Ahora, sin mirar las preguntas, cuenta la información en tus propias palabras. Si no recuerdas algo, un(a) compañero(a) te puede ayudar.

LEER • HABLAR • ESCRIBIR

Completa.

1. El niño tiene que _____ porque tiene fiebre.
2. Tiene _____. Tose mucho.
3. Le duele la cabeza. Tiene _____ de cabeza.
4. El enfermero le toma la _____ arterial.
5. El médico examina a sus pacientes en _____.
6. El médico le da un examen completo. Le da un examen _____.
7. Tiene que ir a la farmacia porque el médico le da una _____.

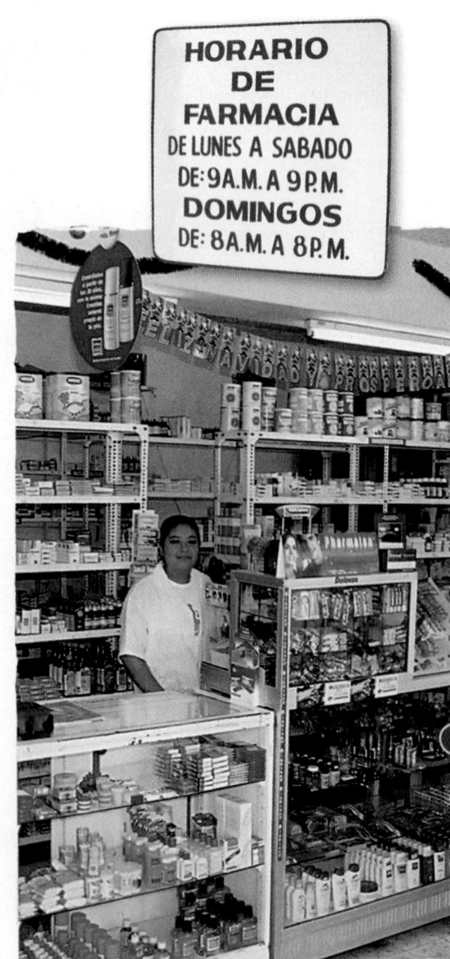

Es una farmacia típica en Baños, Ecuador. En la farmacia venden muchos productos médicos. Si tienes una pregunta sobre tu salud, la farmacéutica te puede ayudar. En España y Latinoamérica los farmacéuticos les dan atención médica a sus clientes para condiciones no muy graves.

Más práctica
Workbook, pp. 6.6–6.8
StudentWorks™ Plus

HABLAR

4 **Dramatiza.** Dramatize some of the ailments and activities in the vocabulary. Call on a friend to tell what you are doing.

ESCRIBIR

5 Da una palabra o expresión relacionada.

1. duele
2. la medicina
3. toser
4. enfermo
5. consultar
6. resfriado

HABLAR • ESCRIBIR

6 **¡Manos a la obra!** Work in groups of three. Draw your own **Para conversar.** Include a doctor, a nurse, and a patient. Write at least one speech bubble for each. Then perform your dialogue for the class.

Para conversar

ESCRIBIR

7 **Rompecabezas**

¡Qué pena! Letters have broken off these words. Can you put them back where they belong?

m o s t g z b

Conexiones

La salud mental

La salud física es muy importante y también es muy importante la salud mental. Todos tenemos emociones y a veces estamos tristes o enojados si nos ocurre algo desagradable. Es normal. Pero si un individuo está muy triste o deprimido con frecuencia, tiene que identificar el porqué. Es importante hablar de nuestros problemas emocionales y buscar ayuda. En el ambiente escolar podemos hablar con un(a) consejero(a). Nos puede ayudar.

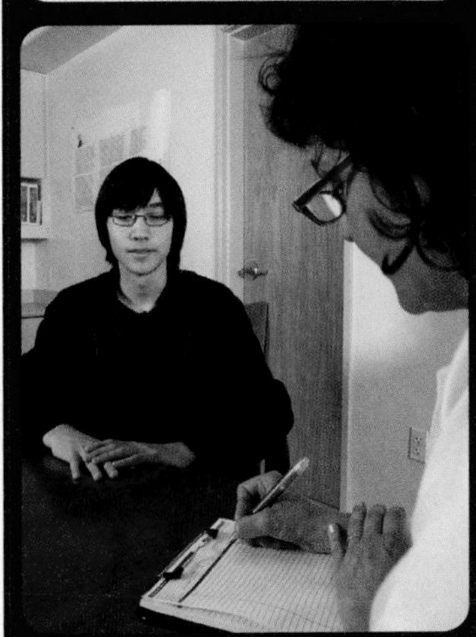

Gramática

QuickPass
Go to glencoe.com
For: **Grammar practice**
Web code: **ASD9281c6**

Ser y estar

Características y condiciones

El joven no está enfermo pero tiene dolor de cabeza. Le duele mucho.

1. Spanish has two verbs that mean *to be.* They are **ser** and **estar.** These verbs have distinct uses. **Ser** expresses an inherent trait or characteristic that does not change.

El edificio es muy alto.
Ella es sincera.

2. Estar expresses a temporary state, emotion, or condition.

Juan no está bien hoy. Está enfermo.
La joven está cansada.
José, ¿por qué estás nervioso?
El agua está fría.

3. You can often use either **ser** or **estar** depending upon what you mean to say. Note the different messages in the following.

Él es agresivo.	*He is naturally an aggressive type.*
Él está muy agresivo.	*He's not normally that way but now he's acting in an aggressive way.*
Ella es muy obstinada.	*She's a very obstinate type.*
Ella está muy obstinada.	*She's being very obstinate now.*

Práctica

CULTURA

La casa está en el Pueblito. El Pueblito es un museo al aire libre en la Ciudad de Panamá. La casa es de madera. En el Pueblito hay casas típicas de todas las regiones de Panamá.

ESCUCHAR

1 Escucha las frases. Indica si es una característica o una condición.

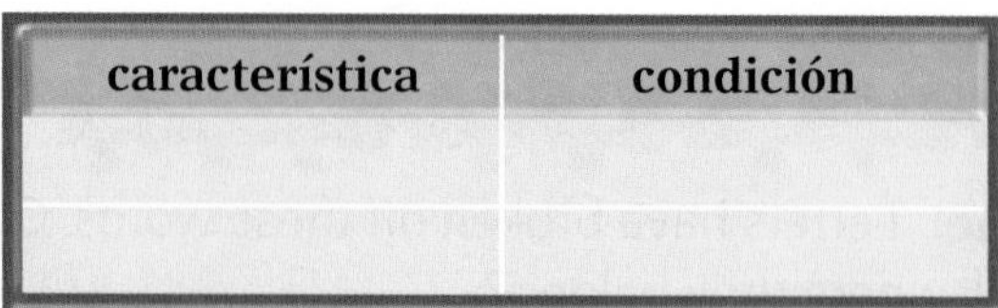

característica	condición

ESCUCHAR • HABLAR • ESCRIBIR

2 Personaliza. Da una respuesta personal.

1. ¿Es grande o pequeña tu casa?
2. ¿Es bonita?
3. ¿De qué color es tu casa?
4. ¿Es nuevo o viejo el carro de tu familia?
5. ¿Es bien educada o mal educada tu mascota?
6. ¿Cómo es tu hermano(a)?

ESCUCHAR • HABLAR • ESCRIBIR

3 Personaliza. Da una respuesta personal.

1. ¿Cómo estás hoy? ¿Estás bien o estás enfermo(a)?
2. ¿Estás contento(a)?
3. ¿Estás triste?
4. ¿Estás nervioso(a)?
5. ¿Estás de buen humor o de mal humor?

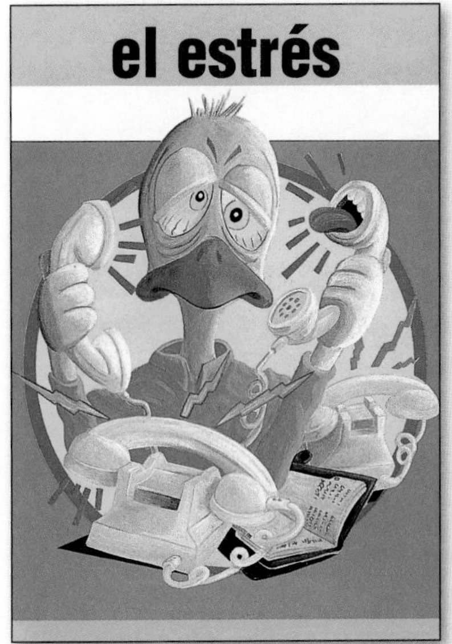

LEER • HABLAR • ESCRIBIR

4 Completa. Completa con la emoción o característica apropiada.

1. Ramón ____ porque acaba de marcar un tanto.
2. Luisa ____ porque acaba de dormir mucho.
3. Lucas ____ porque su abuelo está enfermo.
4. Su padre ____ porque tiene mucho estrés.
5. Maricarmen ____ y siempre quiere trabajar y tener éxito.

Comunicación

5 Create a chart like the one below on a separate sheet of paper. List some emotions similar to the ones below. Give an instance of when you feel a certain way. Present your results to the class.

Estoy enojado(a) cuando...

HABLAR • ESCRIBIR

6 **Juego** Compete with a partner. In one minute, list as many adjectives as you can that use **ser.** Then do the same for **estar.** Check each other's lists. The one with the most correct words wins. Then compare your adjectives and how many you found with those of the others in the class.

Ser y estar

Origen y colocación

CULTURA

El joven es de San Juan, Puerto Rico.

1. You use **ser de** to tell where someone or something is from and what something is made of.

   La profesora es de Puerto Rico.
   El café es de Colombia.
   La casa es de adobe.

2. You use **estar** to express where someone or something is located. It is important to remember that **estar** expresses both temporary and permanent location.

   Los alumnos están en la escuela.
   Madrid está en España.

CULTURA

Las casas están en una aldea de los emberá—un grupo indígena de Panamá. La aldea está en una zona tropical. Las casas de los indígenas de las zonas tropicales son de paja.

Práctica

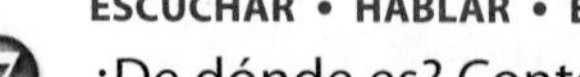

ESCUCHAR • HABLAR • ESCRIBIR

7 ¿De dónde es? Contesta según el modelo.

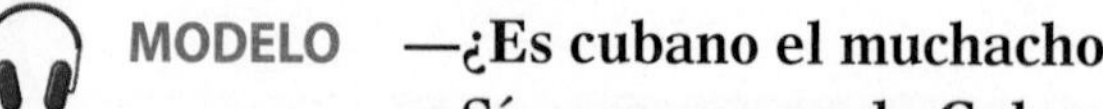

MODELO —**¿Es cubano el muchacho?**
—**Sí, creo que es de Cuba.**

1. ¿Es colombiana la muchacha?
2. ¿Es guatemalteco el joven?
3. ¿Es puertorriqueña la señora?
4. ¿Es española la profesora?
5. ¿Es peruano el médico?
6. ¿Son venezolanos los amigos?
7. ¿Son chilenas las amigas?
8. ¿Son costarricenses los jugadores?

Más práctica

Workbook, pp. 6.9–6.12
StudentWorks™ Plus

ESCUCHAR • LEER • HABLAR

Practica la conversación y presta atención al uso de **ser** y **estar.**

—¿Es de Nicaragua Nora?
—No, Teresa. Creo que es venezolana.
—¿Ella es de Venezuela? Yo también soy de Venezuela y ahora aquí estamos en la Florida.
—Nora está en tu clase de inglés, ¿no?
—Sí, y es muy inteligente. Y algo más que me gusta, siempre está de buen humor.

HABLAR • ESCRIBIR

Contesta según la conversación.

1. ¿Es de Nicaragua Nora?
2. ¿De qué nacionalidad es?
3. ¿Quién más es de Venezuela?
4. ¿Dónde están las dos muchachas ahora?
5. ¿Están ellas en la misma clase de inglés?
6. ¿Cómo es Nora?
7. ¿Siempre está contenta?

EXPANSIÓN

Ahora, sin mirar las preguntas, relata la información en la conversación en tus propias palabras. Si no recuerdas algo, un(a) compañero(a) te puede ayudar.

InfoGap For more practice using **ser** and **estar,** do Activity 6 on page SR8 at the end of this book.

CULTURA

Es una plaza bonita en San Juan, Venezuela.

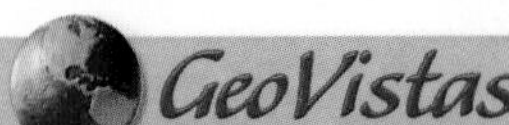

GeoVistas

To learn more about Venezuela, take a tour on pages SH54–SH55.

VIDEO Want help with **ser** and **estar?** Watch **Gramática en vivo.**

CULTURA

Los jóvenes están en una placita en La Palma, una de las islas Canarias. Las islas Canarias están en el océano Atlántico al oeste de África.

HABLAR • ESCRIBIR

10 ¿De dónde es y dónde está ahora? Contesta. Presta atención a la diferencia entre el uso de **ser** y **estar.**

1. Bernardo es de Argentina pero ahora está en España.
   ¿De dónde es Bernardo?
   ¿Dónde está ahora?
   ¿De dónde es y dónde está?
2. Linda es de Estados Unidos pero ahora está en Colombia.
   ¿De dónde es Linda?
   ¿Dónde está ahora?
   ¿De dónde es y dónde está?
3. La señora Martín es de Cuba pero ahora está en Puerto Rico.
   ¿De dónde es la señora Martín?
   ¿Dónde está ahora?
   ¿De dónde es y dónde está?

ESCUCHAR • HABLAR • ESCRIBIR

11 Personaliza. Da una respuesta personal.

1. ¿Dónde está tu escuela?
2. ¿Está tu escuela cerca o lejos de tu casa?
3. ¿Estás en la escuela a las diez de la mañana?
4. ¿En qué clase estás después del almuerzo?
5. ¿De dónde es tu profesor(a) de español?
6. ¿Y de dónde eres tú?
7. ¿Cómo estás hoy?
8. Y el/la profesor(a), ¿cómo está?

FOLDABLES® Study Organizer

PAPER FILE FOLDER

See page SH29 for help with making this foldable. Make two folders, one with **ser** on the tab and **estar** on the other. Write sentences using each verb. On the back, explain your reason for your verb choice. Place the sentences in the correct folders. Trade folders with a friend and check each other's work.

LEER • HABLAR

12 Parea el verbo con la expresión.

ser **estar**	enfermo en casa inteligente cerca de sincero enojado en México de Madrid alto

Los pronombres me, te, nos

1. In Chapter 5 you learned the pronouns **me** and **te** with the expressions **me gusta, te interesa, te aburre.** Note that **nos** is the object pronoun that corresponds to **nosotros.**

   No nos aburre el curso. Nos gusta.
   Nos interesa bastante.

2. **Me, te,** and **nos** are object pronouns. They can be used as either direct or indirect objects. Note that unlike in English, you put the object pronoun right before the verb.

   El médico me ve. Me examina.
   ¿Te habla el médico?
   Sí, me habla.
   El médico nos examina y nos da una receta.

Práctica

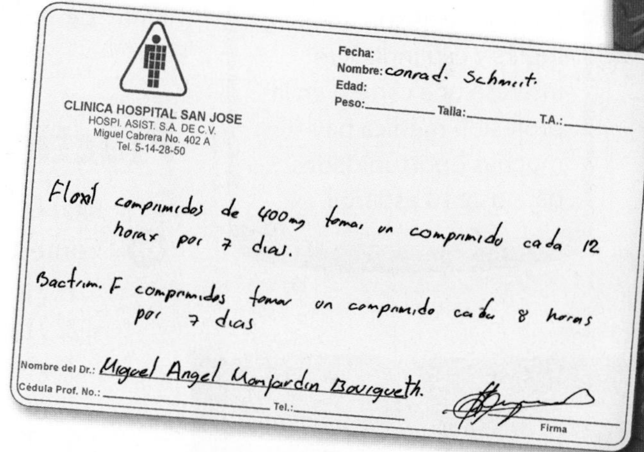

Fecha:
Nombre: conrad. Schmeit.
Edad:
Peso: ____ Talla: ____ T.A.: ____

CLINICA HOSPITAL SAN JOSE
HOSPI. ASIST. S.A. DE C.V.
Miguel Cabrera No. 402 A
Tel. 5-14-28-50

Floxil comprimidos de 400mg tomar un comprimido cada 12 horas por 7 dias.

Bactrim. F comprimidos tomar un comprimido cada 8 horas por 7 dias

Nombre del Dr.: Miguel Angel Manjardin Bourgueth.
Cédula Prof. No.: ____ Tel.: ____
Firma

HABLAR • ESCRIBIR

13 Personaliza. Da una respuesta personal.

1. A veces, cuando estás enfermo(a), ¿tienes que ir al médico?
2. Cuando estás en su consultorio, ¿te habla la recepcionista?
3. ¿Te examina el médico?
4. ¿Te habla también?
5. ¿Qué te duele?
6. ¿Te da un diagnóstico el médico?
7. ¿Te da una receta?
8. ¿Te receta medicina?

ESCUCHAR • HABLAR • ESCRIBIR

Crea frases según el modelo.

MODELO **ver →**
Cuando estamos enfermos, el médico nos ve.

1. examinar
2. mirar
3. hablar
4. dar una receta

HABLAR • ESCRIBIR

Trabaja con un(a) compañero(a) de clase.

Forma frases con las siguientes expresiones.

Gramática

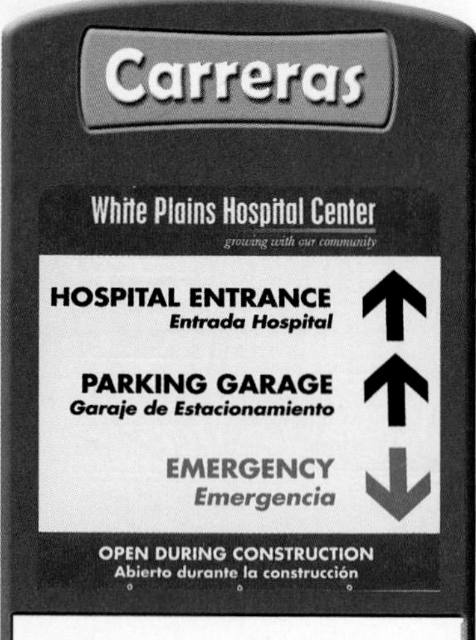

Aquí vemos las señales para una sala de emergencia en un hospital en Nueva York. Los anuncios son en inglés y español. Si te interesa una carrera en la profesión médica hay muchas oportunidades para usar tu español.

Los pronombres le, les

1. **Le** and **les** are indirect object pronouns. That means they are the indirect receivers of the action of the verb. They answer the question *to whom* or *for whom.*

   La médica le da una receta.
   La médica les habla.

2. The indirect object pronouns **le** and **les** are both masculine and feminine. **Le** and **les** are often used with another phrase to clarify to whom they refer.

   El profesor le habla { **al muchacho.** / **a la muchacha.** }

   El profesor les explica la lección { **a los alumnos.** / **a las alumnas.** }

   Le hablo { **a usted.** / **a él.** / **a ella.** }

   Les hablo { **a ustedes.** / **a ellos.** / **a ellas.** }

Práctica

HABLAR • ESCRIBIR

16 Contesta las preguntas sobre el pobre Nando que está enfermo.

1. ¿Está Nando en el consultorio?
2. ¿Le habla el médico?
3. ¿Nando le explica sus síntomas?
4. ¿Le duele la garganta?
5. ¿El médico le examina la garganta?
6. ¿El médico le da una receta?
7. ¿Le receta unos medicamentos?

17 Prepara una conversación según el modelo.

MODELO **—A mí me gusta mucho el arte.**
—Y a tu amiga Rosa le gusta también, ¿verdad?

1. los deportes
2. la clase de español
3. el color verde
4. las legumbres
5. el helado
6. la comida mexicana

Comunicación

18 Make a list of things you like. Interview some friends and find out if they like them, too. Report the results to the class.

CULTURA

Una muchacha le habla a su amiga en Antigua, Guatemala. Parece ser una conversación seria.

HABLAR • ESCRIBIR

19 **Juego** **¿Es una frase?** These words are all mixed up! Can you rearrange them to make logical sentences?

1. una receta médico da me el
2. les habla madre sus la a hijos
3. casa nos su gusta
4. profesor le a usted el lección la explica
5. ¿enfada te hermana tu?
6. dan perro un ellos ella a le

Refrán

Can you guess what the following proverb means?

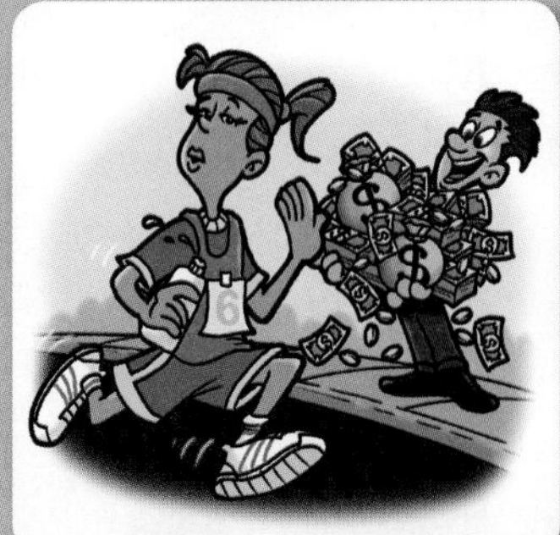

Entre salud y dinero, salud quiero.

PRONUNCIACIÓN 

Las consonantes c, g

The consonant **c** in combination with **a, o, u (ca, co, cu)** has a hard **k** sound. **C** changes to **qu** with **e** or **i (que, qui)** in order to maintain the hard **k** sound. Repeat the following.

ca	que	qui	co	cu
cama	que	aquí	como	cubano
casa	queso	equipo	cocina	cuando
cámara	parque	quiero	médico	Cuzco
cancha	raqueta	tranquilo	terco	
catarro	pequeño		físico	

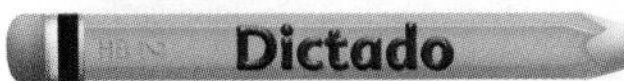

Pronounce the following sentences carefully. Then write them to prepare for a dictation.

Yo practico el básquetbol en el parque pequeño.
El cubano come el queso aquí en el parque.
Él es muy terco y físico, no tranquilo.

The consonant **g** in combination with **a, o, u (ga, go, gu)** is pronounced somewhat like the **g** in **go.** To maintain this same sound **g** changes to **gu** before **e** or **i (gue, gui).** Repeat the following.

ga	gue	gui	go	gu
paga	guerra	amiguito	juego	guante
gana			golpea	seguro

Dictado

Pronounce the following sentences carefully. Then write them to prepare for a dictation.

Góngora gana el Guante de oro.
El amiguito quiere jugar.
El médico examina la boca y la garganta.

You have now learned all the new vocabulary and grammar in this chapter. Continue to use and practice all that you know while learning more cultural information. ¡Vamos!

Conversación

QuickPass
Go to glencoe.com
For: **Conversation practice**
Web code: **ASD9281c6**

UN ALUMNO DE COLOMBIA

¿Comprendes?

A Contesta según la información en la conversación.

1. ¿De dónde es Luis?
2. ¿En qué clase está con Elena?
3. ¿A qué clase tiene que ir ahora?
4. ¿Qué piensa Elena de Luis?
5. ¿Qué le gusta a Magalí?
6. ¿Qué te parece? ¿Les interesa Luis a las muchachas?

B Cuenta lo que pasa en la conversación en tus propias palabras.

C Da la siguiente información.

características positivas de Luis	la apariencia de Luis

D **Interpretando** ¿Qué piensas?

¿Tiene Magalí mucho interés en Luis? ¿Por qué?
¿Y Elena? ¿Tiene ella interés también? ¿Por qué?

CULTURA

Bogotá, la capital de Colombia, es una gran ciudad con avenidas anchas y edificios modernos de muchos pisos—rascacielos. Un rascacielos es un edificio muy alto que rasca (toca) el cielo.

LECTURA
CULTURAL

Antes de leer

Skim the selection by looking for key words and reading the first and last sentence of each paragraph. Determine what you think this reading is about.

¿Qué es un pícaro?

Durante la lectura

Think about those characteristics of Periquillo that make him ***un antihéroe.***

¿Dónde trabaja Periquillo?

Después de leer

Did skimming the reading give you a general sense of what the reading would be about?

READING STRATEGY

Skimming Skimming is looking over an entire reading selection quickly to get a general idea of what it is about. Once you have a general idea of the reading, you can go back and read it again to find out more of the details.

El Periquillo Sarniento 

La literatura picaresca La literatura tiene sus héroes y también sus antihéroes. En la literatura hispana hay un antihéroe especial—el pícaro. El pícaro es un muchacho humilde que no tiene dinero. Como es muy pobre su vida es una lucha[1] continua.

El Periquillo Sarniento *El Periquillo Sarniento* es del autor mexicano Fernández de Lizardi. Periquillo no es como los otros pícaros típicos. Él no es pobre y asiste a la universidad. Pero no le gusta trabajar. Le falta ambición. Es perezoso y pasa de una aventura a otra.

Trabaja como criado[2] en casa de un médico. Habla mucho con el médico y lee sus libros sobre la medicina. Decide que el médico no es bueno y que no les trata bien a sus pacientes. Periquillo le roba al médico. Toma sus libros, una cantidad de dinero y su mula. En la mula va a un pueblo pequeño donde no hay médico. Finge[3] ser médico y muy pronto tiene muchos pacientes. Creen que Periquillo es un médico auténtico.

Un día ve a un señor que está muy enfermo. Su familia está muy deprimida. Para aliviar el dolor de estómago que tiene el enfermo, Periquillo prepara una mezcla[4] de cosas horribles. El enfermo bebe. Y, ¿qué pasa? El señor abre los ojos, reconoce a su familia y les habla. La familia está muy alegre y todos le dan las gracias a su «médico».

Periquillo tiene otras aventuras pero poco a poco él cambia[5] su mala conducta y vive como una persona responsable.

[1]lucha *struggle*
[2]criado *housekeeper*
[3]Finge *He pretends*
[4]mezcla *mixture*
[5]cambia *changes*

¿Comprendes?

Más práctica

Workbook, pp. 6.13–6.15
StudentWorks™ Plus

A Confirmando información Corrige la información que no es correcta.

1. El pícaro es un héroe.
2. *El Periquillo Sarniento* es una novela romántica.
3. Como todos los pícaros, Periquillo es pobre.
4. No tiene educación.
5. Periquillo trabaja como médico en casa de un criado.

B Describiendo Describe los defectos que tiene Periquillo.

C Recordando hechos Contesta.

1. ¿Qué lee Periquillo en casa del médico?
2. ¿Qué piensa Periquillo del médico?
3. ¿Cuáles son tres cosas que Periquillo toma del médico?
4. ¿Adónde va Periquillo?

D Describiendo Describe.

1. a la familia del paciente
2. la condición del paciente
3. el tratamiento que le da Periquillo

E Analizando Contesta.

1. ¿Por qué cree Periquillo que el médico no es bueno?
2. Cuando Periquillo llega al pueblo, ¿por qué tiene muchos pacientes inmediatamente?
3. ¿Por qué creen que Periquillo es un buen médico?
4. ¿Debe Periquillo tratar de curar a los enfermos? Explica por qué contestas que sí o que no.

Una litografía de José Joaquín Fernández de Lizardi

LECTURA

UN POCO MÁS

Lazarillo de Tormes

Antes de leer

Vas a leer un episodio en la vida de Lazarillo, un pícaro español. Como todos los pícaros, Lazarillo tiene que ser muy astuto. Es una característica importante para los pícaros. Vas a ver por qué.

La primera novela picaresca es *Lazarillo de Tormes* de un autor anónimo español. Lazarillo es un niño pobre de Salamanca. No tiene dinero y siempre tiene que confrontar muchos obstáculos. Pero el joven no pierde su sentido de humor.

La madre de Lazarillo no tiene marido. Es viuda[1]. Ella gana muy poco dinero. Un día, llega al hotel donde trabaja un señor ciego[2]. La pobre madre está muy triste pero como ella no tiene dinero le da a su hijo al señor ciego.

Lazarillo es muy astuto y no tiene confianza en el ciego. Es un hombre cruel y trata muy mal a Lazarillo.

Un día un señor le da al ciego un racimo de uvas[3]. El ciego le habla a Lazarillo.

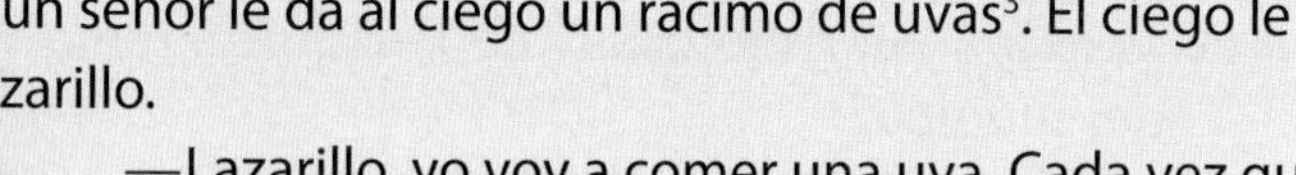

—Lazarillo, yo voy a comer una uva. Cada vez que yo como una, tú puedes comer una también. ¿Me prometes[4] comer solamente una?

—Sí, señor.

El ciego empieza a comer. Y, ¿cuántas uvas come? ¿Una? ¡No! Come dos.

Luego el ciego le da el racimo a Lazarillo y Lazarillo empieza a comer. ¿Cuántas uvas come? ¿Una? ¿Dos? ¡No! Lazarillo come tres.

—Lazarillo, tú no comes solamente una uva. Comes tres.

—No, señor.

—Lazarillo, tú ves que yo como dos uvas y no me dices nada[5]. Por eso, estoy seguro que tú comes tres y rompes[6] nuestra promesa.

—Sí, señor. Pero, ¿quién rompe nuestra promesa primero? ¡Yo, no! ¡Usted, sí!

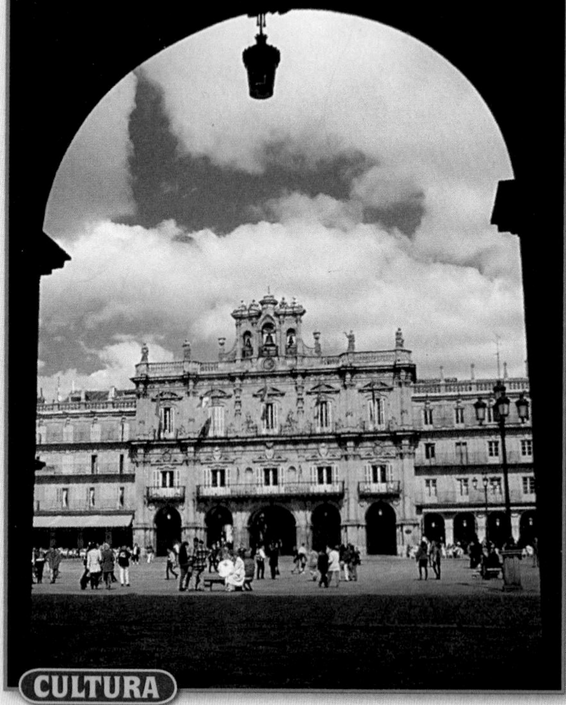

CULTURA

Una vista de la Plaza Mayor en Salamanca, la ciudad natal de Lazarillo

[1]viuda *widow*
[2]ciego *blind*
[3]racimo de uvas *bunch of grapes*
[4]prometes *promise*
[5]dices nada *say nothing*
[6]rompes *break*

¿Comprendes?

A Escoge.

1. Lazarillo tiene que confrontar muchos obstáculos en la vida porque es _____.
   a. ciego
   b. pobre
   c. perezoso

2. Lazarillo siempre está _____.
   a. de buen humor
   b. de mal humor
   c. triste

3. La pobre madre le da a su hijo al ciego porque _____.
   a. no le gusta
   b. no tiene dinero y está desesperada
   c. el ciego es un buen hombre

4. ¿Por qué come Lazarillo tres uvas a la vez?
   a. porque quiere romper la promesa que tiene con el ciego
   b. porque tiene mucha hambre
   c. porque el ciego rompe su promesa primero

5. ¿Por qué tienen que ser astutos los pícaros?
   a. Son bastante maliciosos.
   b. No son muy inteligentes.
   c. Son pobres y viven solos.

B Analizando Explica por qué el primero que rompe la promesa es el ciego y no Lazarillo.

CULTURA

El monumento a Lazarillo de Tormes en la ciudad de Salamanca. Lazarillo es un personaje famoso, ¿no?

To review **Vocabulario 1** and **Vocabulario 2,** turn to pages 196–197 and 200–201.

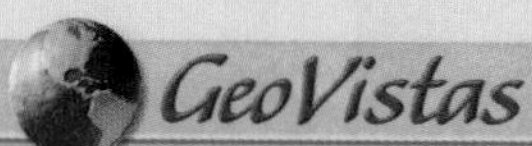

La señora está siempre de muy buen humor porque le gusta su trabajo. Vende dulces en su bodega en Antigua, Guatemala.

GeoVistas

To learn more about Guatemala, take a tour on pages SH48–SH49.

Vocabulario

1 **Parea.**

1. Le duele la cabeza.
2. Está cansada.
3. Está triste.
4. Tose.
5. Es dinámico y ambicioso.
6. Tiene catarro.

2 **Parea.**

7. Él no es flexible.	**a.** No le gusta trabajar.
8. Es mal educado.	**b.** Tiene que abrir la boca.
9. Es perezoso.	**c.** Es terco.
10. Siempre está enojado.	**d.** Está enfermo. Tiene fiebre.
11. Le examina la garganta.	**e.** No me gusta su conducta.
12. Tiene que guardar cama.	**f.** Todo le molesta.
13. Le falta paciencia.	**g.** Es un tipo impaciente.

3 **Completa con una palabra apropiada.**

14. Ella siempre tiene una ____ en la cara. Siempre está de buen humor.
15. Tiene mucho estrés y tiene dolor de ____.
16. Tiene ____ y le duele la garganta.
17. El médico ve a sus pacientes en ____.
18. Siempre come cosas malas y después tiene dolor de ____.
19. ____ me toma el pulso y la tensión arterial.
20. En la farmacia ____ muchos medicamentos.

Gramática

4 **Completa con ser o estar.**

21. Lima ____ en Perú.
22. Nuestra escuela ____ grande.
23. Él no trabaja. ____ perezoso.
24. Ella ____ nerviosa porque tiene un examen.

25–26. Sus amigos ____ de México pero ahora ____ en la Florida.

27. José ____ enfermo.
28. Clara, ¿____ cansada porque acabas de jugar tenis?
29. Yo tengo mucha energía hoy. ____ muy energético(a).
30. Yo ____ ambicioso(a) y quiero sacar buenas notas.

To review **ser** and **estar**, turn to pages 204 and 206.

Completa con el pronombre apropiado.

31. ¿____ va a hablar Juan?
—Sí, siempre me habla.

32–33. ¿____ explica (a ustedes) la lección la profesora?
—Sí, ella ____ explica la lección.

34. El médico ____ da una receta a su paciente.

35–36. —¿A ustedes ____ enoja su conducta?
—Sí, ____ molesta.

To review indirect object pronouns, turn to pages 209–210.

Cultura

Describe.

37. Describe a Periquillo Sarniento.

¿Sí o no?

38. *El Periquillo Sarniento* es de un autor español.
39. Periquillo tiene su doctorado en medicina y es un médico excelente.
40. Todos los pícaros cambian su mala conducta.

To review this cultural information, turn to pages 214–215.

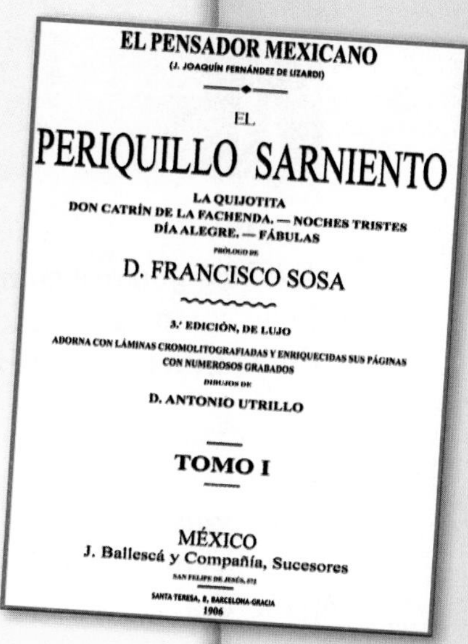

EL PENSADOR MEXICANO
(J. JOAQUÍN FERNÁNDEZ DE LIZARDI)

EL
PERIQUILLO SARNIENTO

LA QUIJOTITA
DON CATRÍN DE LA FACHENDA. — NOCHES TRISTES
DÍA ALEGRE. — FÁBULAS

PRÓLOGO DE
D. FRANCISCO SOSA

3.ª EDICIÓN, DE LUJO
ADORNA CON LÁMINAS CROMOLITOGRAFIADAS Y ENRIQUECIDAS SUS PÁGINAS CON NUMEROSOS GRABADOS

DIBUJOS DE
D. ANTONIO UTRILLO

TOMO I

MÉXICO
J. Ballescá y Compañía, Sucesores
SAN FELIPE DE JESÚS, 572
SANTA TERESA, 8, BARCELONA-GRACIA
1906

Prepárate para el examen

Practice for oral proficiency

1 ¿Quién es sincero(a)?

Talk about personality traits

Con un(a) compañero(a) de clase discute quien o quienes tienen las siguientes características. ¿Qué indica que tiene las siguientes características?

Es muy energético(a).
Tiene mucha paciencia.
Es bastante perezoso(a).
Es bien educado(a).
Es dinámico(a) y ambicioso(a).

2 Mis emociones

Talk about your feelings

Indica cuando tienes las siguientes emociones o sentimientos. Puedes incluir otras.

Estoy nervioso(a) cuando...
Estoy contento(a) cuando...
Me enoja cuando...

CULTURA

El joven está contento y siempre está de buen humor. Tiene una personalidad agradable. A todos les gusta su sonrisa.

3 ¡A tu éxito!

Tell how you are going to be successful

Habla de como vas a tener éxito.

Como quiero tener éxito, voy a...

4 ¿Qué tienes?

Role-play a visit to a doctor's office

Estás en la consulta del médico. Habla con el médico (tu compañero[a]) de tus enfermedades. Luego cambien de rol.

Prepárate para el examen

Practice for written proficiency

Tarea

Write a complete description of yourself. If you prefer, however, you can write about a fictitious character—someone you read about or made up.

Writing Strategy

Writing a personal essay One of the best ways to start to write something personal is to sit down and begin to jot down random ideas. Write down what comes to your mind about yourself or your fictitious person. Be sure that you use only words and grammar you have learned in Spanish.

1 Prewrite

Fill in a chart similar to the one below. Give as much information about yourself or your fictitious person as you can under each category. Feel free to create additional categories. Use as much of this chapter's vocabulary as possible. Include interesting details to make your description interesting and lively and maybe even funny.

2 Write

- Begin with an introduction that explains whom you are describing.
- Decide the order you wish to give to the categories suggested in the chart. Use a separate paragraph for each category.
- Give your composition a title that will grab the readers' attention.
- Edit your work. Check spelling, grammar, punctuation, and sentence structure.

Evaluate

Don't forget that your teacher will evaluate you on your organization, correct use of vocabulary and grammar, understandability, ability to hold the interest of the reader, and completeness of your message.

Repaso del Capítulo 6

Gramática

- **Ser y estar** *(pages 204 and 206)*
  The verbs **ser** and **estar** have distinct uses.

Característica	**Él es muy ambicioso.**
Origen	**Ella es de la República Dominicana.**
Condición	**Ella está muy cansada hoy.**
Colocación	**Él está en San Juan esta semana.**
	San Juan está en Puerto Rico.

- **Los pronombres me, te, nos** *(page 209)*
  The object pronouns **me, te,** and **nos** can be either a direct object or an indirect object.

direct object	*indirect object*
El médico me ve.	**El médico me habla.**
El médico te examina.	**El médico te da una receta.**

- **Los pronombres le, les** *(page 210)*
  Review the indirect object pronouns **le** and **les**.

Le hablo	**a usted.** / **a él.** / **a ella.**	**Les escribo**	**a ustedes.** / **a ellos.** / **a ellas.**

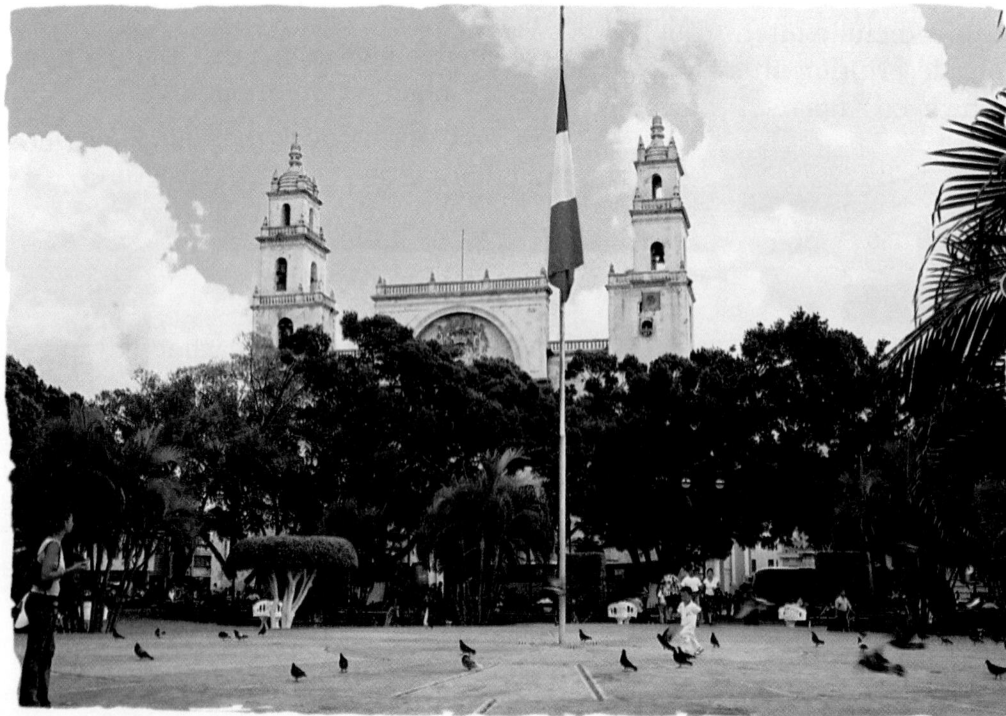

CULTURA

El niño les da de comer a las palomas en la Plaza Grande de Mérida, México. En muchas plazas y parques de España y Latinoamérica, a los niños les encanta dar de comer a las palomas.

There are a number of cognates in this list. See how many you and a partner can find. Who can find the most? Compare your list with those of your classmates.

Vocabulario

Describing emotions and feelings

alegre
contento(a)
triste
deprimido(a)
enojado(a)
enfadado(a)
energético(a)
calmo(a), tranquilo(a)
nervioso(a)
cansado(a)
de mal (buen) humor

Discussing personality and behavior

la personalidad
el comportamiento
la conducta
los modales
la energía
el entusiasmo
la paciencia
dinámico(a)
ambicioso(a)
perezoso(a)
paciente
impaciente
flexible
terco(a), obstinado(a)
agradable
bien (mal) educado(a)

Describing some minor health problems

la salud
un catarro
una fiebre
una tos
el estrés
el dolor
de garganta
de estómago
de cabeza
el examen físico
la tensión arterial
el pulso
la consulta
el/la médico(a)
el/la enfermero(a)
el/la paciente
la farmacia
el/la farmacéutico(a)
la receta
el medicamento, la medicina
enfermo(a)
resfriado(a)
examinar
abrir
toser
doler
recetar
vender

Other useful words and expressions

la sonrisa
la cara
la boca
el/la niño(a)
el tipo
lleno(a) de
me falta
me enfada
me enoja
me molesta
guardar cama
tener éxito
ser
estar

You may wish to read the Mexican legend *Iztaccíhuatl y Popocatépetl,* found on pages 402–405.

Repaso cumulativo

Repasa lo que ya has aprendido

These activities will help you review what you have learned so far in Spanish.

Escucha las frases. Indica en una tabla como la de abajo si las frases son correctas o no.

sí	no

Completa con el verbo ser.

1. Yo ____ alumno(a) en la clase de la señora Lugones.
2. La clase ____ bastante grande.
3. Los alumnos de la señora Lugones ____ bastante buenos.
4. Nosotros ____ alumnos serios.
5. ¿Tú ____ un(a) alumno(a) serio(a) también?
6. ¿En qué escuela ____ ustedes alumnos?

CULTURA

Muchas personas tienen como mascota un loro como el loro aquí de Antigua, Guatemala.

Escribe frases. Presta atención a las terminaciones *(endings)* de los adjetivos.

1. muchacha / rubio
2. clase / pequeño
3. lecturas / fácil
4. edificio / alto
5. departamentos / grande
6. carro / viejo
7. jardín / bonito
8. flores / bonito

Personaliza. Da respuestas personales.

1. ¿Cuántos años tienes?
2. ¿Cuántos años tienen tus hermanos si no eres hijo(a) único(a)?
3. ¿Tienen ustedes una mascota? ¿Qué tienen?
4. ¿Cuántos cuartos tiene su casa o apartamento?
5. ¿Tienes muchos primos?
6. ¿Tienen ustedes una familia grande o pequeña?

Completa personalmente.

1. Soy de ____.
2. Tengo el pelo ____.
3. Tengo ojos ____.
4. Soy ____.
5. Y estoy ____.

Da el antónimo.

1. alto
2. cansado
3. feo
4. ambicioso
5. malo
6. interesante
7. contento
8. pequeño
9. mucho
10. antes de
11. interesar
12. delante de

Contesta según el dibujo.

1. ¿Qué muebles hay en la sala?
2. ¿Qué muebles hay en el comedor?
3. ¿Qué muebles hay en los cuartos de dormir?

Forma preguntas.

1. *El joven* es ambicioso.
2. El joven es *ambicioso.*
3. Él es *médico.*
4. Vive *en Salamanca.*
5. Tiene *dos* hijos.
6. Él va *a su consultorio.*
7. Él va a su consultorio *de lunes a viernes.*

Literary Reader

Contenido

Literatura 1

El Cid 398

Literatura 2

Iztaccíhuatl y Popocatépetl... 402

The literary selections in the pages that follow will introduce you to Hispanic literature while helping you to develop reading skills and a better understanding of Hispanic culture. These selections have been carefully adapted to match your developing language skills. As you draw on your knowledge of Spanish grammar and vocabulary and apply the reading strategies you have learned, you will discover that you are able to comprehend and enjoy the selections. **¡A leer!**

◀ La biblioteca de El Escorial, un palacio y monasterio cerca de Madrid, construido en el siglo dieciséis

El Cid

CULTURA

El héroe, el Cid, es famoso en Estados Unidos también. Aquí el Cid está montado a su caballo, Babieca, en una estatua en San Diego, California.

Vocabulario

Estudia las siguientes palabras y sus definiciones.

el rey monarca
el siglo un período de cien años
feliz contento(a), alegre
triste contrario de «feliz»
un pueblo una ciudad muy pequeña
enseguida inmediatamente, ahora mismo
por fin finalmente
luchar tener batallas

Práctica

Completa.

1. No vamos en una hora. Vamos ____, ahora mismo.
2. Estamos en el ____ veintiuno.
3. Es una persona ____. Siempre está contenta.
4. No. Él no es una persona alegre. Es una persona ____.
5. Él no tiene muchos amigos porque ____ con sus amigos.
6. Los reyes católicos son Fernando e Isabel. Fernando es el ____. Isabel es la reina.

INTRODUCCIÓN

El poema de mío Cid es el título del famoso poema épico español. Es de un autor anónimo. El poema canta de las acciones o hazañas del gran héroe, el Cid. Pero, ¿quién es el Cid?

El Cid

1

En el siglo XI nace el señor Rodrigo Díaz de Vivar en un pueblo pequeño cerca de Burgos en Castilla, España. Allí tiene una vida° feliz con su mujer, Jimena, y sus dos hijas.

Rodrigo Díaz de Vivar tiene el título de el Cid. El Cid es una palabra árabe. En aquel entonces° los árabes ocupan una gran parte de España.

Un día el Cid tiene un conflicto con el rey de Castilla, Alfonso. Por eso, tiene que abandonar la ciudad de Burgos. Está muy triste porque tiene que abandonar a su familia también. El Cid sale° de Burgos en su caballo, Babieca. Inmediatamente tiene que luchar contra los árabes. Lucha valientemente y mucha gente ayuda° al Cid en su lucha.

Después de mucho tiempo, llega° a Valencia. Es una ciudad que ocupan los árabes. El Cid tiene unas batallas horribles con los árabes y por fin el Cid y sus hombres conquistan la ciudad. Enseguida el Cid envía por su mujer (esposa) y sus dos hijas. El Cid reina en Valencia hasta su muerte° en mil noventa y nueve (1099).

una vida *life*

En aquel entonces *At that time*

sale *leaves*

ayuda *help*

llega *he arrives*

muerte *death*

CULTURA

Una vista de Burgos

CULTURA

Valencia, España

2

saben *learn*

ven *see*

tienen mucho miedo *they are scared*

entierra *she buries*

Cuando los árabes saben° de la muerte del Cid, regresan a Valencia y atacan la ciudad. La mujer del Cid es muy astuta y tiene un plan. Ella embalsama a su marido y coloca su cadáver en su caballo Babieca. Cuando los árabes ven° al Cid en su caballo tienen mucho miedo° y escapan. Jimena toma la oportunidad de escapar también. Regresa a Burgos donde entierra° a su esposo en la famosa Catedral de Burgos. Hoy turistas de todas partes del mundo visitan las tumbas del Cid y de su valiente mujer, Jimena.

¿Comprendes?

A **Buscando información** Identifica.

1. el otro nombre del Cid
2. el nombre de la mujer del Cid
3. el número de hijas que tienen el Cid y su mujer
4. la ciudad de donde es el Cid
5. el nombre del caballo del Cid

B **Determinando** Escoge.

1. El Cid tiene que (abandonar, conquistar) la ciudad de Burgos.
2. El Cid está (feliz, triste) cuando tiene que abandonar a su familia.
3. Los (árabes, romanos) ocupan una gran parte de España durante la época del Cid.
4. El Cid sale de Burgos (a pie, en su caballo).
5. Durante su expedición de conquista el Cid llega a (Burgos, Valencia).

C **Confirmando información** ¿Sí o no?

1. Los árabes regresan a Valencia después de la muerte del Cid.
2. La mujer del Cid es una señora inteligente.
3. Los árabes toman la ciudad de Valencia cuando saben de la muerte del Cid.
4. La mujer del Cid regresa a Valencia donde entierra a su marido.

D **Describiendo** Describe.

Describe el plan que tiene la mujer del Cid para engañar *(fool, deceive)* a los árabes.

E **Analizando** Contesta.

¿Qué acciones del Cid indican que es una persona buena?

CULTURA

Patio de los Leones de La Alhambra, una maravilla arquitectónica de los moros en Granada

Una leyenda mexicana—Iztaccíhuatl y Popocatépetl

CULTURA

Los volcanes Iztaccíhuatl y Popocatépetl

Vocabulario

Estudia las siguientes palabras y sus definiciones.

el cacique el líder, el jefe
el guerrero una persona que lucha en una batalla o guerra; un soldado
subir ir hacia la parte superior
casarse contraer matrimonio, tomar como esposo(a)
desconsolado(a) muy triste
la leyenda un cuento tradicional

Reading Tip

Remember that as you read you should look for cognates—words that look alike in both Spanish and English and have the same meaning. In this selection, you will come across the following cognates. Can you find others?

el volcán	el emperador	la torcha
el origen	la princesa	la montaña
la versión	la batalla	la erupción
el valle	suicidar	omnipotente
severo	posesiones	informar
horrible	flameante	victorioso

Práctica

Expresa de otra manera.

1. ¿Es *el líder* de un grupo indígena?
2. Él está *triste* porque su madre está muy enferma.
3. Ellos tienen que *ir a la parte superior.*
4. Ellos van a *ser esposo y esposa.*
5. *Los soldados* luchan mucho. Toman parte en muchas batallas.

INTRODUCCIÓN

Cerca de la Ciudad de México hay dos volcanes gigantescos—el Iztaccíhuatl y el Popocatépetl. Hay una leyenda sobre el origen de los dos volcanes. Como muchas leyendas, la leyenda sobre Iztaccíhuatl y «Popo» tiene varias versiones. Aquí tenemos una versión popular.

El calendario azteca

Iztaccíhuatl y Popocatépetl

1

Antes de la llegada de Cristóbol Colón los aztecas viven en México. El emperador de los aztecas es un señor omnipotente y bastante severo. Hay otros grupos indígenas que viven en el valle de México que no están contentos con él. Están cansados de tener que dar sus posesiones y dinero a un emperador opresivo. Entre los grupos que no están contentos con él son los tlaxcaltecas.

El cacique de los tlaxcaltecas tiene una hija bonita, la princesa Iztaccíhuatl. La princesa está enamorada de° Popocatépetl, uno de los guerreros más valientes de su padre. Su padre envía a «Popo» a una batalla contra los aztecas. El padre promete° a Popocatépetl que puede tener la mano de su hija (tomar como esposa a su hija) si regresa victorioso. Popo está muy contento. Él va a ganar la batalla y la princesa va a ser su esposa.

enamorada de *in love with*

promete *promises*

Escenas de la vida en Tenochtitlán, la capital de los aztecas

CULTURA

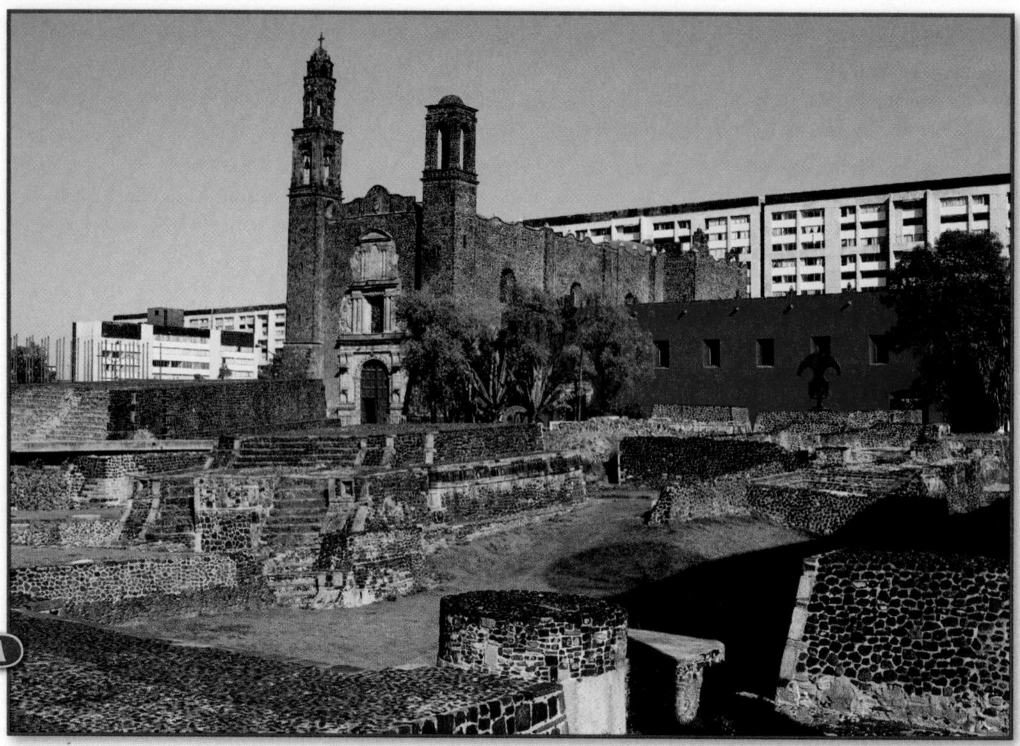

CULTURA

Plaza de las Tres Culturas, Ciudad de México

2

Mientras Popocatépetl está ausente otro joven pretendiente° informa a Iztaccíhuatl que su amado° está muerto°; que pierde la vida en una batalla horrible. Él convence a Iztaccíhuatl a casarse con él.

pretendiente *suitor*
amado *loved one*
muerto *dead*

Después de poco Popocatépetl regresa victorioso de la batalla. Está muy feliz porque ahora piensa que va a casarse con Iztaccíhuatl. Cuando la princesa aprende del regreso de su amado está desconsolada. Ahora no puede casarse con él porque ya tiene esposo. No quiere vivir sin su «Popo». La desconsolada princesa se suicida.

3

El padre de la princesa, el cacique, informa al soldado de la muerte de su hija. Popo toma a Iztaccíhuatl en sus brazos°. Levanta a su amada y con su cuerpo cargado en sus hombros° sube varias montañas. Cuando llega cerca del cielo coloca el cuerpo de Iztaccíhuatl en el pico de una de las montañas y enciende° una torcha. Empieza a nevar y dentro de poco la nieve cubre los dos cuerpos y forma dos volcanes majestuosos—el Iztaccíhuatl y el Popocatépetl. Aún hoy «Popo» sigue vigilando° a su querida (amada) Iztaccíhuatl y a veces vemos su torcha flameante con «Popo» cuando entra en erupción.

brazos *arms*
hombros *shoulders*
enciende *lights*
sigue vigilando *keeps watch over*

¿Comprendes?

A Recordando hechos Contesta.

1. ¿Quiénes viven en México antes de la llegada de Cristóbal Colón?
2. ¿Hay otros grupos indígenas también?
3. ¿Todos están contentos con los aztecas?
4. ¿Hay batallas entre los diferentes grupos?

B Describiendo Describe.

1. Describe al emperador de los aztecas.
2. Describe a Iztaccíhuatl.
3. Describe a Popocatépetl.
4. Describe la relación entre Iztaccíhuatl y Popocatépetl.

C Identificando Contesta.

¿Cuáles son las acciones o hazañas profesionales y personales de Popocatépetl?

D Explicando Explica.

1. por qué no puede Iztaccíhuatl ser la esposa de Popocatépetl
2. el origen y formación de los dos volcanes

CULTURA

Bailadores aztecas en el Zócalo, la Ciudad de México

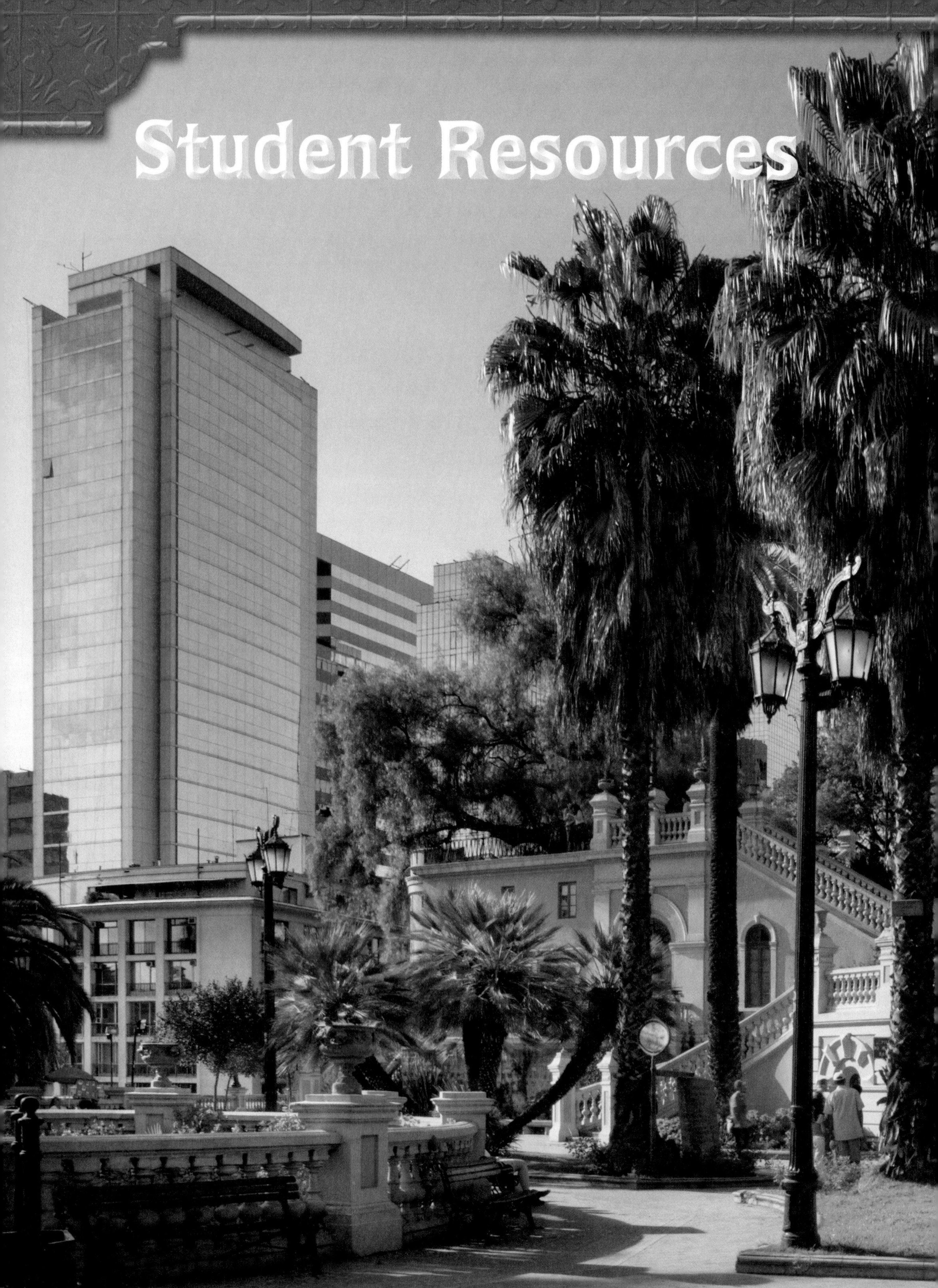
Student Resources

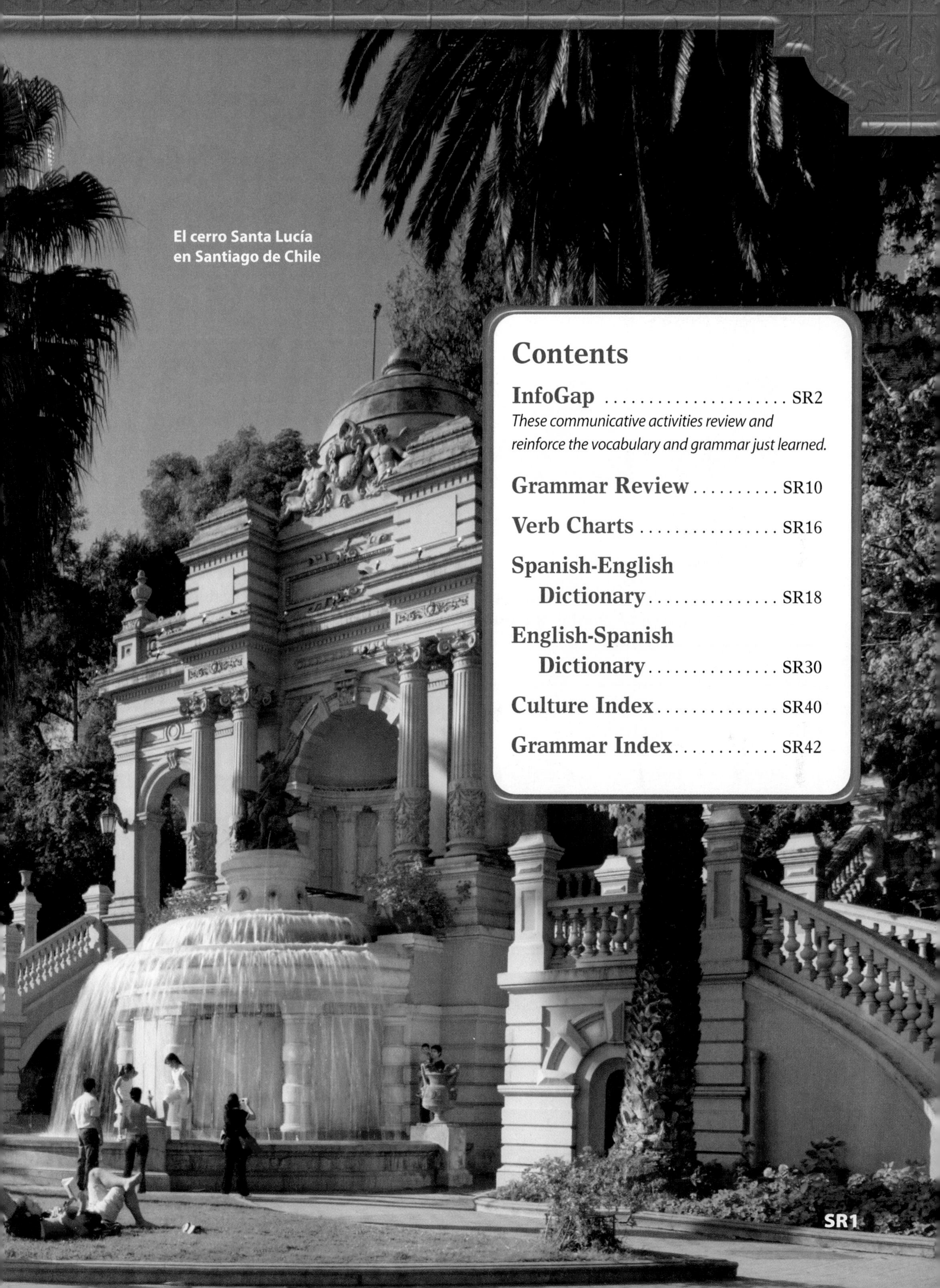

El cerro Santa Lucía
en Santiago de Chile

Contents

InfoGap SR2

These communicative activities review and reinforce the vocabulary and grammar just learned.

Grammar Review SR10

Verb Charts SR16

Spanish-English Dictionary SR18

English-Spanish Dictionary SR30

Culture Index SR40

Grammar Index SR42

InfoGap

Activity LP

LECCIONES PRELIMINARES

Alumno A Ask your partner the following questions. Correct answers are in parentheses.

1. ¿Qué día es hoy? *(Hoy es lunes.)*
2. ¿Cuál es la fecha de hoy? *(Hoy es el seis de julio.)*
3. ¿Qué hora es? *(Son las nueve y cuarenta y cinco.)*
4. ¿Qué tiempo hace? *(Hace [mucho] calor.)* or *(Hace sol.)*

Alumno A Answer your partner's questions based on the pictures below.

1. 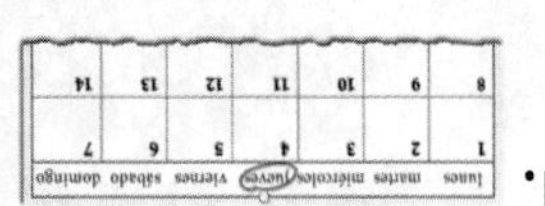

2. 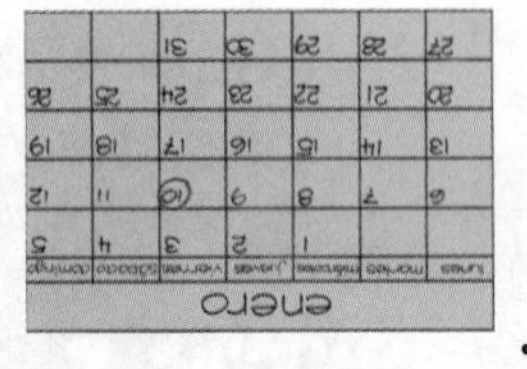

3. 

4. 

Alumno B Answer your partner's questions based on the pictures below.

1. lunes martes miércoles jueves viernes sábado domingo

1	2	3	4	5	6	7
8	9	10	11	12	13	14

2. 

3. 

4. 

Alumno B Ask your partner the following questions. Correct answers are in parentheses.

1. ¿Qué día es hoy? *(Hoy es jueves.)*
2. ¿Cuál es la fecha de hoy? *(Hoy es el diez de enero.)*
3. ¿A qué hora es la clase de español? *(La clase de español es a la una y cincuenta.)*
4. ¿Qué estación es? *(Es el otoño.)*

Activity 1

CAPÍTULO 1, Vocabulario 1, pages 22–23

Alumno A Ask your partner the following questions. Correct answers are in parentheses.

1. ¿Cómo es Marta, rubia o morena? *(Marta es morena.)*
2. ¿Cómo es Roberto, simpático o antipático? *(Roberto es simpático.)*
3. ¿Es Julio un amigo de Teresa? *(Sí, Julio es un amigo de Teresa.)*
4. ¿Cómo es Elena, cómica o seria? *(Elena es seria.)*
5. ¿Es Teresa una amiga de Julio? *(Sí, Teresa es una amiga de Julio.)*

Alumno A Answer your partner's questions based on the photos below.

Alberto

Diana/Alejandro

Sara

Cristina

Alumno B Answer your partner's questions based on the photos below.

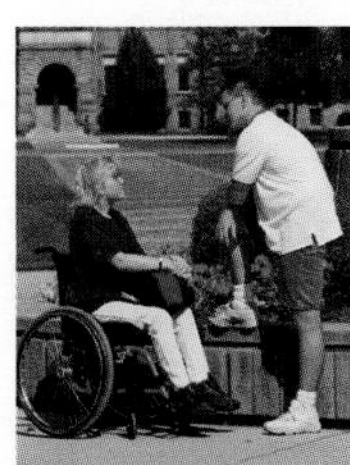

Teresa/Julio

Elena

Roberto

Marta

Alumno B Ask your partner the following questions. Correct answers are in parentheses.

1. ¿Es Alejandro un amigo de Diana? *(Sí, Alejandro es un amigo de Diana.)*
2. ¿Cómo es Sara, graciosa o seria? *(Sara es graciosa.)*
3. ¿Cómo es Cristina, rubia o morena? *(Cristina es rubia.)*
4. ¿Cómo es Alberto, simpático o antipático? *(Alberto es simpático.)*
5. ¿Es Diana una amiga de Alejandro? *(Sí, Diana es una amiga de Alejandro.)*

InfoGap

Activity 2

CAPÍTULO 2, Vocabulario 1, pages 58–59

Alumno A Ask your partner the following questions. Correct answers are in parentheses.

1. ¿Quién es la hermana de Juan?
   (Elisa es la hermana de Juan.)
2. ¿Quién es la madre de Carlos?
   (Ana es la madre de Carlos.)
3. ¿Cuántas mascotas tiene Elisa?
   (Elisa tiene dos mascotas.)
4. ¿Tiene nietos Antonio?
   (Sí, Antonio tiene nietos.)

Alumno A Answer your partner's questions based on the photo below.

***(from left to right)* Lucas Alba, Lila Alba, Marcos Alba, Jorge Alba, Víctor Alba, Duque**

Alumno B Answer your partner's questions based on the picture below.

Alumno B Ask your partner the following questions. Correct answers are in parentheses.

1. ¿Quién es el padre de Lucas?
   (Jorge es el padre de Lucas.)
2. ¿Tiene Víctor un perro?
   (Sí, Víctor tiene un perro.)
3. ¿Cuántos hijos tienen Lila y Jorge? *(Lila y Jorge tienen tres hijos.)*
4. ¿Quiénes son los hermanos de Marcos? *(Lucas y Víctor son los hermanos de Marcos.)*

Activity 3

CAPÍTULO 3, Gramática, page 105

Alumno A Ask your partner the following questions. Correct answers are in parentheses.

1. ¿Qué das al profesor? *(Doy un libro al profesor.)*
2. ¿Qué escuchas cuando estás en casa? *(Escucho la música cuando estoy en casa.)*
3. ¿Dónde están ustedes y con quiénes hablan? *(Estamos delante de la escuela y hablamos con nuestros amigos.)*
4. ¿Cuándo vas a la tienda? *(Voy a la tienda a las cuatro y veinte.)*
5. ¿Profesores, qué dan ustedes todos los viernes? *(Damos un examen todos los viernes.)* or *(Damos una prueba todos los viernes.)*

Alumno A Answer your partner's questions based on the photos below.

1. 

2. 

3. 

4. 

5. 

Alumno B Answer your partner's questions based on the photos below.

1. 

2. 

3. 

4. 

5. 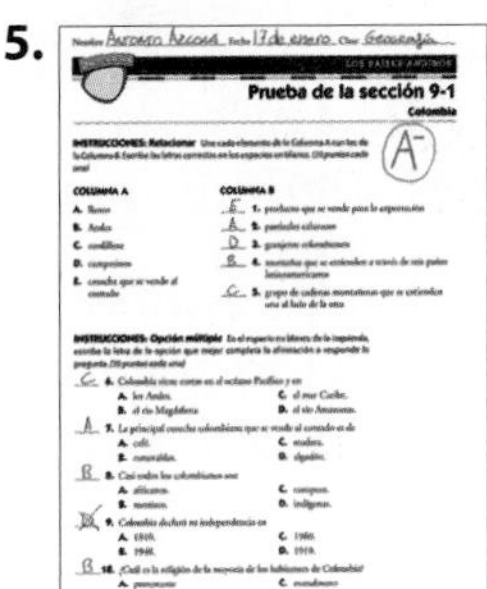

Prueba de la sección 9-1

Colombia

Alumno B Ask your partner the following questions. Correct answers are in parentheses.

1. ¿En qué clase estás a las diez? *(Estoy en la clase de ciencia a las diez.)*
2. ¿Con quiénes hablas cuando regresas a casa a pie? *(Hablo con mis amigas cuando regreso a casa a pie.)*
3. ¿A quién das el dinero? *(Doy el dinero a la empleada.)*
4. ¿Qué compras cuando vas a la tienda? *(Compro una carpeta cuando voy a la tienda.)*
5. ¿Dónde están ustedes y su gato? *(Estamos en la sala.)*

InfoGap

InfoGap

InfoGap

Activity 4

CAPÍTULO 4, Vocabulario 2, pages 132–133

Alumno A Ask your partner the following questions. Correct answers are in parentheses.

1. ¿Qué toma Jaime? *(Jaime toma un batido de jugos tropicales.)*
2. ¿Qué lee Marisol? *(Marisol lee el menú.)*
3. ¿Qué va a comer Adriana? *(Adriana va a comer unos tostones.)*
4. ¿Quién habla con los amigos? *(El mesero habla con los amigos.)*
5. ¿Qué van a comer los amigos? *(Los amigos van a comer empanadas.)*

Alumno A Answer your partner's questions based on the photos below.

1. 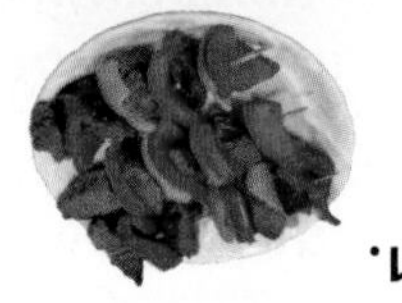

2. 

3. 

4. 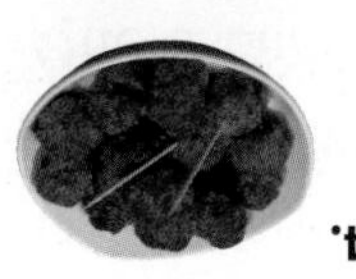

5. 

Alumno B Answer your partner's questions based on the photos below.

1. 

4. 

2. 

5. 

3. 

Alumno B Ask your partner the following questions. Correct answers are in parentheses.

1. ¿Qué va a comer José Luis? *(José Luis va a comer unos pinchitos.)*
2. ¿Qué escribe el mesero? *(El mesero escribe la orden.)*
3. ¿Qué toma Silvia? *(Silvia toma agua mineral con gas.)*
4. ¿Qué desean Ana y Pablo? *(Ana y Pablo desean unas albóndigas.)*
5. ¿Adónde van los amigos? *(Los amigos van al café.)*

Activity 5

CAPÍTULO 5, Gramática, page 175

Alumno A Ask your partner the following questions. Correct answers are in parentheses.

1. ¿Te interesa el béisbol? *(No, no me interesa el béisbol. Me interesan el fútbol y el baloncesto.)*
2. ¿Te gustan los camarones? *(No, no me gustan los camarones. Me gusta la carne.)*
3. ¿Te gusta la clase de arte? *(No, no me gusta la clase de arte. Me gustan las ciencias.)*
4. ¿Te gusta comer pizza? *(No, no me gusta comer pizza. Me gusta comer enchiladas.)*

Alumno A Answer **no** to your partner's questions and tell what you like or what interests you instead based on the cues below.

1. tu gato
2. los deportes de equipo
3. camarones
4. los estudios sociales

Alumno B Answer **no** to your partner's questions and tell what you like or what interests you instead based on the cues below.

1. el fútbol y el baloncesto
2. la carne
3. las ciencias
4. enchiladas

Alumno B Ask your partner the following questions. Correct answers are in parentheses.

1. ¿Te gustan mis perros? *(No, no me gustan tus perros. Me gusta tu gato.)*
2. ¿Te interesa el tenis? *(No, no me interesa el tenis. Me interesan los deportes de equipo.)*
3. ¿Te gusta comer carne? *(No, no me gusta comer carne. Me gusta comer camarones.)*
4. ¿Te interesa la clase de biología? *(No, no me interesa la clase de biología. Me interesan los estudios sociales.)*

InfoGap

Activity 6

CAPÍTULO 6, Vocabulario 1, 2, pages 196–197, 200–201

Alumno A Ask your partner the following questions. Correct answers are in parentheses.

1. ¿Cómo es Armando, flexible o terco? *(Armando es terco.)*
2. ¿Cómo está Patricia, contenta o triste? *(Patricia está contenta.)*
3. ¿Está Natalia bien o enferma? *(Natalia está enferma.)*
4. ¿Cómo es Pepe, ambicioso o perezoso? *(Pepe es ambicioso.)*

Alumno A Answer your partner's questions based on the photos below.

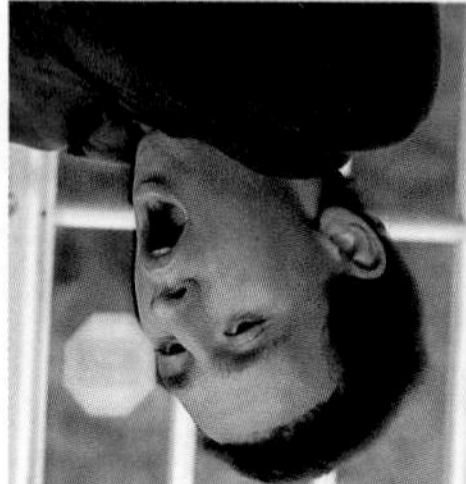

Jorge

Sofía

Beatriz

el jugador

Alumno B Answer your partner's questions based on the photos below.

Armando

Patricia

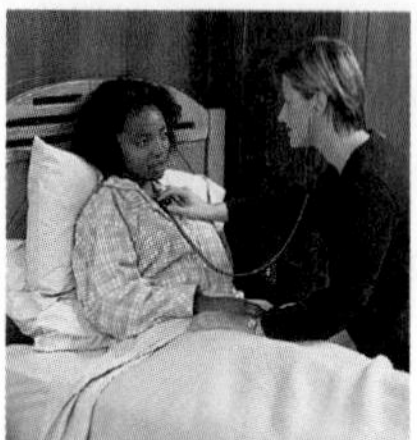

Natalia

Pepe

Alumno B Ask your partner the following questions. Correct answers are in parentheses.

1. ¿Cómo es Sofía, bien educada o mal educada? *(Sofía es bien educada.)*
2. ¿Cómo está Jorge, cansado o lleno de energía? *(Jorge está cansado.)*
3. ¿Está el jugador bien o enfermo? *(El jugador está bien.)*
4. ¿Está Beatriz de buen humor o de mal humor? *(Beatriz está de mal humor.)*

Grammar Review

Nouns and articles

Nouns and definite articles

A noun is the name of a person, place, or thing. Unlike English, all nouns in Spanish have a gender—either masculine or feminine. Almost all nouns that end in **-o** are masculine and almost all nouns that end in **-a** are feminine. Note that the definite article **el** is used with masculine nouns. The definite article **la** is used with feminine nouns.

MASCULINE	FEMININE
el muchacho	**la muchacha**
el libro	**la escuela**

Nouns that end in **-e** can be either masculine or feminine. It is necessary for you to learn the gender.

MASCULINE	FEMININE
el padre	**la madre**
el billete	**la carne**

Many nouns that end in **-e** and refer to a person can be either masculine or feminine.

el cliente	**la cliente**
el paciente	**la paciente**

It is also necessary to learn the gender of nouns that end in a consonant.

el comedor	**la flor**
el jamón	**la capital**

Note, however, that nouns that end in **-ción, -dad, -tad** are always feminine.

la habitación	**la universidad**	**la dificultad**

Irregular nouns

There are not many irregular nouns in Spanish. So far, you have learned **la mano, el problema,** and **la foto** (*from* **la fotografía**).

Plural of nouns

To form the plural of nouns you add **-s** to nouns that end in a vowel. You add **-es** to nouns that end in a consonant. Note, too, that the definite articles **el** and **la** become **los** and **las** in the plural.

MASCULINE PLURAL	FEMININE PLURAL
los libros	**las novelas**
los coches	**las carnes**
los comedores	**las flores**

Nouns that end in **-ción** drop the accent in the plural.

la estación	**las estaciones**

Indefinite articles

The indefinite articles are *a, an,* and *some* in English. They are **un, una, unos, unas** in Spanish. Note that the indefinite article, like the definite article, must agree with the noun it modifies in both gender (masculine or feminine) and number (singular or plural).

SINGULAR		PLURAL	
un alumno	**una alumna**	**unos alumnos**	**unas alumnas**
un café	**una clase**	**unos cafés**	**unas clases**
un árbol	**una flor**	**unos árboles**	**unas flores**

Contractions

The prepositions **a** *(to, at)* and **de** *(of, from)* contract (combine) with the definite article **el** to form one word, **al** or **del.** There is no contraction with **la, los,** or **las.**

Voy al mercado; no vuelvo del mercado.

Es el dinero del empleado, no del cliente.

A personal

Remember that whenever a person is the direct object of the verb, it must be preceded by **a.** This **a personal** also contracts with **el.**

Conozco a Juan.

Pero no conozco al hermano de Juan.

Nouns and adjectives

Agreement of nouns and adjectives

An adjective is a word that describes a noun. An adjective must agree in gender (masculine or feminine) and number (singular or plural) with the noun it describes or modifies.

Adjectives that end in **-o** have four forms, the same as nouns that end in **-o.**

	SINGULAR	PLURAL
MASCULINE	**el muchacho simpático**	**los muchachos simpáticos**
FEMININE	**la muchacha simpática**	**las muchachas simpáticas**

Adjectives that end in **-e** have only two forms—singular and plural.

	SINGULAR	PLURAL
MASCULINE	**un alumno inteligente**	**los alumnos inteligentes**
FEMININE	**una alumna inteligente**	**las alumnas inteligentes**

Adjectives that end in a consonant have only two forms—singular and plural. Note that the plural ends in **-es.**

	SINGULAR	PLURAL
MASCULINE	**un curso fácil**	**dos cursos fáciles**
FEMININE	**una tarea fácil**	**dos tareas fáciles**

Possessive adjectives

A possessive adjective tells who owns or possesses something—*my* book and *your* pencil. Like other adjectives in Spanish, possessive adjectives agree with the noun they modify. Note that only **nuestro** and ***vuestro*** have four forms.

MASCULINE SINGULAR	FEMININE SINGULAR	MASCULINE PLURAL	FEMININE PLURAL
mi tío	**mi tía**	**mis tíos**	**mis tías**
tu tío	**tu tía**	**tus tíos**	**tus tías**
su tío	**su tía**	**sus tíos**	**sus tías**
nuestro tío	**nuestra tía**	**nuestros tíos**	**nuestras tías**
vuestro tío	***vuestra tía***	***vuestros tíos***	***vuestras tías***

Note that **su** can refer to many different people, as indicated below.

su familia

la familia de Juan	**la familia de él**
la familia de María	**la familia de ella**
la familia de Juan y María	**la familia de ellos**

la familia de usted

la familia de ustedes

Grammar Review

Pronouns

A pronoun is a word that replaces a noun. Review the forms of the pronouns that you have learned so far.

SUBJECT PRONOUNS	DIRECT OBJECT PRONOUNS	INDIRECT OBJECT PRONOUNS	REFLEXIVE PRONOUNS
yo	**me**	**me**	**me**
tú	**te**	**te**	**te**
Ud., él, ella	**lo, la**	**le**	**se**
nosotros(as)	**nos**	**nos**	**nos**
vosotros(as)	***os***	***os***	***os***
Uds., ellos, ellas	**los, las**	**les**	**se**

Remember that an object pronoun comes right before the verb.

Ella me ve.
Ella nos habla.

The direct object pronoun is the direct receiver of the action of the verb. The indirect object is the indirect receiver of the action of the verb.

The direct object pronouns **lo, la, los, las** can refer to a person or a thing.

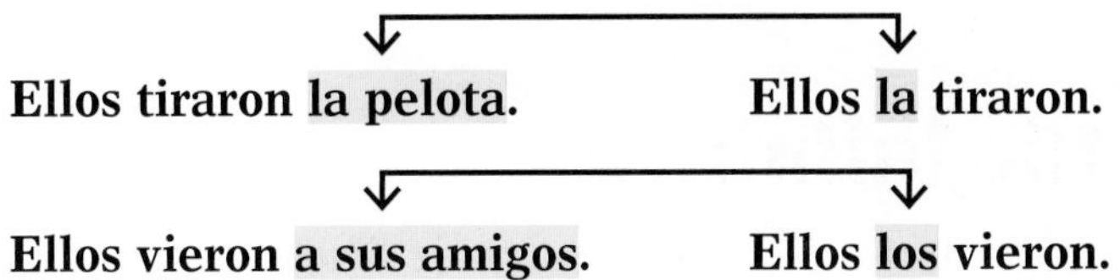
Ellos tiraron la pelota.
Ellos la tiraron.
Ellos vieron a sus amigos.
Ellos los vieron.

The indirect object pronouns **le, les** refer to people. They are often accompanied by a phrase for clarification.

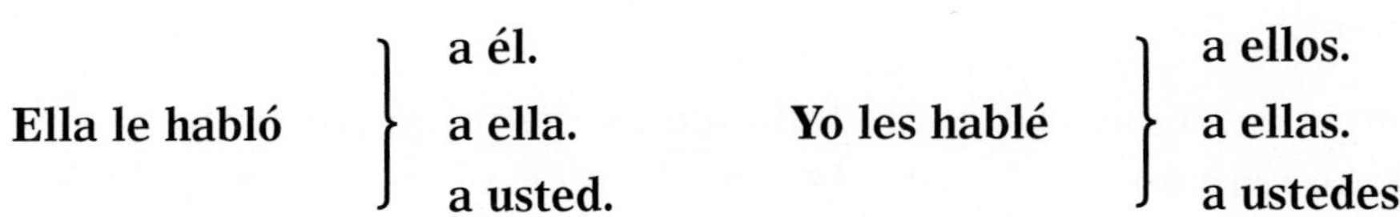
Ella le habló
a él.
a ella.
a usted.
Yo les hablé
a ellos.
a ellas.
a ustedes.

Verbs such as interesar, aburrir, gustar

In Spanish, the verbs **interesar** and **aburrir** take an indirect object.

La historia me interesa. **Me interesa la historia.**	*History interests me.*
Los deportes no les aburren. **No les aburren los deportes.**	*Sports don't bore them.*

Gustar functions the same as **interesar** and **aburrir.** It conveys the meaning *to like,* but it literally means *to please.*

Me **Te** **Le** **Nos** **Les**	**gusta el helado.**	**Me** **Te** **Le** **Nos** **Les**	**gustan los vegetales.**

Ice cream pleases me, you, him. . . .

Vegetables please me, you, him. . . .

Expressions with the infinitive

The infinitive is the form of the verb that ends in **-ar, -er,** or **-ir.** The infinitive often follows another verb.

Ellos quieren salir.
Yo debo estudiar más.
Me gusta leer.

Three very common expressions that are followed by the infinitive are:

Tener que *(to have to)*
 Tengo que trabajar y estudiar más.
Ir a *(to be going to)*
 Y voy a trabajar y estudiar más.
Acabar de *(to have just)*
 Acabo de recibir una nota mala.

You can use the expression **favor de** followed by an infinitive to ask someone in a polite way to do something.

Favor de escribir tu nombre.
Favor de ayudarme.

Note that the object pronoun is added to the end of the infinitive.

Ser and estar

Spanish has two verbs that mean *to be.* They are **ser** and **estar** and each one has distinct uses.

Ser

You use **ser** to express a characteristic, where someone or something is from, or what something is made of.

Él es guapo. Es inteligente también.
Ellos son de Nuevo México.
Su casa es de adobe.

Estar

You use **estar** to express a condition or location.

Él está muy cansado y está triste también.
Madrid está en España.
Sus amigos están en Madrid.

Verbs

See the following charts for the verb forms you have learned.

Verb Charts

Verb Charts

Regular verbs			
INFINITIVO	hablar *to speak*	comer *to eat*	vivir *to live*
PRESENTE	hablo hablas habla hablamos *habláis* hablan	como comes come comemos *coméis* comen	vivo vives vive vivimos *vivís* viven
PRETÉRITO	hablé hablaste habló hablamos *hablasteis* hablaron	comí comiste comió comimos *comisteis* comieron	viví viviste vivió vivimos *vivisteis* vivieron
PARTICIPIO PRESENTE	hablando	comiendo	viviendo

Stem-changing verbs (-ar and -er verbs)			
INFINITIVO	empezar (e→ie)[1] *to begin*	perder (e→ie)[2] *to lose*	volver (o→ue)[3] *to return*
PRESENTE	empiezo empiezas empieza empezamos *empezáis* empiezan	pierdo pierdes pierde perdemos *perdéis* pierden	vuelvo vuelves vuelve volvemos *volvéis* vuelven

Stem-changing verbs (-ir verbs)		
INFINITIVO	preferir (e→ie) *to prefer*	dormir (o→ue)[4] *to sleep*
PRESENTE	prefiero prefieres prefiere preferimos *preferís* prefieren	duermo duermes duerme dormimos *dormís* duermen

[1]***Comenzar, sentar, pensar** are similar.* [2]***Querer** and **entender** are similar.* [3]***Poder** is similar.* [4]***Morir** is similar.*

Irregular verbs

The following are the verbs you have already learned that are either irregular or have a spelling change.

	dar *to give*					
PRESENTE	**doy**	**das**	**da**	**damos**	***dais***	**dan**
	estar *to be*					
PRESENTE	**estoy**	**estás**	**está**	**estamos**	***estáis***	**están**
	ir *to go*					
PRESENTE	**voy**	**vas**	**va**	**vamos**	***vais***	**van**
	ser *to be*					
PRESENTE	**soy**	**eres**	**es**	**somos**	***sois***	**son**
	tener *to have*					
PRESENTE	**tengo**	**tienes**	**tiene**	**tenemos**	***tenéis***	**tienen**
	ver *to see*					
PRESENTE	**veo**	**ves**	**ve**	**vemos**	***veis***	**ven**

Spanish-English Dictionary

The Spanish-English Dictionary contains all productive and some receptive vocabulary from the text. The numbers following each productive entry indicate the chapter and vocabulary section in which the word is introduced. For example, **3.2** *means that the word was taught in* **Capítulo 3, Vocabulario 2. LP** *refers to the* **Lecciones preliminares.** *If there is no number following an entry, this means that the word or expression is there for receptive purposes only.*

a at
  a eso de las tres (cuatro, diez, etc.) at around three (four, ten, etc.) o'clock
  a la una (a las dos, a las tres) at one o'clock (two o'clock, three o'clock), **LP**
  ¿a qué hora? at what time?, **LP**
  a veces at times, sometimes, **6.1**
abajo: (ir) para abajo (to go) down
abreviado(a) abbreviated, shortened
el **abrigo** coat
abril April, **LP**
abrir to open, **4.2**
la **abuela** grandmother, **2.1**
el **abuelo** grandfather, **2.1**
los **abuelos** grandparents, **2.1**
abundoso(a) abundant
aburrido(a) boring, **1.2**
aburrir to bore
acabar de to have just (done something), **4.2**
la **academia** school
el **aceite** oil
la **aceituna** olive, **4.2**
el **acento** accent
acompañado(a) de accompanied by
acordarse (ue) to remember
  ¿Te acuerdas? Do you remember?
la **actividad** activity
actual present-day, current
actuar to act, to take action
acuerdo: estar de acuerdo con to agree with
adelante ahead
  ir hacia adelante to move forward, ahead
además furthermore, what's more; besides
  además de in addition to
¡Adiós! Good-bye., **LP**
adivinar to guess
¿adónde? (to) where?, **3.2**
el/la **aficionado(a)** fan, **5.1**
afine: la palabra afine cognate
las **afueras** suburbs, **2.2**
agosto August, **LP**
agradable pleasant, friendly, agreeable, **6.1**
agresivo(a) aggressive
el **agua** *(f.)* water, **4.1**
  el agua mineral (con gas) (sparkling) mineral water, **4.2**
ahora now
el **aire** air
aislado(a) isolated
el **albergue juvenil** youth hostel
la **albóndiga** meatball, **4.2**
el **álbum** album
alcanzar to reach
la **alcoba** bedroom, **2.2**
la **aldea** small village
alegre happy, **6.1**
la **alegría** happiness, joy
alemán(ana) German
los **alemanes** Germans
algo something
algunos(as) some
allí there
el **alma** *(f.)* soul
el **almuerzo** lunch, **4.1**
  tomar el almuerzo to have lunch, **4.1**
alrededor de around, **2.2**
los **alrededores** surroundings
altivo(a) arrogant
alto(a) tall, **1.1;** high, **3.1**
la **altura** altitude
el/la **alumno(a)** student, **1.2**
amarillo(a) yellow, **5.1**
la **ambición** ambition
ambicioso(a) hard-working, **1.2**
el **ambiente** atmosphere, environment
la **América del Sur** South America
americano(a) American
el/la **amigo(a)** friend, **1.1**
  el amigo falso false cognate, **2.1**
el **amor** love
amurallado(a) walled
anaranjado(a) orange *(color)*, **5.1**
ancho(a) wide
andino(a) Andean, of the Andes
la **angustia** distress, anguish
animado(a) lively
el **animal** animal
anónimo(a) anonymous
antes de before, **3.2**
los **antibióticos** antibiotics
antiguo(a) ancient, old
  el casco antiguo old (part of) town
antipático(a) unpleasant, not nice, **1.1**
los **antojitos** snacks, nibbles, **4.2**
anunciar to announce
el **anuncio** announcement
el **año** year, **LP**
  ¿Cuántos años tiene? How old is he (she)?, **2.1**
  cumplir... años to be (turn) . . . years old
la **apariencia** appearance, looks
  ¿Qué apariencia tiene? What does he (she) look like?
el **apartamento** apartment, **2.2**
el **apartamiento** apartment, **2.2**
apetecer to feel like, to crave
aplaudir to applaud, to clap, **5.1**
el **aplauso** applause, **5.1**
  recibir aplausos to be applauded, **5.1**
apreciado(a) appreciated, liked
aprender to learn, **4.2**
aproximadamente approximately

aragonés(esa) from Aragon *(Spain)*

el **árbol** tree, **2.2**

argentino(a) Argentine

árido(a) dry, arid

la **aritmética** arithmetic

la **arqueología** archeology

el **arroz** rice, **4.1**

el **arte** art, **1.2**

el/la **artista** artist

la **ascendencia** heritage, background

así thus, so

astuto(a) astute, smart

la **atención** attention

¡Atención! Careful!

prestar atención to pay attention, **3.1**

el/la **atleta** athlete

atrapar to catch, **5.2**

el **atributo** attribute, positive feature

aun even

aún still

ausente absent

auténtico(a) authentic, real

la **autopista** highway

el/la **autor(a)** author

la **avenida** avenue

la **aventura** adventure

el **avión** airplane

la **ayuda** help, assistance

azul blue, **2.1**

el **azulejo** glazed tile, floor tile

el **bacón** bacon, **4.1**

el/la **bailador(a)** dancer

bailar to dance

bajo(a) short, **1.1;** low, **3.1**

el **balcón** balcony

el **balón** ball, **5.1**

el **baloncesto** basketball, **5.2**

la **bandera** flag

bañarse to take a bath, to bathe oneself

el **baño** bath

el cuarto de baño bathroom, **2.2**

la **barbacoa** barbecue

¡Bárbaro! Great!, Awesome!, **5.2**

el **barrio** neighborhood, area

la **base** base, **5.2**

el **básquetbol** basketball, **5.2**

la cancha de básquetbol basketball court, **5.2**

bastante rather, quite, **1.2**

la **batalla** battle

el **bate** bat, **5.2**

el/la **bateador(a)** batter, **5.2**

batear to hit, to bat, **5.2**

batear un jonrón to hit a home run

el **batido** shake, smoothie, **4.2**

beber to drink, **4.1**

la **bebida** beverage, drink, **4.1**

el **béisbol** baseball, **5.2**

el/la beisbolista baseball player, **5.2**

el campo de béisbol baseball field, **5.2**

la **belleza** beauty

bello(a) beautiful

la **bicicleta** bicycle, **2.2**

bien well, fine, **LP**

bien educado(a) polite, well-mannered, **6.1**

estar bien to be well, fine, **6.2**

Muy bien. Very well., **LP**

bienvenido(a) welcome

el **bife** beef

el **biftec** steak, **4.1**

la **biología** biology

el/la **biólogo(a)** biologist

el **bizcocho** cake

blanco(a) white, **5.1**

blando(a) soft

bloquear to block, **5.1**

la **blusa** blouse, **3.1**

la **boca** mouth, **6.2**

el **bocadillo** sandwich, **4.1**

los **bocaditos** snacks

la **bodega** grocery store

el **bolígrafo** pen, **3.1**

el **bolívar** bolivar *(currency of Venezuela)*

la **bombilla** *(drinking)* container

bonito(a) pretty, **1.1**

el **bosque** woods

bravo(a) rough, stormy

bueno(a) good, **1.1**

Buenas noches. Good evening., **LP**

Buenas tardes. Good afternoon., **LP**

Buenos días. Good morning., **LP**

Hace buen tiempo. The weather is nice., **LP**

sacar notas buenas to get good grades, **3.1**

el **burrito** burrito

el **bus** bus

el bus escolar school bus, **3.2**

tomar el bus to take the bus

buscar to look for, to seek, **3.2**

el **caballero** gentleman

el caballero andante knight errant

el **caballo** horse

la **cabeza** head, **6.2**

tener dolor de cabeza to have a headache, **6.2**

la **cabina de mando** cockpit *(airplane)*

el **cacahuate** peanut

el **cacique** leader, chief

cada each, every, **2.2**

caer to fall

el **café** café, **4.2;** coffee, **4.1**

la **cafetería** cafeteria, **4.1**

la **caída** drop

la **caja** cash register, **3.2**

los **calcetines** socks, **5.1**

la **calculadora** calculator, **3.1**

caliente hot, **4.1**

el chocolate caliente hot chocolate, **4.1**

la **calle** street

calmo(a) calm, **6.1**

el **calor** heat

Hace calor. It's hot., **LP**

la **cama** bed, **2.2**

guardar cama to stay in bed *(illness)*, **6.2**

el/la **camarero(a)** waiter (waitress), server

los **camarones** shrimp, **4.2**

cambiar to change

el **camino** road

tomar el camino to set out for

la **camisa** shirt, **3.1**

la **camiseta** T-shirt, **5.1**

el/la **campeón(ona)** champion

el/la **campesino(a)** farmer, peasant

el **campo** field, **5.1;** country, countryside

el campo de béisbol baseball field, **5.2**

el campo de fútbol soccer field, **5.1**

la **canasta** basket, **5.2**

la **cancha** court, **5.2**

la cancha de básquetbol (tenis) basketball (tennis) court, **5.2**

la **canción** song

el **cangrejo de río** crayfish

cansado(a) tired, **6.1**

la **cantidad** quantity, amount

la **cantina** cafeteria

la **capital** capital

la **cara** face, **6.1**

la **característica** feature, trait

cargado(a) thrown (over one's shoulders)

caribe Caribbean

el mar Caribe Caribbean Sea

cariñoso(a) adorable, affectionate, **2.1**

Spanish-English Dictionary

Spanish-English Dictionary

la **carne** meat, **4.1**
la **carpeta** folder, **3.2**
la **carrera** career
el **carro** car, **2.2**
la **carta** letter
la **casa** house, **2.2**
  en casa at home
  regresar a casa to go home, **3.2**
  la casa de apartamentos apartment building, **2.2**
casarse to get married
el **caso** case
castaño(a) brown, chestnut *(eyes, hair)*, **2.1**
catarro: tener catarro to have a cold, **6.2**
el/la **cátcher** catcher, **5.2**
catorce fourteen, **LP**
cautivar to captivate, to charm
el **CD** CD
celebrar to celebrate
el **celular** cell phone
la **cena** dinner, **4.1**
cenar to have dinner, **4.1**
el **cenote** natural water well
cerca (de) near, **3.2**
el **cereal** cereal, **4.1**
cero zero, **LP**
el **cesto** basket, **5.2**
¡Chao! Good-bye!, Bye!, **LP**
chileno(a) Chilean
el **chiringuito** refreshment stand
el **chisme** rumor, gossip
el **chocolate** chocolate, **4.1**
  el chocolate caliente hot chocolate, **4.1**
el **churro** *(type of)* doughnut
ciego(a) blind
el/la **ciego(a)** blind man (woman)
el **cielo** sky
cien(to) one hundred, **LP**
la **ciencia** science, **1.2**
cierto(a) true, certain
cinco five, **LP**
cincuenta fifty, **LP**
la **ciudad** city, **2.2**
la **civilización** civilization
claro(a) clear
claro que of course
la **clase** class, **1.2**
el **clima** climate
el **coche** car
la **cocina** kitchen, **2.2;** cooking, cuisine
el **colegio** secondary school
la **colocación** placement
colocar to place, to put
colombiano(a) Colombian, **1.2**
colonial colonial
el **color** color, **5.1**
  de color marrón brown, **5.1**
el **comedor** dining room, **2.2**
comenzar (ie) to begin
comer to eat, **4.1**
  dar de comer a to feed
cómico(a) funny, comical, **1.1**
la **comida** meal, **4.1;** food
como like, as
¿cómo? how?, **1.1**
  ¿Cómo es él? What's he like? What does he look like?, **1.1**
  ¡Cómo no! Sure! Of course!
el/la **compañero(a)** companion
comparar to compare
compartir to share
completar to complete, to fill in
el **comportamiento** behavior, conduct, **6.1**
la **composición** composition
el/la **comprador(a)** shopper, customer
comprar to buy, **3.2**
comprender to understand, **4.2**
la **computadora** computer, **3.2**
con with
  con frecuencia often
el **condominio** condominium
la **conducta** conduct, behavior, **6.1**
  tener buena conducta to be well-behaved, **6.1**
conectado(a) on-line, connected
la **conexión** connection
conforme: estar conforme to agree, to be in agreement
confortar to soothe
conocido(a) known
consecuencia: por consecuencia as a result, consequently
el/la **consejero(a)** counselor
considerar to consider
consiguiente: por consiguiente consequently
la **consonante** consonant
la **consulta** doctor's office, **6.2**
consultar to consult
el **consultorio** doctor's office, **6.2**
contagioso(a) contagious
contar (ue) to tell, to count
contemporáneo(a) contemporary
contento(a) happy, **6.1**
contestar to answer, **3.1**
el **continente** continent
contra against
contrario(a) opposite; opposing
  al contrario on the contrary
contrastar to contrast
la **conversación** conversation
conversar to converse
la **copa: la Copa Mundial** World Cup
el **corazón** heart
el **correo electrónico** e-mail, **3.2**
correr to run, **5.2**
la **cortesía** courtesy
corto(a) short, **5.1**
  el pantalón corto shorts, **5.1**
la **cosa** thing, **3.1**
la **costa** coast
costarricense Costa Rican
la **costumbre** custom
crear to create
creer to believe, to think
  creo que sí (que no) I (don't) think so, **4.2**
el/la **criado(a)** housekeeper
criticar to criticize
el **cuaderno** notebook, **3.1**
¿cuál? which? what?
  ¿Cuál es la fecha de hoy? What is today's date?, **LP**
cualquier(a) any
cualquier otro(a) any other
cuando when, **3.1**
¿cuándo? when?, **3.2**
¿cuánto? how much?
  ¿Cuánto cuesta? How much does it cost?, **3.2**
  ¿Cuánto es? How much is it (does it cost)?, **LP**
¿cuántos(as)? how much? how many?, **2.1**
  ¿Cuántos años tiene? How old is he (she)?, **2.1**
cuarenta forty, **LP**
el **cuarto** room, **2.2;** quarter
  el cuarto de baño bathroom, **2.2**
  el cuarto de dormir bedroom, **2.2**
  y cuarto a quarter-past (the hour), **LP**
cuatro four, **LP**
cubano(a) Cuban
cubanoamericano(a) Cuban American

cubierto(a) covered; indoor
la **cuenca** basin *(river)*
la **cuenta** check *(restaurant)*, **4.2;** account
por su cuenta on its own
tomar en cuenta to take into account
el **cuerdo** string
la **culpa** blame, guilt
la **cultura** culture
el **cumpleaños** birthday
cumplir... años to be (turn) . . . years old
cumplir un sueño to fulfill a wish, make a wish come true
el **curso** class, course, **1.2**

D

dar to give, **3.1**
dar de comer a to feed
dar un examen (una prueba) to give a test, **3.1**
los **datos** data, facts
de of, from
¿de dónde? from where?, **1.1**
De nada. You're welcome., **LP**
¿de qué nacionalidad? what nationality?, **1.1**
No hay de qué. You're welcome., **LP**
debajo de below
deber to have to, must, **4.2**
decidir to decide
la **decisión** decision
tomar una decisión to make a decision
dedicado(a) devoted
el **defecto** defect
definido(a) definite
dejar to leave (something)
delante de in front of, **2.2**
demás (the) rest
demasiado too *(adv.)*, too much
dentro de within
el **departamento** apartment, **2.2**
el departamento de orientación guidance office
el **deporte** sport, **5.1**
el deporte de equipo team sport
el deporte individual individual sport
deportivo(a) *(related to)* sports
deprimido(a) sad, depressed, **6.1**
desafortunadamente unfortunately
desagradable unpleasant, not nice
el **desastre** disaster
desastroso(a) disastrous, catastrophic
el **desayuno** breakfast, **4.1**
tomar el desayuno to have breakfast, **4.1**
desconsolado(a) very sad
describir to describe
la **descripción** description
desde since; from
desear to want, to wish, **4.2**
¿Qué desean tomar? What would you like (to eat)?, **4.2**
desembarcar to deplane, disembark
el **deseo** wish, desire
desesperado(a) desperate
el **desfile** parade
el **desierto** desert
después (de) after, **3.1**
detrás de in back of, behind, **2.2**
devolver (ue) to return (something), **5.2**
el **día** day
Buenos días. Good morning., **LP**
¿Qué día es hoy? What day is it today?, **LP**
el **diablo** devil
el **diagnóstico** diagnosis
el **dibujo** drawing, illustration
diciembre December, **LP**
el **dictado** dictation
diecinueve nineteen, **LP**
dieciocho eighteen, **LP**
dieciséis sixteen, **LP**
diecisiete seventeen, **LP**
diez ten, **LP**
de diez en diez by tens
la **diferencia** difference
difícil difficult, **1.2**
la **dificultad** difficulty
sin dificultad easily
dinámico(a) dynamic, **6.1**
el **dinero** money, **3.2**
la **dirección** address; direction
disfrutar (de) to enjoy
disponible available
el **distrito** district, area, section
divertido(a) fun, amusing
divino(a) divine, heavenly
dobles doubles *(tennis)*, **5.2**
doce twelve, **LP**
el **dólar** dollar
doler (ue) to ache, hurt, **6.2**
Me duele(n)... My . . . ache(s)., **6.2**
el **dolor** pain, ache, **6.2**
tener dolor de cabeza to have a headache, **6.2**
tener dolor de estómago to have a stomachache, **6.2**
tener dolor de garganta to have a sore throat, **6.2**
domesticado(a) domesticated
el **domingo** Sunday, **LP**
dominicano(a) Dominican
la República Dominicana Dominican Republic
¿dónde? where?, **1.1**
¿de dónde? from where?, **1.1**
dormir (ue) to sleep
el cuarto de dormir bedroom, **2.2**
el **dormitorio** bedroom
dos two
driblar to dribble, **5.2**
la **duda** doubt
el **dulce** sweet
durante during, **3.2**
durar to last
duro(a) hard, difficult, **1.2**
el **DVD** DVD, **3.2**

económico(a) inexpensive
ecuatoriano(a) Ecuadoran, **1.1**
la **edad** age
el **edificio** building, **2.2**
la **educación** education
la educación física physical education, **1.2**
educado(a) mannered
estar bien (mal) educado(a) to be polite (rude), **6.1**
egoísta selfish, egotistical
el **ejemplo** example
por ejemplo for example
el the
él he
elemental elementary
ella she
ellos(as) they
el **e-mail** e-mail
emocionante moving; exciting
la **empanada** meat pie, **4.2**
empezar (ie) to begin, **5.1**
el/la **empleado(a)** salesperson, employee, **3.2**
empujar to push
en in
en casa at home
enamorado(a) de in love with
encantar to love, adore
encerrar (ie) to enclose
encestar to make a basket, **5.2**

Spanish-English Dictionary

la **enchilada** enchilada
encima: por encima de above, over, **5.2**
encontrar (ue) to find, encounter
encontrarse (ue) to be found
la **encuesta** survey
energético(a) energetic, **6.1**
la **energía** energy, **6.1**
enero January, **LP**
enfadado(a) angry, mad, **6.1**
enfadar to make angry, annoy, **6.1**
la **enfermedad** illness
el/la **enfermero(a)** nurse, **6.2**
enfermo(a) ill, sick, **6.2**
el/la **enfermo(a)** sick person
enlazar to connect
enojado(a) angry, mad, annoyed, **6.1**
enojar to make angry, to annoy, **6.1**
enorme enormous
la **ensalada** salad, **4.1**
enseguida right away, **4.2**
enseñar to teach, **3.1**
entero(a) entire, whole
enterrar (ie) to bury
entrar to enter, to go into, **5.1**
entre between, among
el/la **entrenador(a)** coach, manager
entusiasmado(a) enthusiastic
el **entusiasmo** enthusiasm, **6.1**
enviar to send, **3.2**
la **época** times, period
el **equipo** team, **5.1;** equipment
el deporte de equipo team sport
la **escena** scene
escoger to choose
escolar *(related to)* school
el bus escolar school bus, **3.2**
los materiales escolares school supplies, **3.1**
escribir to write, **4.2**
escrito(a) written
escuchar to listen (to), **3.2**
la **escuela** school, **1.2**
la escuela primaria elementary school
la escuela secundaria secondary school, high school, **1.2**
ese(a) that, that one
eso: a eso de at about *(time)*
por eso for this reason, that is why

España Spain
el/la **español(a)** Spaniard, *adj.* Spanish
el **español** Spanish *(language)* **1.2**
la **especia** spice
especialmente especially
el **espectáculo** show, spectacle
el/la **espectador(a)** spectator
la **esplendidez** splendor
espontáneo(a) spontaneous
la **esposa** wife, **2.1**
el **esposo** husband, **2.1**
establecer to establish
la **estación** season, **LP**
¿Qué estación es? What season is it?, **LP**
el **estadio** stadium
Estados Unidos United States
estar to be, **3.1**
estar de vacaciones to be on vacation
el **este** east
estereofónico(a) stereo
el **estómago** stomach, **6.2**
el dolor de estómago stomachache, **6.2**
estrecho(a) narrow
el **estrés** stress, **6.2**
el/la **estudiante** student
estudiar to study, **3.1**
el **estudio** study
los estudios sociales social studies, **1.2**
estupendo(a) terrific, stupendous
la **etnia** ethnicity, ethnic group
el **euro** euro *(currency of most of the countries of the European Union)*
el **evento** event
el **examen** test, exam, **3.1**
el examen físico physical, **6.2**
examinar to examine, **6.2**
excelente excellent
la **excepción** exception
la **excursión** excursion, outing
el/la **excursionista** hiker
existir exist
el **éxito** success, **6.1**
tener éxito to succeed, be successful, **6.1**
exótico(a) exotic
explicar to explain
el/la **explorador(a)** explorer
la **expresión** expression
extranjero(a) foreign
extraordinario(a) extraordinary

F

fabuloso(a) fabulous
fácil easy, **1.2**
la **falda** skirt, **3.1**
falso(a) false
faltar to be lacking, not to have, **6.1**
Le falta paciencia. He (She) has no patience., **6.1**
la **familia** family, **2.1**
familiar *(related to the)* family
los **familiares** family members
famoso(a) famous
la **fantasía** fantasy
fantástico(a) fantastic
el/la **farmacéutico(a)** pharmacist
la **farmacia** pharmacy, drugstore, **6.2**
el **favor** favor
por favor please, **LP**
favorito(a) favorite
febrero February, **LP**
la **fecha** date, **LP**
¿Cuál es la fecha de hoy? What is today's date?, **LP**
feliz happy
feo(a) unattractive, ugly, **1.1**
la **fiebre** fever, **6.2**
tener fiebre to have a fever, **6.2**
la **fiesta** party
la **fila** line *(of people)*
estar en fila to wait in line
el **fin** end
por fin finally
final: al final de at the end of
fingir to pretend
físico(a) physical
la apariencia física physical appearance, looks
la educación física physical education, **1.2**
flaco(a) thin
el **flan** flan, custard, **4.1**
la **flauta** flute
la **flecha** arrow
flexible open-minded, flexible, **6.1**
la **flor** flower, **2.2**
la **fogata** bonfire, campfire
formar to form, to put together
el **francés** French *(language)*, **1.2**
el **franciscano** Franciscan
la **frase** sentence
frecuencia: con frecuencia often, frequently

Spanish-English Dictionary

fresco(a) cool, **LP;** fresh
  Hace fresco. It's cool *(weather).*, **LP**
los **frijoles** beans, **4.1**
frío(a) cold, **4.2**
  Hace frío. It's cold *(weather).*, **LP**
el **frío** cold
frito(a) fried
  las patatas (papas) fritas french fries, **4.1**
la **frontera** border
la **fuente** fountain
fuera de outside
fuerte strong; substantial
el **fútbol** soccer, **5.1**
  el campo de fútbol soccer field, **5.1**
  el fútbol americano football
el/la **futbolista** soccer (football) player

G

el **galán** elegant man, heartthrob
gallardo(a) brave, dashing
la **gamba** shrimp, prawn
ganar to win, **5.1;** to earn
el **garaje** garage, **2.2**
la **garganta** throat, **6.2**
  el dolor de garganta sore throat, **6.2**
el **gas: el agua mineral con gas** carbonated (sparkling) mineral water, **4.1**
la **gaseosa** soda, carbonated drink, **4.1**
gastar to spend, to waste
el/la **gato(a)** cat, **2.1**
el/la **gemelo(a)** twin, **2.1**
general general
  en general in general
  por lo general generally speaking, as a rule
la **geografía** geography
el **gimnasio** gym(nasium)
la **gitanilla** little gypsy
el **globo** balloon
el **gobierno** government
el **gol** goal, **5.1**
  meter un gol to score a goal, **5.1**
golpear to hit *(a ball)*, **5.2**
gordo(a) fat
gozar de to enjoy
Gracias. Thank you., **LP**
  dar gracias a to thank
gracioso(a) funny, **1.1**
gran, grande big, large, **1.2**
grave serious
gris gray, **5.1**
gritar to yell
la **guagua** bus
el **guante** glove, **5.2**
guapo(a) attractive, good-looking, **1.1**
guardar to guard, **5.1**
  guardar cama to stay in bed *(illness)*, **6.2**
la **guardería** shelter
guatemalteco(a) Guatemalan, **1.1**
la **guerra** war
el **guerrero** warrior
el/la **guía** guide
la **guía** guidebook
la **guitarra** guitar
gustar to like, to be pleasing to, **5.1**
el **gusto** pleasure; like; taste
  Mucho gusto. Nice (It's a pleasure) to meet you.

la **habitación** bedroom
el/la **habitante** inhabitant
hablar to speak, to talk, **3.1**
  hablar por teléfono to talk on the phone
  hablar en el móvil to talk on the cell phone
  ¿Hablas en serio? Are you serious?
hacer to do, to make
  Hace buen tiempo. The weather is nice., **LP**
  Hace (mucho) calor. It's (very) hot *(weather).*, **LP**
  Hace fresco. It's cool *(weather).*, **LP**
  Hace frío. It's cold *(weather).*, **LP**
  Hace mal tiempo. The weather is bad., **LP**
  Hace sol. It's sunny., **LP**
  Hace viento. It's windy., **LP**
el **hambre** *(f.)* hunger
  tener hambre to be hungry, **4.1**
la **hamburguesa** hamburger, **4.1**
la **harina** flour
hasta until; up to; as far as
  ¡Hasta luego! See you later!, **LP**
  ¡Hasta mañana! See you tomorrow!, **LP**
  ¡Hasta pronto! See you soon!, **LP**
hay there is, there are, **2.2**
  Hay sol. It's sunny., **LP**
  No hay de qué. You're welcome., **LP**
  ¿Qué hay? What's new (up)?
la **hazaña** achievement
el **hecho** fact
el **helado** ice cream, **4.1**
la **hermana** sister, **2.1**
la **hermanastra** stepsister, **2.1**
el **hermanastro** stepbrother, **2.1**
el **hermano** brother, **2.1**
hermoso(a) beautiful
el **héroe** hero
la **heroína** heroine
el **hielo** ice
las **hierbas** herbs
la **hija** daughter, **2.1**
el **hijo** son, child, **2.1**
  el hijo único only child, **2.1**
los **hijos** children, **2.1**
hispano(a) Hispanic
hispanohablante Spanish-speaking
el/la **hispanohablante** Spanish speaker
la **historia** history, **1.2**
la **hoja de papel** sheet of paper, **3.1**
¡Hola! Hello!, **LP**
el **hombre** man
el **hombro** shoulder
honesto(a) honest
la **hora** hour; time
  ¿a qué hora? at what time?, **LP**
  ¿Qué hora es? What time is it?, **LP**
hoy today, **LP**
  ¿Cuál es la fecha de hoy? What's today's date?, **LP**
  hoy en día nowadays
  ¿Qué día es hoy? What day is it today?, **LP**
el **huevo** egg, **4.1**
humanitario(a) humanitarian
humano(a) human
humilde humble
el **humor** mood; humor
  estar de buen (mal) humor to be in a good (bad) mood, **6.1**
  tener un buen sentido de humor to have a good sense of humor, **6.1**
el **huso horario** time zone

la **idea** idea
la **identidad** identification
  el carnet de identidad ID card

Spanish-English Dictionary

identificar to identify
la iglesia church
igual que as well as
impaciente impatient, 6.1
importa: No importa. It doesn't matter.
la importancia importance
importante important
imposible impossible
incluir to include
¿Está incluido el servicio? Is the tip included?, 4.2
increíble incredible
indicar to indicate
el/la indígena indigenous person
individual: el deporte individual individual sport
individuales singles *(tennis)*, 5.2
industrializado(a) industrialized
la infinidad infinity
la influencia influence
la información information, 3.2
el inglés English *(language)*, 1.2
inhóspito(a) inhospitable
inmenso(a) immense
inteligente intelligent, 1.2
el interés interest
interesante interesting, 1.2
interesar to interest, 5.1
el Internet the Internet, 3.2
navegar el Internet to surf the Net, 3.2
intervenir (ie) to intervene
la introducción introduction
el invierno winter, LP
el/la invitado(a) guest
invitar to invite
ir to go, 3.2
ir a to be going to (do something), 4.1
ir a casa to go home, 3.2
ir a pie to go on foot, 3.2
la isla island
el istmo isthmus
italiano(a) Italian

el jabón soap
el jamón ham, 4.1
el sándwich de jamón y queso ham and cheese sandwich, 4.1
el jardín garden, 2.2
el/la jardinero(a) outfielder, 5.2
el jonrón home run
batear un jonrón to hit a home run
joven young, 1.1
el/la joven young person, 1.1
el juego game, 5.1
el jueves Thursday, LP
el/la jugador(a) player, 5.1
jugar (ue) to play *(sport)*, 5.1
el jugo juice, 4.1
el jugo de naranja orange juice, 4.1
julio July, LP
junio June, LP
juntos(as) together

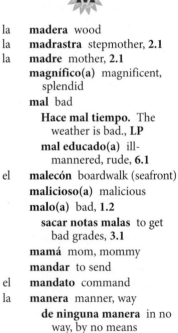

la the
el laboratorio lab(oratory)
laborioso(a) hardworking
el lado side
al lado de beside, next to, 2.2
el lago lake
la lámpara lamp, 2.2
el/la lanzador(a) pitcher, 5.2
lanzar to kick, to throw, 5.1
el lapicero ballpoint pen
el lápiz pencil, 3.1
largo(a) long, 5.1
a lo largo de along
latino(a) Latino
Latinoamérica Latin America
latinoamericano(a) Latin American
le to him, to her; to you *(formal) (pron.)*
la lección lesson
la leche milk, 4.1
la lechuga lettuce, 4.1
la lectura reading
leer to read, 4.2
la legumbre vegetable, 4.1
lejos (de) far (from), 3.2
la lengua language
les to them; to you *(formal) (pron.)*
las letras literature
levantar to raise, 3.1
levantar la mano to raise one's hand, 3.1
la leyenda legend
la libra pound *(weight)*
libre free, unoccupied, 4.2
el libro book, 3.1
el líder leader
la liga league
las Grandes Ligas Major Leagues
el limón lemon
la limonada lemonade
lindo(a) beautiful
la literatura literature
la llama llama
llegar to arrive, 4.1
llenar to fill
lleno(a) de full of, 6.1
llevar to carry; to wear, 3.1; to take; to bear
llover (ue) to rain
Llueve. It's raining., LP
lluvioso(a) rainy
lo him; you *(formal) (pron.)*
lo que what
lógico(a) logical
el loro parrot
el lote lot
la lucha fight
luego later, LP; then, 3.2
¡Hasta luego! See you later!, LP
el lugar place
el lunes Monday, LP

la madera wood
la madrastra stepmother, 2.1
la madre mother, 2.1
magnífico(a) magnificent, splendid
mal bad
Hace mal tiempo. The weather is bad., LP
mal educado(a) ill-mannered, rude, 6.1
el malecón boardwalk (seafront)
malicioso(a) malicious
malo(a) bad, 1.2
sacar notas malas to get bad grades, 3.1
mamá mom, mommy
mandar to send
el mandato command
la manera manner, way
de ninguna manera in no way, by no means
la mano hand, 3.1
manso(a) gentle
la mantequilla butter, 4.1
mañana tomorrow, LP
¡Hasta mañana! See you tomorrow!, LP
la mañana morning
por la mañana in the morning

Spanish-English Dictionary

la **máquina** machine
el **mar Caribe** Caribbean Sea
marcar to score, **5.1**
marcar un tanto to score a point, **5.1**
la **marcha** march
en marcha working
el **marido** husband, **2.1**
los **mariscos** seafood
marrón: de color marrón brown, **5.1**
el **martes** Tuesday, **LP**
marzo March, **LP**
la **mascota** pet, **2.1**
las **matemáticas** mathematics, math, **1.2**
los **materiales escolares** school supplies, **3.1**
mayo May, **LP**
mayor older, **2.1**
el/la **mayor** the oldest, **2.1**
la **mayoría** majority
mayoritario(a) *(related to the)* majority
me me *(pron.)*
medio(a) half
y media half-past (the hour), **LP**
mediano(a) medium, medium-size
el **medicamento** medicine, **6.2**
la **medicina** medicine, **6.2**
el/la **médico(a)** doctor, **6.2**
la **medida** measurement
el **medio de transporte** means of transport
el **mediodía** noon
mejor better
el/la **mejor** best
menor younger, **2.1**
el/la **menor** the youngest, **2.1**
el **menú** menu, **4.2**
la **merienda** snack, **4.2**
la **mermelada** jam, marmalade
el **mes** month, **LP**
la **mesa** table, **2.2**
el/la **mesero(a)** waiter, server, **4.2**
la **mesita** table, **2.2**
meter to put, to place
meter un gol to score a goal, **5.1**
el **metrópoli** metropolis, big city
mexicano(a) Mexican, **1.2**
la **mezcla** mixture
mi my
mí me
el **miedo** fear
el/la **miembro(a)** member, **2.1**
mientras while
el **miércoles** Wednesday, **LP**
mimado(a) spoiled *(person)*
la **mina** mine
¡Mira! Look!, **3.1**
mirar to look at, **3.2**
mismo(a) same, **1.2;** own
misterioso(a) mysterious
mixto(a) co-ed
la **mochila** backpack, knapsack, **3.1**
los **modales** manners, **6.1**
tener buenos (malos) modales to have good (bad) manners, to be well- (ill-) behaved, **6.1**
moderno(a) modern
molestar to bother, annoy, **6.1**
el **mono** monkey
montañoso(a) mountainous
el **montón** bunch, heap
el **monumento** monument
morder (ue) to bite
moreno(a) dark-haired, brunette, **1.1**
morir (ue) to die
el **motivo** theme
el **móvil** cell phone, **3.2**
el **MP3** MP3 player, **3.2**
la **muchacha** girl, **1.1**
el **muchacho** boy, **1.1**
mucho a lot, many, much; **2.2;** very, **LP**
Hace mucho calor (frío). It's very hot (cold)., **LP**
Mucho gusto. Nice to meet you, **1.2**
los **muebles** furniture, **2.2**
la **muerte** death
muerto(a) dead
la **mujer** wife, **2.1**
la **mula** mule
mundial: la Copa Mundial World Cup
el **mundo** world
el **mural** mural
el/la **muralista** muralist
el **muro** wall
la **música** music, **1.2**
muy very, **LP**
muy bien very well, **LP**

N

nacer to be born
nacional national
la **nacionalidad** nationality, **1.1**
¿de qué nacionalidad? what nationality?, **1.1**
nada nothing, not anything
De nada. You're welcome., **LP**
Por nada. You're welcome., **LP;** for no reason
la **naranja** orange *(fruit)*, **4.1**
natal pertaining to where someone was born
la **naturaleza** nature
navegar la red (el Internet) to surf the Web (the Internet), **3.2**
necesitar to need, **3.2**
negativo(a) negative
negro(a) black, **2.1**
nervioso(a) nervous, **6.1**
nevado(a) snowy, snow-covered
nevar (ie) to snow
Nieva. It's snowing., **LP**
ni neither, nor
Ni idea. No idea.
nicaragüense Nicaraguan
la **nieta** granddaughter, **2.1**
el **nieto** grandson, **2.1**
ninguno(a) none
de ninguna manera in no way, by no means
el/la **niño(a)** boy, girl, child, **6.2**
el **nivel** level
no no
No hay de qué. You're welcome., **LP**
la **noche** night, evening
Buenas noches. Good evening., **LP**
esta noche tonight, **4.1**
por la noche in the evening
nombrar to name
el **nombre** name, **2.1**
normal normal, **6.2**
el **norte** north
norteamericano(a) American, North American, **1.1**
nos us *(pron.)*
nosotros(as) we
la **nota** grade, mark, **3.1**
sacar notas buenas (malas) to get good (bad) grades, **3.1**
las **noticias** news
la **novela** novel
noventa ninety, **LP**
noviembre November, **LP**
nuestro(a) our
nueve nine, **LP**
nuevo(a) new, **1.1**

o or
objetivo objective
obligatorio(a) required, obligatory

Spanish-English Dictionary

la **obra** work; work of art
observar to observe, notice
el **obstáculo** obstacle
obstinado(a) obstinate, stubborn, **6.1**
occidental western
ochenta eighty, **LP**
ocho eight, **LP**
octubre October, **LP**
ocupado(a) occupied, **4.2**
el **oeste** west
ofrecer to offer
¡Ojo! Watch out! Be careful!
el **ojo** eye, **2.1**
tener ojos azules (castaños, verdes) to have blue (brown, green) eyes, **2.1**
olvidar to forget
once eleven, **LP**
la **opinión** opinion
el/la **opresor(a)** oppressor
opuesto(a) opposite
la **oración** sentence
la **orden** order *(restaurant)*, **4.2**
el **ordenador** computer, **3.2**
la **orfebrería** craftmanship in precious metals
organizar to organize, set up
el **órgano** organ
oriental eastern
el **origen** origin, background
las **orillas** banks, shores
a orillas de on the shores of
el **oro** gold
la **orquesta** orchestra, band
la **orquídea** orchid
el **otoño** autumn, fall, **LP**
otro(a) other, another
otros(as) others
¡Oye! Listen!, **1.2**

la **paciencia** patience, **6.1**
paciente patient *(adj.)*, **6.1**
el/la **paciente** patient, **6.2**
el **padrastro** stepfather, **2.1**
el **padre** father, **2.1**
los **padres** parents, **2.1**
pagar to pay, **3.2**
el **país** country
el **paisaje** landscape
la **paja** straw, thatch
el **pájaro** bird
la **palabra** word
la palabra afine cognate
la palabra relacionada related word
el **palacio** palace
la **paloma** pigeon
el **pan** bread
el pan tostado toast, **4.1**
el **panecillo** roll, **4.1**
la **pantalla** screen
el **pantalón** pants, **3.1**
el pantalón corto shorts, **5.1**
la **papa** potato, **4.1**
las papas fritas french fries, **4.1**
el **papel** paper, **3.1**; role
la hoja de papel sheet of paper, **3.1**
para for; in order to
el **paraíso** paradise
parear to match
parecer to seem (like)
a mi (tu, su, etc.) parecer in my (your, his, etc.) opinion
¿Qué te parece? What do you think?
el/la **pariente** relative, **2.1**
el **párrafo** paragraph
la **parte** part
participar to participate, take part in
el **partido** game, **5.1**
el **pasabordo** boarding pass
pasar to pass, to go, **5.2**
¿Qué pasa? What's going on? What's happening?
el **paseo: dar un paseo** to take a walk
el **pastel** cake
la **pastilla** bar (of soap)
los **patacones** slices of fried plantain
la **patata** potato, **4.1**
las patatas fritas french fries, **4.1**
pausado(a) slow, deliberate
peligroso(a) dangerous
pelirrojo(a) redheaded, **1.1**
el **pelo** hair, **2.1**
tener el pelo rubio (castaño, negro) to have blond (brown, black) hair, **2.1**
la **pelota** ball *(baseball, tennis)*, **5.2**
la pelota vasca jai alai
la **pena** pain, sorrow
¡Qué pena! What a shame!, **5.1**
pensar (ie) to think, **5.1**
pensar en to think about
¿Qué piensas? What do you think?, **5.1**
el **peón** peasant, farm laborer
pequeño(a) small, little, **1.2**
perder (ie) to lose, **5.1**
perdón pardon me, excuse me
perezoso(a) lazy, **1.2**
el **periódico** newspaper
pero but
el/la **perro(a)** dog, **2.1**
la **persona** person
el **personaje** character *(in a novel, play, etc.)*
la **personalidad** personality, **6.1**
peruano(a) Peruvian
pesar: a pesar de in spite of
el **pescado** fish, **4.1**
el **peso** peso (currency of many Latin American countries); weight
picaresco(a) picaresque
el/la **pícher** pitcher *(baseball)*, **5.2**
el **pie** foot, **5.1**
a pie on foot, **3.2**
la **pieza** bedroom; piece
la **pila** swimming pool
los **pinchitos** kebabs, **4.2**
pintar to paint
pintoresco(a) picturesque
el **piso** floor, **2.2**; apartment
la **pizza** pizza, **4.1**
placentero(a) pleasant
la **plata** silver
el **platillo** home plate, **5.2**
el **plato** dish *(of food)*; plate
la **plaza** square
la **pluma** (fountain) pen
la **población** population
pobre poor
poco(a) a little; few, **2.2**
un poco más a little more
poder (ue) to be able, **5.1**
el **pollo** chicken, **4.1**
popular popular
por for, by
por ejemplo for example
por encima de over, **5.2**
por eso that's why, for this reason
por favor please, **LP**
por fin finally
por la mañana in the morning
por la tarde in the afternoon
Por nada. You're welcome., **LP**; for no reason
¿por qué? why?, **3.2**

Spanish-English Dictionary

porque because, **3.2**
el/la **porrista** cheerleader
el/la **porteño(a)** person from Buenos Aires
la **portería** goal, **5.1**
el/la **portero(a)** goalie, **5.1**
poseer to possess
posible possible
positivo(a) positive
el **postre** dessert, **4.1**
practicar to practice *(a sport)*
preferir (ie) to prefer
la **pregunta** question, **3.1**
preguntar to ask, to ask a question
el **premio** prize, award
preparar to prepare, get ready
la **prepa(ratoria)** high school
presentar to introduce
prestar: prestar atención to pay attention, **3.1**
el **pretendiente** suitor
primario(a) primary, elementary
la escuela primaria elementary school
la **primavera** spring, **LP**
primero(a) first, **LP**
el primero de enero (febrero, etc.) January (February, etc.) 1, **LP**
el/la **primo(a)** cousin, **2.1**
principal main
privado(a) private, **2.2**
el **problema** problem
No hay problema. No problem.
producir to produce
la **profesión** profession, occupation
profesional professional
el/la **profesor(a)** teacher, **1.2**
prometer to promise
pronto soon
¡Hasta pronto! See you soon!, **LP**
la **propina** tip *(restaurant)*
propio(a) own, **5.1**
la **prueba** test, exam, **3.1**
el **pueblo** town
el **puerto** port
puertorriqueño(a) Puerto Rican, **1.1**
pues well
el **pulso** pulse, **6.2**
el **punto** point
el **pupitre** desk, **3.1**

que that
¿qué? what? how?
¿A qué hora? At what time?, **LP**
¿de qué nacionalidad? what nationality?, **1.1**
No hay de qué. You're welcome., **LP**
¿Qué desea Ud.? May I help you? *(in a store)*
¿Qué día es hoy? What day is it today?, **LP**
¿Qué hay? What's new (up)?
¿Qué hora es? What time is it?, **LP**
¡Qué... más... ! What a . . . !
¿Qué pasa? What's going on? What's happening?, **3.1**
¡Qué pena! What a shame!, **5.1**
¿Qué tal? How are things? How are you?, **LP**
¿Qué tal le gustó? How did you like it? *(formal)*
¿Qué tiempo hace? What's the weather like?, **LP**
querer (ie) to want, to wish, **5.1**
querido(a) dear, beloved
el **queso** cheese, **4.1**
el sándwich de jamón y queso ham and cheese sandwich, **4.1**
el **quetzal** quetzal *(currency of Guatemala)*
¿quién? who?, **1.1**
¿quiénes? who?, **1.2**
quince fifteen, **LP**
la **quinceañera** fifteen-year-old girl

la **raqueta** tennis racket, **5.2**
raro(a) rare
el **ratón** mouse
la **raza** breed
la **razón** reason
la **recámara** bedroom, **2.2**
el/la **receptor(a)** catcher, **5.2**
la **receta** prescription, **6.2**
recetar to prescribe, **6.2**
recibir to receive, **4.1;** to catch
reclamar to claim
reconocer to recognize
recordar (ue) to remember
recuperar to claim, to get back
la **red** the Web, **3.2;** net, **5.2**
navegar la red to surf the Web, **3.2**
pasar por encima de la red to go over the net, **5.2**
el **refresco** soft drink, **4.2**
refrito(a) refried
la **región** region
la **regla** rule
regresar to go back, to return, **3.2**
regresar a casa to go home, **3.2**
reinar to rule, to reign
renombrado(a) famous
repasar to review
el **repaso** review
la **república** republic
la República Dominicana Dominican Republic
resfriado(a) stuffed up *(cold)*, **6.2**
respetado(a) respected
respetar to respect
responsable responsible
la **respuesta** answer
el **restaurante** restaurant
resultar to turn out to be
el **retrato** portrait
la **reunión** meeting, get-together
la **revista** magazine
revueltos: huevos revueltos scrambled eggs
el **rey** king
rico(a) rich; delicious
¡Qué rico! How delicious!
el **río** river
el **ritmo** rhythm
robar to steal
la **roca** rock, stone
rodeado(a) surrounded
rojo(a) red, **5.1**
el **rol** role
el **rompecabezas** puzzle
romper to break
rosado(a) pink, **5.1**
rubio(a) blond, **1.1**
las **ruinas** ruins

el **sábado** Saturday, **LP**
sacar to get; to take photos
sacar notas buenas (malas) to get good (bad) grades, **3.1**
la **sal** salt
la **sala** living room, **2.2**
la sala de clase classroom, **3.1**
la **salchicha** sausage
la **salud** health, **6.1**
saludar to greet
el **saludo** greeting, **LP**
salvar to save
el **sándwich** sandwich, **4.1**
el sándwich de jamón y queso ham and cheese sandwich, **4.1**

Spanish-English Dictionary

Spanish-English Dictionary

el **sarape** blanket
el **sato** a type of dog from Puerto Rico
secundario(a) secondary, **1.2**
la escuela secundaria high school, **1.2**
la **sed** thirst, **4.1**
tener sed to be thirsty, **4.1**
seguir to follow
según according to
segundo(a) second
seguramente surely, certainly
seguro(a) sure; safe
seguro que certainly
seis six, **LP**
la **selva** jungle, forest
la **semana** week, **LP**
sencillo(a) single, simple
el **sentido de humor** sense of humor, **6.1**
la **señal de no fumar** no-smoking sign
el **señor** sir, Mr., gentleman, **LP**
la **señora** Ms., Mrs., madam, **LP**
los **señores** Mr. and Mrs.
la **señorita** Miss, Ms., **LP**
septiembre September, **LP**
ser to be
¿Cuánto es? How much does it cost (is it)?, **LP**
serio(a) serious, **1.1**
¿Hablas en serio? Are you serious?
el **servicio** tip, **4.2**
¿Está incluido el servicio? Is the tip included?, **4.2**
servir to serve
sesenta sixty, **LP**
setenta seventy, **LP**
severo(a) harsh, strict
si if
sí yes, **LP**
siento: Lo siento mucho. I'm sorry. (That's too bad.), **5.1**
la **siesta** nap
siete seven, **LP**
el **siglo** century
significar to mean
la **silla** chair, **2.2**
similar similar
simpático(a) nice, **1.1**
sin without
sincero(a) sincere
el **síntoma** symptom
sobre on, on top of; about
sobre todo above all, especially
sobrevolar (ue) to fly over

la **sobrina** niece, **2.1**
el **sobrino** nephew, **2.1**
social social
los estudios sociales social studies, **1.2**
el **sofá** sofa, **2.2**
solamente only
solas: a solas alone
el **soldado** soldier
soler (ue) to be used to, to do something usually
solo(a) single; alone
solo only
el/la **soltero(a)** single, unmarried person
el **sombrero** hat
el **sonido** sound
la **sonrisa** smile, **6.1**
la **sopa** soup
la **sorpresa** surprise, **4.1**
su his, her, their, your *(formal)*
los **suburbios** suburbs, **2.2**
Sudamérica South America
sudamericano(a) South American
el/la **suegro(a)** father-in-law, mother-in-law
el **suelo** ground, floor
el **sueño** dream
la **suerte** luck
¡Buena suerte! Good luck!
sufrir to suffer
superior upper, top
el **sur** south
la América del Sur South America
el **surtido** assortment
sus their, your *(pl.)*

T

el **taco** taco
tal such *(a thing)*
¿Qué tal? How are things? How are you?, **LP**
¿Qué tal tu clase de español? How's your Spanish class?
el **tamaño** size
también also, too, **1.2**
el **tambor** drum
tampoco either, neither
tan so
el **tanto** score, point, **5.1**
marcar un tanto to score a point, **5.1**
las **tapas** snacks, nibbles, **4.2**
la **tarde** afternoon
Buenas tardes. Good afternoon., **LP**

la **tarea** homework
la **tarjeta** card; pass
la tarjeta de abordar boarding pass
la **taza** cup, **4.1**
te you *(fam. pron.)*
el **té** tea
el **teclado** keyboard
tejano(a) Texan
la **tele** TV
el **teléfono** telephone
el teléfono celular cell phone
hablar por teléfono to speak on the phone
la **telenovela** serial, soap opera
la **televisión** television
el **tema** theme
tener (ie) to have, **2.1**
tener... años to be . . . years old, **2.1**
tener calor (frío) to be hot (cold), **11.1**
tener catarro to have a cold, **6.2**
tener dolor de... to have a(n) . . . -ache, **6.2**
tener el pelo rubio (castaño, negro) to have blond (brown, black) hair, **2.1**
tener éxito to be successful, **6.1**
tener fiebre to have a fever, **6.2**
tener hambre to be hungry, **4.1**
tener ojos azules (castaños, verdes) to have blue (brown, green) eyes, **2.1**
tener que to have to (do something), **4.1**
tener sed to be thirsty, **4.1**
el **tenis** tennis, **5.2**
la cancha de tenis tennis court, **5.2**
jugar (al) tenis to play tennis, **5.2**
el/la **tenista** tennis player
la **tensión: la tensión arterial** blood pressure, **6.2**
tercer(o)(a) third
terco(a) stubborn, **6.1**
terminar to end, finish
la **terraza** terrace, balcony
el **terremoto** earthquake
el **tesoro** treasure
ti you *(pron.)*
la **tía** aunt, **2.1**
el **tiempo** weather, **LP**; half *(soccer)*, **5.1**

a tiempo completo (parcial) full- (part-) time

Hace buen tiempo. The weather is nice., LP

Hace mal tiempo. The weather is bad., LP

¿Qué tiempo hace? What's the weather like?, LP

la **tienda** store, **3.2**

el **tiquet(e)** ticket

los **timbales** small drums, kettledrums

tímido(a) shy

el **tío** uncle, **2.1**

típico(a) typical

el **tipo** guy, type, **6.1**

tirar to throw, **5.2**

el **título** title

tocar to touch, **5.1**

¡Te toca a ti! It's your turn!

el **tocino** bacon, **4.1**

todo everything

sobre todo above all, especially

todo(a) all, **6.2**

todos(as) everything; all

en todas partes everywhere

tomar to take, **3.1;** to have (a meal), **4.1**

tomar el almuerzo (el desayuno) to have lunch (breakfast), **4.1**

tomar el bus to take the bus

tomar el pulso to take someone's pulse, **6.2**

tomar la tensión arterial to take someone's blood pressure, **6.2**

tomar un examen to take a test, **3.1**

el **tomate** tomato, **4.1**

tonto(a) foolish, crazy

la **torta** cake, **4.1;** sandwich

la **tortilla** tortilla

la **tos** cough, **6.2**

tener tos to have a cough, **6.2**

toser to cough, **6.2**

la **tostada** tostada

las **tostadas** toast, **4.1**

tostado(a) toasted

el pan tostado toast, **4.1**

los **tostones** slices of fried plantain, **4.2**

trabajar to work, **3.2**

el **trabajo** work

tradicional traditional

el **traje** suit

tranquilo(a) calm, **6.1**

el **tratamiento** treatment

tratar to treat

trece thirteen, **LP**

treinta thirty, **LP**

trienta y cinco thirty-five, **LP**

treinta y cuatro thirty-four, **LP**

treinta y dos thirty-two, **LP**

treinta y nueve thirty-nine, **LP**

treinta y ocho thirty-eight, **LP**

treinta y seis thirty-six, **LP**

treinta y siete thirty-seven, **LP**

treinte y tres thirty-three, **LP**

treinta y uno thirty-one, **LP**

tres three, **LP**

triste sad, **6.1**

la **trompeta** trumpet

las **tropas** troops

tropical tropical

el **trotamundos** globe-trotter

el **T-shirt** T-shirt

tu your

tú you *(fam.)*

el **turismo** tourism

Ud., usted you *(sing.) (formal)*

Uds., ustedes you *(pl.) (formal)*

último(a) last; final

un(a) a, an, **1.1**

único(a) only, **2.1**

el/la hijo(a) único(a) only child, **2.1**

el **uniforme** uniform, **3.1**

la **universidad** university

uno(a) one, **LP**

unos(as) some

urbano(a) urban

usar to use, **3.2**

el/la **usuario(a)** user

vacante vacant

la **vainilla** vanilla

el **valle** valley

varios(as) several

el **varón** man, boy

vasco(a) Basque

la pelota vasca jai alai

el **vaso** glass, **4.1**

veces: a veces at times, sometimes, **6.1**

el/la **vecino(a)** neighbor

el **vegetal** vegetable, **4.1**

vegetariano(a) vegetarian, **4.1**

veinte twenty, **LP**

veinticinco twenty-five, **LP**

veinticuatro twenty-four, **LP**

veintidós twenty-two, **LP**

veintinueve twenty-nine, **LP**

veintiocho twenty-eight, **LP**

veintiséis twenty-six, **LP**

veintisiete twenty-seven, **LP**

veintitrés twenty-three, **LP**

veintiuno twenty-one, **LP**

vender to sell, **6.2**

venezolano(a) Venezuelan

la **venta** small hotel

ver to see, **4.2**

el **verano** summer, **LP**

la **verdad** truth

¿verdad? right?

verdadero(a) real, true

verde green, **2.1**

la **verdura** vegetable, **4.1**

el **vestido de novia** wedding dress

la **vez** time

a veces at times, sometimes, **6.1**

cada vez each time, every time

una vez más once again, one more time

viajar to travel

la **vida** life

el **video** video

viejo(a) old, **2.2**

el **viento** wind, **LP**

Hace viento. It's windy., **LP**

el **viernes** Friday, **LP**

el **vino** wine

el **violín** violin

la **vista** view

la **viuda** widow

vivir to live, **4.1**

vivo(a) lively

la **vocal** vowel

volar (ue) to fly

el **volcán** volcano

volver (ue) to return, **5.1**

vosotros(as) you

y and

ya already

yo I

las **zapatillas** (sports) shoes, sneakers, **5.1**

la **zona** area, zone

el **zumo** juice

Spanish-English Dictionary

English-Spanish Dictionary

This English-Spanish Dictionary contains all productive and some receptive vocabulary from the text. The numbers following each productive entry indicate the chapter and vocabulary section in which the word is introduced. For example, **3.2** *means that the word was taught in* **Capítulo 3, Vocabulario 2. LP** *refers to the* **Lecciones preliminares***. If there is no number following an entry, this means that the word or expression is included for receptive purposes only.*

a un(a)
able: to be able poder (ue), **5.1**
about ***(time)*** a eso de
above por encima de, **5.2**
  above all sobre todo
absent ausente
according to según
ache el dolor, **6.2**
  My . . . ache(s). Me duele(n)... , **6.2**
  to have a(n) . . . ache tener dolor de... , **6.2**
activity la actividad
address la dirección
adorable cariñoso(a), **2.1;** adorable
affectionate cariñoso(a), **2.1**
after después (de), **3.1; (time)** y
  It's ten after one. Es la una y diez., **LP**
afternoon la tarde
  Good afternoon. Buenas tardes., **LP**
against contra
to **agree (with)** estar de acuerdo (con)
air el aire
  open-air (outdoor) café (market) el café (mercado) al aire libre
album el álbum
all todo(a), **6.2**
  above all sobre todo
already ya
also también, **1.2**
A.M. de la mañana
American americano(a)
among entre
amusing divertido(a)
ancient antiguo(a)
and y, **LP**
Andean andino(a)
angry enojado(a), enfadado(a), **6.1**
animal el animal
to **annoy** molestar, enfadar, enojar, **6.1**
another otro(a)
answer la respuesta
to **answer** contestar, **3.1**
any cualquier(a)
any other cualquier otro(a)
apartment el apartamento, el apartamiento, el departamento, **2.2;** el piso
  apartment building el edificio, la casa de apartamentos, **2.2**
to **applaud** aplaudir, **5.1**
appreciated apreciado(a)
April abril, **LP**
area la zona
Argentine argentino(a)
arithmetic la aritmética
around ***(time)*** a eso de
around ***(space)*** alrededor de, **2.2**
to **arrive** llegar, **4.1**
arrogant altivo(a)
arrow la flecha
art el arte, **1.2**
as como
to **ask (a question)** preguntar
at a, en
  at around ***(time)*** a eso de
  at home en casa, **2.2**
  at night por la noche; de noche
  at one o'clock (two o'clock, three o'clock . . .) a la una (a las dos, a las tres...), **LP**
at times a veces, **6.1**
at what time? ¿a qué hora?, **LP**
attention: to pay attention prestar atención, **3.1**
attractive guapo(a), **1.1**
August agosto, **LP**
aunt la tía, **2.1**
author el/la autor(a)
autumn el otoño, **LP**
avenue la avenida
Awesome! ¡Bárbaro!, **5.2**

B

back: in back of detrás de, **2.2**
background la ascendencia
backpack la mochila, **3.1**
bacon el tocino, el bacón, **4.1**
bad malo(a), **1.2;** mal, **LP**
  The weather is bad. Hace mal tiempo., **LP**
  to be in a bad mood estar de mal humor, **6.1**
  to get bad grades sacar notas malas, **3.1**
balcony el balcón
ball (soccer, basketball) el balón, **5.1; (baseball, tennis)** la pelota, **5.2**
  to kick (throw) the ball lanzar el balón, **5.1**
  to hit the ball batear, golpear, **5.2**
ballpoint pen el bolígrafo, **3.1;** el lapicero, la pluma
base ***(baseball)*** la base, **5.2**
baseball el béisbol, **5.2**
  baseball field el campo de béisbol, **5.2**
  baseball player el/la jugador(a) de béisbol, el/la beisbolista, **5.2**
basket ***(basketball)*** el cesto, la canasta, **5.2**
  to make a basket encestar, meter el balón en la cesta, **5.2**
basketball el básquetbol, el baloncesto, **5.2**
  basketball court la cancha de básquetbol, **5.2**
bat el bate, **5.2**
to **bat** batear, **5.2**
bathroom el cuarto de baño, **2.2**
batter el/la bateador(a), **5.2**

English-Spanish Dictionary

to **be** ser, **1.1;** estar, **3.1**
to be able (to) poder (ue), **5.1**
to be applauded recibir aplausos, **5.1**
to be born nacer
to be fine (well) estar bien, **6.2**
to be going to (do something) ir a, **4.1**
to be hungry tener hambre, **4.1**
to be pleasing (to someone) gustar, **5.1**
to be sick estar enfermo(a), **6.2**
to be successful tener éxito, **6.1**
to be thirsty tener sed, **4.1**
to be . . . years old tener... años, **2.1**
beans los frijoles, **4.1**
beautiful bello(a), hermoso(a)
because porque, **3.2**
bed la cama, **2.2**
to stay in bed guardar cama, **6.2**
bedroom el cuarto de dormir, la recámara, **2.2;** el dormitorio, la habitación, la alcoba, la pieza
beef el bife
before antes de
to **begin** empezar (ie), **5.1;** comenzar (ie)
behaved: to be well-behaved tener buena conducta, **6.1**
behavior la conducta, el comportamiento, **6.1**
behind detrás de, **2.2**
to **believe** creer
below debajo de
beside al lado de, **2.2**
between entre
beverage la bebida, el refresco, **4.1**
bicycle la bicicleta, **2.2**
big gran, grande, **1.2**
biologist el/la biólogo(a)
biology la biología
bird el pájaro
birthday el cumpleaños
black negro(a), **2.1**
blind ciego(a)
to **block** bloquear, **5.1**
blond rubio(a), **1.1**
to have blond hair tener el pelo rubio, **2.1**
blood pressure la tensión arterial, **6.2**
blouse la blusa, **3.1**
blue azul, **2.1**
book el libro, **3.1**
to **bore** aburrir
boring aburrido(a), **1.2**
born: to be born nacer
to **bother** molestar, enfadar, enojar, **6.1**
boy el muchacho, **1.1;** el niño, **6.2**
brave gallardo(a), valiente, no tener miedo
bread el pan
to **break** romper
breakfast el desayuno, **4.1**
to have breakfast tomar el desayuno, **4.1;** desayunarse
breed la raza
brother el hermano, **2.1**
brown castaño(a), **2.1;** de color marrón, **5.1**
to have brown eyes tener ojos castaños, **2.1**
to have brown hair tener el pelo castaño, **2.1**
brunette moreno(a), **1.1**
building el edificio, **2.2**
burrito el burrito
to **bury** enterrar (ie)
bus el autobús, el bus
school bus el bus escolar, **3.2**
but pero
butter la mantequilla, **4.1**
to **buy** comprar, **3.2**
by por; en
by plane (car, bus, etc.) en avión (carro, autobús, etc.)
by tens de diez en diez
Bye! ¡Chao!, **LP**

café el café, **4.2**
cafeteria la cafetería, **4.1**
cake la torta, **4.1;** el bizcocho
calculator la calculadora, **3.1**
calm calmo(a), tranquilo(a), **6.1**
camera la cámara
campfire la fogata
capital la capital
car el carro, **2.2;** el coche
carbonated drink la gaseosa, **4.1**
Caribbean Sea el mar Caribe
to **carry** llevar, **3.1**
cash register la caja, **3.2**
cashier el/la cajero(a)
cat el/la gato(a), **2.1**
to **catch** atrapar, **5.2**
catcher el/la cátcher, el/la receptor(a), **5.2**
to **celebrate** celebrar
celebration la celebración
cell phone el móvil, **3.2;** el teléfono celular
center el centro
century el siglo
cereal el cereal, **4.1**
chair la silla, **2.2**
character el personaje
check *(restaurant)* la cuenta, **4.2**
cheerleader el/la porrista
cheese el queso, **4.1**
ham and cheese sandwich el sándwich de jamón y queso, **4.1**
chemistry la química
chicken el pollo, **4.1**
child el/la niño(a), **6.2**
children los hijos, **2.1**
Chilean chileno(a)
chocolate el chocolate
hot chocolate el chocolate caliente, **4.1**
to **choose** escoger
city la ciudad, **2.2**
civilization la civilización
to **clap** aplaudir, **5.1**
class la clase; el curso, **1.2**
classroom la sala de clase, **3.1**
clothing la ropa
coach el/la entrenador(a)
co-ed mixto(a)
coffee el café, **4.1**
cognate la palabra afine
false cognate el amigo falso, **2.1**
cola la cola, **4.1**
cold el frío; frío(a), **4.2;** *(illness)* el catarro, **6.2**
It's cold *(weather).* Hace frío., **LP**
to have a cold tener catarro, **6.2**
color el color, **5.1**
Colombian colombiano(a), **1.2**
companion el/la compañero(a)
to **complete** completar
composition la composición
computer la computadora, el ordenador, **3.2**
condo(minium) el condominio
conduct la conducta, **6.1**
connected conectado(a)
connection la conexión
consonant la consonante
continent el continente

conversation la conversación
cool fresco(a), **LP**
  It's cool *(weather)*. Hace fresco., **LP**
to **cost** costar (ue), **3.2**
  How much does it cost? ¿Cuánto cuesta?, **3.2**
Costa Rican costarricense
cough la tos, **6.2**
  to have a cough tener tos, **6.2**
to **cough** toser, **6.2**
country el país; el campo
  Spanish-speaking countries los países hispanohablantes
course el curso, **1.2**
court la cancha, **5.2**
  basketball (tennis) court la cancha de básquetbol (tenis), **5.2**
courtesy la cortesía
cousin el/la primo(a), **2.1**
Cuban cubano(a)
Cuban American cubanoamericano(a)
culture la cultura
cup la taza, **4.1**
custard el flan, **4.1**

to **dance** bailar
dangerous peligroso(a)
dark-haired moreno(a), **1.1**
data los datos
date la fecha, **LP**
  What's today's date? ¿Cuál es la fecha de hoy?, **LP**
daughter la hija, **2.1**
day el día, **LP**
  What day is it (today)? ¿Qué día es hoy?, **LP**
dead muerto(a)
dear querido(a)
death la muerte
December diciembre, **LP**
to **decide** decidir
delicious delicioso(a); rico(a)
to **describe** describir
description la descripción
desert el desierto
desk el pupitre, **3.1**
dessert el postre, **4.1;** la sobremesa
dictation el dictado
to **die** morir (ue)
difference la diferencia
difficult difícil, duro(a), **1.2**
difficulty la dificultad
dining room el comedor, **2.2**
dinner la cena, **4.1**
  to have dinner cenar, **4.1**
direction la dirección
disagreeable desagradable
to **disembark** desembarcar
dish el plato
divine divino(a)
doctor el/la médico(a), **6.2**
  doctor's office el consultorio, la consulta, **6.2**
dog el/la perro(a), **2.1**
Dominican dominicano(a)
  Dominican Republic la República Dominicana
doubles *(tennis)* dobles, **5.2**
doughnut (type of) el churro
dozen la docena
drawing el dibujo
to **dribble** driblar (con el balón), **5.2**
drink (beverage) la bebida, **4.1;** el refresco, **4.2**
to **drink** beber, **4.1**
drugstore la farmacia, **6.2**
during durante, **3.2**
DVD el DVD, **3.1**
dynamic dinámico(a), **6.1**

each cada, **2.2**
to **earn** ganar
earthquake el terremoto
easy fácil, **1.2**
to **eat** comer, **4.1**
  to eat breakfast (lunch) tomar el desayuno (el almuerzo), **4.1**
  to eat dinner cenar, **4.1**
Ecuadoran ecuatoriano(a), **1.1**
education la educación
  physical education la educación física, **1.2**
egg el huevo, **4.1**
eight ocho, **LP**
eighteen dieciocho, **LP**
eighty ochenta, **LP**
either tampoco
electronic electrónico(a)
elementary: elementary school la escuela primaria
eleven once, **LP**
e-mail el correo electrónico, **3.2;** el e-mail
to **e-mail** enviar un correo electrónico, **3.2**
employee el/la empleado(a), **3.2**
enchilada la enchilada
end el fin
energetic energético(a), **6.1**
energy la energía, **6.1**
English el inglés, **1.2**
to **enjoy** disfrutar de, gozar de
enough bastante
to **enter** entrar, **5.1**
enthusiasm el entusiasmo, **6.1**
enthusiastic lleno(a) de entusiasmo, **6.1;** entusiasmado(a)
especially especialmente, sobre todo
euro el euro
even aun
evening la noche
  Good evening. Buenas noches., **LP**
  in the evening por la noche
everyone todos(as)
everything todo(a), **6.2;** todos(as)
everywhere en todas partes
exam el examen, la prueba, **3.1**
  physical exam el examen físico, **6.2**
  to take an exam tomar un examen, **3.1**
to **examine** examinar, **6.2**
example: for example por ejemplo
excellent excelente
exception la excepción
exotic exótico(a)
to **explain** explicar
extraordinary extraodinario(a)
eye el ojo, **2.1**
  to have blue (green, brown) eyes tener ojos azules (verdes, castaños), **2.1**

fabulous fabuloso(a)
face la cara, **6.1**
fact el hecho
fall *(season)* el otoño, **LP**

to **fall** caer
false falso(a)
family la familia, **2.1**
famous famoso(a)
fan el/la aficionado(a), **5.1**
fantastic fantástico(a)
far lejos (de), **3.2**
fast rápido(a)
fat gordo(a)
father el padre, **2.1**
favor el favor
favorite favorito(a)
feature la característica
February febrero, **LP**
fever la fiebre, **6.2**
to have a fever tener fiebre, **6.2**
few poco(a), pocos(as), **2.2**
a few unos(as)
field el campo, **5.1**
baseball field el campo de béisbol, **5.2**
soccer field el campo de fútbol, **5.1**
fifteen quince, **LP**
fifteen-year-old girl la quinceañera
fifty cincuenta, **LP**
fight la lucha
fine bien, **LP**
to be fine estar bien, **6.2**
finger el dedo
to **finish** terminar
first primero(a), **LP**
fish el pescado, **4.1**
five cinco, **LP**
flag la bandera
flan el flan, **4.1**
floor el piso, **2.2**
flower la flor, **2.2**
to **fly** volar (ue)
folder la carpeta, **3.2**
to **follow** seguir
food la comida, **4.1**; el comestible
foolish tonto(a)
foot el pie, **5.1**
on foot a pie, **3.2**
football el fútbol americano
for por, para
for example por ejemplo
foreign extranjero(a)
to **forget** olvidar
forty cuarenta, **LP**
four cuatro, **LP**
fourteen catorce, **LP**
free libre, **4.2**
French ***(language)*** el francés, **1.2**
french fries las papas (patatas) fritas, **4.1**
frequently con frecuencia, frecuentemente
Friday el viernes, **LP**
fried frito(a)
friend el/la amigo(a), **1.1**; el/la compañero(a)
friendly agradable, **6.1**
from de, **LP**
from where? ¿de dónde?, **1.1**
front: in front of delante de, **2.2**
full of lleno(a) de, **6.1**
funny cómico(a); gracioso(a), **1.1**; divertido(a)
furniture los muebles, **2.2**

game el juego, el partido, **5.1**
garage el garaje, **2.2**
garden el jardín, **2.2**
general general
generally, in general en general, por lo general
generous generoso(a)
gentle manso(a)
gentleman el señor, **LP**
geography la geografía
geometry la geometría
to **get** sacar, **3.1**
to get good (bad) grades sacar notas buenas (malas), **3.1**
gift el regalo
girl la muchacha, **1.1**; la niña, **6.2**
to **give** dar, **3.1**
to give an exam dar un examen (una prueba), **3.1**
glass ***(drinking)*** el vaso, **4.1**
glove el guante, **5.2**
to **go** ir, **3.2**; pasar, **5.2**
to be going (to do something) ir a, **4.2**
to go back regresar, **3.2**; volver (ue), **5.1**
to go home regresar a casa, **3.2**
to go over the net pasar por encima de la red, **5.2**
goal el gol, **5.1**
goal ***(box)*** la portería, **5.1**
to score a goal meter un gol, **5.1**
goalie el/la portero(a), **5.1**
good bueno(a), **1.1**
to get good grades sacar notas buenas, **3.1**
Good afternoon. Buenas tardes., **LP**
Good evening. Buenas noches., **LP**
Good morning. Buenos días., **LP**
Good-bye. ¡Adiós!, ¡Chao!, **LP**
good-looking guapo(a), bonito(a), **1.1**
grade la nota, **3.1**
to get good (bad) grades sacar notas buenas (malas), **3.1**
grandchildren los nietos, **2.1**
granddaughter la nieta, **2.1**
grandfather el abuelo, **2.1**
grandmother la abuela, **2.1**
grandparents los abuelos, **2.1**
grandson el nieto, **2.1**
gray gris, **5.1**
great gran, grande
Great! ¡Bárbaro!, **5.2**
green verde, **2.1**
greeting el saludo, **LP**
to **guard** guardar, **5.1**
Guatemalan guatemalteco(a), **1.1**
guest el/la invitado(a)
guitar la guitarra
gym(nasium) el gimnasio

hair el pelo, **2.1**
to have blond (brown, black) hair tener el pelo rubio (castaño, negro), **2.1**
half ***(soccer)*** el tiempo, **5.1**
second half ***(soccer)*** el segundo tiempo, **5.1**
half-past ***(hour)*** y media, **LP**
ham el jamón, **4.1**
ham and cheese sandwich el sándwich de jamón y queso, **4.1**
hamburger la hamburguesa, **4.1**
hand la mano, **3.1**
to raise one's hand levantar la mano, **3.1**
handsome guapo(a), **1.1**
happy alegre, contento(a), **6.1**; feliz
hard *(adj.)* difícil, duro(a), **1.2**
hardworking ambicioso(a), **1.2**; trabajador(a)
to **have** tener (ie), **2.1**
to have a cold tener catarro, **6.2**
to have a fever tener fiebre, **6.2**

English-Spanish Dictionary

English-Spanish Dictionary

to have a headache tener dolor de cabeza, **6.2**
to have a snack tomar una merienda, **4.2**
to have a sore throat tener dolor de garganta, **6.2**
to have a stomachache tener dolor de estómago, **6.2**
to have blond (brown, black) hair tener el pelo rubio (castaño, negro), **2.1**
to have blue (brown, green) eyes tener ojos azules (castaños, verdes), **2.1**
to have breakfast tomar el desayuno, **4.1;** desayunarse
to have dinner cenar, **4.1**
to have lunch tomar el almuerzo, **4.1**
to have to (do something) tener que, **4.1**
he él, **1.1**
head la cabeza, **6.2**
headache: to have a headache tener dolor de cabeza, **6.2**
health la salud, **6.1**
heart el corazón
heat el calor
Hello! ¡Hola!, **LP**
her su(s); la *(pron.)*
here aquí, acá
hero el héroe
heroine la heroína
Hi! ¡Hola!, **LP**
high alto(a), **3.1**
high school la escuela secundaria, **1.2;** el colegio
him lo; le
his su(s)
Hispanic hispano(a)
history la historia, **1.2**
to **hit** ***(baseball)*** batear, ***(tennis)*** golpear, **5.2**
to hit a home run batear un jonrón
holiday la fiesta
home la casa, **2.2;** a casa, **3.2**
at home en casa
to go home regresar a casa, **3.2**
home plate el platillo, **5.2**
home run el jonrón
to hit a home run batear un jonrón
homework la tarea
honest honesto(a)

hot caliente, **4.1**
It's (very) hot *(weather).* Hace (mucho) calor., **LP**
hour la hora
house la casa, **2.2**
apartment house el edificio, **2.2;** la casa de apartamentos
how? ¿cómo?, **1.1;** ¿qué?, **LP**
How are you? ¿Cómo estás?
How are things going? ¿Qué tal?, **LP**
how many? ¿cuántos(as)?, **2.1**
How much does it cost? ¿Cuánto cuesta?, **3.2**
How much is it? ¿Cuánto es?, **LP**
How old is he (she)? ¿Cuántos años tiene?, **2.1**
humor: to have a good sense of humor tener un buen sentido de humor, **6.1**
hundred cien(to), **LP**
hunger el hambre *(f.)*
hungry: to be hungry tener hambre, **4.1**
to **hurt** doler (ue), **6.2**
Me duele la cabeza (el estómago, etc.). My head (stomach, etc.) hurts.
husband el esposo, el marido, **2.1**

I yo
ice cream el helado, **4.1**
idea la idea
to **identify** identificar
if si
ill-mannered mal educado(a), **6.1**
illness la enfermedad
immediately enseguida, **4.2**
impatient impaciente, **6.1**
important importante
impossible imposible
in en
in back of detrás de, **2.2**
in front of delante de, **2.2**
to **include** incluir
Is the tip included? ¿Está incluido el servicio?, **4.2**
incredible increíble
indicate indicar

individual: individual sport el deporte individual
indoor cubierto(a)
influence la influencia
information la información, **3.2**
inhabitant el/la habitante
intelligent inteligente, **1.2**
interest el interés
to **interest** interesar, **5.1**
interesting interesante, **1.2**
Internet el Internet, **3.2**
to surf the Net navegar el Internet, **3.2**
to **invite** invitar
island la isla
it lo, la
Italian italiano(a)

January enero, **LP**
juice el jugo, **4.1**
orange juice el jugo de naranja, **4.1**
July julio, **LP**
June junio, **LP**
just: to have just (done something) acabar de, **4.2**

kebabs los pinchitos, **4.2**
to **kick** lanzar, **5.1**
king el rey
kitchen la cocina, **2.2**
knapsack la mochila, **3.1**

to **lack** faltar, **6.1**
He/She lacks . . . Le falta... , **6.1**
lake el lago
lamp la lámpara, **2.2**
language la lengua
large gran, grande, **1.2**
last último(a)
later luego, **LP**
See you later! ¡Hasta luego!, **LP**
Latin America Latinoamérica
Latin American latinoamericano(a)

English-Spanish Dictionary

Latino latino(a)
lazy perezoso(a), **1.2**
league la liga
to **learn** aprender, **4.2**
to **leave** dejar, salir
left izquierdo(a)
legend la leyenda
lemonade la limonada
lesson la lección
to **let** dejar; permitir
lettuce la lechuga, **4.1**
life la vida
like como
to **like** gustar, **5.1**
What would you like (to eat)? ¿Qué desean tomar?, **4.2**
line (of people) la fila
to wait in line estar en fila
to **listen to** escuchar, **3.2**
Listen! ¡Oye!
literature la literatura
little pequeño(a), **1.2**
a little poco(a), **2.2**
to **live** vivir, **4.1**
living room la sala, **2.2**
long largo(a), **5.1**
to **look at** mirar, **3.2**
Look! ¡Mira!, **3.1**
to **look for** buscar, **3.2**
to **lose** perder (ie), **5.1**
lot: a lot mucho(a), **LP;** muchos(as), **2.1**
low bajo(a), **3.1**
love el amor
in love enamorado(a)
loved one el/la amado(a)
lunch el almuerzo, **4.1**
to have lunch tomar el almuerzo, **4.1**

mad enojado(a), enfadado(a), **6.1**
Madam la señora, **LP**
magazine la revista
main principal
majority la mayoría; mayoritario(a) *(adj.)*
to **make a basket** encestar, meter el balón en la cesta, **5.2**
man el hombre
manager el/la entrenador(a)
manners los modales, **6.1**
to have good (bad) manners tener buenos (malos) modales, **6.1**
many muchos(as), **2.2**
how many? ¿cuántos(as)?, **2.1**
March marzo, **LP**
mark la nota, **3.1**
bad (low) mark la nota mala (baja), **3.1**
good (high) mark la nota buena (alta), **3.1**
to get good (bad) marks sacar notas buenas (malas), **3.1**
to **marry: to get married** casarse
to **match** parear
mathematics las matemáticas, **1.2**
May mayo, **LP**
me mí; me
meal la comida, **4.1**
to **mean** significar
meat la carne, **4.1**
meatball la albóndiga, **4.2**
meat pie la empanada, **4.2**
medicine el medicamento, la medicina, **6.2**
medium-sized mediano(a)
member el/la miembro(a), **2.1**
menu el menú, **4.2**
Mexican mexicano(a), **1.2**
Mexican American mexicanoamericano(a)
milk la leche, **4.1**
mineral water el agua mineral, **4.2**
Miss señorita, **LP**
modern moderno(a)
mom mamá
Monday el lunes, **LP**
money el dinero, **3.2**
month el mes, **LP**
mood el humor, **6.1**
to be in a good (bad) mood estar de buen (mal) humor, **6.1**
more más
morning la mañana
Good morning. Buenos días., **LP**
in the morning por la mañana
mother la madre, **2.1**
mouth la boca, **6.2**
MP3 player el MP3, **3.2**
Mr. (el) señor, **LP**
Mr. and Mrs. los señores
Mrs. (la) señora, **LP**
Ms. (la) señorita, (la) señora, **LP**
much mucho(a), **LP**
how much? ¿cuánto?
How much does it cost (is it)? ¿Cuánto es?, **LP;** ¿Cuánto cuesta?, **3.2**
music la música, **1.2**
must deber
my mi, mis

name el nombre, **2.1**
national nacional
nationality la nacionalidad, **1.1**
what nationality? ¿de qué nacionalidad?, **1.1**
native person el/la indígena
near cerca de, **3.2**
to **need** necesitar, **3.2**
neighbor el/la vecino(a)
neighborhood el barrio
neither tampoco
nephew el sobrino, **2.1**
nervous nervioso(a), **6.1**
net (World Wide Web) la red, **3.2; (tennis), 5.2**
to surf the Net navegar el Internet, **3.2**
never nunca
new nuevo(a), **1.1**
newspaper el periódico
next to al lado de, **2.2**
nice simpático(a), **1.1; (weather)** buen (tiempo)
Nice to meet you. Mucho gusto.
The weather is nice. Hace buen tiempo., **LP**
niece la sobrina, **2.1**
night la noche
at night por la noche
Good night. Buenas noches., **LP**
nine nueve, **LP**
nineteen diecinueve, **LP**
ninety noventa, **LP**
no no, **LP;** ninguno(a)
by no means de ninguna manera
nobody nadie
none ninguno(a)
noon el mediodía
no one nadie
normal normal, **6.2**
north el norte
North American norteamericano(a), **1.1**

English-Spanish Dictionary

not no, **1.2**
notebook el cuaderno, **3.1**
nothing nada
novel la novela
November noviembre, **LP**
now ahora
number el número
nurse el/la enfermero(a), **6.2**

objective el objetivo
obligatory obligatorio(a)
to **observe** observar
obstinate obstinado(a), **6.1**
occupied ocupado(a), **4.2**
ocean el océano
o'clock: It's two o'clock. Son las dos., **LP**
October octubre, **LP**
of de
of course claro que... , ¡cómo no!
office: doctor's office la consulta del médico, **6.2**
old viejo(a), **2.2**
How old is he (she)? ¿Cuántos años tiene?, **2.1**
older mayor, **2.1**
oldest el/la mayor, **2.1**
olive la aceituna, **4.2**
on sobre, en
on foot a pie
on top of sobre
one uno; uno(a), **LP**
one hundred cien(to), **LP**
only único(a), **2.1;** solo; solamente
to **open** abrir, **4.2**
open-air al aire libre
open-minded flexible, **6.1**
opinion la opinión
opposite el contrario
or o
orange *(color)* anaranjado(a), naranja, **5.1**
orange *(fruit)* la naranja, **4.1**
orange juice el jugo de naranja, **4.1**
order *(restaurant)* la orden, **4.2**
other otro(a)
any other cualquier otro(a)
our nuestro(a), nuestros(as)
outfielder el/la jardinero(a), **5.2**
over por encima de, **5.2**
own propio(a), **5.1**

pain el dolor, **6.2**
painting la pintura, el cuadro
pants el pantalón, **3.1**
paper: sheet of paper la hoja de papel, **3.1**
parents los padres, **2.1**
parrot el loro
part la parte
party la fiesta
to **pass** pasar, **5.2**
patience la paciencia, **6.1**
patient *(adj.)* paciente, **6.1**
patient *(n.)* el/la enfermo(a), **6.2**
to **pay** pagar, **3.2**
to pay attention prestar atención, **3.1**
peanut el cacahuate
pen el bolígrafo, **3.1;** el lapicero, la pluma
pencil el lápiz, **3.1;** lápices *(pl.)*
people la gente
person la persona
personality la personalidad, **6.1**
Peruvian peruano(a)
pet la mascota, **2.1**
pharmacist el/la farmacéutico(a)
pharmacy la farmacia, **6.2**
photo(graph) la foto(grafía)
physical (exam) el examen físico, **6.2**
physical education la educación física, **1.2**
piano el piano
picture la foto(grafía)
picturesque pintoresco(a)
pink rosado(a), **5.1**
pitcher *(baseball)* el/la pícher, el/la lanzador(a), **5.2**
pizza la pizza, **4.1**
place el lugar
plantain: slices of fried plantain los tostones, **4.2;** los patacones
to **play *(sport)*** jugar, **5.1**
player el/la jugador(a), **5.1**
baseball player el/la jugador(a) de béisbol, el/la beisbolista, **5.2**
pleasant agradable, **6.1**
please por favor, **LP**
pleasure: It's a pleasure to meet you. Mucho gusto.
P.M. de la tarde, de la noche
point el tanto, **5.1**
to score a point marcar un tanto, **5.1**
polite bien educado(a), **6.1**
poor pobre
population la población
portrait el retrato
possible posible
potato la papa, la patata, **4.1**
french fried potatoes las papas (patatas) fritas, **4.1**
pound *(weight)* la libra
to **practice** practicar
to **prefer** preferir (ie)
to **prepare** preparar
to **prescribe** recetar, **6.2**
prescription la receta, **6.2**
present el regalo
to **present** presentar
pretty bonito(a), **1.1**
primary primario(a)
private privado(a), **2.2**
prize (award) el premio
problem el problema
to **promise** prometer
Puerto Rican puertorriqueño(a), **1.1**
pulse el pulso, **6.2**
to **push** empujar

quarter: a quarter past (the hour) y cuarto, **LP**
question la pregunta, **3.1**
to ask a question preguntar
quite bastante, **1.2**

racket la raqueta, **5.2**
to **rain** llover (ue)
It's raining. Llueve., **LP**
to **raise** levantar, **3.1**
to raise one's hand levantar la mano, **3.1**
rather bastante, **1.2**
to **read** leer, **4.2**
reading la lectura
to **receive** recibir, **4.1**
red rojo(a), **5.1**
redheaded pelirrojo(a), **1.1**
relative el/la pariente, **2.1**
to **remember** recordar (ue)
to **repeat** repetir

republic la república
Dominican Republic la República Dominicana
required obligatorio(a)
restaurant el restaurante
to **return** regresar, **3.2;** volver (ue), **5.1; (something)** devolver (ue), **5.2**
review el repaso
rice el arroz, **4.1**
right derecho(a)
right away enseguida, **4.2**
river el río
roll *(bread)* el panecillo, **4.1**
room el cuarto, **2.2**
bathroom el cuarto de baño, **2.2**
bedroom el cuarto de dormir, la recámara, **2.2**
classroom la sala de clase, **3.1**
dining room el comedor, **2.2**
living room la sala, **2.2**
rude mal educado(a), **6.1**
to **run** correr, **5.2**
rural rural

sad triste, deprimido(a), **6.1**
salad la ensalada, **4.1**
salesperson el/la empleado(a), **3.2**
salt la sal
same mismo(a), **1.2**
sandwich el sándwich, el bocadillo, **4.1;** la torta
ham and cheese sandwich el sándwich de jamón y queso, **4.1**
Saturday el sábado, **LP**
to **save** salvar
to **say** decir
school la escuela, **1.2;** el colegio; la academia
elementary school la escuela primaria
high school la escuela secundaria, **1.2;** el colegio
school *(related to)* escolar
school bus el bus escolar, **3.2**
school supplies los materiales escolares, **3.1**
science la ciencia, **1.2**
score el tanto, **5.1**
to score a goal meter un gol, **5.1**
to score a point marcar un tanto, **5.1**
screen la pantalla
season la estación, **LP**
¿Qué estación es? What season is it?, **LP**
second segundo(a)
second half *(soccer)* el segundo tiempo, **5.1**
secondary secundario(a), **1.2**
to **see** ver, **4.2**
See you later! ¡Hasta luego!, **LP**
See you soon! ¡Hasta pronto!, **LP**
See you tomorrow! ¡Hasta mañana!, **LP**
to **seem** parecer
It seems to me . . . Me parece...
to **sell** vender, **6.2**
to **send** enviar, **3.2**
sense: sense of humor el sentido de humor, **6.1**
to have a good sense of humor tener un buen sentido de humor, **6.1**
sentence la frase, la oración
September septiembre, **LP**
serious serio(a), **1.1**
server el/la mesero(a), **4.2;** el/la camarero(a)
seven siete, **LP**
seventeen diecisiete, **LP**
seventy setenta, **LP**
several varios(as)
shake *(drink)* el batido, **4.2**
shame: What a shame! ¡Qué pena!, **5.1**
she ella, **1.1**
sheet: sheet of paper la hoja de papel, **3.1**
shirt la camisa, **3.1**
shoes las zapatillas, **5.1**
short *(person)* bajo(a), **1.1**
shorts el pantalón corto, **5.1**
shoulder el hombro
shrimp los camarones, **4.2;** las gambas
shy tímido(a)
sick enfermo(a), **6.2**
sign la señal
silver la plata
similar similar
since desde; como
sincere sincero(a)
single solo(a)
singles *(tennis)* individuales, **5.2**
sir señor, **LP**
sister la hermana, **2.1**
six seis, **LP**
sixteen dieciséis, **LP**
sixty sesenta, **LP**
skinny flaco(a)
skirt la falda, **3.1**
to **sleep** dormir (ue)
small pequeño(a), **1.2**
smile la sonrisa, **6.1**
snack la merienda; las tapas, los antojitos, **4.2;** los bocaditos
sneakers las zapatillas, **5.1;** los tenis, **5.2**
to **snow: It's snowing.** Nieva., **LP**
so tan
soap opera la telenovela
soccer el fútbol, **5.1**
social studies los estudios sociales, **1.2**
socks los calcetines, **5.1**
soda la cola, la gaseosa, **4.1;** el refresco, **4.2**
sofa el sofá, **2.2**
soft drink el refresco, **4.2**
some unos(as); algunos(as)
someone alguien
something algo, **4.1**
sometimes a veces, **6.1**
son el hijo, **2.1**
soon pronto, **LP**
See you soon! ¡Hasta pronto!, **LP**
sore throat: to have a sore throat tener dolor de garganta, **6.1**
sorry: I'm sorry. Lo siento mucho., **5.1**
soup la sopa
south el sur
South America la América del Sur, la Sudamérica
Spain España
Spanish *(language)* el español, **1.2**
Spanish speaker el/la hispanohablante
Spanish-speaking hispanohablante
to **speak** hablar, **3.1**
spectator el/la espectador(a)
sport el deporte, **5.1**
individual sport el deporte individual
team sport el deporte de equipo
sports *(related to)* deportivo(a)
spring la primavera, **LP**
stadium el estadio
to **stay: to stay in bed *(illness)*** guardar cama, **6.2**

English-Spanish Dictionary

steak el biftec, **4.1**
stepbrother el hermanastro, **2.1**
stepfather el padrastro, **2.1**
stepmother la madrastra, **2.1**
stepsister la hermanastra, **2.1**
stomach el estómago, **6.2**
  to have a stomachache tener dolor de estómago, **6.2**
store la tienda, **3.2**
street la calle
stress el estrés, **6.2**
stubborn obstinado(a), terco(a), **6.1**
student el/la alumno(a), **1.2;** el/la estudiante
study el estudio
  social studies los estudios sociales, **1.2**
to **study** estudiar, **3.1**
stupendous estupendo(a)
suburbs las afueras, los suburbios, **2.2**
to **succeed** tener éxito, **6.1**
successful: to be successful tener éxito, **6.1**
such tal
summer el verano, **LP**
sun el sol
Sunday el domingo, **LP**
sunny: It's sunny. Hace (Hay) sol., **LP**
supplies: school supplies los materiales escolares, **3.1**
to **surf: to surf the Web (the Net)** navegar la red (el Internet), **3.2**
surprise la sorpresa, **4.1**

table la mesa, la mesita, **2.2**
to **take** tomar, **3.1**
  to take a bath bañarse
  to take a flight tomar un vuelo
  to take a test tomar un examen, **3.1**
  to take someone's blood pressure tomar la tensión arterial, **6.2**
  to take someone's pulse tomar el pulso, **6.2**
  to take the (school) bus tomar el bus (escolar), **3.2**
taken ocupado(a), **4.2**
to **talk** hablar, **3.1**
  to talk on the phone hablar por teléfono
  to talk on a cell phone hablar en el móvil, **3.2**
tall alto(a), **1.1**
taste el gusto
tea el té
to **teach** enseñar, **3.1**
teacher el/la profesor(a), **1.2**
team el equipo, **5.1**
  team sport el deporte de equipo, **5.1**
telephone el teléfono
  to talk on the phone hablar por teléfono
television la televisión, la tele
ten diez, **LP**
  by tens de diez en diez
tennis el tenis, **5.2**
  tennis court la cancha de tenis, **5.2**
  tennis player el/la tenista
  tennis racket la raqueta, **5.2**
  to play tennis jugar (al) tenis, **5.2**
terrace la terraza
test el examen, la prueba, **3.1**
  to give a test dar un examen (una prueba), **3.1**
  to take a test tomar un examen, **3.1**
Texan tejano(a)
Thank you. Gracias., **LP**
the el, la, los, las, **1.1**
their su(s)
them las, los
then luego, **3.2**
there allí, allá
there is, there are hay, **2.2**
they ellos(as), **1.1**
thin flaco(a)
thing la cosa
to **think** pensar (ie), **5.1**
  What do you think? ¿Qué piensas?, **5.1**
thirsty: to be thirsty tener sed, **4.1**
thirteen trece, **LP**
thirty treinta, **LP**
thirty-eight treinta y ocho, **LP**
thirty-five treinta y cinco, **LP**
thirty-four treinta y cuatro, **LP**
thirty-nine treinta y nueve, **LP**
thirty-one treinta y uno, **LP**
thirty-seven treinta y siete, **LP**
thirty-six treinta y seis, **LP**
thirty-three treinta y tres, **LP**
thirty-two treinta y dos, **LP**
this (one) este(a)
three tres, **LP**
throat la garganta, **6.2**
  to have a sore throat tener dolor de garganta, **6.2**
to **throw** lanzar, tirar, **5.2**
Thursday el jueves, **LP**
ticket el boleto, el tiquet(e)
time la hora, **LP;** la vez
  at times (sometimes) a veces, **6.1**
  at what time? ¿a qué hora?, **LP**
  full-time a tiempo completo
  on time a tiempo
  part-time a tiempo parcial
  What time is it? ¿Qué hora es?, **LP**
timid tímido(a)
tip el servicio, **4.2;** la propina
  Is the tip included? ¿Está incluido el servicio?, **4.2**
tired cansado(a), **6.1**
toast las tostadas, el pan tostado, **4.1**
today hoy, **LP**
  What day is it today? ¿Qué día es hoy?, **LP**
  What is today's date? ¿Cuál es la fecha de hoy?, **LP**
toe el dedo del pie
together juntos(as)
tomato el tomate, **4.1**
tomorrow mañana, **LP**
  See you tomorrow! ¡Hasta mañana!, **LP**
tonight esta noche, **4.1**
too, also también, **1.2**
to **touch** tocar, **5.1**
town el pueblo
to **travel** viajar
tree el árbol, **2.2**
truth la verdad
T-shirt la camiseta, **5.1;** el T-shirt
Tuesday el martes, **LP**
TV la tele
twelve doce, **LP**
twenty veinte, **LP**
twenty-eight veintiocho, **LP**

twenty-five veinticinco, **LP**
twenty-four veinticuatro, **LP**
twenty-nine veintinueve, **LP**
twenty-one veintiuno, **LP**
twenty-seven veintisiete, **LP**
twenty-six veintiséis, **LP**
twenty-three veintitrés, **LP**
twenty-two veintidós, **LP**
twin el/la gemelo(a), **2.1**
two dos, **LP**
type el tipo, **6.1**
typical típico(a)

ugly feo(a), **1.1**
unattractive feo(a), **1.1**
uncle el tío, **2.1**
under debajo de
underneath debajo de
to **understand** comprender, **4.2**
uniform el uniforme, **3.1**
United States Estados Unidos
university la universidad
unoccupied libre, **4.2**
unpleasant antipático(a), **1.1**
until hasta, **LP**
upper superior
urban urbano(a)
us nos
to **use** usar, **3.2**

vacation las vacaciones
vanilla vainilla
various varios(as)
vegetable la legumbre, la verdura, el vegetal, **4.1**
vegetarian vegetariano(a), **4.1**
Venezuelan venezolano(a)
very muy, **LP;** mucho, **LP**
  It's very hot (cold). Hace mucho calor (frío)., **LP**
  Very well. Muy bien., **LP**
view la vista
volcano el volcán
vowel la vocal

to **wait: to wait in line** estar en fila; hacer cola
waiter (waitress) el/la mesero(a), **4.2;** el/la camarero(a)
wall el muro
to **want** querer (ie), **5.1;** desear, **4.2**
war la guerra
to **watch** mirar, **3.2**; ver, **4.2**
water el agua, **4.1**
  (sparkling) mineral water el agua mineral (con gas), **4.2**
we nosotros(as)
to **wear** llevar, **3.1**
weather el tiempo, **LP**
  It's cold (weather). Hace frío., **LP**
  It's cool (weather). Hace fresco., **LP**
  The weather is bad. Hace mal tiempo., **LP**
  The weather is nice. Hace buen tiempo., **LP**
  What's the weather like? ¿Qué tiempo hace?, **LP**
Web la red, **3.2**
  to surf the Web navegar la red, **3.2**
Wednesday el miércoles, **LP**
week la semana, **LP**
weight el peso
welcome: You're welcome. De nada., Por nada., No hay de qué., **LP**
well bien, **LP;** pues
  Very well. Muy bien., **LP**
well-mannered bien educado(a), **6.1**
west el oeste
what? ¿qué?; ¿cuál?; ¿cuáles?; ¿cómo?
  at what time? ¿a qué hora?, **LP**
  What a shame! ¡Qué pena!, **5.1**
  What day is it (today)? ¿Qué día es hoy?, **LP**
  What does he (she, it) look like? ¿Cómo es?, **1.1**
  What is he (she, it) like? ¿Cómo es?, **1.1**
  What is today's date? ¿Cuál es la fecha de hoy?, **LP**
  what nationality? ¿de qué nacionalidad?, **1.1**
  What's happening? What's going on? ¿Qué pasa?, **3.1**
  What's new (up)? ¿Qué hay?
  What time is it? ¿Qué hora es?, **LP**
when cuando, **3.1**
when? ¿cuándo?, **3.2**
where donde
where? ¿dónde?, **1.1;** ¿adónde?, **3.2**
  from where? ¿de dónde?, **1.1**
which? ¿cuál?; ¿cuáles?
while mientras
white blanco(a), **5.1**
who? ¿quién?, **1.1;** ¿quiénes?, **1.2**
why? ¿por qué?, **3.2**
wide ancho(a)
wife la esposa, la mujer, **2.1**
to **win** ganar, **5.1**
wind el viento, **LP**
windy: It's windy. Hace viento., **LP**
winter el invierno, **LP**
with con
without sin
word la palabra
work la obra, el trabajo
to **work** trabajar, **3.2**
world el mundo
  World Cup la Copa Mundial
worse peor
to **write** escribir, **4.2**
written escrito(a)

year el año, **LP**
  to be turning . . . years old cumplir... años
  to be . . . years old tener... años, **2.1**
yellow amarillo(a), **5.1**
yes sí, **LP**
yesterday ayer
you tú *(sing. fam.)*, usted *(sing. form.)*, ustedes *(pl. form.)*, vosotros(as) *(pl. fam.)*; ti, te *(fam. pron.)*, le *(pron.)*
  You're welcome. De (Por) nada., No hay de qué., **LP**
young joven, **1.1**
young person el/la joven, **1.1**
younger menor, **2.1**
youngest el/la menor, **2.1**
your tu(s), su(s)
  It's your turn! ¡Te toca a ti!
youth hostel el albergue juvenil

zero cero, **LP**
zone la zona

Culture Index

amigos 20, 21, 23, 26, 30, 42, 52, 71, 73, 90, 103, 112, 130, 132, 133

Andes 78

Argentina la bandera, 165; Buenos Aires, 56, 127, 160

aztecas 403, 405

baile 405

banderas 165, 185, 206

bienestar 131, 192–194, 203; las farmacias en los países hispanos, 195, 201, 202

Bolívar, Simón 145

Bolivia La Paz, 21, 180

cafés y restaurantes 126, 127, 132, 133, 135, 138, 140, 148, 149, 152, 154

California Santa Cruz, 43

casas 25, 56, 57, 62, 63, 64, 69, 76, 82, 83, 109, 123, 204, 206

Cervantes Saavedra, Miguel de 44

Chile Arica, 61; la bandera, 165; Punta Arenas, 25, 50; Santiago, 24

El Cid 398–401

Clemente, Roberto 182, 183

Colombia en general, 156; Barranquilla, 21, 28, 91, 152, 190; Bogotá, 213; Cartagena, 41

comida 124–125, 126, 127, 128, 132, 134, 136, 137, 138, 141, 143, 146, 148, 151, 152, 153, 170, 197; el comer, 125, 126, 127, 130, 133, 134, 137, 138, 139, 142, 153; **La comida en otras partes** (Madrid, España y Granada, Nicaragua), 146; **Una merienda ¿Dónde?,** (las meriendas después de las clases), 148

compras 96

Costa Rica San José, 57, 90

Cuba La Habana, 91, 94

cubanoamericanos 42

deportes en general, 158–159; el básquetbol, 161, 167, 173, 175, 188; el béisbol, 161, 166, 180, 182; el ciclismo, 160; Clemente, Roberto, 182, 183; **Los deportes de equipo** (el fútbol y el béisbol en los países hispanos), 180; el fútbol, 161, 162, 163, 179, 180, 185, 187; el jai alai, 169; el tenis, 160, 167

Don Quijote → *Quijote (Don)*

Ecuador Baños, 202; Cotacachi, 109, 156; Cuicocha, 83; **Una familia ecuatoriana,** 76; Galápagos, 52, 79; Manta, 90; Quito, 76, 77, 81, 90, 142; Saquisilí, 33

educación 89; **Escuelas aquí y en Latinoamérica** (Perú), 112; **¿Quiénes trabajan?** (la vida estudiantil en Estados Unidos y en los países hispanos), 114

escuela 26, 32, 33, 48, 50, 88–89, 90, 91, 92, 94–96, 113, 115, 118, 142, 176, 187, 190, 198; **Escuelas aquí y en Latinoamérica** (Perú), 112; **¿Quiénes trabajan?** (la vida estudiantil en Estados Unidos y en los países hispanos), 114

España Barcelona, 104, 195; Bilbao, 188; Burgos, 399; Cádiz, 171; El Escorial (San Lorenzo de El Escorial), 397; Estepona, 90; Granada, 401; Gran Canaria, 195; Guipúzcoa, 56; islas Canarias, 89, 195; Madrid, 84, 146, 149, 198, 397; La Mancha, 45; Órgiva, 21; La Palma (islas Canarias), 7, 208; Salamanca, 216–217; Tenerife (islas Canarias), 68; Valencia, 400; Zafra, 170

familia 54–55, 57, 58, 59, 60, 61, 69, 124–125, 129, 136; **Una familia ecuatoriana,** 76

Fernández de Lizardi, José Joaquín 214–215

Florida Miami, 47, 111, 138

geografía 102

Guatemala en general, 33; Antigua, 24, 31, 120, 123, 161, 210, 218, 224; Chichicastenango, 187

Honduras Copán, 160, 168

Ixtaccíhuatl 402–405

latinos 38; **Amigos latinos en Estados Unidos,** 42, 164

Lazarillo de Tormes 216, 217

lenguaje comparaciones con el inglés, 30, 95, 100; En otras partes, 23, 63, 93, 97, 128, 131, 133, 200; refranes, 39, 73, 109, 143, 177, 211; sufijo diminutivo, 60; tú/usted, 35, 50

Una leyenda mexicana: Iztaccíhuatl y Popocatépetl 402–405

literatura *El Cid,* 398–401; *Lazarillo de Tormes,* 216–217; *Una leyenda mexicana—Iztaccíhuatl y Popocatépetl,* 402–405; *El Periquillo Sarniento,* 214; *Don Quijote,* 44

literatura picaresca *Lazarillo de Tormes,* 216, 217; *El Periquillo Sarniento,* 214

Lizardi, José Joaquín Fernández de 214

mascotas 58, 66, 67, 73, 78, 84, 224

mayas 160, 168

mercados 218

meriendas 132, 133, 140, 142, 148, 149, 154

mexicanoamericanos 42, 199

México la bandera, 165; Ciudad de México, 35, 57, 126, 161; Guadalajara, 57, 67, 90, 103, 130; Guanajuato, 7, 148; Mérida, 122, 222; Puebla, 71; Puerto Vallarta, 32; Tepoztlán, 125; el volcán Iztaccíhuatl, 402; el volcán Popocatépetl, 402; Zihuatanejo, 173

Miami 111; la Pequeña Habana—la Calle Ocho, 47

monumentos monumento al Cid, 398; monumento a Lazarillo de Tormes (Salamanca, España), 217; Monumento de la Independencia (Ciudad de México, México), 35

museos El Pueblito (Ciudad de Panamá, Panamá), 204

música los tunos, 148

Nicaragua Granada, 146, 147; Isla de Ometepe, 159; León, 115, 140, 172; Managua, 99, 182; Masaya, 48, 91, 154

Nueva York 210

paisajes urbanos Barcelona, España, 104; Burgos, España, 399; Cartagena, Colombia, 41; Ciudad de Panamá, Panamá, 105; Miami, Florida, 111; Punta Arenas, Chile, 25; Quito, Ecuador, 76; San Juan, Puerto Rico, 36

Panamá en general, 57, 91, 206; Ciudad de Panamá, 105, 204

Paraguay Asunción, 185

El Periquillo Sarniento 214

Perú en general, 78; Arequipa, 113; la bandera, 165; Cuzco, 25; Huanchaco, 127; Lima, 20, 91, 179; Machu Picchu, 25; Trujillo, 73

plazas La Palma, España, 208; islas Canarias (España), 68; Plaza Central (Mérida, México), 122, 222; Plaza de Armas (Arequipa, Perú), 113; Plaza de Armas (Trujillo, Perú), 73; Plaza de las Tres Culturas (Ciudad de México, México), 404; Plaza Mayor (Madrid, España), 149; Plaza Mayor (Salamanca, España), 216; San Juan, Venezuela, 207; Santo Domingo, República Dominicana, 38; Tenerife, 68; Valencia, España, 400; Zócalo, (Ciudad de México, México), 405

Popocatépetl 402–405

Puerto Rico la bandera, 206; Isabela, 21; Piñones, 126; San Juan, 36, 142, 206

Quijote (Don) 44

refranes 39, 73, 109, 143, 177, 211

República Dominicana San Pedro de Macorís, 181; Santo Domingo, 20, 38, 54–55, 95, 118, 160

restaurantes y cafés → cafés y restaurantes

tecnología 98

Texas (o Tejas) El Paso, 31

trabajo 114

Uruguay Colonia, 135

Venezuela Caracas, 69; Mérida, 21, 175; San Juan, 207

Grammar Index

a personal 107 (3)

acabar de 136 (4)

adjectives to describe looks and personalities, 22 (1); to describe nationality, 23 (1); agreement in gender and number with nouns, 32 (1); ending in **-e,** 32 (1); ending in a consonant, 32 (1); with a group of both boys and girls, 32 (1); possessive adjectives, 70 (2)

agreement (in gender and number) of articles and nouns, 30 (1); of nouns and adjectives, 30 (1)

al contraction of **a + el,** 107 (3)

-ar verbs present tense, 100 (3)

articles definite and indefinite, 30 (1)

dar present tense, 105 (3)

deber with infinitive, 136 (4)

del contraction of **de + el,** 107 (3)

direct object pronouns **me, te, nos,** 209 (6)

-er verbs present tense, 136 (4)

estar present tense, 105 (3); to tell how you feel, 105 (3); to tell where you are, 105 (3); to express a temporary state, emotion, or condition, 204 (6); to express where something or someone is located, 206 (6)

estar vs. ser temporary states or conditions vs. inherent characteristics, 204 (6); location vs. origin, 206 (6)

gustar to express likes and dislikes, 175 (5); verbs similar to **gustar: aburrir, interesar,** 175 (5)

hay 63 (2)

indirect object pronouns **me, te, nos,** 209 (6); **le, les,** 210 (6)

infinitive 100 (3); expressions with **acabar de, ir a, tener que,** 140 (4)

ir present tense, 105 (3); **ir a** + *infinitive,* 140 (4)

-ir verbs present tense, 136 (4)

irregular verbs present tense: **dar,** 105 (3); **estar,** 105 (3); **ir,** 105 (3); **ser,** 34 (1); **tener,** 66 (2); **ver,** 136 (4)

nouns masculine and feminine, 30 (1); singular and plural, 30 (1)

poder present tense, 172 (5)

possessive adjectives forms and agreement with nouns, 70 (2)

prepositions 62–63 (2); 167 (5)

present tense of **-ar** verbs, 100 (3); of **-er** verbs, 136 (4); of **-ir** verbs, 136 (4) (*See also* irregular verbs; stem-changing verbs)

pronouns subject, 34 (1); **usted** vs. **tú,** 35 (1); **ustedes** vs. **vosotros,** 35 (1); direct and indirect object pronouns **me, te, nos,** 209 (6); indirect object pronouns **le, les,** 210 (6)

question words **¿cómo?,** 22–23 (1); **¿de dónde?,** 23 (1); **¿de qué?,** 23 (1); **¿quién?,** 23 (1); **¿quiénes?,** 26 (1); **¿cuántos?,** 59 (2); **¿Cuánto cuesta?,** 96 (3); **¿adónde?,** 96 (3); **¿por qué?,** 96 (3); **¿cuándo?,** 99 (3)

ser to describe people and places, 20–21 (1); to express origin or nationality, 20–21 (1); present tense, 34 (1); to describe inherent characteristics, 204 (6); to tell where someone or something is from, 206 (6); to tell what something is made of, 206 (6)

ser vs. estar inherent characteristics vs. temporary states or conditions, 204 (6); origin vs. location, 206 (6)

stem-changing verbs present tense: **(e → ie): comenzar, empezar, pensar, perder, prefirir, querer,** 170 (5); **(o → ue): devolver, dormir, poder, volver,** 172 (5); **(u → ue): jugar,** 172 (5)

subject pronouns 34 (1); **usted** vs. **tú,** 35 (1); **ustedes** vs. **vosotros,** 35 (1)

suffixes **-ito,** 60 (2)

tener present tense, 66 (2); to express age, 66 (2); **tener que** + *infinitive,* 140 (4)

ver present tense, 136 (4)

Credits

The McGraw-Hill Companies, Inc. would like to acknowledge the artists and agencies who participated in illustrating this program: Michael Arnold; Bill Dickson represented by Contact Jupiter; Glencoe/McGraw-Hill; Cedric Hohnstadt; Pat Lewis; Mapping Specialists, Ltd; Shane McDermott; Geo Parkin represented by American Artists Rep., Inc.

Photo Credits

Cover Radius Images/Alamy; **iv** Andrew Payti; **v** Anthony West/CORBIS; **vi** (l)Xavier Florensa/age fotostock, (r)David H. Brennan; **vii** BananaStock/PictureQuest; **viii** (l)graficart.net/Alamy Images, (r)Brand X Pictures/Alamy Images; **ix** Larry Hamill; **x** (l)Steve Weinstein, (r)The McGraw-Hill Companies; **xi** (r)AP Images, (l)imagebroker/Alamy Images; **xviii** (t)Andrew Payti; **xx** (tl)Andrew Payti, (tr)Yvonne Cadiz, (b)Scott Gries/Getty Images; **SH1** (tl)Fotosearch, (tr)Rebecca Smith, (b)Clasos Agencia International/CORBIS SYGMA; **SH2** Getty Images; **SH2–SH3** BananaStock/Jupiter Images; **SH3** Andersen Ross/age fotostock; **SH4** Siede Preis/Getty Images **SH5** Brand X Pictures/age fotostock; **SH6** Bananastock/PictureQuest/Jupiter Images; **SH20** File Photo; **SH35** (t)Andrew Payti, (c)Gabriela Zamudio, (bl)Rebecca Smith, (br)Matthew Johnston/Alamy Images; **SH42–SH43** Anthony West/CORBIS; **SH44** (tl)Fernando Fernández/age fotostock, (tr)Juan Manuel Silva/age fotostock, (bl)CORBIS, (br)Randa Bishop/Imagestate; **SH44–SH45** (c)Alan Copson/JAI/CORBIS; **SH45** (tl)Jose Fuste Raga/CORBIS, (tc)Hans Georg Roth/CORBIS, (tr)Kirk Weddle/Getty Images, (c)Alex Segre/Alamy Images, (b)Pablo Galán Cela/age fotostock; **SH46** (tl)CORBIS, (tr)Fritz Poelking/age fotostock, (c)Radius Images/Alamy Images, (bl)Andrew Payti, (br)Brian Stablyk/Getty Images; **SH46–SH47** Andrew Payti; **SH47** (t)Greg Vaughn/Alamy Images, (cl)Maria Lourdes Alonso/age fotostock, (cr b)Andrew Payti; **SH48** (tl)Andrew Payti, (tr)Jordi Cami/age fotostock, (cl)Keren Su/China Span/Alamy Images, (cr)Michele Molinari/Alamy Images, (bl)Frank Lukasseck/age fotostock, (br)Lori Ernfridsson; **SH49** (t)Kevin Schafer/age fotostock, (cl)Reuters/CORBIS, (cr)Panoramic Images/Getty Images, (b)Oswaldo Rivas/Reuters/CORBIS; **SH50** (tl)nik wheeler/Alamy Images, (tr)Andrew Payti, (c)Torino/age fotostock, (bl)Kevin Schafer/age fotostock, (br)Roberto Escobar/epa/CORBIS; **SH51** (tl)Torino/age fotostock, (tr)José Enrique Molina/age fotostock, (c)Philip Scalia/Alamy Images, (b)Andrew Payti; **SH52** (tl)Woodfall Wild Images/Alamy Images, (tr)Jose Fuste Raga/age fotostock, (c)Gail Shumway/Getty Images, (bl)age fotostock, (br)Keren Su/China Span/Alamy Images; **SH53** (t)Andrew Payti, (bl)fstop2/Alamy Images, (br)Humberto Olarte Cupas/Alamy Images; **SH54** (tl)Danita Delimont/Alamy Images, (tr)James Marshall/CORBIS, (c)Gianni Dagli Orti/CORBIS, (b)Morales/age fotostock; **SH55** (tl)age fotostock/SuperStock, (tr)Stock Connection/Alamy Images, (cr)Reuters/CORBIS, (bl)Krzysztof Dydynski/Getty Images, (br)David Uribe Photography/eStock Photo; **SH56** (tl)Bill Bachmann/eStock Photo, (tr)CORBIS, (c)Gavin Hellier/Getty Images, (b)Andrew Payti; **SH56–SH57** SuperStock/age fotostock; **SH57** (t)John Arnold Images/age fotostock, (c)Klaus Lang/age fotostock, (bl)JTB Photo Communications, Inc./Alamy Images, (br)P. Narayan/age fotostock; **SH58** (tl)Anthony Cassidy/JAI/CORBIS, (tc)Robert Frerck/Getty Images, (tr)Michael Lewis/CORBIS, (bl)IML Image Group Ltd/Alamy Images, (br)David R. Frazier Photolibrary, Inc./Alamy Images; **SH59** (tl c)Andrew Payti, (tr)imagebroker/Alamy Images, (bl)M&M Valledor/age fotostock, (br)Abacana/age fotostock; **SH60** (tl)Brian Atkinson/Alamy Images, (tr)Scenics & Science/Alamy Images, (cl)Dorling Kindersley/Getty Images, (cr)John Hicks/CORBIS, (b)imagestate; **SH61** (tl)Neil Setchfield/Alamy Images, (tr)James Balog/age fotostock, (bl)David Lyons/Alamy Images, (br)Ramond Forbes/age fotostock; **SH62** (tl)WaterFrame/Alamy Images, (tr)M. Timothy O'Keefe/Alamy Images, (cl)Jose Fuste Raga/CORBIS, (cr)Hola Images/Getty Images, (b)Robert Harding Picture Library, Ltd/Alamy Images; **SH63** (t)Envision/CORBIS, (c)Danny Lehman/CORBIS, (bl)Raymond Mendez/Animals Animals—Earth Scenes, (br)Richard Brommer; **SH64** (tl)Frances M. Roberts/Alamy Images, (tr)Danita Delimont/Alamy Images, (cl)Blend Images/Alamy Images, (cr)Ron & Patty Thomas/Getty Images, (b)Jon Arnold Images/Alamy Images, (inset)David R. Frazier Photolibrary, Inc./Alamy Images; **SH65** (t)AP Images, (c)Ian Dagnall/Alamy Images, (bl)Jeff Greenberg/Alamy Images, (bc)Robert Fried/Alamy Images, (br)Sylvain Grandadam/age fotostock; **1** Larry Hamill; **2** David H. Brennan; **3** (t)Bill Bachmann/Alamy Images, (bl br)Frederico Gil; **4** Frederico Gil; **6** (t)Frederico Gil, (b)Rebecca Smith; **7** (t)Andrew Payti, (c)Laura Sifferlin, (b)Danita Delimont/Alamy Images; **9** (l to r, t to b)Frederico Gil, (2–4)Larry Hamill, (5 6) The McGraw-Hill Companies; **10 11** The McGraw-Hill Companies; **12** The Studio Dog/Getty Images; **13** (l to r, t to b) (1 8)CORBIS (2 12)The McGraw-Hill Companies, (3)Brand X Pictures/PunchStock, (4 7)Getty Images, (5)Brand X Pictures/PunchStock, (6)C Squared Studios/Getty Images, (9 11)Brand X Pictures/PunchStock, (10)C Squared Studios/Getty Images, (13)Xavier Florensa/age fotostock, (14)David H. Brennan; **14** (tl)Gonzalo Azumendi/age fotostock, (tr)Thomas Dressler/age fotostock, (bl)Hidalgo and Lopesino/age fotostock, (br)Santiago Fdez Fuentes/age fotostock; **16** (l)Rebecca Smith, (r)Michele Molinari/Alamy Images; **18–19** David H. Brennan; **20** (t)David Dudenhoefer/Odyssey Productions, Inc., (b)Monica Jimenez; **21** (tl c)Kelli Drummer-Avendaño, (tr)Larry Hamill, (bl)Andrew Payti, (br)Robert Frerck/Odyssey Productions, Inc.; **22** David H. Brennan; **24** (t)Getty Images, (b)Lori Ernfridsson; **25** (t)Monica Jimenez, (b)Brand X Pictures/PunchStock; **26** (t c)Frederico Gil, (b)David H. Brennan; **27** David H. Brennan; **28** (tl)Larry Hamill, (tr)Mitch Diamond/Alamy Images, (cl)Kelli Drummer-Avendaño, (cr)Jeff Greenberg/Alamy Images, (b)mylife photos/Alamy Images; **29** Keith Dannemiller/CORBIS; **30** Creatas/PunchStock; **31** (t)Lori Ernfridsson, (b)Tom & Dee Ann McCarthy/CORBIS; **32** (b)Bill Bachmann/Alamy Images, (t)The McGraw-Hill Companies; **33** (t)Lori Ernfridsson, (b)Andrew Payti; **34** (t)Keith Dannemiller/Alamy Images, (c)Comstock/PictureQuest, (bl bc br)The McGraw-Hill Companies; **35** The McGraw-Hill Companies, (b)Andrew Payti; **36** Andrew Payti; **37** (tl)Larry Hamill, (tc)Comstock/PictureQuest, (tr)Comstock Images/JupiterImages, (bl)Larry Hamill, (br)Gerald Wofford/The McGraw-Hill Companies; **38** Larry Hamill; **41** Rolf Richardson/Alamy Images; **42** (l)Bob Daemmrich/PhotoEdit, (r)ImageSource/age fotostock; **43** David Frazier/PhotoEdit,

Credits

(master art l to r)Andrew Payti, BananaStock/PunchStock, Brand X Pictures/PunchStock, CORBIS, Digital Vision/ PunchStock, Don Tremain/Getty Images, Masterfile, The McGraw-Hill Companies; **44** Spanish School/The Bridgeman Art Library/ Getty Images; **45** Pixtal/age fotostock; **47** (l)Kelli Drummer-Avendaño, (c)Liquidlibrary/ Dynamic Graphics/Jupiterimages, (r)Tony Arruza/CORBIS; **48** (t)Larry Hamill, (c)Lori Ernfridsson, (b)Andrew Payti; **49** Dynamic Graphics Group/Creatas/Alamy Images; **50** Andrew Payti; **52** (l)Larry Hamill, (r)Richard Brommer; **54–55** Larry Hamill; **56** (t)graficart.net/Alamy Images, (bl)Andrew Payti, (br)Matt Henry Gunther/Getty Images; **57** (tl)Ann Summa, (tr)Stewart Cohen/Index Stock/Alamy Images, (c)Andrew Payti, (bl)Rob Lewine/zefa/CORBIS, (br)Kerry Galloway; **58 59** Richard Hutchings; **60** Jack Hollingsworth/Getty Images; **61** Brand X Pictures/Alamy Images; **62** (t)David H. Brennan, (b)Andrew Payti; **63** David H. Brennan; **64** (tl bc)Kerri Galloway, (tc)Lori Ernfridsson, (tr b)Andrew Payti; **65** The McGraw-Hill Companies; **66** (tl)Jennifer Doyle, (tc bl)Lori Ernfridsson, (tr bc)Andrew Payti, (br)Yvonne Cadiz; **67** Kerri Galloway; **68** Matthew Johnston/Alamy Images; **69** (t)Chad Ehlers/ Alamy Images, (b)Robert Fried/Alamy Images; **70** (l)Andrew Payti, (r)CORBIS; **71** HIRB/Index Stock Imagery; **72 through 77** Andrew Payti; **78** (l)Rebecca Smith, (r)Andrew Payti; **79** Rich Brommer; **82** The McGraw-Hill Companies; **83 84** Andrew Payti; **86** (t)Larry Hamill, (b)Rick Gomez/CORBIS; **87** (l)Stockbyte/PunchStock, (c)Javier Pierini/Getty Images, (r)Andrew Payti; **88–89** Ian Shaw/ Alamy Images; **90** (tl)R H Productions/Robert Harding World Imagery/CORBIS, (tr b)Andrew Payti, (c)Steve Weinstein; **91** (tl br)Andrew Payti, (tr)John Birdsall/Alamy Images, (c)Kelli Drummer-Avendaño, (bl)Humberto Olarte Cupas/ Alamy Images; **92** (t)Frederico Gil, (b)The McGraw-Hill Companies; **93** (t)Frederico Gil, (c)Larry Hamill, (b)The McGraw-Hill Companies; **94** (tl)Danita Delimont/Alamy Images, (tr)BananaStock/PictureQuest/Jupiter Images, (cl)Mary Steinbacher/Alamy Images, (c)Blend Images/Alamy Images, (cr)Felipe Rodriguez/Alamy Images, (b)John Birdsall/ Alamy Images; **95** Larry Hamill; **96** (tl)Andrew Payti, (tr b)Frederico Gil; **97** The McGraw-Hill Companies; **98** Paul Panayiotou/Alamy Images; **99** Andrew Payti; **100 101** The McGraw-Hill Companies; **103** Robert Fried/ Alamy Images; **104 105** Andrew Payti; **106** Stockbyte/ PunchStock; **107** Gabe Palmer/CORBIS; **109** Andrew Payti; **110** Comstock/age fotostock; **111** Getty Images; **112** Lee Carruthers/Alamy Images; **113** Andrew Payti; **114** (t)Ryan McVay/Getty Images, (b)The McGraw-Hill Companies; **115** Andrew Payti; **116** (l)Comstock/ PictureQuest/Jupiter Images, (r)BananaStock/JupiterImages; **117** Painet Inc./Alamy Images; **118** Larry Hamill; **120** Robert Fried/Alamy Images; **122** Andrew Payti; **123** Lori Ernfridsson; **124 125** Edgardo Contreras/Getty Images; **126** (t)Jean-Daniel SUDRES/Imagestate, (c)David R. Frazier PhotoLibrary, (b)Stephen Frink/CORBIS; **127** (tl)Andrew Payti, (tr)Edward Parker/Alamy Images, (cl)Paul Seheul/Eye Ubiquitous/CORBIS, (cr)Paola Augila/epa/CORBIS, (bl)Ken Welsh/Alamy Images, (br)David R. Frazier PhotoLibrary; **128 129** The McGraw-Hill Companies; **130** (tl tr cl cr)The McGraw-Hill Companies, (b)Steve Weinstein; **132** (tl tr cl c cr)The McGraw-Hill Companies, (t bl)Tim Stepien; **133** (t bl)Tim Stepien, (br)The McGraw-Hill Companies; **134** (t)CORBIS, (b)Charles Michael Murray/ CORBIS; **135** (t)David R. Frazier Photolibrary, Inc., (b)Robert Fried Photography; **136** Mira/Alamy Images; **137** Foodcollection.com/Alamy Images; **138** (t)Jeff Greenberg/Alamy Images, (c bl bc br) The McGraw-Hill Companies; **139 140** Andrew Payti; **141** (t)David R. Frazier PhotoLibrary, (b)Andrew Payti; **142** (t)Andrew Payti, (b)Onne van der Wal/CORBIS; **143** (t)Bo Zaunders/ CORBIS, (b)The McGraw-Hill Companies; **144** The McGraw-Hill Companies; **145** imagebroker/Alamy Images; **146** (l)Curt Fischer, (r)The McGraw-Hill Companies; **147** Andrew Payti; **148** Larry Mangino/The Image Works; **149** Alamy Images; **151** Cheryl Fenton; **152** Kelli Drummer-Avendaño; **153** Steve Weinstein; **154 156** Andrew Payti; **158–159** Nik Wheeler/Alamy Images; **160** (t)Donald Miralle/Getty Images, (c)Gianni Dagli Orti/CORBIS, (b)Enrique Marcarian/Reuters/CORBIS; **161** (tl)blickwinkel/Alamy Images, (tr)Bill Bachmann/ Alamy Images, (cl)Ezra O. Shaw /Allsport/Getty Images, (cr)Courtney Brown, (b)Danny Lehman/CORBIS; **162** (t)Alberto Martin/AP Images, (b)Frederico Gil; **163** (l)Brand X Pictures/PunchStock, (c)Frederico Gil, (r)Joshua Pulman/Alamy Images; **165** Getty Images; **166** (t)Dennis MacDonald/Alamy Images, (b)Design Pics./ Alamy Images Image; **167** (t)Kim Karpeles/Alamy Images, (b)Richard Hutchings; **168** (tl b)Andrew Payti, (tc)Anders Ryman/Alamy Images, (tr)C. Lee/PhotoLink/Getty Images; **169** (l)Comstock/PictureQuest/Jupiter, (c)Gerald Wofford/ The McGraw-Hill Companies, (r)Jill Braaten/The McGraw-Hill Companies; **170 171 172** Andrew Payti; **173** Jennifer Doyle; **175** Kelli Drummer-Avendaño; **176** BananaStock/ PictureQuest/Jupiter; **178** Frederico Gil; **179** Andrew Payti; **180** Jan Csernoch/Alamy Images; **181** Hemis/Alamy Images; **182** Bettmann/CORBIS; **183** Brian W. Doyle, CORBIS; **184** (tl)C Squared Studios/Getty Images, (tr)Jules Frazier/ Getty Images, (bl)Doug Martin, (br)Jules Frazier/Getty Images; **185** imagebroker/Alamy Images; **186** Flat Earth Images; **187** Lori Ernfridsson; **188** Mark Baynes/Alamy Images; **190** Kelli Drummer-Avendaño; **192–193** Rubberball/ age fotostock; **194** (t b)The McGraw-Hill Companies, (tr)Jose Luis Pelaez, Inc./age fotostock, (br)Comstock/PictureQuest/ Jupiter Images; **195** (tl)Randy Faris/CORBIS, (tr)Stuart Crump/Alamy Images, (cl)Andrew Payti, (cr)Edifice/CORBIS, (b)Rick Gomez/CORBIS; **196** David H. Brennan; **197** (t br)David H. Brennan, (bl)Fernando Vergara/AP Images; **198** Felipe Rodriguez/Alamy Images; **199** Dynamic Graphics Group/Creatas/Alamy Images; **200 201** Frederico Gil; **202** (b)Andrew Payti, (t)Kerri Galloway; **203** Bill Aron/ PhotoEdit; **204** (t)Bob Pardue/Alamy Images, (b)Andrew Payti; **205** The McGraw-Hill Companies; **206** (l)Larry Hamill, (r)Andrew Payti; **207** Kelli Drummer-Avendaño; **208** Andrew Payti; **209** The McGraw-Hill Companies; **210** (t)Richard Hutchings, (b)Lori Ernfridsson; **213** Neil Beer/Getty Images; **215** Jose Joaquin Fernandez de Lizardi (1776–1827) (litho), Spanish School, (19th century)/Private Collection, Index/The Bridgeman Art Library **216** (l)Pixtal/age fotostock, (r)The McGraw-Hill Companies; **217** age fotostock/Superstock; **218** Lori Ernfridsson; **219** The McGraw-Hill Companies; **220** Getty Images; **221** Image Source/PunchStock; **222** Andrew Payti; **224** Lori Ernfridsson; **396 397** Ken Welsh/ Alamy Imagestock; **398** (t)Getty Images, (b)Renaud Visage/ Getty Images; **399** Sami Sarkis/Getty Images; **400** Andrew Payti; **401** (t)The McGraw-Hill Companies, (b)Andrew Payti; **402** Reuters/CORBIS; **403** (t)Felipe Davalos/National Geographic Image Collection, (b)Brand X Pictures/ PunchStock; **404** CORBIS; **405** Janet Jarman/CORBIS; **SR1** Jon Hicks/CORBIS; **SR2** (cw from top)Digital Stock, Mark Burnett, Luis Delgado, C Squared Studios/Getty Images; **SR3** (cw from top)Aaron Haupt, Mark Smestad, Ken Karp, Aaron Haupt, Ed McDonald, Aaron Haupt, Getty Images, Curt Fischer; **SR4** Larry Hamill; **SR5** (cw from top)Mark Burnett, Luis Delgado, Andrew Payti, Curt Fischer, Mark Burnett, The McGraw-Hill Companies, Tim Fuller, The McGraw-Hill Companies, Curt Fischer; **SR6** The McGraw-Hill Companies; **SR8** (cw from top) Aaron Haupt, Larry Hamill, Ann Summa, Curt Fischer, Timothy Fuller, David H. Brennan, Aaron Haupt